安徽大学汉语言文字研究丛书

主编 黄德宽

曹德和
·卷·

北京师范大学出版集团
安徽大学出版社

图书在版编目(CIP)数据

安徽大学汉语言文字研究丛书.曹德和卷/曹德和著.
—合肥:安徽大学出版社,2013.5
ISBN 978-7-5664-0408-4

Ⅰ.①安… Ⅱ.①曹… Ⅲ.①汉语—语言学—文集 ②汉字—文字学—文集 Ⅳ.①H1-53

中国版本图书馆CIP数据核字(2013)第051784号

AN HUI DA XUE HAN YU YAN WEN ZI YAN JIU CONG SHU
安徽大学汉语言文字研究丛书
CAO DE HE JUAN
曹德和 卷　　　　　　　　　　　　　曹德和 著

出版发行:	北京师范大学出版集团
	安 徽 大 学 出 版 社
	(安徽省合肥市肥西路3号 邮编230039)
	www.bnupg.com.cn
	www.ahupress.com.cn
印　刷:	合肥远东印务有限责任公司
经　销:	全国新华书店
开　本:	170mm×240mm
印　张:	24.75
字　数:	304千字
版　次:	2013年5月第1版
印　次:	2013年5月第1次印刷
定　价:	62.00元

ISBN 978-7-5664-0408-4

策划编辑:康建中　　　　　　　　　装帧设计:刘运来
责任编辑:徐　建　程尔聪　　　　　美术编辑:李　军
责任校对:程中业　　　　　　　　　责任印制:陈　如

版权所有　侵权必究
反盗版、侵权举报电话:0551—65106311
外埠邮购电话:0551—65107716
本书如有印装质量问题,请与印制管理部联系调换。
印制管理部电话:0551—65106311

总　序

黄德宽

　　汉语言文字学是以汉语言文字为研究对象而形成的学科,这是一门渊源久远、积淀深厚的学科。对汉语汉字的研究,我国先秦时期即已肇绪,然而作为现代意义上的汉语言文字学,其历史大体上也只有百年左右。

　　安徽大学的汉语言文字学学科是从上个世纪80年代之后才较快成长进步的。经过20多年的建设,目前这个学科不仅能培养硕士、博士、博士后等高层次研究人才,同时还成为全国高等学校重点学科之一,在教学、科研方面都取得了较为突出的成绩。

　　汉语言文字学学科的发展和进步,是本学科诸多先生艰苦努力的结果,对他们的学术贡献我们不应忘记。总结发扬他们的学术精神和学科建设经验,是新形势下进一步加强学科建设、推进学科持续健康发展的任务之一。因此,我们启动编纂了"安徽大学汉语言文字研究丛书"。

　　这套丛书共10种,入选的10位教师是对本学科发展做出贡献的众多教师的代表,他们基本上是本学科各个方向的带头人和学术骨干,各卷所收论文也基本上反映出各位老师的主要研究领域和代表性成果。除已经谢世的先生外,各文集主要由作者本人按照丛书的编选宗旨和要求自行选编完成。

　　在编纂这套丛书的过程中,我一直在思考,高等学校的学科建设到底如何开展才是应该提倡的？学科建设最为关键的要素到底有哪些?对这些问题,我担任学校校长期间没少讨论过,时下我国高校关于学科建设的经验也可谓"花样翻新"、"层出不穷"。沉静下来,就我们这个学科的发展来看,我认为最重要的恐怕还是以下几点:

一是要以人为核心,尊重学者的学术追求。学者是学科的载体、建设者和开拓者。学科的发展主要靠学科带头人、学术骨干和以他们为主组成的团队。坚持"以人为核心"的学科建设思路,就要尊重学者,尊重他们的精神追求、研究兴趣和个性特色,最大限度地为他们提供自由发挥的空间,而不是用考核的杠杆和行政的手段迫使他们按设定的路径行事;那样很容易扼杀学者的研究个性和兴趣,也不大可能产生真正意义上的高水平研究成果。汉语言文字学学科的研究特色和重点,几乎都是各位教师自身研究领域的自然体现,他们坚持自己的研究方向,形成自身的研究风格,探索自己感兴趣的课题,因此能不为流俗左右,远离浮躁喧嚣,耐得住寂寞,甘愿坐冷板凳,最终取得累累硕果。

二是要以人才培养为根本任务,教学科研相得益彰。大学最根本的职能是培养人才,这就决定了大学的学科建设必须以人才培养为根本任务,将教学、科研紧密而有机地结合起来。汉语言文字学学科的教师,长期以来坚守在人才培养的第一线,他们将主要时间和精力都花在人才培养上,而且大家都很热爱自己的教师职业,像何琳仪先生就是在讲台上走完生命的最后历程的。汉语言文字学学科近年来不仅培养出一大批优秀的本科生、研究生,而且在汉语国际教育方面成绩突出,培养了许多外国留学生,在学校合作共建的孔子学院中发挥了关键作用。翻看这些文卷,不难看出,将科研与教学和人才培养工作密切结合,用科研成果丰富教学内容,结合教学开辟新的科研领域,是汉语言文字学学科教师的共同特点。一个学科建设的成就,既要看科学研究,更要看人才培养。围绕人才培养的学科建设,应该是大学学科建设必须坚持的原则。这一点我以为是大学学科建设尤为值得重视的。

三是要日积月累,聚沙成塔。学科建设是一个漫长的积累过程。

人文学科的发展关键是学者队伍的集聚、教学经验的积累和研究领域及特色的形成,更需要长期的努力。因此,开展学科建设不能急功近利,不能只寄希望于挖一两个有影响的学术带头人而收到立竿见影的效果。学科建设应该遵循学术发展的规律,通过创造环境、精心培育,让其自然而然的生长。近年来,许多高校将学科建设当重点工程来抓,纷纷加大投入,不惜代价争夺人才,虽然也可以见效一时,但是从长远看未必能建成真正的一流学科。这方面有许多教训值得记取。我校汉语言文字学学科的成长,尽管也得到国家"211工程"重点学科建设项目的支持,不过在实际建设中,我们还是坚持打好基础,通过持续努力,不断积累,逐步推进。我们深感,这个学科目前的状况离国内一流高水平学科的要求还有不小的差距。但我们相信,只要遵循规律,持之以恒,其持续发展应该是可以预期的。

　　四是要开放兼容,培育良好学风。学科建设应该注重自身特色和优势的培育。强调自身特色和优势并不意味着自我封闭,而是要通过学术交流不断开阔学术视野,以开放兼容的学术情怀向海内外同行学习。我校汉语言文字学学科较为重视学术交流,各学科方向的带头人或骨干,先后在中国语言学会、中国训诂学会、中国文字学会、中国古文字研究会、中国音韵学会、华东修辞学会、安徽省语言学会等全国和地区性汉语言文字研究的学术团体中兼任学会会长、副会长、秘书长、副秘书长、常务理事等职务,促进了本学科团队与国内同行的交流。同时,我们重视加强学术交流与合作,不仅经常性邀请国内外学者来校讲学交流,还特聘著名学者参与学科建设,承担教学科研任务,逐步形成开放兼容的学科建设格局。丛书中收录的高岛谦一、陈秉新、李家浩三位先生就是本学科的长期客座教授或全职特聘教授。开放兼容的学科建设思路,其核心就是要将学科建设放在本学科发展的总体背景下,跟踪学术前沿和主流,形成学科自身学习和激励的内在机制,并确立自身的发展目标、特色追求和比较优势。学科建设要实现开放兼容,要注意协调和处理好学科内外部的各种关系,这不只是要处理好相关利益关系问题,还要形成学科发展的共同理想,尤为重要的是形成优良学风。优良的学风是学人之间合作共事的精神纽带。一个学科只有崇尚学术、求真务实蔚然成风,学科成员才能做到顾全大局、团结协作、相互兼容。良好的学风,也是学科赢得学术声誉、同仁尊重和开展合作交流的基础。这一点应该成为汉语言文字学科建设长期坚持和努力的方向。

人文学科有自身的特点和发展规律,最让人文学者神往的,当然是产生影响深远的学术大师,形成风格独特的学术流派。在当前社会和教育背景下,这好像是一个高不可攀的目标。但我以为,只要创造良好的学术环境,遵循学科建设和发展的规律,经过代代学者持续不断的努力追求,在一些有条件和基础的高校将来产生新的具有中国作风和气派的人文学科学派也不是没有可能。

我校汉语言文字学学科还有一大批默默奉献的教师和很有发展潜力的青年教师,他们是学科建设的基础和生力军。我相信,这套丛书的编纂出版对他们也是一个激励和鼓舞。见贤思齐,薪火相传,一个良好的学术环境和氛围,必将促进汉语言文字学学科不断取得新的成绩和进步。

2012年立春于安徽大学磬苑

目 录

前言 …………………………………………………………（1）

第一编　语言本体研究

巴里坤汉话的底层调类及其调值 ……………………………（3）
读音不轻的轻音词 ……………………………………………（12）
试说"似的 1"和"似的 2"及相关语句的辨别 ………………（26）
广告标题语法特点初探 ………………………………………（34）
汉语句序排列规律综论 ………………………………………（44）
象声词描绘情态的功能及其形成 ……………………………（60）
詈辞演变与雅化倾向 …………………………………………（65）
汉语隐语词汇构造规律 ………………………………………（77）
汉语文化特点描写与解释 ……………………………………（87）

第二编　修辞学研究

关于修辞理论的深度思考 ……………………………………（103）
如何看待关于修辞原则的不同表述 …………………………（118）
修辞学是否属于言语语言学大讨论 …………………………（127）
修辞学是否具有交叉性争鸣的回顾与思考 …………………（145）
修辞学和语用学关系的回眸与前瞻 …………………………（167）
修辞·修辞学·接受修辞学 …………………………………（183）
试论表达内容表达态度在形意修辞学中的位置 ……………（190）

不自觉修辞:一块不应忽视的研究领域 …………………………(198)
修辞现象中内容与形式结合的层次性 ……………………………(203)
省略的六种作用 ……………………………………………………(214)
比拟类型的心理学考察 ……………………………………………(222)
无标点文字的修辞功能和使用条件 ………………………………(229)
从诗味的产生谈新诗分行 …………………………………………(234)

第三编　社会语言学研究

"言语社区"与"言语共同体" ………………………………………(247)
变体概念及其在社会语言学中的运用 ……………………………(260)
如何界定普通话的内涵和外延 ……………………………………(273)
"国语"和"普通话"名称源流考 ……………………………………(285)
《语言文字法》拒绝"国语"名称的原因和合理性 …………………(292)
《通用规范汉字表》研制中的三对关系 ……………………………(302)
第三次书写工具革命对汉语及其规范化的影响 …………………(315)
中文分词连写:问题与思考 …………………………………………(322)
关于规范度评价根据及其操作的新思考 …………………………(332)
可变与不可变规范的区分及其学术意义 …………………………(349)
从"随心所浴"谈汉语规范化 ………………………………………(363)
词语清理:语言文明建设的需要 …………………………………(372)

前 言

我的第一篇公开见刊的语言学论文完成于1986年,自那以来,我笔耕从未停辍,迄今有关语言方面的论文和译文,包括在国内和国外发表的,总计已有100多篇。

这部文集收入其中的34篇,内容涉及语言本体研究、修辞学研究和社会语言学研究三个方面。

语言本体研究收入9篇,开头两篇为《巴里坤汉语的底层调类及其调值》和《读音不轻的轻音词》,是我的处女作。1984年至1987年,我在新疆大学读研期间,对巴里坤汉语方言进行了深入考察。因为课题选择、方法运用及最终结论不无新意,所以,硕士论文成型后便在校内引起注意。答辩那天,学校宣传部专门派来记者。当年的答辩由山东大学钱曾怡先生主持,她毫不掩饰对我论文的喜爱,之后合影时,她从包里取出我的论文,拿在手里,说是要让它一起留在照片上。前面提到的两篇,乃硕士论文的部分内容摘编,发表以来不断有人引用。特别是后一篇,王嘉龄前辈和石汝杰学长都曾给予充分肯定。所选的其他7篇是研究语法和词汇的,都是时为同仁们提及的。

修辞学研究收入13篇。取得硕士学位后,我回到家乡所在地的江苏教育学院工作。临行前,导师组组长徐思益先生为我写了推荐信,将我介绍给南京大学王希杰先生。在王先生影响下,我对修辞学产生了兴趣。1997年,我考取复旦大学宗廷虎先生的博士生,从此将较多精力投诸修辞研究。收入文集的《试论表达内容和表达态度在形意修辞学中的位置》,是为参加华东修辞学会1995年年会撰写,会上宣读后,濮侃先生给予即兴评点和热情鼓励,并在我毫不知情的情况下,取出其中一章,推荐给《当代修辞学》作为开篇文章发表。我的博士论文毕业当年,即被收入第3辑上海市社会科学博士文库(每年1辑,每辑10篇)。该著出版后,前辈学者吴家珍先生和张炼强先生及一些同辈学者,给予了热情评介。收入文集的《修辞现象中内容与形式结合的层次性》,为博士论文的一节。张炼强先生明确表示,他的一篇新作借鉴了该文观点。《修辞学是否具有交叉性争鸣的回顾与思考》,被宗廷虎先生称为20世纪中国修辞学新开拓成绩之一。《省略的六种作用》,是通过对省略现象的多角度考察而写成,引用者不少。《从诗味的产生谈新诗分行》,专门探讨分行形式对于诗味生成的影响,有位新诗研究者认为它"极大地丰富了对于诗歌行列功能的认识"(薛世昌《现代诗歌创作论》,吉林大学出版社2008年)。其他几篇都是在多年积累和反复斟酌的基础上完成,属于我修辞研究的代表作。

社会语言学研究收入12篇。因为王希杰先生对社会语言学的一些热点议题颇有见地,加之后来有幸认识的于根元先生也经常就社会语言问题发表意见,受他们影响,我较早地把社会语言学方面的一些课题纳入学术视野。《变体概念及其在社会语言学中的运用》,是为参加2003年在澳门召开的中国社会语言学成立大会撰写,提交会议后引起祝畹瑾先生的注意。因为这篇论文,我与祝先生结下了深厚的师生情谊,多年来一直保持密切的学术联系。《"言语社区"与"言语共同体"》一文,萌生于我与祝先生学术通信激起的写作欲望,其中不少观点反映了彼此多次交流后形成的共同看法。2010年暑假,为迎接《中华人民共和国国家通用语言文字法》颁布十周年,黄德宽先生组织同仁撰写纪念文章。为此我围绕国家通用语言和通用文字进行了集中而深入的研究。结果陷入其中难以自拔,一连写出6篇文章。收入文集的《如何界定普通话的内涵和外延》、《"国语"和"普通话"名称源流考》、《〈语言文字法〉拒绝"国语"名称的原因和合理性》、《〈通用规范汉字表〉研制中的三对关系》,为当时研究的部分成果。从投身社会语言学研究第一天起,我就对语言规范问题抱有浓厚兴趣。《从"随心所浴"谈汉语规范化》是这方面的试水文章,曾被《新华文摘》转载。《可变与不可变规范的区分及其学术意义》和《关于规范度评价根据及其操作的新思考》,属于这方面研究的后续之作。虽然反映的是近期想法,但所讨论的却是让我苦苦思索了20多年的问题。

34篇文章,特色何在?有几位学界前辈和同辈曾就我的学术研究做过评论。刘焕辉先生认为:"理论意识较强,所论问题几乎都提到理论高度来思考";"善于发现问题和敢于'碰硬'";"舍得下工夫去弄清问题的来龙去脉"（见《语言应用和语言规范研究·序言》，中国社会科学出版社，2006年）。徐思益先生的看法是："都是凭事实说话，有理有据进行分析，没有一句空谈或强词说理";"论述不带感情，以理服人，言辞平实祥和"（见《新疆大学学报》2009年第1期）。吴家珍先生以为：社会意识强，论证方法辩证细致，文风朴实严谨（见2002年7月20日《光明日报》第三版）。胡习之先生的说法为：不少文章"涉及到了学界对语言应用和语言规范方面许多重大问题的论争，作者对相关论争的解析给我们的感受是辩证公允，在客观评述中凸显自我的独立"（见2008年5月5日《藏书报》第三版）。

从复旦毕业不久，我调到南昌大学工作，后来转入安徽大学。在安大的10年里，为了支持学科建设，我先后为硕士生和博士生开设了西方语言学史、社会语言学、认知语言学等六门课程。因为总是难以忘记程千帆先生说过的一句话——指导教师应将学生论文中的语病看作自己的失职（见《俭腹抄》）——无论指导本科论文还是硕博论文，从选题到撰写到定稿，我都是全程跟踪。这虽然让我付出很多时间，以致科研计划一再推后乃至搁浅，但我无怨无悔，因为传道、授业、解惑乃教师天职所在。

在编辑我的第二部文集的过程中，回顾自己的学术经历，对于大学期间使我立志以语言研究为事业的颜景常先生，对于给予我深造机会的林端先生和宗廷虎先生，对于在学术观念和研究旨趣上深深影响了我的徐思益先生和王希杰先生，对于先后为我提供较高学术平台的刘焕辉先生和黄德宽先生，以及对于曾经给予我诸多指导、鼓励、帮助的前辈和同辈，我心中充满感激；同时，对于在最终确定所收篇目上提出重要建议的白兆麟先生，对于在统一体例、严谨表述等方面提出诸多宝贵意见的安徽大学出版社的责编和总编，以及对于整理文稿过程中帮我做了大量工作的几位硕士生，亦满怀感激。在此，我要向以上提到的各位由衷说声"谢谢"。

将论文汇编成集，主要为了便于交流。我真心希望翻阅者直言批评和不吝赐教。柏拉图之所以喜欢以对话形式阐述自己的观点，全是因为学术需要辩论，需要交流的原故。没有学者之间旨在求真的辩论和坦诚直率的交流，就不可能有学术研究的活跃和深化，更不可能有语言学的繁荣和进步。

曹德和

2013年2月21日于安徽大学笃学斋

第一编
语言本体研究

巴里坤汉话的底层调类及其调值①

巴里坤哈萨克自治县位于新疆维吾尔自治区东北部,属哈密行署管辖。自治县东与伊吾县搭界(伊吾县东部即甘肃);南沿天山山脉与哈密相连;西与木垒县接壤;向北直至中蒙边境,与蒙古人民共和国毗邻。全县总面积约计38 400平方公里,境内平原、山地、戈壁沙漠大约各占1/3。

据史书记载,公元前59年,巴里坤就由汉朝西域都护府管辖②。公元1761年,清政府在此实行屯田,由于水源丰富,土地肥沃,"商民认垦,接踵而至"③。一般认为汉人正式开发和大规模定居巴里坤始于此时。巴里坤现有人口9.86万(据新疆维吾尔自治区统计局1983年人口普查数字)。主要民族是汉族、哈萨克族。另外还有维吾尔族、蒙古族、回族、满族、藏族、壮族、撒拉族、裕固族、东乡族、土家族、柯尔克孜族,共13个民族。其中汉族约7.4万,占人口总数74.3%;哈萨克族约2.3万,占22.8%;维吾尔族约1 300人,占1.3%;回族约500人,占0.5%;其他民族120多人,占0.12%。定居巴里坤的汉人主要来自甘肃(多数祖籍为陇西),其次来自山西、湖南、陕西。湖南人是随左宗棠过来的④。

方言特点主要由操该方言的社会群体的人口构成所决定的。由于巴里

---

① 原载《新疆大学学报》(哲学社会科学版),1987年第3期。
② 据《汉书·西域传》。
③ 赵秦晨:《十八世纪中期清朝统一新疆地区的历史意义》:"1764年(乾隆二十九年),巴里坤屯田之始,即开凿渠道二千丈,第二年又开新渠二千丈,'商民认垦,接踵而至'。见《清高宗实录》卷五,第722~739页。"
④ 《皇朝经世文编》:"西安巡抚文绶1772年(乾隆三十七年)上奏报曰:'城内外,烟户铺石,栉比鳞次,商贾毕集,晋民尤多。'"另据《新疆四道志》、《镇西县志》、《三州辑略》。

坤汉人多数为甘肃移民,因此,巴里坤汉话中带有较多的甘肃方言成分。在外部关系上,巴里坤汉话属于汉语官话中的西北官话。1985年绘制新疆方言分区图,被归入北疆片。

一、单字调

巴里坤汉话三个单字调。第一调其范围基本与北京话第一调相对应,为半高平调,调值44;第二调在范围上大体包括北京话第二调和第三调,为高降调,调值52;第三调范围较北京话第四调略宽(古清声母入声字在北京话中散入四声,在巴里坤归入第三调),为低升调,调值24①。

二、单字调在两字组连调中

1. 单字调第一调

在两字组连调中,如果出现在非"轻音词"②里,单字调第一调保持原来调值;如果出现在轻音词首音节位置上,调值亦不变。见表一:

表一

词条类别 首音节	末音节	第一调	第二调	第三调	轻声调③
第一调	非轻音词	44+44 山坡 开花	44+52 监牢 生长	44+21 蔬菜 军帽	
	轻音词	44+52 春天 妈妈	44+52 今年 孙女	44+52 乡下 鸡蛋	44+52 他们 箱子

---

① 以上调值为近似描写。实际调值,第一调因起首略带上扬之势,应记作344;第二调收尾低于53,高于52;第三调略低于24。

② 林焘指出,对轻重音的研究已经证明,所谓轻重音,并不单纯是音的强弱问题,实际上音长、音高、音强甚至音色都在起作用。至于哪一方面起主导作用,哪一方面的作用是次要的,各个语言并不相同(《探讨北京话轻音性质的初步实验》)。巴里坤汉话轻音词的语音特征不是表现在语音强弱上,而是表现在调型模式上。本文之所以仍然采用轻音词的名称,除了因为轻音词"并不单纯是音的强弱问题",同时因为从语法和语用特征看,巴里坤汉话的轻音词与北方汉语的轻音词并不存在范畴属性上的区别。

③ "轻声"与"轻音"是两个不同的概念。关于"轻声调"问题详见另文。

2. 单字调第三调

在两字组连调中,如果出现在"非轻音词"里,单字调第三调就一律改变原来的调值;如果出现在轻音词首音节位置上,也一律改变原来的调值;只有出现在轻音词末音节位置上,且前面是第三调,方才保持原来的调值。见表二:

表二

词条类别 首音节	末音节	第一调	第二调	第三调	轻声调
第三调	非轻音词	21+44 战歌　电灯	21+52 姓名　政府	44+21 忘记　故事	
	轻音词	21+24 丈夫　地方	21+24 太阳　大米	21+24 漂亮　碰上	21+24 巷子　豆腐

3. 单字调第二调

在两字组连调中,如果出现在非轻音词里,单字调第二调就保持原来调值;如果出现在轻音词首音节位置上,则一律改变调值。值得注意的是这时出现了两种变调调值。见表三:

表三

词条类别 首音节	末音节	第一调	第二调	第三调	轻声调
第三调	非轻音词	52+44 年轻　整风	52+52 银行　停产　手表　土改	52+21 肥皂　产量	
	轻音词	44+21 棉花　白天	44+21 婆姨　爷爷　牙齿　门槛	44+21 时候　芹菜	44+21 咱们　萝卜
		21+52 广东　喜欢	21+52 整团　老婆　乳牛　赶紧	21+52 老汉　扁担	21+52 尾巴　耳朵

三、巴里坤汉话的底层调类

巴里坤汉话单字调第二调在两字组轻音词首音节位置上出现调值分化,表现出两种韵律形式的对立。结合彼此联系的汉字,可以看出前述对立同北京话第二调、第三调的对立高度一致。在北京话中属于第二调的汉字,位于轻音词首音节位置一般读作44;在北京话中属于第三调的汉字,位于轻音词首音节位置一般读作21。基于以上调值分化在一定条件下必然发生,且彼此的韵律对立与汉语传统调类的区分整齐对应,我们认为,巴里坤汉话的底层调类不是三个而是四个。四个底层调类分别是:

第1调,由来自中古的清声母平声字聚合而成,范围基本上与北京话第一调相当。

第2调,由来自中古的浊声母平声字和全浊声母入声字聚合而成,范围基本上与北京话第二调相当。

第3调,由来自中古的清声母、次浊声母上声字聚合而成,范围基本上与北京话第三调相当。

第4调,由来自中古的去声字和全浊声母上声字及清声母、次浊声母入声字聚合而成,范围较北京话第四调略宽。

在接下来的讨论中,本文开头论及的三个单字调改称表层调类,以区别于四个底层调类。

四、底层调类的调值

1. **底层第1调、第4调的调值**

确定底层调类调值似应以表层调调值为主要根据,因为表层调调值较为稳定,与底层调调值有着相靠拢相一致的特点,因此,将表层调调值作为重要参照系,便捷且可靠。

基于以上认识,根据巴里坤汉话表层调第一调、第三调的调值,我们将底层调第1调、第4调的调值分别确定为44和24。

2. **底层第2调、第3调的调值**

(1) 底层第2调、第3调的调值不易确定。难处在于,这两个调类在表层调中都读作52,我们无法一分为二,根据一个表层调值确定两个底层调值。另一方面,在两字组连调中,这两个调类虽然表现出韵律对立,但对立并不是以绝无仅有的调值体现。底层第2调在轻音词首音节位置上读作44,这调值已被确定为底层第1调的调值;底层第3调在轻音词首音节位置上读作21,这调值也是底层第4调处于该位置表现出的调值。因此,要确定底层第2调、第3调的调值需要做更全面、更细致的观察。

(2) 前面指出,在两字组连调中,如果出现在非轻音词里,表层第二调保持原来调值。笔者通过仔细观察发现,在两个表层第二调构成的不变调模式①"52+52"下,只出现两个底层第 2 调的组合和两个底层第 3 调的组合及底层第 2 调与底层第 3 调的组合。在这个调式下,没有找到底层第 3 调与底层第 2 调的组合。

在巴里坤汉话中,"52+52"是非轻音词表现出的调式。在这一调式之下没有找到底层第 3 调与底层第 2 调的组合。能否由此得出以下结论,即在巴里坤汉话中,由底层第 3 调与底层第 2 调构成的词语都是轻音词?不能。因为在北方汉语中,影响轻音词生成的主要原因不是调类组合方式,而是语法形式和使用频率②。

为防止出现由于取样不足而在"52+52"调式下遗漏底层第 3 调与底层第 2 调的组合的现象,我们选择了一些同样组合的词语进行补充调查。实际选到的有"水泥"、"版权"、"产棉"、"滚轮"等词,这些词语不含虚语素,使用频率很低,根据巴里坤汉话轻音词生成规律,它们不会是轻音词而必定属于非轻音词。有意思的是,这些词语到了合作人口中一律读作"21+52",与轻音词调式完全相同。笔者进一步观察发现,在以往整理的调查结果汇总表上,由底层第 3 调与底层第 2 调构成的非轻音词不乏其例,只是这些词语被不适当地置于轻音词调式下。如表三,在轻音词"21+52"调式下挤入"整团"一词,则这个词使用频率很低,是不可能成为轻音词的。

重新调查和深入观察的结果说明:在巴里坤汉话中,由底层第 3 调与底层第 2 调构成的非轻音词与同样组合的轻音词是以同一韵律形式出现的;在以往认定的轻音词调式"21+52"下,隐伏着由底层第 3 调与底层第 2 调构成的用以表现非轻音词的不变调调式。

(3) 在最初调查中我们注意到,在两个表层第二调构成的非轻音词调式"52+52"下,聚集着两个底层第 2 调构成的不变调组合;现在又了解到,在两个表层第二调构成的、起初被视为轻音词调式的"21+52"下,隐伏着由底层

---

① "调型模式"是指由两个或两个以上调类组合形成的固定韵律结构体。后文有时简称"调式"。

② 汉语南方方言中存在由特定调类组合产生轻音的情况,如吴语的温州方言和崇明方言。参见郑张尚芳:《温州方言的连续变调》,载《中国语文》,1964 第 2 期;张惠英:《崇明方言的连读变调》,载《方言》,1979 年第 4 期。但在汉语北方方言中,轻音则总是与一定的语法语用现象相联系。

第3调与底层第2调构成的、与非轻音词相联系的不变调组合,这样,底层第2调与底层第3调在相同条件下的韵律对立,亦即处于底层第2调之前且与非轻音词相联系时的韵律对立,便清晰呈现于眼前。现将其韵律对立用规则表示如下:

[底层第2调]→52/____[52(底层第2调)]#

[底层第3调]→21/____[52(底层第2调)]#①

(外部条件:与非轻音词相联系)

基于以上对立,我们将巴里坤汉话底层第2调、第3调的调值初步确定为52和21。

综上所述,巴里坤汉话三个表层调类与四个底层调类调值对应关系为:

表四

表层调类		底层调类	
第一调	44	第1调	44
第二调	52	第2调	52
		第3调	21
第三调	24	第4调	24

五、底层第2调、第3调调值证明

1. 非词组合测试

巴里坤汉话的轻音词在范围上似乎要比北京话大。不过其轻音词与非轻音词的韵律区别,主要不是表现在音强上,而是表现在调型模式上。在轻音词中,以底层第1调、第2调、第3调、第4调为首音节的两字组,各有各的调型模式。见下表:

---

① "→"表示语音转变。"→"左边为输入项,右边为输出项。"/"后表示语音环境。"——"为转变位置。"#"表示词界。

表五

词条类别 首音节 \ 末音节	第1调	第2调	第3调	第4调	轻声调
第1调	44+52 秋天	44+52 今年	44+52 灯笼	44+52 鸡蛋	44+52 窗子
第2调	44+21 流星	44+52 头皮	44+52 牙狗	44+52 容易	44+52 明个
第3调	21+52 眼睛	21+52 以前	21+52 奶奶	21+52 姊妹	21+52 我们
第4调	21+24 夏天	21+24 太阳	21+24 大米	21+24 漂亮	21+24 木头

在轻音词中，由于轻音词调型模式的作用，巴里坤汉话的底层声调一般都要改变原来调值；而在非轻声词中，底层声调大多保持原来调值[①]。

根据巴里坤汉话底层调类在非轻音词中大多保持原来调值的特点，笔者在前面以非轻音词的声调表现为根据确定了底层第2调、底层第3调的调值。在巴里坤汉话中，非轻音词没有语法标志（轻音词往往可以从语法形式上识别），笔者判定非轻音词是以使用频率为根据，而使用频率难以量化，且因人而异，仅仅根据使用频率论定基础似嫌单薄。为弥补不足，笔者增加了一项调查，即"非词组合测试"。具体地说，就是人为拼凑许多由实语素充当结构成分的、且不可能进入词汇范畴的两字组"词语"，让合作人读。之所以说它们"不可能进入词汇范畴"，道理在于，这些人为拼凑的"词语"均缺乏语法语义上的搭配条件。这类"词语"因为不具备轻音词生成的结构条件（含有虚语素）和语用条件（高频使用），是绝不可能按轻音词调式发音的。增加这项调查是为了核实底层第2调和底层第3调的调值，人为拼凑的两字组"词语"都是以这两个声调开头。以底层第2调开头的有："阳轻"、"床驴"、"河为"、"塘想"、"台动"等等；以底层第3调开头的有："洗先"、"打鞋"、"水年"、"猛伞"、"走布"等等。结果发现：以底层第2调开头，且以底层第2调收尾

[①] 底层第4调表现特殊：在两字组非轻音词中它都要变调；在三字组连调中，其活泼易变的特点也表现得相当明显。详细情况及原因另文叙述。

的,在发音合作人那里一律读作"52+52";以底层第 3 调开头,且以底层第 2 调收尾的,在发音合作人那里一律读作"21+52"。在"非词测试"过程中,底层第 2 调、第 3 调表现出的语音对立,与笔者通过对非轻音词考察取得的结论完全一致。非词组合测试结果表明,把底层第 2 调、第 3 调的调值分别确定为 52 和 21 是可信的。

2. 同系属邻近方言比较

前面提到,巴里坤虽属新疆,但与甘肃省仅一县之隔。其实巴里坤与甘肃省并不仅仅在地理上是邻居,行政上亦曾有过极为密切的关系。唐睿宗景云二年设河西道,河西道下辖七个州,管辖区域除了包括甘肃河西走廊,同时包括新疆东部。当时的巴里坤属于其中的伊州。由于地理位置及历史区划上关系紧密,新疆东部的汉话与甘肃河西走廊的汉语方言在音系上有着很强的一致性①。就声调来说,该地区绝大多数县市只有三个单字调。第一调都是与北京话的阴平相对应,表现为一个半高平调或高平调;第二调都是与北京话的阳平和上声相对应,表现为一个高降调;第三调都是与北京话的去声调相对应,或表现为低降升调,或表现为低降升调的前半段——低降调,或表现为低降升调的后半段——低升调。甘肃省永昌县是该地区唯一拥有四个单字调的同系属方言。值得注意的是,该方言四个单字调与巴里坤汉话四个底层调,就古今调类对应关系看,如出一辙。永昌方言四个单字调的调值是:44;52;42;31。除了第四调与巴里坤底层第 4 调在调式走向上有所不同外,其他三个调类,即第一、第二、第三调,则与巴里坤汉话底层第 1、第 2、第 3 调的声调形式基本吻合。前述吻合对于我们对有关巴里坤底层第 2、第 3 调调值的分析和认定,可以说提供了极为有力的旁证。

六、余论

在本文讨论中,笔者引入了"底层调"的概念,这里所谓的底层调,既不等同于相对变调而言的"本调",也不等同于汉语历史构拟中的"祖调"。称之

---

① 参见甘肃省教育厅《甘肃方言概况》,兰州师范大学,1960 年;林端《新疆汉话的声调特点》,载《新疆大学学报》,1987 年第 1 期;刘俐李、周磊《新疆汉语方言的分区》,载《方言》,1986 年第 3 期。

"底层调",乃是因为它是隐伏在单字调之下、通过连调分析揭示出来的调类。巴里坤汉话底层调反映了该方言调类系统的早期格局,从这个角度看底层调,其乃是历史痕迹的反映。但巴里坤汉话的底层调并非仅仅反映过去,它仍在发挥作用,因为这四个底层调,在今天巴里坤汉话的使用中依然保持着活力,亦即继续显示着调类的语音区别作用。这种作用不仅表现在该方言的既有语词中,同时也表现在我们为实验而拼凑的非词组合中。所以,我们不是将巴里坤汉话底层调视为历史遗迹,而是将它作为仍然活跃着的现实调类看待。

汉语方言的声调调类由南而北而西逐渐减少。如果这横向的共时分布可以视为汉语声调由中古而近代而现代纵向发展的历史投影,那么,这意味着汉语声调正处于一个由多到少逐步合流的过程。据笔者观察,汉语声调的合流是经由"单字调分,连读调分→单字调合,连读调分→单字调合,连读调合"的过程而实现的。通过单字调与连读调的结合考察,以及表层调与底层调的对比,可以清楚地看出这一轨迹。因此,在汉语声调的研究中,区分表层调系统和底层调系统,不仅是必要的而且是有益的。

在分析认定底层调类及其调值的过程中,笔者利用了某些辅助性手段,包括非词组合测试、相关方言比较等。这样做虽然颇费时、费力,但却是非常必要的。因为笔者最初对于底层调类及其调值的认定的依据只是连读变调。众所周知,汉语的连读变调并非仅仅为单字调所制约,它事实上同时受到语义、语法、语用等多种因素的影响,在单字调与连读调对应关系相当复杂且比较晦涩的情况下,从连读变调切入,梳理调位制约的韵律特征,发掘隐蔽于单字调背后的底层调类,弄清各个底层调的调值。所以,我们必须慎之又慎。否则,将难以保证结论的可靠性。

附记:

1985年3月和8月,笔者先后两次去巴里坤。主要发音合作人是巴里坤大河学区的工会干事姜振忠。姜振忠时年55岁,初中文化。调查期间得到他的密切配合。另外,笔者在返校后多次得到由巴里坤考入本校的数学系学生陈勇的帮助。在巴里坤调查过程中,巴里坤县教育局、方志办公室给予了热情支持和大力协助。

读音不轻的轻音词[①]

在不久前发表的讨论巴里坤汉话声调的一文中,笔者指出:巴里坤汉话轻音词读音不轻;其语音特征主要表现在调型模式上;有些轻音词调型模式与非轻音词相同,在此情况下无法通过语音特征辨别轻与非轻。[②] 或许有人会问:既为轻音词怎会读音不轻呢?读音不轻为何作为轻音词处理呢?在轻与非轻语音相同的情况下,根据什么来分门别类呢?本文将解释这些问题。

一、巴里坤汉话轻音词读音不轻

在论析巴里坤汉话时,我们将其中一些词语纳入轻音词范畴。这些被作为轻音词处理的词语实际上读音一点都不轻。

首先,听觉上它没有给人"轻"的印象。轻音词这个术语总是用于指称尾音节发音短弱的词语。发音短弱的音节,调型走向难以辨别,记录时通常只用一个阿拉伯数字标明调高点;而不像记录非轻音音节,一般使上两个乃至三个数字,在标明调高点的同时还标明调型走向。巴里坤汉话两字组轻音词,根据首音节调类[③]的不同,表现为四种调式:阴平起首的为"44+52"式,阳平起首的为"44+21"式,上声起首的为"21+52"式,去声起首的为"21+

---

① 原载《新疆大学学报》(哲学社会科学版),1987 年第 3 期。
② 曹德和:《巴里坤汉话的底层调类及其调值》,载《新疆大学学报》,1987 年第 1 期,第 102~108 页。
③ 巴里坤话单字调是三个,而连读变调表现出的调类是四个(不包括轻声)。前者我们称之为"表层调",后者我们称之为"底层调"。本文所说调类指底层调。有关表层调和底层调的说明,参考拙稿《巴里坤汉话的底层调类及其调值》。

24"式。就音强看,除了"44+21"式给人前强后弱的感觉(原因后叙)外,其余几式情况相反,特别是"21+52"式让人明显感到是前弱后强。就音长看,巴里坤汉话轻音词后音节发音并不短。以上四种调式后音节调型分别记为"52;21;24",听得出音高变化和调型走向,说明其尾音节发音具有较长的时间延续。总之,巴里坤汉话轻音词读音不轻。

其次,声学测试显示它读音不轻。听感往往因人而异,仅凭听感不足以说明问题。为增强结论的客观性和可靠性,笔者请声学专家利用仪器对巴里坤汉话轻音词录音资料作了语音参数测试①。此前有关北京话轻音的语音合成实验表明,"轻音音节的音长一般只是前面重音音节的一半左右",即轻音声学特征主要表现在音长上。② 因此,对巴里坤汉话轻音词进行语音参数测试,主要考察其音长情况。鉴于不少人坚持认为轻音是音强问题,测试中,对音强方面的表现也作了观测。

提供声学仪器测试的轻音词词条③共计 16 个。其中阴平、阳平、上声、去声起首的各 4 个,按起首声调分为 A、B、C、D 四组:

A 组	星星	跟前	庄稼	窗子
B 组	时间	头皮	文化	芹菜
C 组	水浒	手套	耳朵	影子
D 组	夏天	太阳	大米	后个

测试获得的数据综合为表一和表二,两张表分别反映巴里坤汉话轻音词内部的音长和音强情况。

表一首先列出 A、B、C、D 四组 16 个词条前音节和后音节的音长(按包络线在时间轴上的起讫点计算),然后用后音节音长除以前音节音长,得出百分比。单项值反映 16 个词条的单个百分比,分组平均值反映 A、B、C、D 四组词条分类百分比,总均值反映总体百分比。就单项值和分组平均值看,巴里坤汉话轻音词有后音节短于前音节的,也有前音节短于后音节的,这跟北京话

---

① 声学测试委托北京中国音乐学院嗓音研究室黄强先生。声学测试发音合作人:姜凤军,男,31 岁,巴里坤城关镇人,新疆大学进修生。
② 林焘:《探讨北京话轻音性质的初步实验》,载《语言学论丛》第 10 辑,商务印书馆,1983 年,第 16~37 页。
③ "词条""轻音词""非轻音词"皆为省事说法,举例中包含非词组合。

轻音词后音节一律短于前音节显然不同。就总均值看,巴里坤汉话轻音词后音节音长为前音节的 87%,总体上后音节短于前音节;但是跟北京话轻音词后音节时长仅为前音节一半左右的情况相对照,仅仅短 13%,是微不足道的。音长测试结果表明巴里坤汉话轻音词读音不轻,至少说它不具备北京轻音表现出的声学特征。

表一　　　　　　　　　　　　　　　　　　　单位:毫秒

组合类别	例词	前音节	后音节	后音节为前音节 %		
				单项值	分组平均值	总均值
A组	星 星	260	240	92	103	87
	跟 前	210	300	148		
	庄 稼	240	270	113		
	窗 子	315	185	59		
B组	时 间	340	280	82	79	
	头 皮	275	225	82		
	文 化	250	190	76		
	芹 菜	310	230	74		
C组	水 浒	285	245	86	82	
	手 套	270	250	93		
	耳 朵	290	220	76		
	影 子	320	230	72		
D组	夏 天	285	295	104	103	
	太 阳	260	260	100		
	大 米	195	270	138		
	后 个	400	280	70		

表二格式同上。该表首先列出 A、B、C、D 四组 16 个词条前后音节的音强(以基准线为起点,以包络线峰巅为终点,取二者区间值),然后用后音节音强除以前音节音强,得出百分比。单项值反映各个词条的百分比,分组平均值反映各组的百分比,总均值反映总体的百分比。就单项值和分组平均值而言,巴里坤汉话轻音词有后音节弱于前音节的,也有前音节弱于后音节的。表中 B 组后音节音强仅为前音节的 61%,落差很大。对此我们的看法是,B

组音强上的悬殊是由音高差别造成的。诚如王士元所言,汉语韵律的音高和音强之间存在同步消长关系,基频上升时振幅会随之上升,基频下降时振幅会跟着下降。① B 组调式为"44+21",音高上的前高后低导致音强上的前强后弱。值得注意的是,尽管 B 组前后强弱的明显落差对总均值产生较大影响,但最终得出的总均值为百分之百(这纯属巧合),表现为前后音强持平。如果有人坚持轻音取决于音强,那么测试结果表明,巴里坤汉话轻音词在音强方面的表现不足以证明它具有典型轻音的声学特征。

表二 单位:毫秒

组合类别	例词	前音节	后音节	后音节为前音节 %		
				单项值	分组平均值	总均值
A组	星 星	28	24	86	96	100
	跟 前	28	26	93		
	庄 稼	30	34	113		
	窗 子	24	22	92		
B组	时 间	27	20	74	61	
	头 皮	28	17	61		
	文 化	25	13	52		
	芹 菜	25	17	68		
C组	水 浒	16	22	138	135	
	手 套	18	32	178		
	耳 朵	22	27	123		
	影 子	22	25	114		
D组	夏 天	22	24	109	106	
	太 阳	22	21	95		
	大 米	21	22	105		
	后 个	28	32	114		

再次,辨音实验也表明它读音不轻。巴里坤汉话轻音词读音不轻,这结论站得住吗?为保证结论的可靠性,我们又作了辨音实验。巴里坤汉话存在轻重词语调型重合的现象,即轻音词与非轻音词往往共用同一调式,尽管彼

---

① 王士元:《实验语音学讲座》,载《语言学论丛》第 11 辑,商务印书馆,1983 年,第 3～103 页。

此所属范畴不同,甚至调类组合关系亦不同(参见表六)。上述现象的存在为辨音实验提供了有利条件,辨音实验即由此入手。具体做法是,首先找出那些分属轻重不同范畴而声韵调(调式)相同的词条,一轻一重配成对比组,然后让当地人分辨。操作时采取相对分辨和绝对分辨两种方式。所谓相对分辨即由同一合作人自念自辨,念是按对比组两个两个地念,然后判定二者在语音上是同还是不同。所谓绝对分辨即由某一合作人念若干合作人听,念是在对比组中随意挑着念,让听的人辨定。①

我们为辨音合作人提供了 10 个对比组,横线左边的为轻音词,横线右边的非轻音词(分类根据详见后文)。在实验过程中,辨音合作人不能分辨下列对比组:

　　星星—新型　　跟前—根浅　　庄稼—装假　　窗子—窗纸
　　时间—事件　　头皮—透辟　　芹菜—青菜　　手套—寿桃
　　耳朵—二朵　　影子—印纸

在声韵调重合的情况下,当地人不能分辨巴里坤汉话轻与非轻,这充分说明巴里坤汉话轻音词的读音确实不轻。

二、读音不轻仍应作轻音词处理

巴里坤汉话轻音词没有给人"轻"的感受;声学仪器测试表明其后音节不短不弱;在与非轻音词语音相同的情况下,当地人不能分辨。多方考察充分说明,它确实不具有轻读特征。但笔者仍以轻音词称之,这是为什么呢?原因在于,从别的方面看,它事实上隶属轻音范畴。

首先,其连读变调特征与北方汉语轻音词类型学特征高度一致。整理调查材料时我们发现,巴里坤汉话两字组轻音词在连读变调上有自己独特的规律,即"一般都要变调,变调多为后变,后变均为中和式变"。中和式变是指所有调类都变为同一形式。这与两字组非轻音词明显不同。后者的连读变调规律是"不变或前变,前变则为交替式变"。交替式变即一对一地变,由甲形

---

① 辨音实验合作人为:姜振忠,男,57 岁,巴里坤大河学区干事;李泽,男,55 岁,大河学区校长;阎端俊,男,30 岁,大河乡副乡长;姜凤军,同上。

式变为乙形式。以下以图表的形式加以说明(表三)：

表三

前音节	调式\后音节\类别	阴平[44]	阳平[52]	上声[21]	去声[24]	轻声①
上声[21]	非轻音词	52+44 粉丝	21+52 整团	52+52 土改	52+21 产量	
	轻音词	21+52 眼睛	21+52 乳牛	21+52 奶奶	21+52 姊妹	21+52 我们

这是上声开头的两字组连读变调规律表。表中例词分两行，上行为非轻音词，下行为轻音词。词语上方的"52+44"等为连读调式。在下一行里，位处前音节的"眼、乳、奶、姊、我"连读时调值不变，而位处后音节的"睛、牛、奶、妹"连读时调值改变了，这即所谓"一般都要变调，变调多为后变"。前述变调是由阴平44、阳平52、上声21、去声24统一变为阳平52，②结果是后音节位置上各种声调均以同一调型出现，调类之间对立消逝，这即"后变均为中和式变"。在上一行里，"整团"一词的前字连读时保持本调不变(实际上后字也是如此)，而"粉、土、产"三个前字连读时调值不同于本调，这即"不变或前变"。它们的变是由上声21变为阳平52，即所谓"变则为交替式变"("改"和"量"这两个后字发生变化是由其他原因引起的，即使变也不是中和式变)。

巴里坤汉话轻音词与非轻音词在连读变调上各有各的规律，以上现象不是孤立的。且看表四：

表四列举了济南、北京、洛阳、兰州、西宁等城市汉语方言两字组连读变调的情况。从表上可以看出，前述城市在连读变调上表现出相当整齐的规律：凡是轻音词，连读时"一般都要变调，变调多为后变，后变均为中和式变"；而凡属非轻音词，连读时则一般"不变或前变，前变则为交替式变"。另外，通化、天津、西安、银川等城市也是如此。以上城市，从东到西，基本覆盖了我国整个北方地区，该地区在连读变调上表现出的规律同我们在巴里坤汉话中看到的情况如出一辙。横向比较的结果说明，巴里坤汉话轻与非轻在连读中表

---

① 本文把"轻音"与"轻声"作为两个不同概念。前者指一种变调形式，后者指无法归入四声的一个独立调类。

② "牛"的单字调和连读调都是52，这里同样存在变调情况，只是"变调的结果与本调相同"而已。参见吕叔湘：《丹阳方言的声调系统》，载《方言》，1980年第2期，第85~122页。

现出的对立实际上是北方汉语类型特征的反映。据此我们认为:虽然巴里坤汉话轻音词读音不轻,但应当作为轻音词处理。

表四①

方言点	后音节 前音节	阴平	阳平	上声	去声	轻声	类别	
济南	上声	55 213 55 213 武装	55 42 55 42 口才	55 55 42 55 土改	55 21 55 21 解放		单字调 连读调 例词	非轻
		55 213 23 4 火烧	55 42 4 早晨	55 55 4 奶奶	55 21 4 宝贝	55 23 4 椅子	单字调 连读调 例词	轻
北京	上声	214 55 21 55 演说	214 35 21 35 语言	214 214 35 214 领导	214 51 21 51 伟大		单字调 连读调 例词	非轻
		214 55 21 4 冷清	214 35 21 4 老婆	214 214 21 4 姐姐	214 51 21 4 好处	214 21 4 杆子	单字调 连读调 例词	轻
洛阳	阳平	42 34 42 34 临街	42 42 43 42 河南	42 54 43 54 河水	42 31 42 31 莲菜		单字调 连读调 例词	非轻
		42 34 42 3 明日	42 42 42 3 秫秫	42 54 42 3 煤火	42 31 42 3 白昼	42 42 3 勺子	单字调 连读调 例词	轻
兰州	去声	24 31 11 31 唱歌	24 53 11 53 进行	24 33 11 33 大小	24 24 11 35 问路		单字调 连读调 例词	非轻
		24 31 11 5 后妈	13 53 11 5 匠人	13 33 11 5 舅母	13 24 11 5 太太	13 11 5 豹子	单字调 连读调 例词	轻
西宁	去声	213 44 213 44 货车	213 24 213 24 社员	213 53 213 53 饭碗	213 213 213 213 大蒜		单字调 连读调 例词	非轻
		213 44 21 53 地方	213 24 21 53 外行	213 53 21 53 校长	213 213 21 53 带带	213 21 53 辫子	单字调 连读调 例词	轻

---

① 在表四中,标在上面的为单字调,标在下面的为连读调。轻声没有固定的单字调调值,只标出连读调调值。斜体数字表示变调后的调值。

其次,其语法语用特征与北方汉语轻音词类型学特征相吻合。巴里坤汉话两字组轻音词可以分为两大类:一类具有语法上的形式特征,一类不具有任何形式标志。

先看前一类。根据语法特征的不同,该类可以分为以下7种情况:

①以构词语素"子、头、巴、个、家、么"为后置字。

如:辣子、叶子、吃头、缠头、肋巴、尾巴、今个、明个、个家、外家、这么、多么

②以构形语素"着、了、过、的"为后置字。

如:唱着、跑着、醒了、忘了、洗过、借过、他的、红的

③以时间词"年、月"为后置字。

如:今年、往年、后年、腊月、正月、十月

④以处所词"边、面、头、上、下、里"为后置字。

如:左边、右边、东面、南面、高头、外头、后头、手上、门上、地下、底下、怀里、井里

⑤以量词"个"为后置字。

如:几个、两个、五个、这个

⑥以补语"住、掉、上、下"为后置字。

如:抓住、堵住、干掉、唱掉、买上、写上、站下、坐下

⑦名词性叠音词。

如:蛛蛛、回回、达达、妹妹

前6种均属"前实后虚"结构,第七种为"重叠形式"。也就是说,前一类轻音词或为"实虚结构"或为"重叠形式"。

再看后一类,该类例子如:

锅盔、干达、冰水、修积、林窝、红肠、连手、齐洁、米汤、女猫、展妥、比画、切刀、恶索、外母、发变

这一类缺乏形式上的标志。不过并非没有特点,特点在于它们都是日常生活中频繁使用的语词。

巴里坤汉话轻音词同特定的语法语用范畴有着直接联系,而这绝非个别现象。通过查阅《念轻声的规律》、《天津人容易学好普通话》、《西安方言的变

调》、《洛阳方言志》、《银川方言的声调》、《兰州方言音系》①等方言报告,我们注意到,巴里坤汉话轻音词表现出的语法语用特征,同样出现在其他北方汉语轻音词身上。概言之,"实虚结构"以及"重叠形式"读作轻音,这是北方汉语之共性所在。无需否定,巴里坤轻音词表现出语法语用特征与其他北方汉语表现出的相应特征不尽相同。例如,在北京话里,"挪挪"、"看看"等动词重叠式都是念轻音,以量词"只"、"本"、"枝"等为后置字的数量结构也都念作轻音,而在巴里坤汉话里没有发现类似情况。不过,这是由方言差异造成的。巴里坤汉话从不使用动词重叠式,表示尝试或短暂意义是采用动词后边加"一下"的形式。如"挪挪"说"挪一下","看看"是说"看一下"。在巴里坤汉话中没有"只"、"本"、"枝"这样的量词,无论计数大小动物还是扁平或细长物体都是论"个",亦即以"一个牛"、"一个鸡"、"一个票"、"一个书"、"一个刀"、"一个枪"的方式表述。概言之,彼此差异属于大同中的小异,这并不影响二者总体上的一致性。从北方汉语宏观背景下加以观照,不难发现,在巴里坤汉话轻音词身上看到的语法语用特征,在北方汉语中普遍存在。

通过以上讨论不难发现,把轻音词单纯视为语音现象失之偏颇。既然轻音词除了具有特定的语音形式,同时与语法语用不无联系,理应作为形态学(morphology)现象看待。作为形态现象的轻音词,其特征不是单一的而是综合的。根据我们的研究,轻音词的形态特征主要表现在四个方面,即中和性、依附性、模糊性和语法语用的对应性。所谓中和性,是指处于轻音词后音节位置上的各种声调合而为一,对立消失。所谓依附性,是指轻音词后音节的音高形式总是受前音节制约,而本身没有自主性。所谓模糊性,是指轻音词后音节大多声调短弱,并往往伴有元音央化、清音浊化等现象。所谓语法、语用的对应性,是指轻音词同实虚结构、重叠形式及词语的高频使用有着密切的联系。以上特征,即在巴里坤汉话里轻音词占了大半,缺的只是模糊性,因为巴里坤汉话轻音词读音不轻。针对轻音不轻现象,我们做了广泛调查研究。结果发现在其他一些汉语方言中,不同程度地存在着类似现象。请看

---

① 承融:《念轻声的规律》,载《文字改革》,1959年第2期,第11~14页;黄绮:《天津人容易学好普通话》,载《方言与普通话集刊》第二本,北京文字改革出版社,1958年,第1~8页;孙福全:《西安方言的变调》,载《中国语文》,1961年第1期,第28~30页;张启焕等:《洛阳方言志》,见河南大学中文系1985年油印本;张盛裕:《银川方言的声调》,载《方言》,1984年第1期,第19~27页;高葆泰:《兰州方言音系》,甘肃人民出版社,1985年。

下表：

表五①

方言点	轻 音 表 现
博山	上声后边轻音音节很短,只能记下调高点5,如:奶奶213+5。 阴平、阳平、去声后边轻音音节虽短尚能辨出调型,分别记为23、54、31,如:钉子31+23;爷爷24+54;豆子55+31。 阴入后边轻音音节"读得较长",记为33,如:桌子213+33。
西宁	阴平、上声后边轻音音节较短,只能记下调高点1,如:桌子44+1;本子53+1。 阳平、去声后边轻音音节不短,记为53,如:房子21+53;辫子21+53。
获嘉	去声后边轻音音节较短,只能记下调高点3,如:弟弟13+3。 阴平、阳平、上声、入声后边轻音音节较长,记为13,如:砖头31+13;馍馍31+13;奶奶53+13;媳妇3+13。
鄯善	阴平、阳平后边轻音音节较长,分别记为24、53,如:刀子31+24;房子24+53。 上声、去声后边轻音音节也较长,同调,记为21,如:冷子53+21;帽子44+21。

表五反映了我国北方部分城镇汉语方言的轻音情况。从表上可以看出,轻音不轻现象在博山、西宁、获嘉、鄯善等地同样存在,只是程度不尽一致而已。根据调查研究,在轻音的四个形态学特征中,模糊性出现得最晚,且缺乏普遍性和典型性。因此,对于读音不轻的问题,我们并不那么在意。鉴于巴里坤汉话轻音词已经具备轻音的主要形态学特征,我们认为,将它纳入轻音词范畴是合理的,是经得起理论推敲的。

三、轻音词与非轻音词的辨识方法

具有形态轻音是我国北方汉语中普遍存在的现象。在北京及其附近轻音发展得比较快,模糊性特征表现得非常充分,轻音词前重后轻,对比强烈,可以"一耳听出"。巴里坤汉话轻音词读音不轻,有的轻与非轻同调,在此情

---

① 语料引自钱曾怡等:《博山方音记略》,载《文科论文集刊》,山东大学出版社,1982年版;张成材:《西宁方言记略》,载《方言》,1980年第4期,第282～302页;贺巍:《获嘉方言的连读变调》,载《方言》,1979年第2期,第122～137页;邓功:《试说鄯善汉话的声调系统》,载《新疆大学学报》,1987年第1期,第109～115页。

况下如何辨别呢？下面谈谈辨别轻音词与非轻音词的几种方法：

1. 根据调式来辨识

先看表六：

表六

前音节	调式类别	阴平[44]	阳平[52]	上声[21]	去声[24]	轻声
阴平[44]	非轻	44＋44	**44＋52**	**44＋52**	**44＋21**	
	轻	44＋52	44＋52	44＋52	44＋52	44＋52
阳平[52]	非轻	52＋44	52＋52	52＋52	52＋21	
	轻	44＋21	44＋21	44＋21	44＋21	44＋21
上声[21]	非轻	52＋44	**21＋52**	52＋52	52＋21	
	轻	21＋52	21＋52	21＋52	21＋52	21＋52
去声[24]	非轻	21＋44	**21＋52**	**21＋52**	**44＋21**	
	轻	21＋24	21＋24	21＋24	21＋24	21＋24

这是巴里坤汉话两字组连读变调规律表。从表上可以看出，巴里坤汉话轻音词在连读变调上表现出独特而整齐的规律。在调类组合相同的情况下，它们凭借特定的变调形式与非轻音词相区别。根据首音节调类的不同，该方言两字组轻音词表现为"44＋52"、"44＋21"、"21＋52"、"21＋24"四种调式。辨别轻音词可以由此入手。前三种调式亦为非轻音词所使用（见字体线条加粗处），但数量并不多；采取以上调式的绝大多数属轻音词。第四种调式即"21＋24"不为非轻音词所使用。碰到这种调式的词语，可以即刻断定它属于轻音词。

2. 根据调式与调类组合对应关系来辨识

巴里坤汉话存在轻与非轻调式重合的现象。这包括两种情况。一种发生在不同调类组合之间，表现为阳平开头的轻音词与"阴平＋去声"、"去声＋去声"的非轻音词共用"44＋21"调式（参见表六），以及上声开头的轻音词与"去声＋阳平"、"去声＋上声"的非轻音词共用"21＋52"调式。结果：黄牛（阳＋阳；轻）＝荒谬（阴＋去；非轻）、云彩（阳＋上；轻）＝运菜（去＋去；非轻）、勤谨（阳＋上；轻）＝清静（阴＋去；非轻），主人（上＋阳；轻?）＝住人（去＋阳；非轻）、赶紧（上＋上；轻）＝干警（去＋上；非轻）、打扮（上＋去；轻）＝大坂（去＋

上;非轻)。另一种发生在相同调类组合基础上,表现为"阴平＋阳平"、"阴平＋上声"、"上声＋阳平"三种组合轻与非轻共用同一调式(参见表六)。结果:"新房"＝"心房"(阴＋阳;44＋52)、"浆水"＝"江水"(阴＋上;44＋52)、"以前"＝"椅前"(上＋阳;21＋52)。而根据语用特点判断,等号前边的应属轻音词,等号后边的应属非轻音词。在轻与非轻调式重合的情况下,我们无法依据调式分门别类。不过对于前一种,即发生在不同调类组合之间的轻重重合,可以根据调式与调类组合对应关系来辨别。在巴里坤汉话里,阳平开头的轻音词与"阴平＋去声"、"去声＋去声"的非轻音词都采用"44＋21"调式,而根据调式与调类组合对应关系,在"44＋21"下唯有阳平调开头的属于轻音(参见表六)。如果碰上读作"44＋21"的,就可以看看它开头是个什么调。前边我们说"黄牛"、"云彩"、"勤谨"为轻音词,"荒谬"、"运菜"、"清静"为非轻音词,就是用这种方法来判别的。

3. 根据语法上的形式标志来辨识

巴里坤汉话轻音词有些具有语法上的形式标志,辨认轻与非轻可以由此入手。具体操作参见前文,这里不再展开讨论。

4. 通过跟轻声字的组合来辨识

运用第一、第二种方法辨别轻与非轻得时时记住轻音调式。要做到这点可不容易。如果忘了,有一个办法,就是请轻声字帮忙。在巴里坤汉话中有一批轻声字,如"们"、"的"、"子"、"头"、"着"、"了"、"过"等,这些字对于识别轻音调式非常管用。阴、阳、上、去四声的字,后面只要附上一个轻声字,请当地人读,读出来的肯定是一个轻音调式。附加轻声字时,无需考虑语法语义上能否组合。譬如随便组合个"山们",读出来的一定是"44＋52";组合个"平们",读出来的则一定是"44＋21"。有了这个方法,不愁掌握不了轻音调式;而掌握了轻音调式,开头介绍的两种方法便可轻松运用。

上面谈了辨识轻与非轻的几种办法。运用这些办法,我们可以把轻音词与非轻音词基本区别开来。但只能说基本。因为对于发生在相同调类组合基础上的轻重同式,即前面谈到的"新房"与"心房"等,还找不到可靠的形式上的区分办法。

四、余 论

轻音词读音不轻对于新疆来说可能不是个别现象。在刘俐李的《焉耆方音记略》和邓功的《试说鄯善汉话的声调系统》中,①看不到关于轻读的描写。1986年,笔者随林端教授去哈密作方言调查,那里的轻音词既不短也不弱。杨晓敏教授的《乌鲁木齐汉语方言概况》认为"乌鲁木齐汉语方言中也有轻声",但又指出,其轻声"没有普通话的轻声那样明显"。② 根据以上材料我们推测,轻音不轻极可能是新疆汉语的共性特征。

轻音在汉语语音史上属后起衍生现象。它的形成和发展受到语言本身条件和外部社会环境的制约。轻音在我国表现极不平衡。在南方,它几乎连脚也插不进;在北方,它则牢牢地扎下了根,虽然在不同地区发育有快有慢。在方言调查中,确定有无轻音,以及描写其表现,要防止简单化。如果眼睛仅仅盯着轻读,则会把轻音当成非轻音。结果在归纳方言变调系统时,去把本来相当简明整齐的系统搞得繁杂不堪。这样的情况事实上是存在的。

就调类数目看,北方汉语比南方汉语少,而就轻音现象看,北方汉语较南方汉语发达。桥本万太郎把二者联系起来,认为这表明,在阿尔泰语影响下,北方汉语正在"从声调语言移向重音语言"。③ 对此中国学者褒贬不一。我们认为,科学研究不能没有大胆假设,但同时需要小心求证。前述假设能否成立,得用事实来检验。而要掌握足够的事实则需要进行广泛深入的调查。开展轻音及相关现象的调查、描写和研究,不仅对于验证桥本教授的假设,而且对于正确认识汉语史,都具有重要的意义。

附图:

---

① 参见刘俐李:《焉耆方音记略》(打印稿);邓功:《试说鄯善汉话的声调系统》,载《新疆大学学报》,1987年第1期,第109~115页。
② 参见新疆大学中文系:《语言学论文集》,新疆大学1980年内部铅印本。
③ 桥本万太郎:《语言地理类型学》(余志鸿译),北京大学出版社,1985年,第171页。

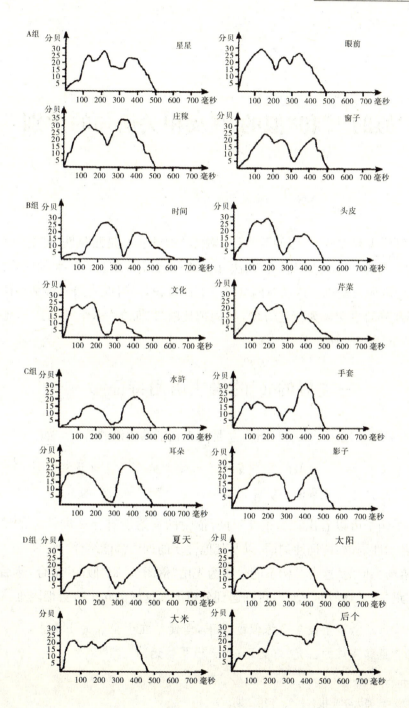

试说"似的1"和"似的2"及相关语句的辨别[①]

现代汉语里存在两个"似的":一是比喻性"似的",一是测断性"似的"。[②] 两个"似的"只是书写形式相同,在语法、语用等方面实际却有着很大的区别。本文拟在前人研究基础上谈谈对两个"似的"的认识,同时说明如何辨别跟两个"似的"有关的语句。为叙述方便,我们把比喻性"似的"称作"似的1",把测断性"似的"称作"似的2"。

一、"似的1"的语法语用特征

"似的1"属于助词,缺乏自主性,总是附着在别的词语的后面。如:

  木头似的 滚似的 变成了天使似的 像落汤鸡似的
  疯狂似的 拿破仑凯旋法国似的 跟老树根似的

从上举例子可以看出,"似的1"对所依附的词语没有什么词性上的要求,它与名词性词语、谓词性词语,以及其他性质的词语都能结合。

"像落汤鸡似的"这类结构不能分析为先由"落汤鸡"跟"似的"结合,然后再由"像"跟"落汤鸡似的"结合;否则遇到分析下面这样的句子时会很困难:

  ①水从悬崖上像条飞练似的泻下,即使站在十里外的山头上,
  也能看见那飞练的白光。(碧野《天云山景物记》)

[①] 原载《新疆大学学报》,1998年第2期。
[②] 江蓝生:《助词"似的"的语法意义及其来源》,载《中国语文》,1992年第6期,第445页。

把"像条飞练似的"分析为"像+(条飞练+似的)","条飞练似的"不成结构,以上分析违背层次切分法关于切分结果必须"能成立"的原则。① 正确的分析只能是"(像+条飞练)+似的"。即先由"像"跟"一条飞练"组合;"动词(包括'是')后边紧接着'一+量词+名词'的时候,'一'可以省去不说"②,在上述规律的作用下,"一"被省略;然后由"像条飞练"跟"似的"组合。"似的"与前面的"像"同义反复,起强调作用。③

"似的1"不能独立充当句法成分,它总是跟前面的词语一起构成比况短语在句子中发挥作用。如:

②路旁的柳树忽然变成了天使似的,传达着天上的消息。(老舍《在烈日和暴雨下》)

③她心里立时感到猫抓似的,一时倒不知怎么做好。(引自陆俭明《析"像……的"》)

④那一堆堆像小山似的煤,仿佛压着他的心。(《当代》,1990年第1期)

⑤他的脚像打摆子似的抖,站还站不稳,哪拖得动陈宝山。(同上)

⑥你看他,淋得落汤鸡似的。(引自陆俭明《析"像……似的"》)

"似的1"构成的比况短语可以做谓语、宾语、定语、状语、补语等。对于例②,有人分析为比况短语做宾语,我们看法不同。"变成"只能带名词性宾语,比况短语属于谓词性短语,"变成"和"天使似的"不能按动宾关系搭配。虽然从语义上看,作为喻体的是"天使",而不是"变成天使",但根据语法规则,只能分析为"变成天使"跟"似的"结合,构成比况短语,在句中做谓语。

"似的1"经常跟"像……"的动宾短语组合,以"像……似的1"的形式在句中出现。从语义上讲,"似的1"是羡余成分,可有可无;但就语法上讲,"似的1"往往是必不可少的。因为根据语法规则,动宾结构的自由短语一般不能直接充当定语或状语,而缀上"似的1"以后,便有了做定语或状语的功能。由此可见,"似的1"添加在"像……"动宾短语之后不仅仅是为了强调,实际

---

① 吴竞存、侯学超:《现代汉语句法分析》,北京大学出版社,1982年,第17页。
② 胡附:《数词和量词》,上海教育出版社,1984年,第55页。
③ 邢福义:《从"似X似的"看"像X似的"》,载《语言研究》,1993年第1期,第1~6页。

上也在起着转变词语功能的作用。比况短语能够自由地担任谓语、定语、状语成分,语法功能大体相当于形容词,似以归入形容词短语为妥。

在语用上,"似的1"起着表示比喻或相似的作用。①至⑥是表示比喻的例子。下面是表示相似的例子:

⑦他以为伙伴们都不知道昨天夜里发生的事,装得没有事件儿似的。(引自陆俭明《析"像……似的"》)

⑧这种警告和呼声并不能使他像老三似的马上逃出北平……(老舍《四世同堂》)

比喻和相似都是以甲乙事物的似同点为基础。其区别大概有这么几点:其一,比喻是利用具有似同点的乙事物来描写说明甲事物;相似则是说甲事物在某一方面同于乙事物。其二,在比喻里,甲乙事物之间的差异点多于似同点;在相似里,则是甲乙事物之间的似同点多于差异点。其三,"比喻是文学语言的擅长",①属于艺术修辞的范畴;相似则为寻常表达,属于常规修辞的范畴。其四,属于比喻的句子,乙事物读逻辑重音;作为相似的句子,乙事物读语法重音。逻辑重音的强度超过语法重音,这是它们形式上的重要区别。②

二、"似的2"的语法语用特征

"似的2"跟"似的1"在语音上没有丝毫不同,也是读作 shì·de。在语法方面,一样表现出助词的性质,使用时总是依附于前面的词语。跟它结合的都是谓词性词语。如:

赞叹似的　大有希望似的　松了一口气似的　好像没听见似的　十分痛苦似的　心里很轻松似的　仿佛我们给他们丢了什么人似的

《助词"似的"的语法意义及其来源》说,"跟'似的1'既能出现在句子中

---

① 钱锺书:《七缀集》,上海古籍出版社,1979年,第38页。
② 徐世荣:《朗读时重音的处理》,载《语文浅论集稿》,安徽教育出版社,1983年,第167页。

间又能出现在句子末尾不同,'似的2'总是出现在句尾"。① 事实并不是这样,"似的2"也可以在句子中间出现。例如:

⑨她又像安慰我似地说:"你放心,大夫明早还会来的。"(冰心《小桔灯》)

⑩他们讨好似的对包国维装笑脸。(《张天翼选集》)

⑪他十分痛苦似的闭上眼睛(引自周行健《实用汉语用法词典》)。

⑫阿义可怜——疯话,简直是发了疯了。花白胡子恍然大悟似的说。(鲁迅《药》)

⑬他的眼会半天不眨巴的向远处看,好像要自杀和杀人似的楞着。(老舍《四世同堂》)

⑭钱太太两眼盯住棺材的后面……只那么偶然似的点了一下头。(老舍《四世同堂》)

"似的2"经常跟前面的词语组成短语充当句法成分。鉴于这一事实,我们不把"似的2"归入句末助词,而是跟"似的1"一视同仁,看做句内助词。句内助词根据生成能力可分造语助词和非造语助词,前者如"的"、"所"、"似的1";后者如"着"、"了"、"过"、"连"、"给"。"似的2"跟"似的1"一样,属于造语助词。由"似的2"参与构成的短语,根据"似的2"的作用可以称之为"测断短语"。

测断短语可以作状语、谓语、宾语等句法成分。作状语的例子上面已经有了,下面是作谓语和宾语的例子:

⑮他和我走到车上,将桔子一股脑儿放在我的皮大衣上。于是扑扑身上的泥土,心里很轻松似的。(朱自清《背影》)

⑯他使劲地抓着马全有的手,好像怕他离开似的。(杜鹏程《保卫延安》)

⑰也怪,怎么这个人的音调模样,仿佛曾经见过似的?(1956《儿童文学选》)

---

① 江蓝生:《助词"似的"的语法意义及其来源》,载《中国语文》,1992年第6期,第445～453页。

⑱她老觉得像有人要害她似的。(引自吴竞存、梁伯枢《现代汉语句法结构与分析》)

⑲雷锋和大家打了一会乒乓球,心里觉得有什么事没做似的。(陈广生、崔家骏《雷锋的故事》)

⑱、⑲两例,"似的2"后附于"像有人要害她"和"有什么事没做",组成测断短语,在句子中充当宾语成分。

如果"似的2"的结合对象是"像(好像、仿佛等)+主谓短语",构成的测断短语可以独立成句。例如:

⑳啊,好像我们给他们丢了什么人似的。(孙犁《荷花淀》)

㉑月还没有落,仿佛看戏也并不很久似的。(鲁迅《社戏》)

㉒他先把杯中的余酒喝尽,而后身子微晃了两晃,仿佛头发晕似的。(老舍《四世同堂》)

在例⑯至例㉒里,"像"、"好像"、"仿佛"不是动词,是语气副词,作用接近"似乎"(参见例23),表示对情况的推测。

㉓似乎他所有的努力,所有的工作,都是极渺小,不值一提似的。(小琪子《西行记》)

我们没有发现测断短语做定语的用例。对含有测断短语的句子加以改造,让原来做状语或谓语的测断短语充当定语,组成的语句似乎都站不住。下面三个句子由例⑫、例⑯和例⑰改造而来,合法性均令人怀疑:

㉔"阿义可怜——疯话,简直是发了疯了。"恍然大悟似的花白胡子说。

㉕他使劲地抓着马全有的手,脸上流露出好像怕他离开似的神情。

㉖也怪,怎么这个人长着一副仿佛曾经见过似的模样?

测断短语到底能不能做定语,如果不能,限制其做定语的原因又是什么,这些目前还说不准,有待进一步研究。

测断短语能够做状语、谓语、宾语,语法功能接近形容词,也可以归入形容词短语。

在语用上,"似的2"具有什么样的功能呢?拿例⑮和例⑲同下面两个句子作一番比较,可以发现,"似的 2"、"并不表示比喻与相似,只表示一种不肯定的判断语气"。①

㉗他和我走到车上,将桔子一股脑儿放在我的皮大衣上。于是扑扑身上的泥土,心里很轻松。

㉘雷锋和大家打了一会乒乓球,心里觉得有什么事没做。

三、如何辨别跟两个"似的"有关的比喻句和测断句

汉语中存在着两个"似的",两个"似的"分别联系着比喻和测断两类语句。跟两个"似的"相联系的比喻句和测断句不易分辨,即使已经知道汉语中存在着两个"似的"的学者,在辨别与之相关的比喻句和测断句时,也难免判断失误。如:

㉙眼看纷纷扰扰,又似从林影中,闪出一两个人似的。(白羽《十二金钱镖》)

例㉙属于测断句;在《从"似X似的"看"像X似的"》一文中,作者将它归入了比喻句。②

跟两个"似的"有关的比喻和测断不那么好辨别,这有两方面原因:一是比喻"基于甲乙两事之间有类似关系",而测断"也基于两事的疑似之处"③,彼此在意义方面存在相通之处;二是它们都使用"……似的"格式,在形式方面也有着一致的地方。

以上提到的共同点只是一种假象,在共同点的背后其实掩盖着本质的不同。

首先,在语义方面,虽说比喻和测断都以似同关系为基础,但比喻的似同关系是基本建立在不同的客观事物之间,而测断的似同关系一般是建立在客观事物和主观反映之间。如例①,比喻的似同关系是建立在"水"与"飞练"之

---

① 江蓝生:《助词"似的"的语法意义及其来源》,载《中国语文》,1992年第6期,第445～453页。

② 邢福义:《从"似X似的"看"像X似的"》,载《语言研究》,1993年第1期,第1～6页。

③ 江蓝生:《助词"似的"的语法意义及其来源》,载《中国语文》,1992年第6期,第445～453页。

间;而例⑨这一测断的似同关系是建立在"她"对"我"说话时的态度和"我"对这态度的理解之间。在比喻句的语义结构里,似同双方需要靠中介词的帮助建立联系,"像"、"似的"是中介词;在没有"像"的情况下,"似的"一般不可缺少。在测断句的语义结构里,似同双方建立联系不需要中介词的帮助,"像"、"似的"不是中介词,只起表示语气的作用,去掉也没关系。

其次,从语法方面看,虽然双方都使用"……似的"这一格式,但出现在格式中的"似的"语法性质、语法分布和语法作用并不相同。在表示比喻的格式里,"似的"为比况助词,即"似的1",它可以出现在多种词语的后面,组成的短语经常做定语;在表示测断的格式里,"似的"是测断助词,即"似的2",它只出现在谓词性词语的后面,组成的短语一般说不做定语。

了解了上述区别,识别跟"似的"有关的比喻和比较便可以采用一些简单而省力的办法。如可以采用删除的办法来辨别。因为"似的"在比喻里是联系不同事物的中介成分;在测断里不起中介作用只是表示语气,可以根据能否删除"似的"来辨别比喻和测断。一般来说,能将"似的"拿去而只是语气改变,这样的句子属于测断句。譬如例㉗,将"似的"及语气副词"似"拿掉以后,句子只是语气变化而结构不受影响,由此可以确认,该句不是比喻而是测断。有时,也可以根据"似的"所结合的词语的语法性质来辨别。前面说过,"似的1"可以跟多种性质的词语搭配,而"似的2"只能跟谓词性词语组合。根据这一规律,可以确认,如果"似的"的结合对象为名词性词语,有关语句一定是表示比喻。如例⑥,"似的"附着于名词性词语,可以判定是比喻句。测断短语是否具有做定语的功能目前尚难下结论,一旦证实它不能充当定语,还可以通过变换语序的办法来辨别,即看句中的"……似的"短语能不能移动到定语位置上。如果不能移动,则可以确定属于测断句;如果能移动而且意思基本不变,则可以确定为比喻句(或相似句)。

跟"似的"有关的比喻句和测断句在语用上还存在着表达色彩上的区别。比喻是创造性思维的产物,有关语句不仅蕴含着理性信息,同时潜藏着美学信息;测断是不自觉意识活动的记录,有关语句一般只传递理性信息而不负载美学信息。另外,两者还有语音上的区别。在比喻句里,如果"……似的"做谓语,则谓语读逻辑重音;在测断句里,假若谓语由"……似的"充当的话,则谓语读语法重音。在辨别跟两个"似的"有关的比喻句和测断句的时候,可以把语义、语法、语用及语音结合起来多角度考察。①

四、结束语

　　有人说"两种'似的'的根本区别在于表意"②。我们认为,意义必须通过形式来表现,像比喻和测断这样重要的意义区别不可能没有相应的形式上的对立。在本文里,我们以内容与形式关系的唯物辩证法思想为指导,在继承前人成果的基础上,对"似的1"和"似的2"各自的语法语用特征分别作了比较深入的分析。由于语言具有模糊性,跟两个"似的"有关的比喻句和测断句之间实际存在着过渡地带,而过渡地带的存在不能不使两类语句的分辨显得相当困难。考虑到这一点,在探讨如何辨别跟两个"似的"相关的比喻句和测断句时,我们把语义、语法、语用、语音诸层面结合起来,通过全方位考察来寻求比较管用的易于操作的方法。上述努力只是一种尝试,研究结果还有待实践的进一步检验和证明。

---

　　① 王希杰、曹德和:《试论比喻跟比较、相似、测断的区别》,载《绍兴师专学报》,1996年第1期,第26～32页。
　　② 邢福义:《从"似X似的"看"像X似的"》,载《语言研究》,1993年第1期,第1～6页。

广告标题语法特点初探[1]

广告标题是表现广告主题的短文,是广告内容的高度概括。一则广告可以没有正文、附文、口号、商标,但绝对少不了标题。有人做过测试,80%左右的人看广告先看标题。也有人作过估算,50%至75%的广告效应取决于广告标题的设计。广告标题是广告的灵魂,也是广告文体语言特点之所在。正因为如此,在探讨广告语言特点的时候,人们都是将广告标题作为典型语料。

本文以《广告金句7000》(朱清阳主编,吉林科学技术出版社1993年版)收录的6 423条广告标题为依据,对广告标题的语法特点进行了细致考察。根据我们的研究,广告标题的语法特点主要表现在以下几个方面:

一、广泛采用短句,复句多为一重复句

例如:

①油备无患!(驱风油,第168页)
②食在嘉华!(嘉华酒店,第238页)
③杉杉西服,不要太潇洒!(西服,第5页)
④"三元"电视机,连中三元!(电视机,第92页)
⑤家有爱迪,安逸舒适!(爱迪牌吸尘器,第67页)
⑥不出门的服饰,也要让它得体又舒服!(睡衣,第11页)
⑦新款式,新色彩,新潮流,正宗全蜡克组合家具!(家具商店,

---

[1] 原载《语言文字应用》,1995年第1期。

第 214 页)

我们对序号个位数为"3"的页张作了抽样调查,共计调查了 28 页 659 个例子。其中单句占 50%,复句占 49%,句群占 1%;单复句平均长度为 11 字,句群最长的为 36 字,而平均长度只有 16 字。

广告标题倾向采用短小的语言片段。一些在日常语言中联系较紧的结构成分,如兼语句内部的兼语与陈述兼语的后谓语,在广告标题中经常被拆开使用。例如:

⑧让严冬刺伤的脸,再度展现光滑和细致!(面霜,第 113 页)
⑨令您在任何场合,都特别清丽动人!(化妆品,第 122 页)
⑩使你在厨房内,心情愉快地做出佳肴!(围裙,第 11 页)

被调查的 659 个例子,实际表现为 1 282 个语言片段,片段平均长度为 6 字。

广告标题不排斥复句,但大多采用一重复句。调查到的用例中,一重复句占 86%。至于为数不多的多重复句,则基本限于二重复句。

二、非主谓句、省略句大量出现

广告标题大量采用非主谓句。非主谓句表现为两种类型:其中一种由非主谓式谓词性短语构成,看上去像谓语,但补不出也不需要补出主语。例如:

⑪穿伊人装,做自由人!(伊人牌服装,第 13 页)
⑫不要小儿哭,请用"尿不湿"!(尿不湿,第 23 页)
⑬戴世界最薄的博士伦,看前途更清晰,更光明!(眼镜,第 33 页)
⑭挡得住万般风情,挡不住"鄂尔多斯"的诱惑!(商场,第 233 页)

这种类型的句子一般能够独立表达完整而明确的意思。还有一种由名词性短语构成,从形式上看,既不像主语也不像谓语。例如:

⑮剑龙牛仔!(剑龙牌牛仔服,第 6 页)
⑯新一代的宝石花男表!(宝石花牌男表,第 29 页)

⑰可以随意折叠、放大、清洗的旅行包!(旅行包,第38页)

⑱一夜好梦!(睡衣,第4页)

⑲妈咪的爱!(服装,第23页)

⑳回头客!(酒,第53页)

㉑不老宣言!(抗皱霜,第116页)

㉒一流厨师的秘密!(调味品,第63页)

这种类型的句子,有些可以见文知义,有些需要结合语境展开一番联想才能理解。上述两种非主谓句在抽样调查到的用例中所占比率为19%。

广告标题还大量采用省略句。这里说的省略句仅仅指省去陈述对象的和有省略号提示的两种情况。前一种主要为了简洁而省略,例如:

㉓味道好极了!(雀巢咖啡,第53页)

㉔心静自然凉!(空调,第83页)

㉕设计新潮,走在时代的前面!(衬衫,第4页)

㉖清凉香甜,生津开胃,提神醒脑,消暑润喉!(薄荷糖,第63页)

后一种则显然是为了引人注意而省略,例如:

㉗妈妈回来了,别忘了买……(营养奶,第44页)

㉘为什么不用……?(电器,第81页)

㉙当风吹起来的时候……(风衣,第15页)

㉚只想告诉你……(时装,第3页)

后一种省略句有不少兼用了前一种省略。在抽样调查到的用例中,两种省略句所占比率高达35%。

三、名词谓语句使用频繁

例如:

㉛甜甜大白兔,宝宝心爱物!(白兔水果糖,第59页)

㉜海马牌,您信心的标志!(床上用品,第103页)

㉝嘉利电器,现代家庭的良友!(嘉利牌电器,第67页)

㉞开开衬衫,领袖风采!(开开牌衬衫,第5页)

㉟中意空调,终身无"汗"的选择!(中意空调,第87页)

㊱英雄打字机,国家银质奖!(打字机,第185页)

㊲江山座套,挡不住的诱惑!(座套,第178页)

㊳"生命"口服液,绿色的世界!(口服液,第165页)

广告标题中的名词性谓语句有少数可以插入判断动词而转为"是"字句,但多数不能。由上述例子可以看出,其名词谓语句主谓之间语义联系比较松散。这不仅表现在成分之间,也常常表现在分句之间,例如:

㊴不懈努力,用户、朋友一片情深!(洗衣机,第73页)

㊵把握时机,成功之匙!(出售住宅,第253页)

㊶发展第三产业,营养购物天堂,事业腾飞的基石,信心百倍的象征!(招标,第263页)

像上面这样的复句,内部语义跳跃相当大,分句之间的关系不大容易辨别。

名词谓语句占抽样调查用例的15%。

四、使令兼语句占了不小的比重

广告标题中的使令兼语句主要由"使"、"令"、"让"充当前谓语。如:

㊷"益力"使您充满活力!(益力牌饮料,第53页)

㊸令男士更倜傥潇洒,令女士风流高雅!(皮装,第8页)

㊹毛衣领饰,感觉独特,使您充满了轻松活泼之感,令您独树一帜!(大衣,第20页)

㊺让您的食欲大振,胃口大开!(餐厅,第235页)

在抽样调查用例中,使令兼语句所占比率为8%。

五、"最"字句、"更"字句也用得比较多

"最"和"更(更加)"属于程度副词,通常用在带有比较意义的句子里。含

有"最"的,我们称之为"最"字句;含有"更(更加)"的,称之为"更"字句。在广告标题中,"最"字句较为常见,它主要用于同类事物的比较,表示其中某一事物的某种性质在程度上居于首位,超过其他事物。例如:

㊻货比百家,虎啸最佳!(虎啸牌皮装,第 8 页)

㊼饮料食品最理想的代糖品——蛋白糖!(蛋白糖,第 64 页)

㊽全世界最多的人采用的平喘药物!(止喘药,第 156 页)

㊾最优价格、最优性能、最优质量、最优服务——四达电脑!(电脑,第 183 页)

广告标题中"更"字句用得也不少。它可以分为两种类型。一种用于同类事物比较,例如:

㊿"新潮"服装更新潮!(新潮服装商场,第 230 页)

㑥同样的功能,更优惠的价格!(微机,第 186 页)

㑦世界名牌,节能显著,亮度更高,寿命更长!(灯管,第 103 页)

㑧更新、更方便、更好——三九胃泰的承诺!(药品,第 162 页)

另一种用于同一事物在不同时间的比较,例如:

㑨使菜更好吃的调味品!(料酒,第 63 页)

㑩有了万家乐,家庭更欢乐!(万家乐电器,第 93 页)

㑪搭配一条围巾,使你更具魅力!(围巾,第 40 页)

㑫经常清洗您的录音机,使磁头的寿命增长,使声音更加悦耳动听!(磁头清洗剂,第 76 页)

"更"字句一般不出现比较对象。在抽样调查到的用例中,"最"字句和"更"字句所占比率分别为 4% 和 3%。

六、"在"字句以超常形式普遍使用开来

所谓"在"字句是指结构形式表现为"X+在+处所词语"的句式,其中的"在"有时是动词,有时是介词。在日常语言里,单独使用"在"字句时,要求 X 是个具有实在意义的名词,或者是个具有"附着"语义特征的动词(如"书在抽

屉里"、"住在前门")。如果让不具有"附着"语义特征的动词或者形容词充当X,那么一定要采用排比句式(如"劳动在一起,生活在一起,工作在一起"、"看在眼里,乐在心里")。在一般情况下,X不允许是抽象名词、非附着动词及形容词,同时也不允许作为动宾短语。

在广告标题中,"在"字句频频出现,并且以突破日常语言规范的形式普遍使用。其用法有以下几种:

以"抽象名词+在+处所词语"的形式出现,例如:

(58)妇女时尚在华侨!(华侨妇女大世界,第224页)

(59)亲临东风家具店,好运气就在东风!(东风家具,第215页)

(60)成功在现在开始,你的前途在华厦!(招聘,第274页)

(61)女性魅力,尽在这里!(服装商场,第229页)

以"非附着动词+在+处所词语"的形式出现,例如:

(62)吃在夜上海!(酒店,第239页)

(63)消费在国贸,满意又可靠!(国贸商场,第227页)

(64)享受在八达,诸君必发达!(八达酒店,第239页)

(65)粤菜世界,食在新雅!(新雅饭店,第236页)

以"形容词+在+处所词语"的形式出现,例如:

(66)品一品,尝一尝,欢乐在东风!(东风饭店,第236页)

(67)家具处处有,满意在高潮!(高潮家具商店,第213页)

(68)要想美,金氏美,美在金氏!(金氏照相馆,第240页)

(69)潇洒看一店,漂亮在一店!(商店,第224页)

以"动宾短语+在+处所词语"的形式出现,例如:

(70)觅人间仙境于莲花山畔,享欧陆风情在名人山庄!(出售住房,第254页)

(71)增添时尚,尽在茂昌!(茂昌商场,第225页)

有意思的是,该句式中的处所词语有时可以替换为表示事物的词语,本来用于强调处所的句式被用来强调事物。如:

(72)新鲜长在香雪海!(香雪海冰箱,第73页)

⑦³安全可靠,尽在"保安"!(防盗门,第193页)

⑦⁴用户满意年,满意在"浦沅"!(浦沅牌汽车,第176页)

七、词类活用现象十分突出,面广量大

广告标题中的词类活用现象十分突出,不少词语突破自身的功能限制而跑到了本来不该它待的位置上。这种现象波及名词、动词、形容词、区别词和副词等多个词类,涉及面很广,数量也相当大。例如:

1. 名词作动词用

⑦⁵日新月异,天天新款!(天天牌时装,第13页)

⑦⁶如何使手袋在成品之前就精美非凡!(技术转让,第261页)

2. 名词作形容词用

⑦⁷食得滋味,食得开心!(饼干,第56页)

⑦⁸拥有健康,当然光泽!(化妆品,第114页)

3. 动词作形容词用

⑦⁹冷气够静够冻,职工乐也融融,顾客惬意轻松!(空调,第76页)

⑧⁰一分钟水沸,生热水分开,连续供开水,量大又够滚!(自来开水器,第127页)

4. 不及物动词作及物动词用

⑧¹加上金牡蛎,更快地治疗恢复跳跃生命!(金牡蛎,第168页)

⑧²建筑物的医院——挑战建筑业的世界难题!(防水补强材料,第193页)

5. 形容词作名词用

⑧³冬季即将来临,让您温暖舒适的大衣更添暖和!(服装商店,第213页)

⑧⁴以巧妙的搭配融合流行与个性,今秋的服装你要如何选择?

(秋季套装,第1页)

6. 形容词作动词用

⑧多一次交道,深一次感情。(汽车,第175页)
⑧恩爱,默契伴侣心!(首饰,第123页)

7. 区别词作形容词用

⑧质量上乘,设计超群!(音响,第78页)
⑧不锈钢饰,佳丽惟一!(装饰材料,第191页)

8. 副词作动词、形容词用

⑧惊险、刺激,绝技连连!(影讯,第280页)
⑨同一个心愿,共一个理想!(营养口服液,第143页)
⑨一代名车,建设摩托,诚实奉献,款款精心!(建设牌摩托车,第95页)

八、组合限制少,结合较为自由

日常语言的词语组合受到语法和习惯的制约,这种制约一般来说是比较严格的。在广告标题里,词语组合也得服从语法和习惯,但相对而言,它受到的限制要少一些,自由性要多一些。从以下几个方面可以看出这一点。

性质形容词可以比较自由地充当定语、状语和谓语,例如:

⑨高可靠性、高清晰度、高通卡率!(游戏机,第133页)
⑨优美护腿乳液,令你亭亭玉立!(乳液,第123页)

"高"和"优美"可以不要"的"帮助,自由出现在定语位置上。

⑨真实传达运动的感人魅力!(电视机,第91页)
⑨家有"洁丽",温馨沐浴!(沐浴露,第32页)

"真实"和"温馨"不要"地"辅佐,自由做状语。

⑨走在路上,感觉踏实!(鞋,第34页)
⑨新潮风衣,款款飘逸!(风衣,第3页)

"踏实"和"飘逸"既不需要对举条件,也不需要其他词语帮助,自由做谓语。

名词可以比较自由地充当状语,例如:

⑱中华多宝,荣誉奉献!(中华多宝饮料,第46页)

⑲多年来承蒙你的支持和信赖,现诚意奉上……!(沙发,第217页)

副词可以比较自由地修饰限定名词,例如:

⑩聪明小博士,必然博士奶!(博士奶,第45页)

⑩居家旅行必备,自用馈赠皆佳品!(外用药,第158页)

数量词可以比较自由地修饰限定动词或形容词,例如:

⑩拨开浓浓的晨雾,迎接红红的太阳,共寻一个温暖!(皮装,第9页)

⑩黄金首饰献上一片温柔!(首饰,第27页)

⑩一份浓香,一份清凉!(花生糊,第62页)

人称代词可以比较自由地受定语修饰限定,例如:

⑩慧眼独具的您!(家具商场,第218页)

⑩讲究卫生的你是否使用湿纸巾?(湿纸巾,第127页)

⑩格调清新的毛衫与典雅秀丽的你相映成辉!(毛衫,第21页)

《广告金句7000》比较全面地收录了1979年(中国大陆广告复苏之年)至1993年(作者成书之年)中国大陆上见诸报纸、电视、广播等传导媒介的各类广告。虽然作者给收入书中的广告语一概冠以"金句"的美称,但其中相当一部分质量低劣,不配称之为"金句"。这实际上是一部兼收并蓄、鱼龙混杂的广告语大全。而正是因该著作的纪实性质,为广告研究者提供了具有重要价值的资料。人们可以通过对它的研究,比较全面准确地了解过去十多年中国大陆广告的真实面貌。上面所谈到的广告标题的语法特点,应当说不过是广告文体语言规律及广告本身商业性质的间接反映。如广告标题大量采用短句、省略句,以及其中大量出现词类活用和超常组合,归根到底是由广告文体讲究简洁、力求新颖的要求决定的。又如,广告标题较多地使用"最"字句"更"字句,以及频繁地使用使令兼语句,这又是同广告作为一种自我宣传工具和促销手段有着紧密的联系的。语法是语言中最稳定的要素。可以预测,无论我国的广告如何发展,在今后相当长的一个时期内,以上谈到的广告标题的一系列语法特点仍将继续保持,而不会有什么大的改变。当然,其中的个别特点可能会淡化,如大量使用"最"、"更"字句这一特点。随着我国广告事业逐步走向成熟,以及"不得使用最高级最佳等用语"、"不得贬低他人"等广告法具体条款的全面贯彻落实,该特点将不再像过去那样引人注目。

汉语句序排列规律综论①

我国古代学者很早就注意到句序问题。如陈沣说:"意不止一意,而言之何者当先,何者当后,则必有伦次。既止有一意,而一言不能尽意,则其浅深本末又必有伦次,而后此一意可明也。"②唐彪说:"文章不贯串之弊有二:如一篇中有数句先后倒置,或数句辞意少碍,理即不贯矣。"③包世臣说:"文类既殊,体裁各别……记事之文,必先表明缘起,而深究得失之故,然后述其本末,则是非明白,不惑将来……古今能者必宗此法,机势万变,枢梏无改。"④我国现代学者也曾发表过类似意见。如陈望道说:"寻常修辞,都不可不依顺序,不可不相衔接,并且不可没有照应。能够依顺序,相衔接,有照应的,就称为通顺。"⑤叶圣陶说:"思路,是个比喻的说法,把一番话一篇文章比作思想走的一条路。思想从什么地方出发,怎样一步一步往前走,最后达到这条路的终点,都要踏踏实实摸清楚……踏踏实实摸下来,发现思想走这条路步步落实,没有跳过一两段路,没有在中途走到歪路上去,最后达到的终点正好是这条路的终点,这就是顺畅的话或是顺畅的文章。"⑥张志公说:"哪句话或哪个句群先说,哪个后说……都要根据它们内在的逻辑顺序,有条理地加以安

---

① 原载《语言与翻译》,2013年第1期。
② 陈沣:《东塾集·复黄芑香书》,文海出版社,1970年,第170页。
③ 唐彪:《读书作文谱》,岳麓书社,1989年,第五卷,第4页。
④ 包世臣:《艺舟双楫》,上海广智书局,1909年,第14页。
⑤ 陈望道:《修辞学发凡》,上海教育出版社,1997年,第60页。
⑥ 叶圣陶:《评〈读和写〉,兼论读和写的关系》,见《语文学习讲座丛书》第二辑,商务印书馆,1980年。《评〈读和写〉,兼论读和写的关系》,见《叶圣陶语文教育论集》,教育科学出版社,1980年,第545页。

排。如果颠三倒四,语无伦次,就无法准确地反映事物之间的内在联系,也就必然失去了内容的连贯性,从而使自己所要表达的意思无法准确而严密地表达出来。"[1]以上论述表达了两层意思:一是句序重要;二是句序排列有其自身规律。本文侧重讨论后者。

根据我们的研究,基于表现内容、依托形式、前言后语、说写特点的不同,汉语句序排列分别或综合地受到"时间"、"逻辑"、"习惯"、"韵律"、"语境"以及"超常表达"等六方面因素的制约,从而构成多种形态的句序排列规律。

一、时间因素制约下的句序排列规律

如果叙述的是动态事件,并打算按照事件发展过程加以描写,那么,句序排列需要服从时间次第:先发生的先说,后发生的后说。

①它们滑下溪水,转入大河,流入赣江,挤上火车,走上迢迢的征途。(袁鹰《井冈翠竹》)

②炮声。硝烟。捷报。一九四九年春节,他们进了省城。(孟伟哉《夫妇》)

③一阵高跟皮鞋的响声使他抬起头来,他已经走了十多步了,她就立在他面前,还是先前那一身装束。(巴金《寒夜》,上海晨光出版社1953年版)

④学程正捧着一本小而且厚的金边书快步进来,便指着一处,呈给四铭,说……(鲁迅《肥皂》,《晨报副镌》,1924年3月27日)

⑤他悻悻意意的鞭打着道旁白杨树的嫩枝,由着他那建昌种的小马自在的前进。(沙汀《闯关》,新群出版社1946年版)

以上五个例子都是以动态事件为描述对象的。前两个例子根据事件展开过程排列句序,构成的语篇自然而和谐。后三个例子违反了上述规律,组成的语篇让人觉得别扭,不舒服。这三个有毛病的例子,再版时被修改为:

⑥他已经走了十多步了,一阵高跟皮鞋的响声使他抬起头来,她就立在他面前,还是先前那一身装束。(巴金《寒夜》,上海文艺

---

[1] 张志公:《辞章学讲话》,见《汉语辞章学论集》,人民教育出版社,1996年,第131页。

出版社1980年版)

⑦学程正捧着一本小而且厚的金边书快步进来,便呈给四铭,指着一处说……(《肥皂》,《鲁迅全集》第二卷,人民文学出版社1981年版)

⑧余明就由着他那建昌种的小马随意前进,不时鞭打一下道旁白杨树的嫩枝。(《闯关》,《沙汀选集》一卷,四川人民出版社1982年版)

修改主要是把颠倒的句子理顺,让句子按照事件发生的本来顺序排列。通过正反用例比较可以看出,句序有时受到时间因素的制约。以动态事件为叙述对象,一般说,句序得根据事件展开的实际过程来排列。

二、逻辑因素制约下的句序排列规律

如果叙述的是具有逻辑联系的几个方面,且无意因为其他需要而打破常规,那么句序排列必须服从"先原因后结果"、"先条件后结论"、"先措施后目的"、"先轻后重"、"先顺后逆"、"先设定后否定"、"先陈述后阐发"的顺序。下面依次说明。

1. 先原因后结果[①]

这里的"原因"和"结果"相当于分析狭义因果复句时所说的"原因"和"结果"。

⑨因为他想跟苦三儿说说话的心情越来越急切,所以送饭的间隔也越来越缩短了。(常庚西《深山新喜》)

⑩由于他脖子弯得太低了,以致使别人无法看见他脸上的表情。(丛维熙《北国草》)

⑪既然把我当工程师用,就要给我工程师的条件。(肖力《钢锉

[①] 这里的"先原因后结果"主要是指书面语而非指在口语中的排列规律。根据黎洪的调查,书面语中的因果复句,按前因后果排列的占71%,按前果后因排列的占29%。见黎洪:《汉语偏正复句句序变异研究》,安徽大学博士学位论文,2012年。根据肖任飞的考察,口语中按前果后因排列的复句,其比率明显高于书面语。见肖任飞《现代汉语因果复句优先序列研究》,华中师范大学博士学位论文,2009年。

将军》)

2. 先条件后结论

这里的"条件"相当于分析条件复句时所说的"充足条件"、"必要条件"、"假设条件"、"周遍条件"等,这里的"结论"相当于分析前述复句时所说的"结果"。不取"结果"而取"结论"的提法,主要因为条件复句中的后继句大多表示"结论"而非"结果"。

⑫只要他自己肯咬牙,事儿就没有个不成。(老舍《骆驼祥子》)

⑬只有徐副书记来了,他们才在一起说说笑笑。(张锲《改革者》)

⑭如果不嫌弃我们村办小厂,我就把你作个物色对象。(翁新华《哀兵阿满》)

⑮无论哪时看见你,都如同一片光明的云彩。(冰心《我的文学生活》)

3. 先措施后目的①

这里的"措施"和"目的"分别相当于分析目的复句时所说的"行为"和"目的"。

⑯我要认真读书,将来考个名牌大学。(网络语料)

⑰今后冬季农业要逐年增加种植面积,争取在两三年内消灭冬闲田。(北大中文语料库)

⑱它出去觅食时,总是小心谨慎地先把虎仔藏好,防止被人发现。(北大中文语料库)

⑲我们现时只能先从我们内部查起,以便脱掉我们的干系。(鄢国培《巴山月》)

---

① 根据我的硕士研究生的调查,"措施"在前"目的"在后的复句比率远远高于"目的"在前"措施"在后的复句,两者大体为2∶1的关系。见刘海莉:《句序视角下现代汉语形合目的复句研究》,安徽大学硕士学位论文,2011年。之所以如此,乃因为客观上总是措施实施在先目的实现在后。但从主观上看,"目的"既可以视为终点,也可以视为起点,作为起点看它则有了"因"的性质,亚里士多德的"四因说"(Doctrine of the four cause)把"目的"亦视为原因之一,道理也就在这里。汉语里在把"目的"作为原因看待的场合,一般都要使用标记词"为了",表示"目的因"在语句前置。

㉙必须坚持写仿宋字,以免被敌人发现笔迹。(罗广斌等《红岩》)

4. 先轻后重

这里的"先轻后重"引自吕叔湘以下论述,即:"两件事情的加合,可以是平列的,也可以有轻重之别。要是分轻重,大率是先轻后重。"①所谓"后重"是指"在数量、程度、范围、时间、功能或者其他方面更推进一层"。②

㉑声音开始是一个人的,以后变成几个人的,再以后变成几十个、几百个人的了。(杨沫《青春之歌》)

㉒现在黄花闺女还嫁不出去,何况她这离婚的四十岁的女人,更何况她还有一个儿子。(引自邢福义《复句与关系词语》)

㉓这不但是中国共产党的利益所在,中华民族的利益所在,而且是国际共产主义运动的利益所在。(邓小平《坚持党的路线,改进工作方法》)

㉔这种多路径传输不仅能够解决网络的冲突问题,而且也可以实现整个网络的流量工程控制。(纪越峰等《光突发交换网络》)

5. 先顺后逆

这里的"先顺"相当于分析转折复句时所说的"先承认某种客观存在的事实";③这里的"后逆"相当于分析前述复句时所说的"不是根据前行分句的语义按照常态趋势发展,而是转到跟前行分句常态语义趋势相反或相对的方向去了"。④

㉕虽然是在小小的游泳池里学的艺,却可以用在无边无涯的惊涛骇浪上。(王蒙《海的梦》)

㉖尽管你来信时对我没有丝毫的抱怨,但是我从心里觉得,我实在对不起你!(李存葆《高山下的花环》)

6. 先设定后否定

这里的"先设定"相当于分析让步复句时所说的"先退一步说,把无论是

---

① 吕叔湘:《中国文法要略》,商务印书馆,1982年,第329页。
② 邵敬敏:《现代汉语通论》,上海教育出版社,2001年,第251页。
③④ 邵敬敏主编:《现代汉语通论》,上海教育出版社,2001年,第255页。

真实的还是虚假的……姑且都当成一种事实"①;这里的"后否定"相当于分析前述复句时所说的"不是沿着这个假设情况的常态语义趋势说下去,而是转到跟它相反相对的方面去"②。

㉗即使在软席包厢里,他还在不断地看资料:国务院文件、总结、汇编和外文资料。(王蒙《惶惑》)

㉘就算由他出来作证,也许反而坏了事情。(张洁《漫长的路》)

7. 先陈述后阐发

这里的"先陈述"相当于分析解说关系语句时所说的首先"提出某种看法、道理、事实、现实"③;这里的"后阐发"相当于分析前述语句时所说的然后"对所提出的种种加以解释、说明、举例、补充、引申"④。

㉙叶子出水很高,像亭亭的舞女的裙。(朱自清《荷塘月色》)

㉚荔枝也有淡红色的,如广东的"三月红"和"挂绿"等。(贾祖璋《南州六月荔枝丹》)

㉛俗话说"眉头一皱,计上心来"。就是说多想出智慧。(毛泽东《放下包袱,开动机器》)

㉜惯于把梦当作人生的一部分来描写的,有两位大作家,一位叫冰心,一位叫巴金。(舒乙《梦和泪》)

以上例子多数带有配套使用的关联词语。因为透过关联词语的正常分布可以看出句序排列的一般规律,所以特意选择了这样的例子。

根据上面的讨论,可以建立如下对应关系表:

复句(或句群)类型	句序排列
因果关系	先原因后结果
条件关系	先条件后结论
目的关系	先措施后目的
递进关系	先轻后重
转折关系	先顺后逆
让步关系	先设定后否定
解说关系	先陈述后阐发

---

① 陈昌来:《现代汉语句子》,华东师范大学出版社,2000年,第291页。
② 邵敬敏主编:《现代汉语通论》,上海教育出版社,2001年,第255页。
③④ 钱乃荣主编:《现代汉语》,江苏教育出版社,2001年,第320页。

这张表可以帮助人们了解,什么样的语句关系通常要求什么样的句序排列,以及什么样的句序排列将产生什么样的语句关系。概言之,它有助于人们了解语句类型与排列规律之间的对应关系。

了解前述对应关系很重要,试看下面的例子:

㉝事出有因,查无实据。——查无实据,事出有因。

㉞警察迅速掏出手枪,那女人尖叫一声。——那女人尖叫一声,警察迅速掏出手枪。

以上两例破折号左右的复句,组织成分和内部关系相同,但意思迥然有别。因为:例(33)无论如何排列都得作为转折关系理解。这类复句前行句是"先承认某种客观存在的事实",后续句"不是根据前行分句的语义按照常态趋势发展,而是转到跟前行分句常态语义趋势相反或相对的方向去了",故而句序不同意思大不一样。例㉝看来是针对某犯罪嫌疑人而言的,按"事出有因,查无实据"的顺序排列,等于说那所谓"因"起于捕风捉影,办案得以事实为依据,无稽之谈不足为信。按"查无实据,事出有因"的次第排律,等于说虽然还没有查出问题,但无风不起浪,苍蝇不叮无缝蛋,只不过尚未暴露而已。例㉞无论如何排列都得作为因果关系理解。按破折号左边的句序排列,警察的行为得作原因来理解,而那女人的反应得作结果来理解——意思是警察因发现匪情突然掏出手枪,一旁的某位女子见此惊恐失声;按破折号右边的句序排列,那女人的行为得作原因来理解,而警察的反应得作结果来理解——意思是猛然听到某位女子的尖叫声,一旁执勤的警察基于职业敏感,迅即掏出身上的手枪。

了解语句类型与句序排列规律的对应关系,不仅有助于提高人们语言分析和理解能力,同时还有助于发现问题,纠正错误。试看下面的例子:

㉟他的半白的头发还保持昔日的丰采,很润泽地分梳到后面。(曹禺《雷雨》,文化生活出版社 1936 年版)

㊱雨劈面打来,她倒觉得很爽快;雨到了她热烘烘的脸上似乎就会干,她心里的怒火高冲万丈!(茅盾《子夜》,上海开明书店 1933 年版)

㊲经济适用,吸水性强,质地柔软,欢迎选购。(某卫生纸广告)

㊳皮肤好,用大宝。(北京大宝化妆品有限公司广告)

例㉟~㊲都是有毛病的例子。例㉟在1979年出版的《曹禺选集》中被修改为:"他的半白的头发很润泽地分梳到后面,还保持昔日的丰采。"因为这是解说关系复句,该类复句通常是"陈述"放在前面,"阐发"放在后面,而作者起初忽略了这一点。例㊱在1978年《子夜》修订本中被改写为:"雨劈面打来,她倒觉得很爽快;她心里的怒火高冲万丈,雨到了她热烘烘的脸上似乎就会干。"改写也就是变换最后两个小句的次序。道理在于这两个小句之间存在因果联系,而初版违反了因果复句的次序排列规律。例㊲是吕叔湘评论过的例子。他说:"有一种卫生纸的包装纸上印着四行十六个字:'经济适用,吸水力强,质地柔软,欢迎选购。'这就不如'质地柔软,吸水力强,经济适用,欢迎选购。'先说质地,次说功能,然后说经济适用,这样的次序较为合理。"①所以说后者较为合理,原因在于:具备柔软的质地才能产生吸水性强的功能,具备前述功能才能称得上经济适用。概言之,在"质地柔软"与"吸水性强"之间,以及在"吸水性强"与"经济适用"之间,存在着因果联系。因果复句的内部排列规律是"先原因后结果",那么,改变原来的顺序,把体现原因的小句放在前面,体现结果的小句放在后面,如此安排自然是"较为合理"的。例㊳是印在手提袋上的大宝化妆品广告语。商家此前打出过"要想皮肤好,早晚用大宝"的广告。"皮肤好,用大宝"是前述广告的节略。大概原来的广告字数较多,无法排成一行印在手提袋上,于是作了压缩处理。压缩以后内部关系没有变,仍为条件关系;结论语也没有大的变化,仍是强调应当"用大宝"。但前提变了:原先以"要想皮肤好"为条件,后来以"皮肤好"为条件。以"皮肤好"为条件,等于说大宝只适合皮肤好的人。天生好皮肤哪里还需要用什么"大宝"?不言而喻,这则压缩出来的广告闹了笑话。不过改起来很容易,调换一下句序就行了。就是把"皮肤好,用大宝"颠倒为"用大宝,皮肤好"。颠倒后仍为条件关系,但条件和结论变了。变为以"用大宝"为条件,以"皮肤好"为结论。如变成:如果用大宝,就有好皮肤;只要用大宝,就有好皮肤;只有用大宝,才有好皮肤!通过颠倒句序产生的广告,无论就修辞艺术看,还是就修辞效果看,可以说都非常令人满意。

---

① 吕叔湘:《语句次序》,载《中国语文》,1980年第3期,第218页。

三、习惯因素制约下的句序排列规律

如果是对事物作静态描述或者是将事件置于时空背景下加以说明,且无意违拗汉语表达习惯,那么,句序排列则必须服从如下规律:或者按照先整后零、先上后下、先外后内、先左后右的次序来描述,或者按照先背景后事件的次序来说明。

㊴环滁皆山也。其西南诸峰,林壑尤美。望之蔚然而深秀者,琅琊也。(欧阳修《醉翁亭记》)

㊵这年轻人不过二十五六岁,头戴一顶大草帽,上身穿一件洁白的小褂,黑单裤卷过膝盖,光着脚。(孙犁《荷花淀》)

㊶壳如红绡,膜如紫绡,肉莹白如雪,浆液甘酸如醴酪。(白居易《荔枝图序》)

㊷他左手拎一只皮箱,右手拎布兜。(梁晓声《关于大小》)

㊸阴阴的天,还洒着几点细雨。夏芸柱着单拐,艰难地从小街尽头的诊所转回。(钟海城《鹭鸟之鹭》)

㊹你想一对爱人在花园里,这样好的天气,这样好的环境,不谈别的话,却谈生死自杀的问题,哪里会有这样荒谬的事?(巴金《春天里的秋天》,开明书店 1946 年版)

例㊴～㊷是对事物作静态描述,依次按照"先整后零"、"先上后下"、"先外后内"、"先左后右"的句序排列。例㊸是将事件置于时空背景下给予说明,按照先背景后事件的句序排列。例㊹有毛病。后来作者将它改为:"这样好的天气,这样好的环境,一对年青的爱人不谈别的话,却谈生死自杀的问题,你说哪里会有这样荒谬的事?"通过对比可以看出,修改也就是调整一下内部顺序,把"这样好的天气,这样好的环境"由句中移到句首。之所以这样做,原因在于那两个句子是用于叙述时空背景的,按照汉语表达习惯,在联系时空背景说明情况的场合,需要按照"先背景后事件"的次第来组织语句。前面所谓"先左后右"的句序排列规律是由从左到右的叙述习惯决定的。笔者有位硕士生曾经利用北京大学语料库对涉及左右方位的并列复句进行过较为全面的考察。结果是:在搜得的 1162 条有效语料中,先左后右的约占 85.6%,

先右后左的约占 14.4%。①

四、韵律因素制约下的句序排列规律

如果叙述的若干方面为平行关系,且调整语序不致造成整体意思的改变,那么,一般地说,句序应该根据韵律的要求,依照前短后长的原则来处理。

㊺小王是想表现一下自己,而不是真的想做些慈善的事业。(张斌主编《简明现代汉语》)

㊻这里是大学校园,不是你们可以胡闹的地方。(邢福义《汉语复句研究》)

㊼你不是一个小孩,而是一个国家干部。(同上)

㊽我不是要装傻,而是要人一片天真。(黄伯荣、廖序东主编《现代汉语》)

这是四个对照关系的并列复句。前两个采用了"是……不是……"的格式,后两个采用了"不是……是……"的格式。它们是通过随机抽样从三本书籍中找出来的。值得注意的是,上述复句,无论采用前种格式还是后种格式,就语言片段长度看都是前短后长。②

1980 年,吕叔湘在《语句次序》短文中指出:"'这不是诗,但是比诗更激动人心;这不是画,但比画更美。'前半句跟后半句倒转过来比较好。在其他条件相同的情况下,短的在前,长的在后,读起来效果较好。'更激动人心'比'更美'长。"③易言之,他认为平行关系的语句,且不论怎样排列句序都不致造成意思的改变,这时应当从节律出发,尽可能依照前短后长的原则来处理。

后来将《语句次序》收入文集时,吕叔湘删去了上面这段论述,或许认为它的可靠性还有待证实吧。其实,以上观点是经得起检验的。它不仅在我们

---

① 张丽丽:《试论以"左"、"右"引导的现代汉语并列复句》,见安徽大学硕士学位论文,2011 年。

② 根据笔者硕士生的调查,由两个分句组成的形合并列复句,先行句和后续句长度相同或相近的约为 75%,长度相差较大的占 25%。属于后一种情况的语句,先行句长于后续句的约占 40%,后续句长于先行句的约占 60%。见杨会:《几类并列复句句序的可逆与不可逆研究》,安徽大学硕士学位论文,2011 年。

③ 吕叔湘:《语句次序》,载《中国语文》,1980 年第 3 期,第 218 页。

的研究中得到支持,同时也在别的学者那里得到肯定。陈建民曾经就北京口语开展过调查。结果发现:"在并列结构里,有时候还要讲究一下节奏顺序。一连串意义不大相关的并列成分,它们各自能保持相对的独立性。它们的排列次序除考虑语意轻重等因素之外,有时候需要考虑是否上口。一般把音节数相同的项目排在一起,音节数少的项目说在前,音节数多的项目说在后,切忌两少夹一多。为了达到这个目的,有时不惜打乱别的正常顺序。如:……春困,①秋乏,②夏打盹,③睡不醒的冬三月④……按季节顺序应由春说到夏,到秋,到冬,即应是①②④③的顺序,现在的顺序是①②③④,主要是从节奏考虑的。……为了符合节奏的要求,说话人竟不管季节顺序,先说春和秋,然后说夏,再说冬。"①

吕叔湘和陈建民提到的例子不属对照关系而属平行关系。平行关系包括对照关系,所以适用于平行关系的句序排列规律在对照关系并列复句身上也表现得很明显。为什么平行句按照前短后长排列"读起来效果较好",或者说更"上口",更"符合节奏要求"? 这主要是心理因素在起作用的原因。前短后长的平行句,会使人产生头轻脚重的感觉。而这样的感觉是人们乐于接受的。因为平时与外界事物接触,看到树冠小树身大的树木,看到山峰小山麓大的山岳,看到楼顶小楼底大的高层建筑,看到脑袋小身躯大的跟自己同类的人或不同类的动物,人们都会产生这样的感觉。概言之,按照前短后长排列句序所引发的感觉跟人们接触外界事物时经常产生的感觉相吻合,故而用到平行句,人们通常依照前短后长的次第来排列句序,并认为这样处理能够产生吕叔湘和陈建民所说的效应。

可换位并列结构的前短后长规律会让人很自然地联想到单句内部成分组织的后重(end-weight)规律。对于后重规律,过去人们倾向从信息结构特点入手给予发生学解释。信息结构由话题和述题两部分组成,话题表现已知信息,已知信息在语境帮助下可以高度省略,其负载形式大多比较简洁;述题表现未知信息,未知信息难以通过语境因素传递,往往不得不和盘托出,其负载形式大多比较丰满。② 不言而喻,以上思考对于后重现象的形成很有说

---

① 陈建民:《汉语口语》,北京出版社,1984年,第73页。

② Quirk, Randolph, et al, A grammar of Contemporary English, London:Longmans. 1973, PP987~996.

服力。但对可换位并列结构的前短后长规律似乎无法藉此获得解释,因为对于可换位并列结构来说,其结构单位的次序调整与信息分布的尾重(end-focus)要求没有直接联系。所以我们不是以信息结构而是以不同形式配列引发的心理感受为基础来寻求合理解释。根据我们的调查,因为心理作用而倾向采取前短后长的结构形式,不仅存在于日常语言使用中,同时存在于音乐创作、诗歌创作及对联创作中。中国楹联学会创始人常江指出:对联创作除了有"音稳"、"义稳"的要求,同时有"形稳"的讲究,亦即:"选择句式时,多将短句置于前,长句置于后。比如,十言联中,四六句式就比六四句式显得稳重,十一言联中,四七句式居多,十二言联中,五七句式为主,十八言联,一般为六五七句式,若'六六六'则呆板,若'七六五'则不稳,几乎没有人这样用,道理就在于最后用字数多的句子,可以把前面的话'托'住。"①这里所谓"可以'托'住"并非指物理上的撑得住,而是指心理上的撑得起。音乐研究者和诗歌研究者对于普遍存在的前短后长现象,也大都从心理上寻求解释。当然,也有的学者从更深层面——即心理场、生理场、物理场(地心引力作用下的物理世界)的相互作用关系——寻求更基础的解释。限于篇幅,有关研究拟另文介评,这里就此打住。

五、语境因素制约下的句序排列规律

如果某个语句组合出现在其他语句的前面或后面或中间,尽管无论怎样排列其顺序都不至造成语意的改变,但是其中的一种顺序能够更好地照顾到与后面或前面或两头语句的衔接,那么,句序的排列应当从语境出发,把保持整体协调置于优先考虑位置。

㊾你如果看过科教片《保护青蛙》,一定会为青蛙动作的敏捷、捕食的准确而赞叹不已。青蛙所以能够具有这样一套特殊本领,主要是因为它有一双机能优异的大眼睛。蛙眼对运动的物体简直是"明察秋毫",而对静止不动的物体却"视而不见"。(王谷岩《眼睛与仿生学》)

---

① 常江:《对联知识手册》,中国青年出版社,1990年,第193页。

(50)葛利高里是怀着既难过,又高兴的复杂感情上路的。难过的是在建立顿河苏维埃政权斗争的高潮中离开了自己的队伍,高兴的是可以见到亲人,看到故乡了……(肖洛霍夫《静静的顿河》)

(51)在教育过程中,教师是主导,学生是主体,教与学,互为关联,互为依存,即所谓"教学相长"……(徐匡迪《我们今天怎样做老师》)

(52)……小区停车场的收费标准并不统一,有的贵,有的便宜,便宜的每月只要90元,贵的要200元,如此悬殊的收费是否有依据?(王亿《停车服务投诉增多,收费标准为何不同?》)

(53)常见的机械失效形式有三种:腐蚀、磨损和断裂。机械的断裂是突然发生的,可谓"爆发病",机械的腐蚀和磨损则是缓慢发展的,属于"慢性病"。(转引自李裕德《科技汉语修辞》)

在例㊾中,属于因果复句的"青蛙所以能够具有这样一套特殊本领,主要是因为它有一双机能优异的大眼睛"采用了倒装形式。在该例中,上文谈青蛙本领高强,下文谈它的眼睛功能卓越。把论及本领的结果分句前置,与上文相呼应;把论及本领的原因分句后置,与下文相呼应;可以使位处中间的因果复句更好地发挥承上启下的作用。可见,例㊾采用倒装形式是由上下文决定的。例(50)后半段由并列关系的两个分句"难过的是……"和"高兴的是……"组成。仅就后半段看,前两个分句可以有两种排列:一是将"难过的是……"放在前面,一是将"高兴的是……"放在前面。但联系前文看,则只能采取目前看到的排列方式。因为这两个分句跟前文的"既难过,又高兴"相对应,前文先说"难过",后说"高兴",因而与其对应的这两个分句,也应当先说"难过",后说"高兴"。概言之,例(50)采用倒装形式是由上文决定的。例(51)中,"教师是主导,学生是主体"为并列组合,孤立地看,变换一下次序,将"学生是主体"调到前面,将"教师是主导"放到后面,没有什么不可以。但联系下文看,则必须维持原来的次序。因为前述组合与下文的"教与学"和"教学相长"之间存在着平行对应关系。而"教学相长"引自《礼记·学记》,作为古人名言不可擅自改变内部成分排列次序,在此情况下,前文语句乃至成分的次序排列须跟着"教学相长"的内部排列次序走。综上所述,例(51)前段乃至中段的语句和成分的排序主要是由下文决定的。最后两个例子属于反面的例子。例(52)中的先行语"有的贵,有的便宜"与后继语"便宜的每月只要90元,贵的要

200元"相对应,但句序安排不当破坏了其间的榫合关系。该例有两种改法,或是把"有的贵,有的便宜"的次序调换一下,或是把"便宜的每月只要90元,贵的要200元"的次序变动一下。当然前种改法比较好。例㊼中的先行语"腐蚀、磨损和断裂"与后继语"机械的断裂是……机械的腐蚀和磨损则是……"之间为对应关系,但这种对应关系因为句序排列失当被破坏了。怎么修改呢? 只有一种方案,就是将前述后继句改为:机械的腐蚀和磨损是缓慢发展的,属于"慢性病";机械的断裂则是突然发生的,可谓"爆发病"。通过以上修改,对于最后两例,人们不再感到别扭,而觉得它们既流畅又自然。

六、超常表达因素制约下的句序排列规律

如果依照前述常规排列句序不能满足表达需要,譬如不能满足文体语体的要求、不能再现日常交际的语态、不能产生出奇制胜的效果、不能达到着力强调的目的等,那么,在这种情况下可以打破常规。根据前述表达需要来排列语句的顺序,即组成局部性的易位句或倒装句。

㊾我亦愿意赞美这神奇的宇宙,/我亦愿意忘却了人间有忧愁,/像一只没挂累的梅花雀,/清朝上歌唱,/黄昏时跳跃——/假如她清风似的常在我的左右! ……(徐志摩《呻吟语》)

㊿散文之所以比较容易写,是因为它更接近我们口中的语言。(老舍《散文重要》)

51每个人都能表现出他的价值,只要诚实、只要一心向着光明。(路长琴《永存的慰藉》)

52"不好啦,快跑啊,洪水进村啦!"(杨江《粤桂搏击特大洪》)

53"你来一趟,要是有空的话。"(陈建民《汉语口语》)

54千尽小园花上露,日痕恰恰到窗前。(黄大受《早作》)

55[小说开头]养儿防老,屁话! 我现在是彻底的觉悟了! ……
(汤礼春《我非要得奖不可》)

对于因超常表达需要形成的易位句,可以根据作用的不同适当加以分类。譬如可以根据有助于满足语音或语意要求,在高位层次上将它分为两大类。如果这样分的话,那么,像例㊾应当归入前一类。因为该例把原来的第

三句往后挪,挪到第六句位置上,主要是为了满足押韵的要求。例㊺~㊽应当归入后一类。因为其倒装跟语音无关,是基于语意要求而采用易位形式。不过对于后一类有必要在低位层次上作进一步区分。其中例㊾和㊿可以作为一类。该类的特点为:第一,就信息分布看,它与一般复句相同,即信息焦点出现在后面而不是前面;第二,造成易位的原因是表达者需要强调条件、原因,鉴于焦点信息通常出现在后面,为了让需要强调的内容出现在焦点信息分布的位置上,表达者把表现条件、原因的分句从前面挪到了后面。接下来的例㊼和例㊽可以作为一类。该类的特点为:第一,它与一般复句有所不同,其信息焦点出现在前面而不是后面;第二,造成易位的原因是表达者急于传递焦点信息,后来发觉有的意思没有说到,于是在后面补上了起初省略了的表示条件、原因的小句。最后的例㊾和例㊿可以作为一类。该类特点表现在:第一,其信息焦点出现在前面而不是后面;第二,造成易位的原因是表达者意欲先声夺人,出奇制胜,而墨守成规,采用常式句序难以产生前述效果,于是把本应放在后面的分句移到前面。有关第三小类易位句的评论很多。大陆学者钱锺书、周振甫的有关论述学界耳熟能详,无须赘述。这里引述几段海外学人的精彩论析。如台湾学人傅隶朴说:"倒装是言语伦次上下颠倒的安置法。言辞本该依事物的程序排列,但有时嫌其平板烂熟,反容易使阅读者眼滑口滑,而囫囵其深情旷旨,故善为文者,往往在关要处,故乱其序,一方面梗涩读者的眼口,唤起其注意,一方面增加文章的波澜。正如瞿塘江水,必藉滟滪堆的阻遏,才成其壮观。"①黄永武认为:"倒装诗中文句的次第,或倒装诗句中文字的次第,往往能增强语势,构成豪迈的笔力。像高岩上逆生的奇松,像急滩中回折的波澜,足以成其壮观,强化声势。"②梅祖麟、高友工指出:"倒装句法的运用有如逆流,或破坏或阻遏这种前进的动力。一推一阻所造成的张力,适足以加强诗歌投射出来的那股脉动与劲力。"③第二、第三小类都是信息焦点在前,不同在于前者是无意中形成的,而后者是刻意营造的。

---

① 傅隶朴:《修辞学》,台湾正中书局,1969年。
② 黄永武:《中国诗学·设计篇》,台湾巨流出版社,2005年,第114页。
③ 梅祖麟、高友工:《论唐诗的语法、用字与意象》,载《中国古典文学论丛》(第一册);台湾大学中外文学月刊社,1976年。

依据表现内容、依托形式、前言后语、说写特点的不同,本文将制约汉语句序的因素分为六种,考察论述和分析了在其制约下构成的多种形态的句序排列规律。需要指出的是,这样分类主要是为了便于讨论。而实际上句序制约因素与句序排列方式之间常常不是一对一的关系,而是多对一的关系,对此必须有清醒的认识。

象声词描绘情态的功能及其形成[①]

现代汉语中有一类词叫做"象声词"(Onomatopoeic word),一般认为这类词专门用于模拟外界声音。如黄伯荣、廖序东先生主编的《现代汉语》说:"象声词是模拟自然界声音的词。"[②]又如邢福义先生主编的《现代汉语》说,象声词是"表示物体的音响或动物的叫声"。[③] 刘月华先生不这么看,她指出:"象声词并不都是模拟自然界的声音,有时是用声音对事物的情态进行描绘。例如'他的脸唰地红了。'这个句子所描述的'脸变红'是不会发出声音的,但用象声词'唰'来修饰'红',生动而形象地表现了脸变红的速度之快、之突然。"她认为,"象声词的修辞作用比其他词类要突出"。[④]

相对而言,还是刘月华先生的看法比较全面。因为语言事实表明,象声词确实具有描绘情态的修辞功能,同时语言事实表明,对于象声词来说,这样的修辞功能并不是偶然的、个别的,而是较为经常和普遍的。请看有关例子:

①一个并不十分高大,但很结实,精灵,腰背横宽的知青把众人向左右扒开,唰地一下跳上了水泥柜台(陆文夫《不平者》)。

②我的心象猛的被捶击了一下似的。眼泪"哗"的一下流出来(李准《飘来的生命》)。

③黄河岸上的习俗,在结婚前,婆家必须给女方一匹白布,加红边表示吉庆。社霞听罢,腮上噗地红了(王吉呈《女御史》)。

---

① 原载《修辞学习》,2001年第3期。
② 黄伯荣、廖序东主编:《现代汉语》(下),高等教育出版社,1991年,第31页。
③ 邢福义主编:《现代汉语》,高等教育出版社,1986年,第321页。
④ 刘月华:《实用现代汉语语法》,外语教学与研究出版社,1983年,第252页。

④乖乖,这是姑娘家?一听名儿就叫人心里打"咯腾",准是猴头八戒(蒲峻《爱听的都来听吧》)。

⑤他怅然回转头来,只见校长的眼睛骨碌骨碌对他转,像躲在树丛中的猫头鹰(叶圣陶《倪焕之》)。

⑥珍儿睁着两只泪眼,看了看贵他娘,又噗碌碌地落下泪来(梁斌《播火记》)。

⑦说起这王铁男来,他对工作是认真负责,办事喊吃喀喳(李荣华《幸福属于谁》)。

⑧看我们把日本法西斯打它个唏哩哗啦(梁斌《播火记》)。

"唰"、"哗"、"噗"、"咯腾"、"骨碌骨碌"、"噗碌碌"、"喊吃喀喳"、"唏哩哗啦"等均属象声词,在上面的例子里,它们不是用于模拟声音,而是用于描绘各种情态。在例①中,"唰"用于状写跳跃动作的快捷;在例②中,"哗"用于形容泪水流出的迅猛;在例③中,"噗"用于形容脸色转变之突然;在例④中,"咯腾"起什么作用呢?它被用于形容心脏的剧烈跳动;例⑤中的"骨碌骨碌"是表现眼睛不停转动的样子;例⑥中的"噗碌碌"是形容泪珠不停地掉落;例⑦中的"喊吃喀喳"是形容办起事来干脆、利落;至于例⑧中的"唏哩哗啦",在上述场合则是形容日本鬼子溃不成军的狼狈相。

象声词是一个比较特殊的词类。有人说象声词的特殊性在于它不具有词汇意义。[①] 上述观点恐怕不能成立。词汇学早就告诉我们,一切词语都是音与义的结合体,认为象声词有音而无义,这种看法是经不起推敲的。事实上绝大多数象声词都有着为语言集团成员共同理解的词汇意义。像前面提到的象声词"唰",它有两个义项:(1)表示物体瞬间摩擦而过发出的声音。(2)形容迅速的样子。另外,像前面提及的"喊吃喀喳"(又作"喊哩喀喳"),它也有两个义项:(1)表示硬物断裂时发出的声音。(2)形容人说话办事干脆、利落。在我们看来,象声词的特殊性并不在于它没有词汇意义,而在于它的物质形式逼肖指称对象的特征。

按道理讲,象声词只应并只能用于象声,让它承担描绘情态的任务,显然是"赶鸭子上架"。但"赶鸭子上架"的现象似乎无法遏止,由于上述现象的一

[①] 任学良:《汉语造词法》,中国社会科学出版社,1981年,第246页。

再出现,本来专门用于象声的象声词有不少事实上已经取得稳定的描绘情态的修辞功能。像前面提到的"唰"、"哗"、"噗"、"咯腾"、"骨碌骨碌"、"噗碌碌"、"喊吃喀喳"、"唏哩哗啦"等,它们经常被用于情态描绘。

象声词描绘情态的修辞功能是如何形成的呢? 是得益于"转喻"(metonymy)①。譬如例①,表达者本来是说那个知青把众人向左右扒开后,迅速跳上了水泥柜台,但在实际采用的语言形式里,他放弃了"迅速"这个词而选择了"唰"这个字眼。"唰"指的是一种摩擦音,短时间内迅速形成的摩擦音。"唰"所表现的声音与"迅速"这一时间意念共生同在,因为二者之间存在着转喻的条件,所以表达者能够以此代彼。又譬如例④,表达者本来是说一听名儿就叫人心里直跳,但最后他没有采取上述说法,而是说一听名儿就叫人心里打"咯腾"。大家都知道,"咯腾"(亦写作"咯噔")往往被用于形容物体跳动时发出的声音,这一声音的形成常常与跳动相伴随,因为"咯腾"和"跳动"每每联系在一起,而这种联系为转喻提供了可能,所以表达者能够"张冠李戴"。再譬如例⑦,"他对工作是认真负责,办事喊吃喀喳",何谓"喊吃喀喳"? 在这里,"喊吃喀喳"与"干脆、利落"是同义语。"喊吃喀喳"作为象声词,本来用于表示硬物断裂时发出的声音。我们知道,硬物断裂声是干脆而利落的。因为硬物断裂声与干脆而利落的特性是相生相伴的,而这样的相生相伴关系事实上为转喻修辞创造了条件,所以,当人们意欲形象性地表现说话之"干脆"或办事之"利落"时,可以直接借用"喊吃喀喳"这一象声词来转达上述意思。另外如例⑧,"看我们把日本法西斯打它个唏哩哗啦",前面业已指出,这里所谓"唏哩哗啦"是"溃乱不堪"的意思。"唏哩哗啦"之所以能够表达"溃乱不堪"之意,原因在于,对汉族人来说,"唏哩哗啦"既可以指物体相互碰撞时发出的声音,也可以指物体分解破碎时发出的声音;一个完整的物体伴随着唏哩哗啦的声响分解破碎后的结果是什么呢? 是溃乱不堪。由此可知,唏哩哗啦的音响与溃乱不堪的状态之间每每有着过程与结果的关系。正是因为上述关系的存在,正是因为上述关系为转喻的构成创造了条件,所以表达者可以用前者来替代后者。

---

① 这里所谓的"转喻"是个认知语言学的概念。在认知语言学看来,如果 A、B 存在相关联系,A 为叙述对象,但表达者不直接说出 A 而用 B 替代,这就是转喻。认知语言学所谓的"转喻"大体与修辞学所说的"旁借"相对应,但在研究范围上前者大于后者。像沈家煊《转指与转喻》讨论的转喻,修辞学并不把它纳入旁借。

1999年年初,沈家煊先生发表了一篇题为《转指与转喻》的文章,文章将"定语+的+中心语"缩略为"定语+的"而所指不变的现象称为"转指",说明转指的实现乃是得益于"转喻"。① 转指形式比非转指形式短小,用转指形式取代非转指形式可以减少语言使用中的力量付出,由此可见,转喻有助于语言的经济原则(economy of language)的贯彻。大家已经知道,将象声词用于描绘情态实际上是一种转喻现象,在此转喻又起着什么作用呢?讨论这个问题之前不妨作个实验,将例①至例⑧中的象声词拿掉,填补上意思相当的其他词语,然后将两种表达方式摆在一块加以对比。根据以上所说,我们可以建立起以下对比组:

转喻形式	非转喻形式
唰地一下跳上了水泥柜台	迅速地跳上了水泥柜台
眼泪"哗"的一下流出来	眼泪突然地流出来
腮上噗地红了	腮上马上红了
一听名儿就叫人心里打"咯噔"	一听名儿就叫人心里直跳
只见校长的眼睛骨碌骨碌对他转	只见校长的眼睛不住地对他转
又噗碌碌地落下泪来	又不停地落下泪来
他对工作是认真负责,办事喊吃喀喳	他对工作是认真负责,办事干脆利落
把日本法西斯打它个唏哩哗啦	把日本法西斯打它个溃乱不堪

通过"转喻形式"与"非转喻形式"的对比可以看出,在表达的形象生动性上,非转喻形式远远不及转喻形式,由此可知,在这里转喻起到了增强表达的形象性和生动性的作用。

象声词的转喻用法为什么能够起到上述作用呢?这是由象声词本身特点决定的。前面我们指出,象声词有个重要特点,这就是它与指称对象在发音上具有一致性。由于存在着这种一致性,人们只要接触到象声词,便会联想到它的指称对象。在象声词被作为转喻载体使用的情况下,人们对象声词的理解总是分两步走:第一步是通过象声词联想到其所指对象的声音特征;

---

① 沈家煊:《转指与转喻》,载《当代语言学》,1999年第1期,第3~15页。

第二步是撇开指称对象的声音特征而将注意力转向与该声音特征相伴随的时间因素或结果状态等，从而获得对有关情态生动而真切的感受。

象声词的转喻用法能够让人生动而真切地感受到被描绘的情态，正因为如此，在日常生活中或文学创作中，人们经常将象声词作超常使用，让它承担描绘情态的任务。这样做的结果不只是扩充了象声词的修辞功能，同时也丰富了现代汉语的表现力。

詈辞演变与雅化倾向[①]
——从"鸟"等的语音、语义和字符演变说起

詈辞即骂人话。王力和梁实秋都曾就骂人写过文章。王不赞成骂人,而梁不反对骂人。分歧在于,王觉得骂人有失体统[②],而梁认为骂人在所难免[③]。能否说王力考虑问题过于理想化?不能,骂人是不文明的,谁都知道。所以即便诚如梁实秋所言,"古今中外没有一个不骂人的人",但多数人用到詈辞时总是有所克制。少用或不用涉及性器官的詈辞,以及用到时尽可能减少其粗俗性,即反映了这种克制。减少詈辞的粗俗性,本文谓之"雅化"。雅化是詈辞演变过程中值得注意的倾向。下面笔者拟通过对三个詈辞发展史的分析,以证明上述倾向的客观存在。

一、鸟 都了切 ⇒ 屌 都了切 ⇒ 鸟 尼了切

大徐本《说文解字》曰:"鸟,长尾禽总名也。象形。鸟之足似匕,从匕。凡鸟之属皆从鸟。都了切。"以上注释,除了反切注音是根据《唐韵》音切后加的,其余部分基本保持《说文解字》刊行时的原貌(详见中华书局 1963 年影印本殷韵初所撰前言)。由此可知,"鸟"本指长尾禽,以前不是读"尼了切"而是读"都了切"。

[①] 原载《汉语史学报》,2005 年第 6 期。
[②] 王力:《骂人和挨骂》,见《龙虫并雕斋琐语》增订本,中国社会科学出版社,1993 年,第 109~111 页。
[③] 梁实秋:《骂人的艺术》,见杨迅文主编《梁实秋文集》第 2 卷,鹭江出版社,2002 年,第 4~8 页。

大约在唐代中叶,"鸟"这个词衍生出了新的义项。据《太平广记》记载,唐代女诗人李秀兰(？—784)"尝与诸贤会乌程县开元寺,知河间刘长卿有阴疾,谓之曰:'山气日夕佳',长卿对曰:'众鸟欣有托',举坐大笑"。① 在两人的言语戏谑中,"山气"与"疝气"谐音双关,谓"山气"是假,指"疝气"是真。"众鸟"与"疝气"相对,貌似说飞禽,实际指男阴。

以禽类隐喻男阴是相当普遍的现象。在汉语共同语和地方话里,除了作为禽类总名的"鸟"以外,作为禽类专名的"鸡(巴)"、"麻雀"、"鸭鸭"、"鹆鹆"等,也被用来喻指男阴。无独有偶的是,英语中表示公鸡的cock,朝鲜语里表示鸟的词语,亦存在类似用法。②

对于汉族人来说,用"鸟"比喻男阴起初多半是为了逗乐。冯梦龙《广笑府》中有这样一则笑话:

> 东坡与佛印说:"古人常以僧对鸟,如云:'鸟宿池边树,僧敲月下门。'又云:'时闻啄木鸟,疑是扣门僧。'"佛印曰:"今日老僧却与相公对。"③

上述笑话典出苏轼所撰《东坡佛印问答》④,可见确有其事而非向壁虚构。东坡跟佛印评说"古人常以僧对鸟",表面上是在讨论诗歌修辞法,骨子里是以男阴喻对方;佛印说"今日老僧却与相公对",看起来是将对方与"鸟"相比附,实际上是把对方与男阴相等同。二人意在相互侮辱吗？非也,玩笑而已。

"鸟(都了切)"成为詈辞、脏话是后来的事情。在元明时期的文学作品中,"鸟(都了切)"经常被作为詈辞使用。例如:

①"赫赫,那鸟来了。"(王实甫《西厢记》)

②"若救不得呵,则我这大杆刀劈碎鸟男女天灵盖。"(无名氏《争报恩》)

---

① 见宋李昉等编:《太平广记》,中华书局,卷二百七十三"李秀兰"条,典出唐高仲武编选《中兴间气集》。
② 关于朝鲜语里表示"鸟"的词语亦被作为男阴的喻称,参见[美]爱伯哈德:《中国文化象征词典》,陈建宪译,湖南文艺出版社,1990年,第27页。
③ 冯梦龙:《广笑府》,见《冯梦龙全集》第11集,江苏古籍出版社,1993年,第33页。
④ 见《四库全书存目丛书》子部第250册,齐鲁书社,1995年,第528页。

③"'明知山有虎,故向虎边行。'鸟汉哪里去?"(汤显祖《牡丹亭》)

④看见智圆,便道:"那鸟婆娘可恨!我已杀了。"(凌濛初《拍案惊奇》)

在例①中,"鸟_{都了切}"表示"卑下龌龊的人";在例②～④中,"鸟_{都了切}"表示"卑下"、"龌龊"之义。

有时"鸟_{都了切}"并不是作为詈辞而是作为粗俗口头禅出现。《水浒传》第三十八回:"李逵道:'这宋大哥便知我的鸟意,吃肉不强似吃鱼。'"王蒙的《王朔的挑战》:"看别人的作品你觉得作家人五人六挺高深。看王朔的作品你觉得他和你一个鸟样如果不是更晦气。"①在上面例子里,"鸟"并非用于骂人,它属于粗俗口头禅。这类用法,鲁迅在《论他妈的》杂文中论述过。为便于叙述,后文所谓"詈辞"包括作为粗俗口头禅的词语。

男阴是文明人羞于提及的事物,飞禽与男阴采用同一读音、同一字形,指称前者会令人联想到后者,这使得那些注意措辞文雅的人每每感到别扭,感到不自在。出于避讳需要,到了元代或临近元代之时,兼表飞禽和男阴的同一语符在读音上出现了分化:指称飞禽时采用新的语音形式读"尼了切";②指称男阴时则维持旧音读"都了切"。笔者将语音分化的时间锁定在元代或元代之前,主要理由是:

第一,元人周德清编纂的《中原音韵》,"鸟"与"袅嬝裹"被编排于同一字组。这说明当时"鸟"的"尼了切"读法已经普遍流行。

第二,金人董解元创作的《西厢记》里出现了"屌"这个字。今天见到的董西厢并非当时版本,而是明代、清代及上个世纪刊行的版本。这些版本含有后人改动的成分。以改动过的版本为依据进行历史考证不可不慎。有鉴于此,笔者对最具权威性的几种版本作了调查,结果发现在不同版本的董解元《西厢记》中,指称男阴的词语(用"～"号表示)写法不尽相同:

⑤两句传示,尚自疏脱,怎背诵《华严经》呵,秃～!

⑥休厮合造,恁两个死后不争,怎结末这秃～?

---

① 王蒙:《王蒙说》,中央编译出版社,1998年,第110页。
② "尼了切"系《洪武正韵》的注音。

有的版本,例⑤、例⑥都写作"屌",如明嘉靖间风逸人本;有的版本,例⑤写作"吊"、例⑥写作"屌",如嘉靖、隆庆间或万历初年适适子本,以及明天启崇祯间闵齐伋本;有的版本,例⑤写作"屌"、例⑥写作"屌",如明崇祯间闵遇五刻六幻本;有的版本,例⑤写作"弔"、例⑥写作"屌",如民国八年刊刻暖红室本。但无论怎么写,不外是在"弔"、"吊"、"屌"、"屌"四种字符中打转。可见在董解元《西厢记》原本里,指称男阴的词语并不是沿用传统写法,而是开始启用新的专用字符。联系到《中原音韵》里"鸟"读"尼了切",可以认为书写形式的分流其实是语音分化的伴随物。易言之,在我们看来,"鸟"读作"尼了切"的情况至少说在金代已经出现。

第三,对于汉语来说"尼了切"读音早已有之,汉语古语词"嬲"和"裹",《说文解字》注为"奴鸟切",便是例证。但"鸟"这一字符与"尼了切"读音挂钩则是金代或此前不久的事情。宋代以后元代以前的韵书或字书中,"鸟"部字多达700左右(含异体)。这些字除了"鸟"均为合体字,且几乎都是以"鸟"为义符的形声字。例外只有两个:"鵰"和"鸟鸟鸟"。前者读"都了切",后者读"奴了切"(注曰"鸟名",音同"尼了切")。完全以"都了切"的"鸟"为构件的"鸟鸟鸟"为何读"奴了切",尚有待研究。宋人陈彭年等重修的《宋本玉篇》、金人邢準重修的《新修絫音引澄群籍玉篇》、金人韩道昭编撰的《己丑新雕改并五音集韵》都收入了"鸟鸟鸟"这个字。《五音集韵》注音为"泥四"、"篠韵"。值得注意的是,自从韵书和字书上出现注音为"尼了切"的"鸟","鸟鸟鸟"便从韵书和字书上销声匿迹——其后刊行的《中原音韵》、《洪武正韵》、《篇海类编》以及《字汇》等,里面再也找不到这个字!"鸟鸟鸟"字来得蹊跷走得也蹊跷。自"鸟鸟鸟"字露面"鸟"之读音便开始转变,而当转变被社会接受后"鸟鸟鸟"字便泥牛入海。有鉴于此,笔者揣度,这个读作"奴了切"的"鸟鸟鸟"与后来读作"尼了切"的"鸟"不无关系。无法排除这样的可能,即"鸟鸟鸟"的出现意味着"鸟"在指称飞禽的场合开始采用新的语音形式,而"鸟鸟鸟"的退隐意味着"鸟"在表示前述意义的情况下由"都了切"向"尼了切"语音转移的基本完成。将"鸟鸟鸟"的出现与"鸟"取得"尼了切"读音联系起来,除了前述理由,有无其他根据? 有。清人大桥式羽(陈蝶仙笔名)所著《胡雪岩外传》第七回中有段话:

"人家为伊阔气落,呕伊王爷,单实拨伊养养鸟鸟鸟人有四个咚,唤得什个鸟鸟鸟匠,其个鸟鸟鸟笼也实天下少有个,象牙做个笼丝,白玉做个笼钩,所以人家话,做其个鵌,也实前世修来个。"

其中,"鵌"语音语义同于"鸟",以前者代后者,可能是作家在旧籍中见过前述用法。如果"鵌"的出现确实反映"鸟"之读音由"都了切"向"尼了切"过渡的开始,那么,在兼表飞禽和男阴的同一词语身上发生的语音分化可以进一步往前推,推到宋代。

综上所述,原来指称飞禽的"鸟"兼表男阴可能始于唐代,起先读为"都了切"的"鸟"改读"尼了切"可能始于宋代,而一度兼表男阴的"鸟"在专指男阴的场合改变书写形式至少说始于金代。

"屌"这个字出现以后很快为社会所接受,一直沿用至今:

⑦鞍心马户将伊打,刷子去刀莫作疑。(马致远《般涉调·耍孩儿·解马》)

⑧"……只除是那小姐美甘甘、香喷喷、凉渗渗、娇滴滴一点唾津咽下去,这屌病便可"。(王实甫《西厢记》)

⑨"他妈的,饿成了屌样。"(老舍《四世同堂》)

⑩"小爷们儿,你大老远来找我,到底是啥屌事啊?"(郭雪波《沙浪》)

⑪"我爸铁匠,到现在家里屌毛都没有。铁杆红五类。"(马原《上下都很平坦》)

例⑦运用了析字修辞法,所谓"刷子去刀"是指"屌",即"屌"的异体。

在已经明确"鸟 niǎo"专指飞禽,"屌 diǎo"专指男阴或记写有关詈辞的情况下,有些作者并未遵守新的约定。如果说元明时代的作者(如例①至④的作者)未遵守新约定是因为习惯难改,那么,像下面这些例子的作者——现代作者——放着明摆的"屌"字不用而启动那早已废弃的"鸟"字则似乎有点令人费解。

⑫"就是你真有这本事,又值什么鸟?"(鲁迅《故事新编·起死》)

⑬"那可不关他们贵人的鸟事。"(瞿秋白《乱弹·红萝卜》)

⑭"你闭着你的鸟嘴!"黄鼠狼跳起来指着苍蝇就破口大骂,"你是从粪缸里爬出来的,一身臭气,滚你的罢!"(茅盾《惊蛰》)

⑮"这么多年的委屈,何止她发泄净尽,就连我,也吐了一口鸟气。"(梁凤仪《洒金笺》)

应当写作"屌"、"屌事"、"屌嘴"、"屌气"而写作"鸟"、"鸟事"、"鸟嘴"、"鸟气",是他们孤陋寡闻而用字失误? 否。上述作者国学根底深厚,不会不知道字符"鸟"与"屌"的分工。该用"屌"而用"鸟",究其原因,无非是上述作者觉得"屌"字面上太扎眼,意指上太明确。概言之,在文学创作过程中,在需要使用涉及性器官的詈辞时,鲁迅等作者有意回避刺激性过强的字眼,而努力使粗俗的詈辞在字面上雅化。

"鸟"指称男阴时应当读"都了切",许多人明知故错读"尼了切"。① 1998年,中国大陆放映电视连续剧《水浒》,当对白中出现带"鸟"字的詈辞时,演员们不读"都了切"而读"尼了切"。这说明指称男阴的"鸟"其读音也在趋于雅化。

"鸟"作为指称男阴的詈辞在字符上由"鸟"改为"屌",又由"屌"改为"鸟";在语音上与指称飞禽的语符由"合"走向"分",又由"分"走向"合",这全是由于雅化倾向在起作用。

二、屌 diǎo 儿郎当 ⇒ 吊 diǎo 儿郎当

汉语中有个四字格詈辞:吊儿郎当。它身上存在多处令人费解的地方。就语音来讲,其中的"吊"本该读 diào,而实际上读作 diǎo;就语法来讲,"吊"属动词,按常规不应带儿尾却带了儿尾;就语义来讲,该詈辞表示仪容不整、作风散漫、态度不严肃等,上述规约意义与字面意义南辕北辙,风马牛不相及。

"吊"读作 diǎo 引起语音学家徐世荣的注意。他用"变调"来解释上述现象。② 但以上解释很难令人信服。首先,这违背北京话及北方方言的变调规律,因为北京话并不存在去声变上声的情况;就整个北方方言来说,变调时一般由曲折调变为非曲折调,而不是相反。其次,这不符合语音避讳规律。众

---

① 曹德和:《南京市骂与北京剧名》,载《语文建设》,1995 年第 10 期,第 37~38 页。
② 徐世荣:《北京土语辞典》,北京出版社,1990 年,第 108 页。

所周知,如果某个语音跟令人羞于启齿的语词沾上边,它便成为避讳对象。①自打 diǎo 这读音与男阴义挂上钩,人们常常唯恐避之不及。在此情况下"吊"不读 diào 而读 diǎo,可能性实在很小。"吊"为什么会读作 diǎo 呢?研究中笔者注意到以下几个方面:

第一,汉语史上出现过"吊"与"屌"通假的现象。本文第一部分提到董解元《西厢记》中以下语句:"两句传示,尚自疏脱,怎背诵《华严经》呵,秃~"和"休厮合造,恁两个死后不争,怎结末这秃~?"笔者指出,引文中以"~"标示处存在多种写法,但无论怎么写,不外是在"屌"、"吊"、"屄"、"屌"四种字符里面打转。"吊"与"屌"可以替代使用,这说明在汉语史上"吊"与"屌"有着通假关系。

第二,汉语文献中存在"鸟儿郎当"、"吊儿浪荡"②的用例,语意与"吊儿郎当"相同;日本爱知大学编纂的《中日大辞典》收了"鸟儿锒铛"这一词条,辞典说它表示"马虎,不认真",并交代说它亦写作"吊儿啷噹"。③ 从语义和语用看,"鸟儿郎当"、"吊儿浪荡"、"鸟儿锒铛"、"吊儿啷噹"与"吊儿郎当"为同一词语的不同写法,"鸟儿郎当"和"鸟儿锒铛"中的"鸟"应读"端母"而不是"泥母"。在"泥母"读音已经形成的情况下,"鸟"不读"泥母"读"端母",这说明"鸟儿郎当"和"鸟儿锒铛"中的"鸟"是指男阴而不是指飞禽,同时说明"吊儿啷噹"和"吊儿郎当"中的"吊"也是指男阴而不是指别的什么。

第三,《北京土语辞典》指出,表示"漫不经心",北京人有时采用"吊儿达拉"的说法;④《中日大辞典》指出,表示"一点儿都不剩",北方人有时采用"吊蛋精光"的说法。⑤ 从语用意义和内部结构关系看,前者应当写作"屌儿搭拉"(或"屌儿耷拉"),后者应当写作"屌蛋精光"——尹世超的《哈尔滨方言词典》和苏晓青、吕永卫的《徐州方言词典》正是这样写的。

缘上以观,"吊儿郎当"中的"吊",不是应该读作 diào 读成了 diǎo,而是

---

① 参见李荣:《论"人"字的音》,载《方言》,1982年第4期,第241~244页。
② 前者见于吴伯箫《夜谈》,后者见于姚雪垠《牛全德与红萝卜》。
③ 日本爱知大学中日大辞典编纂处:《中日大辞典》,东京:中日大辞典刊行会,1968年,第1 032页。
④ 徐世荣:《北京土语辞典》,北京出版社,1990年,第108页。
⑤ 日本爱知大学中日大辞典编纂处:《中日大辞典》,东京:中日大辞典刊行会,1968年,第340页。

应该写作"屌"写成了"吊",概言之,"吊儿郎当"的本来形式是"屌儿郎当"!

将"吊儿郎当"还原为"屌儿郎当",出现在它身上的许多令人费解的问题,包括"吊"为何读作 diǎo,为什么带儿尾,都可以得到圆满解释。

不过,讨论至此还有一个问题没有回答,即"屌儿郎当"这一词语与"表示仪容不整、作风散漫、态度不严肃等"是如何挂起钩来的。

要弄清上述问题首先得了解"郎当"的含义。"郎当"是一个中古时期就已存在的旧词语。它依然活跃在建瓯、牟平、洛阳、北京、哈尔滨等地。从古籍和方言资料看,"郎当"主要表示:(1)下垂摆动;(2)拖沓疲软;(3)衰惫困顿。结合"屌儿郎当"的规约意义考虑,与"屌儿"搭配的"郎当"采用的是义项(2),也就是说"屌儿郎当"本来是指"男阴"之"拖沓疲软"貌。把"屌儿"与"郎当"结合起来组成上述意义只是手段。因为上述意义仅仅起着能指的作用,讥刺他人的松垮作风,如仪容不整、作风散漫、态度不严肃等,才是目的所在。无须赘言,由能指意义到所指意义的过渡是通过比喻桥梁实现的,而讥刺态度则是通过喻体选择表现出来的。

将"吊儿郎当"复原为"屌儿郎当",遗留的问题,即该词语跟"表示仪容不整、作风散漫、态度不严肃等"意义如何联系起来的问题,也可以得到令人信服的解释。

前面提到,"屌儿郎当"又作"鸟儿郎当"、"吊儿浪荡"、"鸟儿锒铛"、"吊儿啷噹"。指称"男阴"的场合,"屌儿"="鸟儿",故前述第一种异体形式可以成立。"浪荡"本身具有"摇动晃荡"的含义,所指与"郎当"相近,故前述第二种异体形式并无不妥之处。"锒铛"和"啷噹"为拟声词,表示铃铛等摇摆时发出的声音。因为"锒铛"、"啷噹"之声与摇摆之状有着直接联系,故前述第三种异体形式也能够经得起推敲。

实际形式是"屌儿郎当",其流通形式却是"吊儿郎当",所以"阴差阳错",原因在于对文化人来说"屌"这个字不堪入目,照直写出有失体统。从避讳考虑,他们去掉了"屌"而换上了"吊",换上了一个读音相近的字。

一言以蔽之,是雅化倾向使"屌儿郎当"中的"屌"变成了"吊",是上述倾向使之在文字与语音的对应关系上及在语法语义的组织规律上出现了反常情况。

三、吹牛屁⇒吹牛皮

对于说大话的行为,汉族人嘲之为"吹牛"、"吹大牛";而对于喜欢夸海口者,则嘲之为"老牛皮"、"牛皮大王"。以上说法一般认为源于"吹牛皮"。"吹牛皮"这个词是怎么来的,它同说大话、夸海口是怎么联系起来的,多数人都不清楚。

关于"吹牛皮"的语源有三种观点。一是认为"吹牛皮"为"吹牛皮筏子"的简称。说是甘肃、青海地区黄河两岸的居民以牛皮筏子为渡河工具,这牛皮筏子是靠嘴吹气,使它鼓起来的。对于说大话的行为,当地人喻之为"吹牛皮筏子",以后缩略为"吹牛皮"。① 二是认为"吹牛皮"乃"鼠牛比"的吴语谐音。至于谐音联系是如何建立起来的则又存在两种说法。有人说来自老鼠与牛争生肖名次。② 还有人说来自一个讽刺性笑话,说是吴地有个财主,为了迫使某农民出让土地,便在夜间毁坏农民庄稼。农民告到官府,财主诡辩,说这是老鼠干的事,说农民家的老鼠大如牛。③ 三是认为"吹牛皮"来自"吹牛皮"的故事。说是有个瓜洲人夸海口,谎称拥有一只可供上百人同时敲击的大鼓,大鼓需用大牛皮做鼓面,谎称有如此大的鼓等于谎称世上有如此大的牛皮,后来人们称夸海口为"吹牛皮"。④

三种观点都有值得商榷的地方。第一种观点认为"吹牛皮"最早出现于西北地区。如果这是真的,那么,在上述地区的方言里应当不难找到"吹牛皮"的说法。但调查结果显示,表示"夸海口",西宁通常说法为"斩大话",⑤ 兰州、银川、西安通常说法为"吹牛屁"。⑥ 大家都知道,北方方言中有句俗语叫作"牛皮不是吹的,泰山不是垒的",也作"牛皮不是吹的,火车不是推的",如:

---

① 顾颉刚:《吹牛、拍马》,见钱小柏编《史迹俗辨》,上海文艺出版社,1997年,第31页。
② 陈光磊:《中国惯用语》,上海文艺出版社,1991年,第145页。
③ 申俊主编:《中国熟语大典》,上海文艺出版社,1990年,第30~31页。
④ 姚政主编:《千万个语文故事》,海南出版社、国际文化出版公司,1993年,第242页。
⑤ 张成材:《西宁方言词典》,江苏教育出版社,1994年,第138页。
⑥ 兰州大学中文系语言研究小组:《兰州方言》,载《兰州大学学报》,1963年第2期,第81~141页。

⑯老兄！牛皮不是吹的，泰山不是垒的。我来问你，这笔钱你是从什么地方所出？（梁斌《播火记》）

⑰牛皮不是吹的，火车不是推的。这碌碡摆在当场，跟你没交情，跟我没来往，没多的，也没少的，咱们比一比，才见出谁真谁假。（李满天《水向东流》）

可见"牛皮"不是指"牛皮筏子"，否则怎能说"牛皮不是吹的"呢？第二种观点认为"吹牛皮"为"鼠牛比"的谐音。不妨问一句：与"鼠牛比"构成谐音关系的为什么是"吹牛皮"而不是"吹牛鼻"？"牛鼻"有孔可吹，"牛皮"无孔如何吹？第二种观点很可能是说书艺人牵强附会编造的。第三种观点更纯属望文生义。瓜洲是笔者祖籍所在，据笔者所知，瓜洲乃至整个下江地区，流行说法是"吹牛屄"，而不是"吹牛皮"。

通过以上讨论可知，讽刺说大话行为，多数汉语方言都是采用"吹牛屄"这一说法。"吹牛屄"同"吹牛皮"之间是否存在某种联系？研究中笔者发现：

首先，就造词理据看，"吹牛屄"比"吹牛皮"合理。"吹牛皮"字面意义令人费解，因为其中的"吹"无论解释为"吹拂"，还是解释为"吹气使大"（如"吹气球"），都讲不通。照前者理解，与"说大话"挂不上钩；照后者理解，牛皮无孔无法吹。相比之下"吹牛屄"则比较顺理成章。"牛屄"有孔，虽然不是供人"吹"的东西或地方。不该"吹"的东西或地方也"吹"，那纯属胡"吹"乱"吹"。用"吹牛屄"比喻说大话，尽管粗俗却是贴切的。

其次，人们曾尝试用别的说法取代"吹牛屄"。汉语里出现过"吹牛腿"①、"吹牛胯股"②等说法，意与"吹牛屄"相同。上述说法看来是由"吹牛屄"引申而来的。根据借代修辞法，对于某一不便明说的事物，可以取相关事物替代。"牛（后）腿"、"牛胯股"靠近"牛屄"，用前者代后者是很自然的。

再次，存在着用"吹牛皮"代替"吹牛屄"的情况。李树俨、张安生编纂的《银川方言词典》中收了这样一个例子："火车不是推的，牛屄不是吹的，58年

---

① 日本爱知大学中日大辞典编纂处：《中日大辞典》；许宝华、宫田一郎：《汉语方言大词典》，第二卷，中华书局，1999年。

② 日本爱知大学中日大辞典编纂处：《中日大辞典》；许宝华、宫田一郎：《汉语方言大词典》。

谁当牛屄大王谁挨饿。"①其中,"火车不是推的,牛屄不是吹的"在某些通用辞典中写作"牛皮不是吹的,火车不是推的"。除了语序不同以外,还有一点区别是:一作"牛屄",一作"牛皮"。在"吹牛屄"或"吹牛皮"说法流行地区,正宗形式是前者,不是后者(见后文)。《银川方言词典》记录了语言事实,而某些通用辞典则作了改造。

另外,相关俗语说明"吹牛皮"源自"吹牛屄"。北京话"形容特别能吹牛、说大话",有个俗语叫做"吹死大母牛,饿死小牛崽儿"。② 另外在北方方言中,"讽刺说大话过了头",有个俗语叫做"吹牛吹豁了边"。③ 为何说吹死母牛而不说吹死公牛,为何说吹牛吹豁了边而不说吹牛吹出了洞?这无疑是在提示:"吹牛皮"的原始形态乃是"吹牛屄"。

还有,方言资料显示"吹牛屄"为原始形式,"吹牛皮"为派生形式。查阅李荣主编的《现代汉语方言大词典》41种分卷本,表示说大话及说大话的样子等,41个方言点中有21个采用"吹牛屄"、"牛屄哄哄"或"吹牛皮"、"牛皮哄哄"之类说法。它们是:乌鲁木齐、银川、西安、哈尔滨、太原、洛阳、牟平、武汉、徐州、扬州、南京、丹阳、苏州、崇明、杭州、宁波、南昌(作"吹牛蓙")、温州、娄底、柳州(作"牛催")、广州(作"吹牛鬌")。有20个方言点,表达前述意思则通常不是采用前述说法。它们是:海口、厦门、福州、建瓯、雷州、东莞、梅县、南宁、黎川、于都、长沙、萍乡、金华、上海④、贵州、成都、济南、忻州、万荣、西宁。"吹牛屄"、"牛屄哄哄"或"吹牛皮"、"牛皮哄哄"之类说法主要流行于长江以北和长江三角洲。在那里"吹牛屄"、"牛屄哄哄"或"吹牛皮"、"牛皮哄哄"两种说法其实都有人用,但作为"正宗形式"的只有其中一个。值得注意的是,流行"吹牛屄"、"牛屄哄哄"或"吹牛皮"、"牛皮哄哄"之类说法的21个方言点中,20个是以"吹牛屄"、"牛屄哄哄"为正宗形式,只有乌鲁木齐以"牛皮哄哄"为正宗形式。定居乌鲁木齐的汉族人大多是近一二百年打外地迁徙过去的,那里汉语方言历史不长,不难想见,流行于乌鲁木齐的"牛皮哄哄"极可能是晚近由外地传入的。采用"吹牛屄"、"牛屄哄哄"或"吹牛皮"、"牛皮哄

---

① 李树俨、张安生:《银川方言词典》,江苏教育出版社,1996年,第213页。
② 贾采珠《北京话儿化词典》,语文出版社,1990年,第50页。
③ 如茅盾《子夜》:"于是他勉强一笑,也不怕自己吹牛吹豁了边……"
④ "吹牛皮"、"吹牛屄"之类说法《上海方言词典》没收,但这类说法在上海方言中是存在的。《汉语方言大词典》第二卷注云:"牛屄①〈名〉大话;谎言……吴语。上海、上海松江。"

哄"之类说法的方言多以前者为正宗,这表明"吹牛屄"和"吹牛皮"两种说法,前者为原始形式,后者为派生形式。

"吹牛屄"与"吹牛皮"有着密切联系。这里存在两种可能:一是后者来自前者,为前者的变音变形(字形);二是后者另有来源,但现在被作为前者的替身。在上述两种可能中,前一种更接近语言事实。不过笔者不打算立即下断语,因为觉得正式敲定之前还需要补充一些证明材料。尽管目前未断言"吹牛皮"是否胎生于"吹牛屄",但有一点可以肯定,这就是在比较正规的交际场合,"吹牛屄"使用频率在下降而"吹牛皮"使用频率在上升。而由前述变化趋势可以清楚看出雅化倾向的规约作用。

四、结束语

李荣曾经指出:"研究语言的人常常排斥有关'性'的字眼,编辑字典跟调查方言都是这样。其实说话的时候要回避这类字眼,研究的时候是不必排斥的,并且是不能排斥的。就学问本身说,这类禁忌的字眼常常造成字音的更改,词汇的变化,对认识语言的现状跟历史,都是很重要的。"[1]李荣在此其实业已暗示了詈辞雅化倾向的存在。在詈辞雅化倾向的作用下,汉语中的许多詈辞已经不再那么粗俗甚至不再属于詈辞。不过,由于詈辞是宣泄情感、表达爱憎的手段,只要宣泄情感、表达爱憎的需要存在,詈辞就将继续存在。在詈辞不可能消亡的情况下,人们可以利用雅化倾向做一些工作。例如,可以利用上述倾向降低粗野詈辞的出场率,利用上述倾向引导粗野詈辞朝着雅化方向转变等。对于推动国家精神文明建设,这样做的积极意义是不言而喻的。

---

[1] 李荣:《论"人"字的音》,载《方言》,1982年第4期,第241~245页。

汉语隐语词汇构造规律[1]

隐语是某些行业群体和社会团伙为了防范外人知晓不愿泄漏的内情而刻意构造的秘密语。对于使用者来说隐语具有维护经济利益和人身安全的作用,是他们在日常语言之外不可或缺的补充性交际工具。

隐语没有自身的语音和语法系统,其特殊性主要反映在用词和造词两个方面。在用词上它采取"隐其本事而假他辞出之"[2]的策略,即:明明说的是世所皆知的事物,为了不让外人了解自己在说什么,放弃世所皆用的词语而采用秘密语。在造词上它总是采用云谲波诡、不可端倪的曲说式词语构造法,而回避使用普通语言通常使用的能够见文知义的直白式词语构造法。

隐语总是给人以扑朔迷离、玄虚莫测的印象。其实,这只是不明就里者的感受,而在语言研究者看来隐语并不神秘。本文拟全面剖析和披露隐语词汇的构造规律。

一、利用语音联系构造隐语

隐语使用者有时是从语音入手构造词语,其中比较多的是采用"拟声"和"谐音"的方法。"拟声"又称为"摹声",即模拟所指对象特有的声音。像下面这些词语就是借助"拟声"法构造的:

鸡→咯咯儿/猪→哼哼/羊→咩咩/火柴→哧了/钟→铛铛/照相机→咔嚓/理发吹风机→咯咯儿/大炮→轰隆/有轨电

---

[1] 原载日本《中国语研究》第 38 辑,1996 年 10 月。
[2] 引自《辞源》"隐语"注释。见商务印书馆,1937 年,第 1 584 页。

车 → 钢铛铛/小脚女人 → 的的

上述方法通常用于构造那些表示具体事物的词语。

"谐音"是指字或词的读音相同或相近。利用谐音条件构造词汇是隐语使用者经常采用的手段。根据具体操作的不同,"谐音"造词可以分为"直接谐音"、"包藏谐音"、"匿形谐音"三种类型。

所谓"直接谐音"就是径直选择一个语音相近的词语取代通常使用的词语。例如,清朝末年,北方某典当行在顾客面前用"摇、柳、搜、臊、外、撂、撬、奔、巧、勺"作为一至十数词的词语,这些词语就是借助"直接谐音"的方式构造的。运用前述方法创造的词语,其语音与所替代的词语总是保持着一定的距离。也就是说只是相近而不相同。因为隐语以口耳相传为主,语音相同不能起到保密作用。

所谓"包藏谐音"就是寻找一个含有相同、相近语音成分的多音节词语取代通常使用的词语。基于替代词语跟被替代词语的谐音关系是局部而非整体性的,且局部性的谐音联系又被包藏在整体之中,故称之为"包藏谐音"。例如,明朝时期,杭州市井用"忆多娇、耳边风、散秋香、思乡马、误佳期、柳摇金、砌花台、霸陵桥、救情郎、舍利子"代指一至十,就是利用"包藏谐音"关系。前述三音词,其首字语音依次与一至十相近。又如清朝末年,江苏扬州钱庄以"夜明珠、耳朵边、散花、狮子猫、乌梅果、隆冬、棋盘、斑毛、舅子、省油灯",代指一至十,也是凭借"包藏谐音"关系。前述三音词或双音词,其首字语音依次与一至十相近。"包藏谐音"法除了用于构造数字隐语,有时也用于构造表现其他内容的隐语。例如以"消黎花"代表"小"、以"朵朵云"代表"大"、以"落梅风"代表"老"等等。前述三音词,其首字语音依次与"小"、"大"、"老"相近。

"匿形谐音"分两步走:第一步是寻觅一个含有相同、相近语音成分的多音词作为通用词语的替代者;第二步是拿掉那个有着谐音关系的成分。因为谐音关系只是反映在第一步操作过程中,待到第二步操作完成时,从表面形式上已经看不出谐音关系,所以称之为"匿形谐音"。例如:

鱼 → 富贵有(余)/盐 → 哑口无(言)/茶 → 半夜巡(查)/雨 → 花言巧(语)/风 → 金殿装(疯)/客 → 午时三(刻)/司机 → 柴可夫(斯基)/青 → 雨后天(晴)/疯 → 八面威(风)/杀 → 玄坛菩(萨)/三

→ 东化西(散)/五 → 自念自(唔)/十 → 紧牢固(实)/李 → 一脚门(里)/周 → 一锅稀(粥)/何 → 九江八(河)

与被替代词语本来有着谐音联系而后来被拿掉的那个成分,通常出现在替代词语的末尾,偶尔也出现在开头,例如:崔 → (吹)喇叭/郑 → (震)四方。

隐语使用者从语音入手构造隐语,除了"拟声"法和"谐音"法以外,有时也用到"反切"法。例如,过去缝纫业用"欲记、饶记、烧者、素之、鹤根、落笃、徐、博氏、觉尤、拆"表示一至十,其中"欲记"、"素之"、"落笃"、"觉尤"分别表示"一"、"四"、"六"、"九",运用的就是"反切"法。《现代汉语词典》说:"反切"是"我国传统的一种注音方法,用两个字来注另一个字的音,例如'塑,桑故切(或桑故反)'。被切字的声母跟'桑'字声母相同('塑'字声母跟'桑'字声母相同,都是 s),被切字的韵母和字调跟反切下字相同('塑'字的韵母和'故'相同,都是 u 韵母,都是去声)"。根据以上说明可知,"反切"本来是一种注音方法。隐语使用者化而用之,把注音方法转变为造词方法,以被替代词语的声韵为基础,借助反切联系构造反切式隐语。

二、利用文字特点构造隐语

隐语使用者有时在文字上做文章,利用汉字特点构造所需词语。依据不同操作,该类造词法可以分出十大下位类型,即"分解重组"、"以整代零"、"直接截取"、"换字截取"、"直接释形"、"比较释形"、"局部释形"、"换字局部释形"、"笔画示意"、"笔端示意"。

【分解重组】即利用笔形的相同相近,把记录被替代词语的一个或几个文字拆分为若干个文字,然后重新作线性组合,有时加上衬字,通过这样的办法来构造隐语。例如:

土 → 十一/酒 → 三酉子/烟(煙) → 火西土/米 → 八木子/货 → 化贝/钞票 → 西示/现钱 → 王见之/本钱 → 人千/天 → 一大/丑时 → 刃一/晚 → 日免/舌 → 千口/侄儿 → 人至/父 → 八七/地保 → 呆人/出 → 山山/减 → 二成

【以整代零】即把记录被替代词语的的汉字视为某合体字的构件,然后通过用整体取代部分的办法,产生所需隐语。例如,旧时的玉器行以"旦、竺、清、罢、语、交、皂、未、丸、章"作为一至十的隐语,运用的就是"以整代零"法。

【直接截取】即把记录被替代词语的一个或几个汉字的某一部件或若干笔画从中截取出来,或独立使用,或组合使用,通过上述办法构造所需隐语。例如:

借→昔/锡匠→易丘/青莲堂→月车口/家后堂→豕口口/顺天行道→川大丁首

【换字截取】即把记录被替代词语的小写数字换为大写数字,然后截取其中的某一部分,独立成字,产生所需隐语。例如:

一→壹→豆/二→贰→贝/三→叁→台(截取部分不成字,用形体相近的"台"替代)/四→肆→长/五→伍→人/六→陆→土/七→柒→木/八→捌→另/九→玖→王/十→拾→合

有的隐语产生于对"换字截取"结果的二次截取,例如,以"上"和"才"作为"六"和"七"的隐语,其形成过程为:六→陆→土→上/七→柒→木→才。

【直接释形】即把记录被替代词语的汉字作为几何图形看待,从形体上给予部分或整体的说明,然后取说明语充当所需隐语。例如,旧时邮递业用"横杠、重头、堆头、天平、歪身、平肩、差肩、拖开、勾老、满头"作为一至十的隐语:称"十"为"满头"属于语义解释,与"直接释形"没有关系;其他词语是从形体上说明,运用了"直接释形"法。

【比较释形】即拿记录替代词语的汉字与另外的汉字进行比较,对前者与后者字形上的联系做出说明,然后取说明语充当所需隐语。例如,清代褚人获《坚瓠集》卷一"市语"(即隐语),在记述明代田汝成《委巷丛谈》"四平市语"后评述说:"不若吾乡市语有文理也,一为旦底,二为断工,三为横川,四为侧目,五为缶丑、六为撒大、七为毛根(一作皂脚)、八为入开、九为未丸、十为田心。"这里提到的一至十的隐语就是利用"比较释形"法构造的。另外,宋代陈元靓《绮谈市语》提到的另一套数字隐语,即:"一"为"丁不勾","二"为"示不小","三"为"王不直","四"为"罪不非","五"为"吾不口","六"为"交不义,"七"为"皂不白","八"为"分不刀","九"为"馗不首","十"为"针不金",也是

建立在"比较释形"法基础之上的。"比较释形"法不只是用于创造数词隐语，也用于创造其他隐语，例如：火 → 分炎/白银 → 皂头/主人 → 点王儿/客人 → 盖各/哥哥 → 双可/丑角 → 破田/女 → 安脱帽/吕 → 双口/哭 → 双口犬/午时 → 干角。

【局部释形】即对记录被替代词语的某个汉字作局部性的笔画说明，用说明语充当所需隐语。例如：

酒 → 三点儿/火 → 两点头/官 → 点字头/旗人 → 方字旁人/琴瑟 → 双王/防备 → 方面大耳

【换字局部释形】即把记录被替代词语的小写数字换为大写数字，再对它作局部性的笔画说明，用说明语充当隐语。例如：

一 → 壹 → 士头/五 → 伍 → 竖人/六 → 陆 → 耳朵/八 → 捌 → 竖刀

【笔画示意】即用两笔画的字代表"二"，三笔画的字代表"三"，余类推，由此产生所需数词隐语。例如：

二 → 丁/三 → 丈/四 → 心/五 → 禾/六 → 竹/七 → 见(見)/八 → 金/九 → 页(頁)/十 → 马(馬，过去算作十笔)

利用上述方法生成数词隐语，有时只取横写笔画。清代杭州旧衣铺以"大、土、田、东(東)、里、春、轩(軒)、书(書)、藉"表示一至九，就是仅取横写笔画。

【笔端示意】即用露出一个笔端的字代表"一"，用露出两个笔端的字代表"二"，余类推，由此形成数词隐语。例如：

一 → 由/二 → 申/三 → 人/四 → 工/五 → 大/六 → 王/七 → 主/八 → 井/九 → 羊/十 → 非

这是旧时某地古董业使用的数词隐语，这些隐语均产生于"笔端示意"法基础之上。

三、利用语法分布构造隐语

隐语使用者有时还会把语法分布作为构造隐语的基础。他们发现，自己所要掩盖的词语总是有着下列两个特点：(1)它们总是稳定地出现在某个语言片断中；(2)它们总是稳定地与某些语言成分保持着搭配关系。于是他们想到，可以利用上述特点，通过分三步走的办法来构造隐语。即：首先寻找一个包含了所要掩盖词语的语言片断，作为构造隐语的原始材料；然后拿掉所要掩盖的词语，留下它前边的或后边的或前后的搭配成分；最后用留下部分作为拿掉部分的替身，产生所需隐语。上述构造法，基于具体操作的不同，可以分出"头代尾"、"尾代头"、"两头代中间"三种类型。

【头代尾】即首先寻找一个含有所要掩盖词语的多音节词语，然后把位于尾部的所要掩盖的词语拿掉，保留前边部分；最后用前边部分作为隐语，取代所要掩盖的词语。例如：

马 → 高头大/耳 → 顺风子(子，衬字)/腿 → 金华火/肉 → 娇皮嫩/女 → 金童玉/舅 → 曹国孝子 → 二十四/风 → 八面威/雨 → 满城风/一 → 大年初/四 → 不三不/六 → 支五缠(吴方言)/八 → 七勿搭(吴方言)/九 → 十中八/哭 → 号啕痛/死 → 十生九/福 → 天官赐

【尾代头】即首先寻找一个含有所要掩盖词语的多音节词语，然后把位于前部的所要掩盖的词语拿掉，保留后边部分；最后用后边部分作为隐语，取代所要掩盖的词语。例如：

东 → 倒/西 → 歪/(撒)豆 → 为兵/杀 → 青/二 → 郎神/四 → 朝元(老)/八 → (声)甘州/十 → 段锦

【两头代中间】即首先寻找一个含有所要掩盖词语的多音节词语，然后把位于中间的所要掩盖的词语拿掉，保留前后部分；最后用前后部分作为隐语，取代所要掩盖的词语。例如：

虎 → 捋须/马 → 露脚/面 → 笑虎/钉 → 碰子/北 → 西风/外 → 门汉

以上介绍的"头代尾"法、"尾代头"法及"两头代中间"法，陈望道分别称之为"藏尾"、"藏头"、"藏腰"修辞法。

四、利用所指联想构造隐语

通过以上介绍可以看出,从语音、文字、语法入手构造隐语,往往需要有一定的文化基础。由于自身素质的限制,那些文化层次较低甚至没有文化的行业群体和社会团伙,事实上很少利用前述方法。像盗窃集团、流氓团伙之类缺乏教养的社会群体,他们使用的隐语,绝大多数是建立在语义联想的基础上的。这里所谓联想均属"曲说式"联想。从修辞角度看,它们都是建立在一定辞格基础上的联想。依据联想与辞格的对应关系,可以将它分为若干类型,即:建立在"比喻"基础上的语义联想、建立在"借代"基础上的语义联想、建立在"夸张"基础上的语义联想、建立在"倒反"基础上的语义联想、建立在"避讳"基础上的语义联想、建立在"用典"基础上的语义联想。在下面的讨论中,我们径直采用"借助××(辞格)构造隐语"的称述方式。

【借助"比喻"构造隐语】即先以原要表现的内容为出发点,然后借助"比喻"基础上的相似联想引出具有相似点的另一内容,最后以指称该内容的词语为材料产生出言在此而意在彼的隐语。例如:

耳朵→井/鼻子→烟囱/牙齿→磨子/头发→苗儿/乳房→尖山/阴茎→葱管/萝卜→地钉子/黄瓜→刺虫/筷子→双铜/剪刀→鹤嘴/活胡同→活袖/死胡同→死袖/绑票→养鹅下蛋/放火→扯红旗/贩私盐→走沙子/抽鸦片→吹横箫/玩女人→打印/向外国人卖淫→磨洋枪

【借助"借代"构造隐语】即先以原要表现的内容为出发点,然后借助"借代"基础上的相关联想引出具有相关点的另一内容,最后以指称该内容的词语为材料产生出言在此而意在彼的隐语。例如:

生点→打雷/官→翅子/折扇→聚头/伞→独脚/鞋→踢土/手电筒→长光/男子→条生/女子→开生/皮匠→双线通/枪→围腔热/跑→拂土/过桥→登空/坐车→上滚子/装哑行乞→画指/抢人帽子→扫顶/扒手表→吃转子/盗墓→吃臭

【借助"夸张"构造隐语】即先以原要表现的内容为出发点,然后借助"夸

张"基础上的变形联想引出相应的扩大化了的内容,最后以指称该内容的词语为材料产生出言在此而意在彼的隐语。例如:

雨伞 → 遍天遮/面 → 千条/扬琴 → 万丝儿/格筛 → 万人眼/帐子 → 瞒天子/塔 → 钻天子/上房 → 登云/长高 → 侵云

【借助"倒反"构造隐语】即先以原要表现的内容为出发点,然后借助"倒反"基础上的逆向联想引出属于相反范畴的另一内容,最后以指称前述内容的词语为材料产生出言在此而意在彼的隐语。例如:

烫发 → 冰苗儿/大便 → 堆香/坟墓 → 佳城/听 → 耳蒙/打嘴巴 → 吃烧饼/孝敬父母 → 复仇/医生 → 行凶者

【借助"避讳"构造隐语】即先以原要表现的内容为出发点,然后借助"避讳"基础上的求吉联想引出尚可或乐于接受的内容,最后再以指称前述内容的词语为材料产生出言在此而意在彼的隐语。例如:

吐血 → 来红/丧命 → 归原/打败仗 → 让土地/偷自行车 → 借马/抢劫 → 慰问/小偷 → 搬运工/人口贩子 → 长线红娘/被捕 → 滑倒了/坐牢 → 进书房/上脚镣 → 戴脚箍/监狱 → 广寒宫/牢中散步 → 游花园

【借助"用典"构造隐语】即先以原要表现的内容为出发点,然后借助"用典"基础上的回溯联想引出相关的历史内容,最后以指称该历史内容的词语为材料产生出言在此而意在彼的隐语。例如:

桥 → 张飞子/驴 → 张果老/丈人 → 泰山/女婿 → 东床坐/叔叔 → 管蔡/韩 → 胯下蔓(蔓,姓)/虱子 → 扪谈/盘子 → 落珠/脸 → 桃花/腰 → 楚柳/做梦 → 打黄粱/显威风 → 摆华容道

上面谈到的最后一种隐语构造法,因为需要文化历史知识的支持,通常为读过书的人所使用。

五、利用多种方法构造隐语

以上讨论事实上已经触及兼用多种方法构造隐语的情况。如前面指出,

"游花园"作为"牢中散步"的隐语是在"避讳"手法基础上形成的。其实,说它是"比喻"手法的产物,也未尝不可,因为实际上它同时兼用了两种修辞手法。

在隐语构造上,除了存在兼用的情况以外,还存在着连用的情况。例如:

①假 → 贾 → 西贝

②一 → 乙 → 挖

例①由通用词语"假"到隐语"西贝",并非一蹴而就,而是经过两次"变脸":第一次"变脸"是借助"直接谐音"法,第二次"变脸"是借助"分解重组"法。例②由通用词语"一"到隐语"挖",也是经过两次"变脸":第一次"变脸"是借助"直接谐音"法,第二次"变脸"是借助"以整代零"法。

以上谐音均属直接谐音法,直接谐音法很少被用于单独造词,而通常是和其他方法结合使用。在结合使用的情况下,先"谐音"后"说明"用得较为频繁。所谓"说明",主要指建立在语义联想基础上的"曲说",即借助修辞手法的"曲说"。但因为是多种方法结合使用,不容易被识别,有时也采取"直白式"说明。先"谐音"后"说明"的方法,每每被用来构造表示姓氏的隐语。例如:

程 → 沉 → 搬不动/陶 → 桃 → 猿偷/胡 → 糊 → 烧干锅/赵 → 照 → 灯笼子/韩 → 寒 → 冰天子/何 → 河 → 沟子/江 → 江(江河) → 大沟子/褚 → 杵 → 捣米子/于 → 鱼 → 顶水子/张 → 张(张望) → 凿壁/段 → 断 → 两截子/杨 → 羊 → 啃草子/唐 → 糖 → 甜头子/尤 → 油 → 浮水子/朱 → 猪 → 拱头子/魏 → 喂 → 撑肚子

有时也被用来构造表示事物的隐语。例如:

兵 → 冰 → 滴水儿/酒 → 九 → 四五子/盐 → 严 → 不透风/碱 → 剪 → 对口/糕 → 高 → 探不着/枇杷 → 劈啪 → 双响

比较而言,用于前者远远多于用于后者。

六、结束语

通过以上剖析可以看出,隐语词汇看似扑朔迷离、玄虚莫测,其实,其构造规律并非不可揭示,其语义内容也并非不可以破译。

　　隐语既是一种重要的语言现象,也是一种重要的社会现象,加强隐语研究除了有助于更全面认识语言,同时也有助于更深刻地认识社会。近年来,在我国经济蓬勃发展、社会日益开放活跃的大好形势的背后,扒窃、抢劫、拐卖人口、贩毒走私、卖淫嫖娼等各种犯罪活动有所抬头,而不法分子常以隐语作为掩护犯罪活动的重要手段。在此背景下,加强隐语研究,揭示其内在规律,对于侦破和打击各种丑恶现象、维护社会稳定和保卫"四化"建设,则更显示出重要的现实意义。

附注:

本文语料主要引自曲彦斌《中国民间隐语行话》(新华出版社 1991 年)、陈克《中国语言民俗》(天津人民出版社 1993 年)、孙一冰主编《隐语行话黑话秘笈释义》(首都师范大学出版社 1993 年)、钟敬文主编《语海·秘密语分册》(上海文艺出版社 1994 年)。

汉语文化特点描写与解释①

本文所说的汉语文化特点不仅是指通过汉语语义表现出来的民族个性，同时也是指通过汉语语形和语用表现出来的民族个性。汉语诸方面体现出的民族个性乃是汉民族历史创造的重要组成部分，将其视为汉语文化特点顺理成章。当然这里所说的文化特点是广义上的，与仅仅以精神现象为所指的狭义文化外延上不尽吻合。② 考察汉语文化的特点，主要方法是通过与其他语言的对照进行。下面依次从语词、句法组织、修辞方式、表达习惯四个方面，对汉语文化特点加以描写和解释。

一、汉语语词上的文化特点

汉语是世界上最发达的语言之一，语词之丰富堪称"浩瀚"，其中能够较为充分反映文化特点的主要有：

1. 亲属称谓分类细致

汉语亲属称谓无论同英语还是同日语相比，复杂性都是遥遥领先。英语亲属称谓不分长幼，而汉语则需要区分，伯伯与叔叔、大姨与小姨、哥哥与弟弟、姐姐与妹妹泾渭分明；英语、日语亲属称谓不区分父系和母系，而汉语则需要区分，爷爷与公公、奶奶与外婆、叔父与舅父、堂哥与表哥绝不混淆。因

---

① 原载《青海民族研究》，2013年第3期。
② 英国人类学家爱德华·泰勒(1871)认为，文化乃是"包括知识、信仰、艺术、道德、法律、习俗和任何人作为一名社会成员而获得的能力与习惯在内的复杂整体"。转引自庄锡昌《多维视域中的文化理论》，浙江人民出版社，1987年，第99~100页。以上观点被不少学者视为狭义文化的经典表述。

为在漫长的封建时期里,汉人一直是以家族为社会基本单元,其内部实行宗法管理,权力分配和财产继承皆按血缘亲疏、性别差异、年龄长幼处理,加上汉人一向具有强烈的宗族意识,从而使得汉语亲属称谓不但有父系母系之分,而且有直系旁系之别;不但有血亲姻亲之差,而且有年长年幼之异。亲属或亲戚称谓,从己身向上推到第五辈,向下延及第五代,加上平辈,形成所谓九族。分类之细、范围之宽,在世界语言中显得十分突出。

由于重视亲属关系且有关称谓成了距离远近的标志,汉人常将亲属称谓用于非亲属。如问路时面对陌生年长者,常以"大姐"、"大哥"、"大妈"、"大叔"打招呼。幼儿园孩子称老师为"阿姨",社会青年把朋友叫"哥们",工厂、机关乃至行政区划将协作方叫做"兄弟单位"、"姐妹城市"等等。而"婆婆"则常被用于指称上司或主管部门,在此场合多半用于喜欢指手画脚而使下级无所适从的领导或上级机关。因为在中国封建社会,做婆婆的时时处处管束着儿媳,通常是以不讨人喜欢的面貌出现的。

2. 烹饪饮食词语数量众多

列维·斯特劳斯(Claude Lévi-Strauss)认为,烹饪词语的出现标志着饮食对象由自然物向文化物转移,在人类历史上具有划时代意义。① 如果因为烹饪词语遥遥领先而可入选《吉尼斯世界纪录大全》,汉语是大有希望的。根据解海江、章黎平统计,英语表示烹饪的单词大约是 25 个,而汉语同类单词达到 39 个;②而根据关世杰的说法,汉语用于形容烹饪的单词有 50 多个。③ 这些单词具体为:烤、炸、炝、烘、焙、爆(bāo)、爆(bào)、熘、煸、焗、烙、焯、熏、煎、炒、烩、烧、煨、炖、焖、熬(āo)、熬(áo)、煮、蒸、烹、煲、氽、涮、卤、泡、糟、腌、卧、拌、扒等等。加上双音节的,如红烧、白烧、酱烧、葱烧、辣烧、干烧、清炒、干炒、抓炒、滑炒、软炒、爆炒、生炒、熟炒、酱炒、葱炒、烹炒,原焖、炸焖、爆焖、煎焖、生焖、熟焖、油焖、黄焖、红焖、酱焖等等,总数甚为可观。

---

① [美]P·L范·登·伯格:《民族烹饪——实际上的文化》,载《民族译丛》,1988 年第 3 期,第 35 页。

② 解海江、章黎平:《英汉烹饪语义场对比研究》,载《烟台师范学院学报》,2002 年第 4 期,第 84 页。

③ 关世杰:《跨文化交流学》,北京语言学院出版社,1995 年,第 53 页。

语言聚合单位分类粗细和数量多寡与文化地位成正比①,由汉语烹调词语分类之细、数量之多,可知烹饪在汉文化中地位何等显要。从中国历史上有"治大国若烹小鲜"(老子《道德经》第六十章)之比喻、"民以食为天"(班固《汉书·郦食其传》)之箴言,可以看出,汉族人不仅高度重视烹饪,同时高度重视饮食。贾平凹写过一首只有14个字名叫《题三中全会以前》的小诗:"在中国/每一个人遇着/都在问:/'吃了?'"这首小诗因形象而深刻地反映了"吃"在中国人心目中的位置而广受好评。当然"吃了?"这寒暄语如今在许多城市居民口头上正逐步被"你好!"所取代,甚至在青少年学生及中青年白领那里正逐步被"上网了吗?"、"离婚了吗?"所取代,但不论何事都爱用"吃"打比方的现象并未改变。像"混饭吃"(意思为对工作不大满意或表示谦虚)、"吃饱了撑的"(意思是精力用到不该用的地方)、"吃不了兜着走"(意思是惹出事或造成不良后果必须承担)、"吃人家的嘴软"(意思是拿了人家好处难以坚持原则)、"靠山吃山,靠水吃水"(意思是所在之处有什么条件就利用什么条件)等等,同"吃"相关的比喻性习语迄今不绝于耳,随时可闻。烹饪、饮食词语面广、量大乃是汉语的一大文化特色,而之所以如此,除了与中国地域辽阔、物产丰富、餐饮业发达有关,亦与汉族人重视食补的传统意识,以及长期为温饱问题而犯愁的苦难历史有关。

3. 动植物语词不少具有正负感情色彩

汉语里表示动物的语词,如"龙"、"凤"、"马"、"牛"、"鹿"、"喜鹊"、"鸳鸯"、"仙鹤"、"蝙蝠";表示植物的语词,如"松"、"竹"、"梅"、"兰花"、"菊花";表示果实的语词,如"枣子"、"莲子"、"花生"等等,都有着积极的文化意义;而同样用于指称动物、植物、果实的语词,像"蛇"、"狼"、"狗"、"猪"、"驴"、"蝎子"、"苍蝇"、"老鼠"、"狗熊"、"狐狸"、"乌龟"、"野鸡"、"猫头鹰"、"桑树"、"梨子",等等,则带有消极的文化内涵。

在具有文化色彩的动植物词语中,表示动物的居多。词语文化色彩的形成同民族价值观念有着直接而紧密的联系。从世界范围看,一般来说具有正面色彩的动物词语,其所指或者是民族先人的图腾——如汉语中的"龙"、"凤";或者在神话故事里曾经给予民族始祖以救助——如我国苗语中的

---

① 刘丹青:《科学精神:中国文化语言学的紧迫课题》,见邵敬敏主编:《文化语言学中国潮》,语文出版社,1995年,第109页。

"鹰",朝鲜语中的"大鳖";或者同民族生活关系密切——如汉语中的"牛",英语中的"绵羊";或者能够引起民族成员吉祥美好的联想——如汉语中的"鹿",印地语中的"牛",美国英语中的"白头鹰"。而具有贬义色彩的动物词语,其所指则有的曾经严重威胁民族生存——如汉语中的"狼"和"蛇";有的至今仍是影响民族成员健康的隐患——如汉语中的"苍蝇"和"老鼠";有的在神话故事中扮演不光彩的角色——如英语中的"蝙蝠";有的往往引起民族成员丑陋或不祥联想——如汉语里的"乌龟"和"猫头鹰"。作为民族图腾的动物有时又是对民族生存构成威胁的动物,对民族生存有利的动物有时又是容易引发不好联想的动物。在正反联想存在冲突的情况下,有关语词取得何种文化色彩通常由以下优选序列所决定:

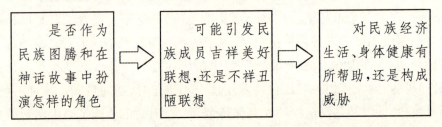

如"狼"对于哈萨克民族来说是其牧业的天敌,照道理相应语词应当带有消极文化色彩,但在哈语里,狼被称为"卡斯克尔"(kasker),含有"尊敬"、"崇拜"之意,原因在于狼是哈萨克民族的图腾。① 又如"猫头鹰",它是捕鼠能手,属于益鸟,然而,深受鼠害为患的汉人很讨厌它,原因在于它夜间叫声悲凉凄惨,阴森恐怖,在汉人看来这很不吉祥,会带来灾难,"猫头鹰一叫就要死人"。通过以上优选序列可知,对于语词文化色彩的形成,"民族图腾"比"构成威胁"优先,而容易"引发不祥、丑陋联想"又比"有所帮助"优先。汉语里"龙"呈正面文化色彩,而"猪"呈负面文化色彩,正是以上优选序列作用所致。对于植物类词语文化色彩的形成,以上优选序列同样具有决定意义。例如"梨"、"桑"、"柳",尽管它们为汉人经济生活做出重要贡献,但因为语音与"离"、"丧"、"流"相合相近,容易引发不好联想,结果被赋予消极文化色彩——在汉族社会里一直存在这样的说法,即梦见情人送梨是件晦气事,夫妻分梨而食可能导致家庭破裂;同时在汉族社会里,一直流传"前不栽桑,后

---

① 马德元:《哈萨克族的动物崇拜》,见宁锐、淡懿诚主编:《中国民俗趣谈》,三秦出版社,1993年,第571页。

不栽柳"的说法,因为普遍认为,房前栽桑会出门见"丧",屋后栽柳会财气外流而有后顾之忧。

二、汉语语法组织上的文化特点

就句法组织看,汉语文化特点主要表现为:

1. 词语结合每每依靠意合

同西语相比汉语词类在语法功能上显得极富弹性。这除了表现在其动词、形容词可做主宾语,名词短语可以作谓语,范围副词可以直接修饰数量名短语,还表现在近年来"义务治病"、"荣誉出品"、"短信联系"之类名词作状语的用法,以及"很郊区"、"很中国"、"很女人"、"很青春"、"很激情"之类副词修饰名词的用法频频出现。只要有语境帮助而不致造成误解,汉语里许多词语即便语法上不能搭配也往往可以能结合到一起。如交际语"给我发短信"可采用"短信我"缩略形式;诗句"长河落日圆"可以有"河长日落圆"、"圆日落长河"、"长河圆日落"等同义变换表达。① 由此可见,汉语语词的结合明显存在意合现象。② 意合说虽屡遭批评,但只要不是企图否定汉语语法的存在,并在内涵外延上给予明确界定,保留这一概念不无裨益。汉语词语结合之所以大量存在意合现象,主要是因为汉语属于非形态语言,其词语结合不像形态丰富的西方语言那样备受限制。

2. 句子成分常常大量省略

句子成分省略现象在世界语言中普遍存在。苏联语言学家 О. Б. 西罗季宁娜指出:"省略是构成谈话语的基本原则之一。一切可以省略的东西都可以省略。这一经济原则在谈话语的语言体系的各个平面都起作用,而在句法中反映得特别明显,事实上,在谈话语中几乎见不到……完整的句子。"③ 不过汉语的成分省略比起其他语言显得尤为突出。郑颐寿认为汉语中省略方

---

① 启功:《古代诗歌、骈文的语法问题》,见《汉语现象丛稿》,中华书局,1970年,第110～111页。

② "意合"可能是王力先生最早提出来的,他在《中国语法理论》中说:"中国语里多用意合法,联结成分并非必需;西方多用形合法,联结成分在大多数情形下是不可缺少的。"参见《中国语法理论》下册,中华书局,1954年,第310页。

③ 引自王德春主编:《外国现代修辞学概况》,福建人民出版社,1986年,第87页。

式多达七种:a. 承前省,即前文已有交代后文可以省去;b. 蒙后省,即后文将有交代前文可以省去;c. 自述省,即当自己是表达者的时候"我"可以省去;d. 对话省,即当面交谈在不致造成误解的情况下可以大量省略;e. 凸显省,即指交谈时可以只重复对方刚刚说过的某些词语而将其他省去;f. 泛指省,即所指宽泛且不言而喻可以省去;g. 潜词省,即可以借助语境意会的成分可以省去。① 汉语省略除了表现在句子成分上,还表现在关联词语上,正是后者使得汉语中"流水句"占有相当比重。汉语句子成分之所以可以大量省略,主要因为它属于非形态语言,句法结构松散,成分具有较强独立性;还因为对于汉语来说,省略乃是加强语篇连贯性的重要衔接手段。②

3. 组织形式受制于语音节律

在汉语生活中可以听到"老王"、"小李"、"张公"、"赵老"的称呼而听不到"老欧阳"、"小司马"的叫法;"一衣带水"、"空空如也"根据语义关系应当读作"一衣带|水"、"空空如|也",而实际读作"一衣|带水"、"空空|如也";制作电影片的工厂简称"电影制片厂"而非"制电影片厂";"不尽如人意"、"为他人作嫁衣裳"通常以"不尽人意"、"为人作嫁"的面貌出现,等等,究其原因,都是语音组织规律在起作用。可见汉语组织规律除了存在于句法、语义、语用平面,同时还存在于语音平面。③ 语音平面的组织规律主要表现为音步(foot)作用下的节奏构成规律。音步由音节组成,是三个音节以内的、两头有自然停顿的、能够自由运用的语音单位。根据汉语自源节律词即联绵词都是双音节,以及根据汉语诗律基本结构单位不是双平就是双仄,人们将双音节音步确定为自然音步,通常称之"标准音步"(standard foot)。三音节音步和单音节音步不属于标准音步。前者被称为"超音步"(super foot),后者被称为"蜕化音步"(degenerate foot)。一般情况下,标准音步的出现具有优先权,而其他音步的出现是有条件的。在语流中当标准音步的运作完成后,如果还剩有单音节成分,它通常总是贴附在一个相邻的双音步上构成超音步。蜕化音步一般只出现在以单音词为独立语段(independent into national group)的环境中,

---

① 郑颐寿等主编:《中国文学语言艺术大辞典》,重庆出版社,1993年,第946~950页。
② 曹德和:《省略功能新说》,载《湖北师范学院学报》,2001年第3期,第62~65页。
③ 刘丹青:《汉语形态的节律制约——汉语语法的"语音平面"丛论之一》,载《南京师范大学学报》,1993年第1期,第91~96页。

这时它会通过拉长元音在时长上向标准音步靠拢。① 标准音步的制约作用在很早就被我国学者注意到。《文心雕龙·丽辞篇》所谓"偶语易安,奇字难适"便是就此而言。标准音步对汉语节律的调适作用先秦时期初显端倪,根据郭绍虞对《醉翁亭记》的节律分析可以看到,到中古它已发育得相当成熟。② 时至今日则表现得更为充分。汉语中的单音词通过复合法、附加法等大量转变为双音词,三音节和三音节以上的词语大量缩略为双音词。近年出现的新词语绝大多数为双音词,都是标准音步作用的体现。双音节所以成为标准音步,主要有两方面原因:一是从明义和省力的矛盾协调看,双音节乃是汉语语词优选形式;二是从汉族人的语言感知讲,双音节乃是节奏构成的基本单位。因为节奏通过差异对比体现,而双音节音步的内部二分为差异对比提供了必要条件。

4. 词语次序安排以客观次第或认知过程为根据

(1)以客观次第为根据

例如:

　　他　在大门口　洗　车子(He is washing a car at the gate.)
　　1　　2　　　3　　4

"他"是叙述起点所以置于句首;"他"首先到达"大门口",然后用水"洗"什么,"洗"的对象是"车子",所以语序为:1,施事;2,处所;3,行为;4,对象。试比较:*他洗车子在大门口。

　　他　在黑板上　写了　一个字(He has written a word on the blackboard.)
　　1　　2　　　3　　4

"他"置于句首因为是叙述起点。"黑板"是"他"首先接触的对象,"写"是"他"随后的行为,"一个字"是"写"的产物。所以语序为:1,施事;2,处所;3,行为;4,产物。"他写了一个字在黑板上"也可以说,但意思有别:前者是描写客观过程,后者是强调行为结果的着落点。

---

① 冯胜利:《论汉语的"韵律词"》,载《中国社会科学》,1996年第1期,第161~183页。
② 郭绍虞:《汉语语法修辞新探》,商务印书馆,1979年,第244页。

他　把黑板上的字　擦了（He has crossed out the words from the blackboard.）
　　<u>1</u>　　　<u>2</u>　　　<u>3</u>

"他"作为叙述起点,理所当然置于句首。接下来说"黑板上的字",乃因为它存在于"擦"之前。试比较：*他把黑板上的字写了。

钱　在　里屋　办公桌　抽屉里（The money is inside drawer of the desk in inner room.）
　<u>1</u>　<u>2</u>　<u>3</u>　　<u>4</u>　　　<u>5</u>

这句话是说"钱"在哪里,所以先说"钱",后说"在",再说"所在"。要找到"钱",首先得进入"里屋",接着找到"办公桌",最后打开"抽屉"。因而对于"所在"的说明要以"里屋"、"办公桌"、"抽屉"的次第展开。

汉语叙述空间和时间都是从大往小说。如：安徽省合肥市蜀山区肥西路3号安徽大学文学院。因为要找到某个具体部门,首先需找到它所属单位；要找到具体单位,首先需找到它所在方位；要找到具体方位,首先需找到它所在街道；要找到某条街道,首先需找到它所在市区；要找到某个市区,首先需找到它所在城市；要找到某个城市,首先需找到它所在省或市。也就是说首先得确定最大一级,然后依次往小里搜寻。时间定位同空间定位虽是两码事,但就发现过程来说,由大到小、依次而进是一样的。① 有的语言,如英语,叙述空间或时间关系大小次第有别汉语。但那也是语言文化特点决定的,并非意味英国人与汉族人在认知方式上有什么区别。对此,金立鑫《英汉时地状语语序的一致性》②有专门论述,有兴趣者可参看,这里不拟展开。

（2）以认知过程为根据

例如：

客人　来了。（The visitor has reached.）
　<u>1</u>　　<u>2</u>

---

① 意义不完全是客观给定,它带有主观的因素,语句中排在最后的词语通常表示说话人想要突出强调的方面。

② 金立鑫：《英汉时地状语语序的一致性》,载《语言教学与研究》,1990年第2期,第148～153页。

先提"客人"再提客人的行为,是因为头脑里事前已有了"客人"的概念;而客人"来了"是后来知道的情况,属于新信息。

　　来　客人了。(A visitor has reached.)
　　<u>1</u>　<u>2</u>

将"来"置于"客人"之前而非相反,是因为来的人在说话人头脑中本来不存在。说话人先是看到有人来,以后根据常识推断,来的是"客人",不速之客。"客人"的概念呈现在后。

　　看见你　很高兴。(Nice to meet you.)
　　<u>1</u>　　<u>2</u>

该句叙述起点是"我",在面对面交谈的语境下被省略。之所以"看见你"放在前面,"很高兴"放在后面,乃因为"很高兴"这认知反映产生于"看见你"之后。

汉语在词语次序安排上之所以会形成以上特点,主要是因为其语法形态不发达,所指的先后铺排基本上是跟着能指在视野中或意识中的展开过程走。①

三、汉语修辞方式上的文化特点

汉语中能够充分彰显其文化特点的修辞方式为数甚多,像"谐音"、"对偶"、"回环"、"回文"、"顶真"、"连边"、"镶嵌"等等,都具有很强的代表性。因篇幅限制下面只谈其中两种。

1. 谐音

谐音现象其他语言中也有。亚里士多德《修辞学》指出同音异义的文字

---

① 不少学者认为,是汉人独特的思维方式造成了汉语迥别于西语的语法特点。此观点令人怀疑。根据向熹对甲骨卜辞的研究,汉语语法的一些重要特点,如不以形态而以词序和虚词为基本手段,宾语一般出现在动词之后,定语和状语一般出现在中心语之前,主语常常省略,组合每每依靠意合等,早在殷商时期就已形成。参见向熹:《简明汉语史》下册,商务印书馆,2010年。而通过道家和儒家学说表现出的汉民族思维方式,则是形成在后。如果非要在两者之间建立发生学联系,只能是前者为因后者为果。

往往被诡辩者用来颠倒黑白。①钱锺书《管锥篇》指出古罗马人因"美"(lepos)与"兔"(lepus)声形俱肖而认为吃兔肉可以使人貌美。②可见希腊语和拉丁语中亦有谐音,且早就出现;布龙菲尔德《语言论》指出,某个词语倘若恰好与禁忌语语音相同则会被嫌弃,他并以英语和法语为例证明前述现象,可见当今最具影响的两大语言同样存在谐音。③尹曙初指出,俄语的谐音双关有三种类型,即:①由同音同形异义词омонимы构成的谐音双关;②由同形近音异义词омографы构成的谐音双关;③由同音异形异义词омофоны构成的谐音双关。④由此可知俄语中不仅有谐音,而且为修辞所利用。但相对而言汉语谐音更为突出。从出现场合看,它不仅大量存在于音译外来词中,同时大量存在于地名、人名、歇后语等本土词语中;不仅大量存在于日常言谈中,同时大量存在于广告创作、文学创作乃至年画创作中。⑤从表现形式角度看,比如从与其他辞格的结合为用看,可以归纳出仿词式谐音、双关式谐音、析字式谐音、飞白式谐音、藏词式谐音、歇后式谐音、曲解式谐音、空设式谐音等八种类型。⑥谐音构成基础是同音,任何语言无法避免同音,而之所以谐音在汉语中表现尤为突出,主要因为在音义结合上,西语基本是一对一,而汉语是一对多。如英语的[buk]book、俄语的[k'ni'ga] книга只表示"书"的意义,而汉语的[ʂu]shū,除了与"书"的意义结合,还与"抒"、"舒"、"输"、"叔"、"疏"等二十五个词和语素存在音义联系。以5万条词语为基数作比较,英语中同音形式只占2%多一点,而汉语约占10%。英语同音形式本来就为数有限,加上入句后词形每每发生变化,构成同音的机会所剩无几。汉语不是这样,同音形式入句后不存在变形、变音问题,从静态转为动态,谐音几率并未下降。⑦

2.对偶

论及汉语文化特点人们都会提到对偶,因为这种修辞方式无论是就适用

---

① [古希腊]亚里士多德:《修辞学》,生活·读书·新知三联书店,1991年,第151～152页。
② 钱锺书:《管锥篇》,中华书局,1986年版,第1061页。
③ [美]布龙菲尔德:《语言论》,商务印书馆,1985年,第488～489页。
④ 尹曙初:《漫谈俄语的双关语》,载《现代外语》,1994年第4期,第47～51页。
⑤ 赵金铭:《谐音与文化》,载《语言教学与研究》,1987年第1期,第40～57页。
⑥ 陆云武、俞雪平:《谐音八种及其区分》,载《修辞学习》,1992年第5期,第20～22页。
⑦ 师为公:《汉语与汉文化》,江苏教育出版社,1996年,第4～13页。

范围来看,还是从使用频率来看,都是名列前茅。汉语中有不少成语,如"油头滑脑"、"胆战心惊"、"如胶似漆"、"弃暗投明"等等,其构成均借对偶。有文化的汉人都会吟几首古诗,而对偶与古诗可谓唇齿相依。逢年过节老百姓都要贴春联,春联又叫对联,从修辞角度看就是对偶。过去公交车售票员在乘客上车后便叫道:"上车请买票,月票请出示!"这顺口溜般的吆喝语亦是以对偶形式出现(试比较:上车请买票,请出示月票)。汉语对偶至少在 3 000 多年前就已出现,目前发现的最早用例见于商代《盘庚上》,即"用罪伐厥死,用德彰厥善"。虽未避重出,但形式工整,上下对称,基本具备对偶特征。汉语对偶到了周代已是相当成熟,"古今作对之法,《诗经》中殆无不毕具"。① 汉语对偶得以充分发展,乃至独领风骚,主要原因有三:其一,对偶属于对称范畴。对称包括线对称(line symmetry)、点对称(point symmetry)、平动对称(translational symmetry)、相似对称(similar symmetry)等等。对称具有均衡、和谐、简单、守恒等特点,能引发美感,且符合经济原则,故而语言本身存在着追求对称的内驱力(drive),亦即存在着所谓"语言的力的平衡"动能。② 诚如魏尔(H. Weyl)所言:"不对称很少是仅仅由于对称的不存在。"③对称可谓无处不在,只不过有时是以次对称形式出现而已。对偶对应于平动对称。对称存在的必然性为汉语对偶的发展提供了强劲的内在动力。其二,说写过程中经常用到对举表达方式,包括正对和反对,对举属于语义对称,以形式对称表现语义对称,实现所指与能指的异质同构(Heterogeneous isomorphism),可以强化对举效果。对偶乃是营造异质同构关系最为常用的手段,说写过程中对举表达的需要为汉语对偶的发展奠定了厚实的社会基础。其三,汉语语素多为单音节,长度均齐,书面上与单个汉字相对应;它们既可直接作为造句单位使用,又可通过两两结合充当造句材料;加之汉语造句主要依赖意合而不受形态束缚,以及因为造句材料在功能上具有很强的适应性,这就使得汉语在对偶手法运用上具有得天独厚、无与伦比的优越条件。也正因为如此,郭绍虞曾有以下论述:"中国语词因有伸缩分合之弹性,故能组成匀整的句调,而同时亦便对偶;又因有变化颠倒的弹性,故极适于对偶,

---

① 刘麟生:《中国骈文史》,东方出版社,1996 年,第 14 页。
② 伍铁平:《论语言的机制》,载《外语与外语教学》,1992 年第 2 期,第 3~5 页。
③ 引自[德]H. 魏尔《对称》,商务印书馆,1986 年,第 11 页。

而同时亦足以助句调之匀整。因此,中国文辞之对偶与匀整,为中国语言文字所特有的技巧。"①概言之,汉语对偶之所以能够得以充分发展,乃是前述三方面因素共同作用的结果。

四、汉语表达习惯上的文化特点

就表达习惯看,汉语文化特点主要体现在这样一些方面:

1. 见面寒暄,无所不问

熟人见面总要寒暄几句以示友好。在此场合,日本人习惯谈天气,如"今日は寒いですね。"("今天好冷啊!")、"また降り出した!"("又下雨啦!")等等;英国人亦如此,如习惯说:"Lovely day, isn't it?"(今天天气不错,是吧?)"It's a little cold in the street."(街上有点冷)。汉语使用者则不同,总是习惯问别人准备干什么或在干什么或干了什么。如习惯问:"上哪儿去啊?"、"在看什么书啊?"、"上街买东西的啊!花了不少钱吧?"、"怎么穿这么多啊?不热吗?"、"吃过了吗?"等等——亦即总是以别人私事为话题,且刨根问底,百无禁忌。究其原委,乃因为在一个相当长的历史时期里,汉族人大多以务农为生。农业活动都是在露天进行,每天在干什么、庄稼长得好不好、岁末收获多少粮食等,都暴露于"光天化日"之下,彼此之间无私可隐,结果也就不大在乎对于隐私权的维护和尊重;同时因为在汉族人看来,越跟你谈论隐私,越说明跟你关系近乎,越说明对你关心,于是也就逐步形成了见面寒暄、无所不问的习惯。

2. 谈及自我,倾向低调

汉语使用者一般都比较谦虚,甚至总是贬低自己。如听到赞扬,或者表示受之有愧,自己做得还不够;或者表示成绩取得出自侥幸,本来不该得到;或者表示都是大家帮忙乃至别人谦让的结果。撰写论文,明明是正式发表意见且自认为很深刻,却说《试论……》、《……刍议》;事实上是阐述个人看法,不说"我认为"、"我主张"、"我的看法是",而称我们如何如何。会议发言,即使已深思熟虑,但往往说是"准备还不充分"、"只是随嘴瞎说"。请朋友到家里做客,即便准备得相当丰盛,也总是说"家常便饭,没什么好菜"。长期以来

---

① 郭绍虞:《照隅室语言文字论集》(郭绍虞文集之二),上海古籍出版社,1985年,第103页。

在中国主流思潮即儒家学说的影响下，汉人社会普遍认为：直言不讳肯定自己或宣扬自己，乃是狂傲心态的流露；相反，藏锋匿尖，含而不露，则属于有修养的体现。在人际交往中委屈自己，从积极方面看可以避免冲突，有益群体和谐；而从消极方面看，过分克制往往导致心理压抑，结果不仅有损个人健康，同时也不利社会进步，因为没有勇于超越、敢于冒尖的社会风气，也就没有积极竞争推动下的各项事业的迅速发展。随着我国改革开放的不断推进，汉语使用者过分低调的表达习惯有所扭转，但内敛、谦虚的作风总体看并未根本改变。

3. 说事论理，具象为主

与西方人相比，特别是与德国人相比，说事论事，汉人更多依赖具象思维。前面谈到汉语词语次序的安排通常是以客观次第或认知过程为依据，便是汉人具象思维特点的体现。所以谢信一认为，"汉语的临摹性高于英语，英语的抽象性高于汉语"。[1] 汉语使用者的具象思维的特点不仅反映在句法结构上，同时也反映在文章写作中。邓炎昌、刘润青曾经谈到，一篇英文习作是中国人写的还是西方人写的很容易辨别，因为中国人写文章喜欢大量使用形容词。[2] 不少汉语使用者都有这样的体验，即：西方人撰写的理论著作令人昏昏欲睡，难以卒读；而汉人撰写的同类著作则较有吸引力，读起来轻松得多。原因在于汉人不喜欢抽象地谈理论，而倾向借助具体事例说明问题。还有一个例子足以证明这一点，近年来人们常常慨叹有些青年学者的文章艰涩费解，不如老一辈学者的文章平白易懂。原因在于前者仿效了西方抽象叙述的文风，而后者继承了汉人具象表达的传统。

汉语在表达上为什么会形成以上特点呢？这恐怕与其语言组织以意合而非形合为主不无关系。以形合为主的语言，其使用者观察和处理问题时比较关注对象的形式层面；以意合为主的语言则多半不是这样。关注形式层面会使人逐步养成抽象思维的习惯；而不大在意形式层面则会使人始终保持具象思维的特点。汉语之所以说事论理比较多地依靠举例或比喻，最为深层的原因或许也就在这里。

---

[1] 谢信一：《汉语中的时间和意象》（中），叶蜚声译，载《国外语言学》，1991年第4期，第27~32页；1992年第1期，第20~28页，第41页；1992年第3期，第17~24页，第50页。

[2] 邓炎昌、刘润青：《语言与文化》，外语教学与研究出版社，1989年，第239页

五、结束语

　　无论以汉语为第二语言的人还是以汉语为第一语言的人,要想尽快掌握汉语或者要想有效提高汉语运用水平,都不仅要对汉语具有怎样的文化特点有所了解,而且要对于汉语何以会形成以上文化特点亦有所了解。为了帮助外族人和本族人学好用好汉语,我们对汉语文化特点进行了较为全面的观察,并尝试性地做了一些发生学的解释。汉语还有一些文化特点,如计数时几乎必用量词,撰写大块头文章通常不是像英语那样习惯采取"直线型"(linear)叙述方式,而是倾向采取"螺旋型"(circular)篇章结构,[1]本文没有提及。因为前者大家都清楚,且比较容易把握;而后者绝非通过单篇论文中的一个章节可以讲清楚,所以也就略而不叙了。有些修辞方式,如"回环"、"回文"、"顶真"等没有谈,乃因为它们都有特定的使用场合且出现频率不高,而本文所涉内容都是同日常交际有着比较密切关系的。

---

　　[1] Kaplan, Robert, 1996. Cultural Thought Patterns in Inter-cultural Education. Language Learning, 16, 1—20, republished in Harold B. Allen & Russul N, Campbell(eds) Teaching English as a Second Language, New York: McGram-Hill, International (1972:294—309).

第二编

修辞学研究

关于修辞理论的深度思考[①]
——从修辞学基本概念的界定谈起

理论是命题的集合,命题由概念组成,因而理论研究总是从论析基本概念开始。如何界定基本概念,关系到能否正确把握学科内涵,所以一向深受重视。在基本概念的理解上不免会有意见分歧,这是正常现象。有时分歧的存在能够促进思考、深化认识,不是坏事而是好事。但分歧一般不应冲击甚至动摇基本概念的"硬核"(hard core)。[②] 否则不仅有碍共同话语的形成,还将松动整个学科的立足根基。

修辞学拥有自己的基本概念,如"修辞"、"修辞学"、"修辞学研究对象"、"修辞原则"、"修辞学隶属关系"、"修辞学学科特点"、"修辞学学术禀性"等。过去在阐释上虽然存在分歧,并没有冲击到"硬核";但近年来分歧日益扩大,且有动摇"硬核"的趋势。在此情况下,修辞学界有必要通过对话以缩小差距。本文首先阐述笔者对修辞学基本概念的理解,继而说明对修辞学学科品性的认识,最后论及指导理论研究的两条原则。希望此文能够起到促进交流、增强共识的作用。

一、修辞学基本概念

1. 修辞

"修辞"这个词既可表示实体也可表示过程。表示实体的"修辞"主要有

[①] 原载《学术界》,2008 年第 5 期。
[②] [英]伊·拉卡托斯:《科学研究纲领方法论》,上海译文出版社,1986 年,第 65~264 页。

三种用法:一是指"客观存在的修辞现象",如"这篇文章在修辞上很有特色";二是指"修辞知识",如"要学点修辞";三是指"修辞学科",如"文法和修辞是两门科学"(陈望道语)。从发生学角度看,过程性"修辞"形成在先,实体性"修辞"形成在后。因为存在上述关系,后者不管怎么用,含义始终受制于前者。能否把什么是"修辞"说清楚,关键在于能否把什么是表示过程的"修辞"说清楚。

表示过程的"修辞",我们的定义是:"通过语言材料的选置、调适以实现交际目的的表达行为",如"不善修辞"。这里采取了"属+种差"的定义方法。其中,"表达行为"为邻近属概念;"通过语言材料"、"选置、调适"、"以实现交际目的"依次为种差1、种差2、种差3。

对于过程性"修辞",20世纪90年代以前,我国语言学界存在多种看法:有人说,它指"修饰词语";①有人说,它指"美化言语";②有人说,它指"最有效地运用语言";③有人说,它指"对于语辞力加调整、力求适用";④有人说,它指"对语言材料进行选择";⑤有人说,它指"言语形式的适切组合";⑥有人说,它指"对语言单位、言语材料进行选择、安排或加工",⑦等等。说法林林总总,有一点是相同的,即都认为修辞是以语言材料为手段而实施的表达行为,如果要求最简洁地概括以上认识,可以用"语言表达"四个字。

近年来,有人认为表示过程的"修辞"包括非语言表达,还有人在"修辞"与"交际"之间画等号。对此我们持保留态度。为以示区别,给过程性"修辞"下定义,我们在中心语前面附加了种差1、种差2、种差3三层限定。

"表达行为"包括语言的和非语言的,"修辞"仅指前者,这是由"修辞"的"辞"决定的。陈望道指出:"在口说或记录口说的文辞中,态势实际也同修辞有相当的关系。它能指示说话时的情境而本身也便是说话时的情境之一,修

---

① 姜宗伦:《古典文学辞格概要》,云南人民出版社,1984年,第3页。
② 武占坤:《汉语修辞新论》,白山出版社,1999年,第7页。
③ 高名凯:《普通语言学》(下),东方书店,1955年,第80页。
④ 陈望道:《修辞学发凡》,上海教育出版社,1979年新1版,第7页。
⑤ 王希杰:《汉语修辞学》,北京出版社,1983年,第6页。
⑥ 刘焕辉:《一切修辞手段都归结为组合》,见《修辞学研究》第四辑,厦门大学出版社,1988年,第4页。
⑦ 张静、郑远汉主编:《修辞学教程》,河南教育出版社,1989年,第13页。

辞须得同它相应合。但它实在不是所要调整的语辞的本身。"①他特别提醒,非语言态势虽然起到传递信息的作用,但只能视为情境因素,因为"修辞"的"辞"不包括非语言成分。前些年,黄华新在论及体态语等"非言辞的表达"时,亦将之纳入"情态语境"范畴。② 对语言手段与非语言手段加以严格区分,将后者排除于修辞现象之外,不仅是对社会常识的尊重,而且可以避免简单问题复杂化,这样处理具有不言而喻的合理性。

按照狭义的理解,"语言"只是指口语;按照广义的理解,"语言"是指口语和书面语的总和。而我们所谓"语言材料",除了包括前述内容,还包括口语和书面语运用过程中出现的口头的和书面的其他手段,如韵律、节奏、语调、重音、标点、字形、行款等,因为它们事实上已经成为口语和书面语的有机组成部分。

就汉语辞源义来说,"修辞"的"修"只是指"修饰"。但在中西学术交流的推动下,无论表示过程还是表示实体的"修辞"都已吸纳了新的内涵。根据汉语"修辞"及西方对应术语如英语 rhetoric 所指,③同时结合其全球通用义,④我们给予"修辞"的"修"以重新分析(reanalysis),诠释为"选置"、"调适"。"选置"即"选择安排"(见《汉典》),"调适"即陈望道所谓"调整适用",前者可以体现说写过程需通过聚合轴(paradigmatic axis)和组合轴(syntagmatic axis)协调行动完成的现代语言观念,后者可以与我国对于修辞的传统看法保持连续性。

给过程性"修辞"下定义,有人附加了"美"、"适当"、"有效"等前提,这似乎意味着"不美"、"不适当"、"不有效",或者不那么"美"、"适当"、"有效"的语言表达不是修辞。还有人明确提出,不使用辞格和辞规的语言表达不是修辞,⑤错误的语言表达不是修辞,⑥不自觉的语言表达不是修辞,⑦违背伦理

---

① 陈望道:《修辞学发凡》,上海教育出版社,1979年,第23~24页。
② 黄华新:《逻辑与自然语言理解》,吉林人民出版社,2005年,第92~96页。
③ 陈宗明:《略论修辞逻辑》,见《逻辑与语言新论》,语文出版社,1989年,第64页。
④ 贾希兹:《修辞与阐释》,见《东方文论选》,四川人民出版社,1996年,第471页。
⑤ 谭永祥:《汉语修辞美学》,北京语言学院出版社,1992年,第33页。
⑥ 刘焕辉:《修辞学纲要》,百花洲文艺出版社,1993年,第20~22页。
⑦ 王希杰:《汉语修辞论》,当代世界出版社,2003年,第7页。

的语言表达不是修辞,①"以只有听取、接受,说'是'的份儿"的人为交际对象的语言表达不是(严格意义的)修辞,②等等。我们原则上不对语言表达作修辞与非修辞的区分,但吸纳前述观点中的合理成分,将精神病患者的胡言乱语、不能自控的酒话、梦话等排除于修辞范畴之外。原因很简单,人们通常理解的"修辞"是指正常的言语活动。

我们利用"百度"搜索软件对过程性"修辞"的用法作过调查,下面是采集到的部分例子:

○有些句子,只是在修辞上存在这样或那样的毛病,如语言罗嗦、不得体等。

○修辞不得体,给受文者的第一印象是:浮华夸饰,矫揉造作,堆砌华丽词藻,滥用辞格,一副虚肿的面孔。

○因为他的文字像他的人,拙于修辞却厚于真情,看他的文字,会想起杜甫。

○天地一片白茫茫。在雪面前,我这个长于修辞的人,突然失语。

○丰富词汇,提高修辞水平,是主持人语言修养的基本功。

以上例子中的"修辞"都可以用"语言表达"替换而意思不变,可见把过程性"修辞"与说写活动相对应是经得起检验的,同时可见陈望道所言"修辞"包括成功表达和失败表达即零度以下的表达是有道理的。③ 为什么不少人认为它是指"适当的"、"有效的"、"美的"表达呢?原因是多方面的:有的把修辞知识的积极作用与修辞现象的真实状况混为一谈,有的把制约修辞行为乃至人类所有行为的普遍规律(如对于效率的追求)与修辞行为的实际操作当成一回事,还有的在过程性"修辞"与艺术化表达之间人为地建立了同一关系。

我们不区分修辞与非修辞,但区分"得当修辞"与"失当修辞"。前者指"实现或基本实现预期交际目的的语言表达",后者指"未能实现预期交际目的的语言表达"。因为研究修辞需要区分"资源对象"(Resource object)和"参考对象"(Reference object),而"得当修辞"与"资源对象"整体对应,"失当

---

① 胡范铸:《什么是修辞原则》,载《修辞学习》,2002 年第 3 期,第 4 页。
② 刘亚猛:《追求象征的力量》,生活·读书·新知三联书店,2005 年,第 142~149 页。
③ 复旦大学语言研究室:《陈望道修辞论集》,安徽教育出版社,1985 年,第 280 页。

修辞"与"参考对象"局部对应——前者是后者的重要组成部分(详见后文)。

2. 修辞学

我们是这样定义"修辞学"的:"以交际效果为参照系研究语言表达手段和表达规律的学科。"这个定义有两个特点:第一,强调修辞学基本任务是研究语言表达手段和表达规律;第二,强调修辞学只是把交际效果作为参照系。

强调基本任务是研究语言表达手段和表达规律,是否意味着反对研究"接受"? 修辞学是否需要研究接受一直存在争议。有人以修辞学属于表达学为由否定这样做的必要性,并认为研究接受是阐释学的专职,是语用学、言语交际学分内的事情,修辞学研究接受是越俎代庖。而我们以为,前述观点是值得商榷的。研究范围(Research scope)的划定不能不考虑历史形成的并通过命名反映的学科分工,但分工不等于分界;况且目前学术发展趋势表明,随着研究的深化,不同学科互相"犯界"无可避免。近年来国内关于社会语言学、文化语言学、应用语言学如何划界的讨论充分说明白这一点。对于一门学科来说,研究什么不研究什么应当以实现"目标对象"(Target object)的需要为根据,而不应死守分工,画地为牢。这不是说可以为所欲为。学科分工必须考虑,但分工主要体现在"目标对象"、"资源对象"及"参考对象"的区别上,而不是体现在"研究范围"的划定上。明了这一点,对于修辞学是否需要研究"接受",也就比较容易统一认识了(详见后文)。

研究范围由实现目标对象的需要所决定,修辞学以研究语言表达手段和表达规律为目标对象,这就决定了它必须研究接受。为什么这样说呢? 道理很简单:研究表达手段不能不研究其表达功能,而表达功能是通过对接受效果的考察、描写、分析、概括得以揭示的;研究语言表达规律必须全面把握语言表达成功推进的条件,而离开接受规律的考察就谈不上全面把握。以上道理,我在《关于修辞及修辞学研究的三点想法》[①]中已经作了全面论述,这里不再展开。

以往认为修辞学是"研究提高语言表达效果的规律"的学科。这个定义不能涵括对修辞手段的研究,且可能使修辞学仅仅成为关注"应当怎样"的规范性学科,而不是同时成为关注"是怎样"的描写性学科。我们给"修辞学"下

---

① 曹德和:《关于修辞及修辞学研究的三点想法》,载《修辞学习》,2001年第4期,第10～11页。

定义时,没有因循旧说。需要指出的是,如果讨论的是实用修辞学,而不是描写修辞学或理论修辞学,前述观点不无道理。对于任何学术见解的评判不可泛泛而论,应联系其形成背景,并注意其适用范围和预定目标。

3. 修辞学研究对象

自现代修辞学诞生起,围绕"研究对象"的讨论从未停止过,而且它一直被视为修辞学理论建设的重中之重。之所以如此,是因为如何界定"研究对象"不仅关系到学科性质能否正确定位,同时关系到学术研究能否顺利进行。从索绪尔仅靠《普通语言学教程》一书就基本确定(语言的)语言学(langue—linguistics)的研究对象看,它似乎不难解决。然而在修辞学界,"研究对象"问题不仅久拖不决,而且认识分歧日趋扩大。

造成前述现象的原因是多方面的,其中重要一点是"研究对象"可以表示不同所指。且看以下用例:

  a. 语言学的唯一的、真正的对象是就语言和为语言而研究的语言。(索绪尔《普通语言学教程》)

  b. 进行语法研究的时候,必须区别语料中的不同层次以保证研究对象内部的均匀和一致……不能认为凡是书刊上印出来的都是可靠的书面语语料都可以作为归纳语法规律的对象和立论的根据。(朱德熙《现代汉语语法研究的对象是什么?》)

  c. 我们主张"大语法"。对我们的"大语法"来说,不合语法性的语言事实也是语法学的研究对象……我们主张的"大语法学"还有一个含义,是把潜在可能的语法形式也同样作为大语法学的研究对象。(王希杰《谈语法学的研究对象》)

a、b、c 都在讨论"研究对象"问题。但所谓"研究对象",在 a 中指的是"学科预期成果",在 b 中指的是"可以从中抽象出学科预期成果的素材",在 c 中除了指"可以从中抽象出学科预期成果的素材",同时还指"能够深化认识以及印证预期成果可靠性的素材"。

"研究对象"的多指现象不仅见于语言理论和语言本体研究中,同样见于修辞研究中。例如:

  d. 修辞学这门语言学分科的对象……即言语的规律和特点。……具体些说,它研究语体、风格和文风的规律,研究修辞方法和规则,研究选择词语和句式的规律,以及组织话语的规律。总之,主要研究言语规律。(王德春《社会语言学、言语规律和修辞学对象》)

　　e. 修辞现象是语言运用中产生的具有修辞效果的现象,准确、贴切、鲜明、生动、简练、周密、含蓄……都是修辞的效果,具有这些效果的语言运用现象,才是修辞学研究的对象。(濮侃《修辞学研究的对象和任务》)

　　f. 首先……修辞学的研究对象应当是从说写者到话语到听读者这一全部过程……第二,修辞学的研究对象是"一切"。是一切的说写者,是一切的听读者……是一切话言环境,是一切话语……第三……流通过程中信息的增殖和损耗,或者说交际过程中的偏离现象,构成了修辞学的研究对象。第四……修辞活动中潜意识的部分,也是修辞学的研究对象,而且是重要的对象。(王希杰《再论修辞学的研究对象问题》)

这些都是在讨论"研究对象",但说的不是一回事。d、e、f 中"研究对象"所指上的差异与 a、b、c 中看到的如出一辙。

陈嘉映在评述《普通语言学教程》时建议,"关于语言学对象的提法,也该稍作修正:语言是语言学的目标,而不是语言学的对象,换言之,语言学恰恰是要通过对言语的考察确定潜藏在言语(语言现象)之中的形式系统"。[①] 以上建议是有道理的。但"研究对象"有时被说成"研究的对象",有时被简称为"对象",它并不是一个具有固定形式的专用术语,更何况前述用法根深蒂固,要想彻底改变绝非易事。近年我们采取了折中性修正办法:当"研究对象"表示"学科预期成果"时,称之为"目标对象";当"研究对象"表示"可以从中抽象出学科预期成果的素材"时,称之为"资源对象";当"研究对象"表示"可以从中抽象出学科预期成果的素材"及"能够深化认识以及印证预期成果可靠性的素材"时,称之为"研究范围"[②]。"研究范围"除"资源对象",即"能够深化认识以及印证预期成果可靠性的素材"外,此前未予命名,现称之为"参考对象"。

[①] 陈嘉映:《语言哲学》,北京大学出版社,2003年,第81页。
[②] 曹德和:《关于修辞及修辞学研究的三点想法》,载《修辞学习》,2001年第4期,第10～11页。

林裕文指出:"修辞学的任务就是研究语言的修辞方法、修辞手段,找出运用的规律,也找出特定的格式,更进一步分析风格和语体(style)。"[①]上述种种任务可以用"修辞手段"和"修辞规律"来概括,而这其实也就是修辞学"目标对象"。成功修辞与修辞手段、修辞规律之间存在对应关系:成功修辞是析取修辞手段、修辞规律的基础语料,修辞手段、修辞规律存在于成功修辞中;前者是后者的具体化,后者是前者的抽象化。由此可知,成功修辞是修辞学的"资源对象"。非语言表达与语言表达相对,因为并非以"辞"为载体,不是修辞学的资源对象;接受(有人称之为"受辞")与修辞相对,因为身处表达范畴之外,也不是修辞学的资源对象;失败修辞与成功修辞相对,因为不是修辞手段、修辞规律存在的基础,也不是修辞学的资源对象。但非语言表达、接受现象、失败修辞不在修辞学"研究范围"之外。原因在于,通过对它们的研究,"能够深化认识以及印证预期成果可靠性"。综上所述,非语言表达、接受现象、失败修辞是修辞学的"参考对象"。

"资源对象"与"参考对象"性质不同,作用不同,必须区分。但需要看到区分只是大致的,因为它们之间有时存在边界叠合现象。例如,在把接受效果作为认识修辞手段所具功能的依据时,对于接受效果的考察就不再属于"参考对象"的考察,而是属于"资源对象"的考察。

4. 修辞原则

对于"修辞原则",我们的定义是"以题旨为根据,以语境为条件和手段"。它与陈望道所说的修辞原则——修辞以适应题旨情境为第一义——小异大同,可以说基本上继承了陈望道的观点。

有学者提出修辞以适应语境为原则,其所谓"语境"包括题旨在内。根据广义的界定,题旨确实可以纳入"语境"范畴。不过我们还是赞同陈望道的做法,研究修辞时把语境作为与题旨相对而言的制约因素。道理在于:从宏观讲,题旨是内因,语境是外因;题旨是源点和终点,语境是条件和手段;题旨是话语的内容,语境是影响内容与形式结合方式的制约因素,二者性质和作用明显不同。我们没有沿袭"适应语境"的说法,而是采用"以语境为条件和手段"的表述,因为修辞过程不仅是适应语境的过程,同时也是建构语境的过程。在修辞过程中作为语境组成部分的前言后语不断发生着变化,同时作为

---

① 林裕文:《词汇·语法·修辞》,上海教育出版社,1985年,第69页。

语境重要组成部分的场景条件,尤其是接受者的认知心理,也不断发生着变化;而以上变化大多是表达者控导的结果。鉴于语境具有可变性和可控性,可以通过表达者的努力朝着有利题旨实现的方向移易,我们不仅将语境视为修辞条件,同时亦将它视为修辞手段。适应论提出者当然知道这一点,其所谓"适应",除了包括对静态语境(由不变因素构成的语境)的适应,同时亦包括对动态语境(由可变因素构成的语境)的适应,就像同义手段选择说的"选择"既包括对现实手段的选择也包括对可能手段的选择一样。但适应说容易造成误解,所以给修辞原则下定义,我们采取了有别以往的表述。

对于区分题旨和语境的做法来说,其语境是指表达语境。表达语境与接受语境存在重要区别,前者可以定义为"与题旨相对而言的制约语义传释的各种因素的集合",而后者不能。因为就表达者而言,"题旨"是先在的,明确的;就接受者而言,面前文本将传达何种题旨,通常并不了解。表达语境与接受语境还有一个重要区别:前者可以在一定程度上加以调控,而后者不能随意改变,除了存心曲解。

对于"题旨"、"语境"二分法来说,题旨和语境的分立主要体现在宏观层次上。在中观、微观层次上,作为上位"题旨"组成部分的下位"题旨",有时是作为语境要素而存在的。因为属于语境要素的前后文不仅包括前后话语的形式,同时包括前后话语的内容,而这内容往往涵盖着下位题旨。在中观、微观层次上,要想丁是丁卯是卯地区分题旨和语境是很困难的。

陈望道在《修辞学发凡》中提到通常所说的"六何":"第一个'何故',是说写说的目的……第二个'何事',是说写说的事项……第三个'何人',是说认清是谁对谁说的……第四个'何地',是说认清当时在甚么地方……第五个'何时',是说认清写说的当时是甚么时候……第六个'何如',是说怎样的写说……。"[①]这"六何"是就表达语境而言,指的是包括题旨在内的表达语境,而不是与题旨分立的表达语境。

我们所说的"以语境为条件和手段",其语境是指表达语境,同时也是指现实语境。"现实语境"与"可能语境"相对而言。"可能语境"即"可能影响语义传释的诸因素集合",现实语境即"事实上影响到语义传释的诸因素集合"。过去对此不加区分,结果往往让人产生错觉,以为构成"可能语境"的所有因

---

① 陈望道:《修辞学发凡》,上海教育出版社,1979年,第7~8页。

素都在影响修辞活动。

现实语境是认知语境,是被说写者或听读者意识到的、并且同语义传释相联系的诸因素集合。可能语境的外延远远大于现实语境。区分可能语境与现实语境,可以避免修辞和语境关系研究的教条化和复杂化,可以更客观、更准确地认识修辞规律。

近年来,不少学者倾向把"立诚"作为一条重要的修辞原则,有的甚至把它作为衡量修辞成败的决定因素。其实,"适应语境"或者说"以语境为条件和手段"已经涵括了"立诚"要求,因为语境包括文化上的规约,而"立诚"是前述规约的有机组成部分。当然,把"立诚"从"语境"中独立出来,上升为与"题旨"、"语境"平行的修辞原则也是可以的,就像有的学者为了强调而把本属于"语境"要素的"语体"从下位层次提升到上位层次一样。但我们认为:如果论述的是广告创作、大众传播等领域的修辞行为,或者说论述的是伦理修辞学,把"立诚"作为决定性修辞原则是有道理的;如果论述的是一般修辞行为,或者说论述的是一般修辞学,如此处理则令人怀疑。马克思、恩格斯指出,自人类出现,其赖以生存的社会就已经被两种关系即"伦理关系"和"生产关系"牢牢束缚住。正因为如此,社会成员的任何行动都同时受到这两种关系制约。马克思和恩格斯还指出,评价社会行为不能只用一种尺度,必须运用两种尺度,即"道德尺度"和"历史尺度";虽然存在二律背反现象,操作起来有困难,但必须坚持两结合;在发生矛盾的情况下,一般应当坚持"历史尺度"优先。①为一般修辞学确立修辞原则,应当充分考虑以上观点。

二、修辞学学科品性

下面分别讨论"修辞学隶属关系"、"修辞学学科特点"、"修辞学学术禀性",有关讨论均与修辞学学科品性相联系。

1. 修辞学隶属关系

关于"修辞学隶属关系",我们的定义是:修辞学隶属言语语言学、外部语言学、广义语言学。

---

① 恩格斯:《家庭、私有制和国家的起源》,见《马克思恩格斯选集》(第4卷),人民出版社,1995年,第1~178页。

说修辞学隶属言语语言学,乃是因为它是研究语言运用的学科;说修辞学隶属外部语言学,乃是因为研究语言运用时无法割断它与社会、文化、心理、生理等因素的联系,即有关研究不可避免地会延伸到语言外部;说修辞学隶属广义语言学,乃是因为广义语言学由本体研究和应用研究两大块组成——根据语言学界通行的分类法,这两大块在外延上不仅分别涵括了"语言的语言学"和"言语的语言学",同时分别涵括了"内部语言学"和"外部语言学"——修辞学隶属其中后一块。修辞的"修"是指"选置、调适","修辞"的"辞"是指"语言材料",确定是在研究"修辞",就等于确定是在研究语言运用,是在广义的语言学框架内从事学术活动。

研究修辞可以从美学、心理学、文化学等不同角度开展研究。目前的修辞研究多是为了揭示语言运用规律,而不是旨在探讨美学、心理学、文化学规律,就立足点看,并没有跳出语言学。

有人说修辞学不属语言学。如果所谓"语言学"是指语言的语言学、内部语言学,无论从理论上看,还是从通行的学科分类体系看,都不无道理;但如果所谓"语言学"指的是广义的语言学,即包括本体研究和应用研究两大块的语言学,则需要商榷了(详见后文)。

2. 修辞学学科特点

对"修辞学学科特点",我们是这样理解的:修辞学属于交叉学科(Interdisciplinarity),属于交叉学科中的综合学科(Integrated discipline)。

索绪尔指出,语言的语言学、内部语言学属于排除异质的研究,言语的语言学、外部语言学属于保留异质的研究。根据他 1912 年向日内瓦大学递交的《关于成立修辞学教研室的报告》,修辞学属于言语的语言学、外部语言学。[①] 可见在索绪尔看来,修辞学具有交叉性(参见前文)。肯定修辞学属于交叉学科,是就涉及的学科领域而立论的;这与肯定修辞学是言语语言学分支学科并不矛盾,因为肯定修辞学属于言语语言学,是就学术旨趣而立论的。[②] 我们不认为修辞学属于交叉学科中的"边缘学科"(Boundary subject),因为科学学说得很清楚,"边缘学科主要是指二门或三门学科相互交叉、渗透

[①] 戚雨村:《索绪尔研究的新发现》,载《外国语》,1995 年第 6 期,第 5 页。
[②] 参见刘仲林:《现代交叉学科》第六章第一节"交叉科学的基本特征"。浙江教育出版社,1998 年,第 93~99 页。

而在学科间的边缘地带形成的学科","边缘学科的名称均由发生交叉作用的学科名字叠加而成,其交叉内涵可谓一目了然。一般可以分为两部分:作为基础部分的基底学科和作为借用的理论、概念、方法和手段被引入的植入学科"。① 事实上,修辞学属于交叉学科中的"综合学科"。综合学科的特点是:"以特定问题或目标为研究对象。由于对象的复杂性……必须综合运用多种学科的理论、方法和技术。"综合学科目前大致分为五类:(1)对人类自身的研究。(2)对人类生存环境和生态的研究。(3)对人类生存空间发展的研究。(4)对人类居住地区的研究。(5)对信息传播的研究。② 修辞学可以归入其中第五类。

3. 修辞学学术禀性

这里所谓"学术禀性"是指修辞研究是否属于科学研究,修辞学是否属于科学范畴。

20世纪80年代末,有多位当时的青年学者相继撰文,对汉语修辞学提出批评,认为它始终过于注重实用,长期停留于"术"的阶段,以致迄今还称不上是一门严格意义上的科学。今年年初,有位学者在东方语言学网站上明确表示,修辞学不属于科学范畴。前者认为修辞学还称不上科学,理由是它未能从实用研究上升到理论研究;后者认为修辞学跟科学挂不上边,理由是它未能将严格的实证方法引入自身研究。

以上评论不无道理,值得重视。但我们同时认为,注重实用研究还是注重理论研究,与是否属于科学研究并无必然联系。现实中不乏这样的例子:许多实用性研究背后有着丰厚的科学底蕴,而不少理论性研究,却与科学风马牛不相及。我们还认为,把研究方法作为检验科学与非科学的标尺,是否妥当令人怀疑。科学研究门类很多,有自然科学研究,有人文社会科学研究,二者内部又各有很多具体门类;就研究方法的实证性来说,不同门类之间存在程度差别,有时差别还很明显,凭什么取此舍彼,以此律彼? 我们曾经指出,考察某门学科是否属于科学范畴,主要看它是否符合"专科化"(亦即对某类课题进行分科性集中研究)、"理性化"(亦即从个别走向一般,从现象走向

---

① 刘仲林:《交叉学科分类模式与管理沉思》,载《科学学研究》,2003年第6期,第562页。

② 刘仲林:《交叉学科分类模式与管理沉思》,载《科学学研究》,2003年第6期,第563页。

本质)、"系统化"(亦即将零散成果整理为内部自洽的有机整体)和"客观化"(亦即尽量淡化主观色彩,努力使结论贴近真相)要求。[①] 汉语修辞学自诞生以来,坚持以"四化"为目标不断向前迈进。以此观之,我们应当承认修辞研究属于科学研究,修辞学属于科学范畴。

毋庸讳言,就修辞学界某些学者或某些课题的研究来说,离"科学"二字相距甚远。这是需要正视并努力扭转的。

三、理论研究指导原则

修辞学理论体系是建立在一系列概念的基础之上的,这些概念彼此制约。给任何一个概念下定义,都要注意到与之相关的概念,都要立足于系统。不仅立足于被定义概念所在系统,而且立足于同被定义概念所在系统有关的其他系统。

比如,给"修辞"下定义,必须考虑到它与"修辞原则"这一概念的关系。陈望道认为,修辞原则就是"以适应题旨情境为第一义",该观点得到广泛认同。前述原则属于表达原则。如果要给"修辞"重新下定义,让它成为表达和接受的统称,那么,就得给"修辞原则"重新下定义,因为"修辞"与"修辞原则"是同一系统中相互制约的两个概念。总之,无论怎样界定"修辞",都必须考虑到相关概念,而不能脱离所在系统。

再比如,给"修辞学隶属关系"下定义,除了必须顾及修辞学所在的言语的语言学这个系统,还必须顾及与此相对的语言的语言学这个系统。言语的语言学以揭示修辞手段和修辞规律为目标对象,语言的语言学以揭示语音、词汇、语法系统为目标对象;二者如鸟之双翼,相互配合,共同构成广义的语言学。倘若认为需要给"修辞学隶属关系"重新下定义,让它成为隶属"美学"或者其他学科的子学科,那么,就不仅得给"言语的语言学"重新下定义,而且得给"语言的语言学"重新下定义,乃至得给广义的语言学重新下定义。岂止是重新下定义,还得彻底否定这些概念存在的必要性。因为否定修辞研究属于语言运用研究,否定从事修辞研究的学科属于言语的语言学,不仅意味着

[①] 曹德和:《谈谈某项语言研究及其成果是否有资格跻身科学范畴的问题》,见东方语言学网站,2008年2月14日。

砍去鸟之此翼,而且意味着砍去鸟之彼翼,乃至意味着否定了鸟的存在。概言之,无论怎样界定"修辞学隶属关系",都不仅得顾及所在系统,而且得顾及相关系统。

康德指出:"任何一种学说,如果它可以成为一个系统,即成为一个按照原则而整理好的知识整体,就叫做科学。"①言下之意,缺乏系统性的知识不能称之为"科学"。系统化是建立科学理论的关键条件,但只是必要条件而不是充分条件。技艺或宗教都可以通过内部层次关系和内部制约关系的建立而系统化,但它们并不属于科学范畴。作为科学必须满足"四化"要求,系统化的技艺只停留于感性层面,不能满足"理性化"的要求;系统化的宗教含有大量的虚幻成分,不能满足"客观化"的要求,因而均与科学无缘。所谓"客观化",亦即皮亚杰所谓"非中心化",它不是指彻底排除主观因素的影响(那是不可能的),而是指尽量克服有可能导致错误结论的主观因素的干扰。就人文科学来讲,就是要辩证地处理客观性与主观性、价值判断与事实判断、逻辑形式与历史进程之间的矛盾关系。怎样算是"辩证地处理",操作起来"度"很难把握。陈其荣、曹志平认为,解决这一难题"最终还是要靠社会实践"。②我们赞同这一观点。作为思维成果体现的科学之所以赢得广泛尊敬和高度信赖,原因即在于它能反映隐蔽在现象背后的规律,具有真理性。马克思指出:"人的思维是否具有客观的真理性,这不是一个理论的问题,而是一个实践的问题。人应该在实践中证明自己思维的真理性,即自己思维的现实性和力量,自己思维的此岸性。"③所谓"实践是检验真理的唯一标准",说的就是这意思。将实践作为检验是否符合"客观化"要求的根据,作为检验是否具有真理性的根据,这一原则不仅应当贯彻于宏观性的理论体系建构过程中,同时应当贯彻于微观性的基本概念定义过程中。就修辞学来说,界定基本概念内涵和外延时,需要注意是否符合实践,是否有助实践。

有些学者把是否"立诚"作为修辞原则的组成部分,认为它是决定修辞成败的根本条件。这观点不仅有违修辞实践,而且无助修辞实践。众所周知,

---

① [德]康德:《自然科学的形而上学基础》,生活·读书·新知三联书店,1988年,第2页。
② 陈其荣等:《科学基础方法论》,复旦大学出版社,2004年,第153页。
③ [德]马克思:《关于费尔巴哈的提纲》,见《马克思恩格斯选集》第1卷,人民出版社,1995年,第55页。

随着法制的日益健全,对于侦查场合的人权保障有了具体规定,乃至已经有人明确提出侦讯中的语言和谐问题。但是,2004年5月,中国人民公安大学等单位在郑州联合召开"侦查讯问与人权保障"学术研讨会,其间着重探讨了讯问策略中"威胁、引诱、欺骗"手段的使用问题。最终大家普遍认为对前述手段应该有一定的容忍度。① 事实表明,如果把仅仅适用于广告创作、大众传播等领域的修辞原则,或者说把仅仅适用于伦理修辞学的修辞原则泛化,乃至上升为决定性修辞原则,则不仅可能重演宋襄公式的笑话,而且可能使所建立的理论成为修辞实践的羁绊。

近年来,在西方后现代思潮的影响和推动下,我国修辞研究逐步摆脱思维定势的束缚而日益走向自由和开放,但也一定程度上滑向任意和放纵。如有人以唯我独醒的口吻议论道:"修辞,与其说是一种'锻炼',一种'加工',一种'意随言遣'、'意随境转',一种'妙笔生花',一种'同义形式的选择'和'美的追求',还不如说它是一种心灵的映射,是一种心灵的透视……人是什么,修辞就是什么。"②以上议论大气磅礴,但却给人以无限拔高、故弄玄虚的感觉。马克思指出:"凡是把理论引向神秘主义的神秘东西,都能在人的实践中以及对这个实践的理解中得到合理的解决。"③任何对修辞学基本概念的过度阐释,最终都将为实践所否定。

索绪尔指出:"只是一个论断和观点接着又一个论断和观点来讨论语言,那是无济于事的;主要之点在于把它们在一个系统里互相联系起来。"④胡适指出:"科学精神在于寻求事实,寻求真理。科学态度在于撇开成见,搁起感情,只认得事实,只跟着证据走。科学方法只是'大胆的假设,小心的求证'十个字。没有证据,只可悬而不断,证据不够,只可假设,不可武断。"⑤修辞研究者应当将以上箴言视为座右铭,在从事理论研究的过程中,始终以"系统原则"和"实践原则"为指导。

---

① 中国人民公安大学侦查系:《"侦查讯问与人权保障"学术研讨会综述》,载《中国人民公安大学学报》,2004年第3期,第109页。
② 高长江:《现代修辞学:人与人的世界对话》,吉林大学出版社,1991年,第3页。
③ [德]马克思:《关于费尔巴哈的提纲》,见《马克思恩格斯选集》第1卷,人民出版社,1995年,第56页。
④ 许国璋:《关于索绪尔的两本书》,载《国外语言学》,1983年第1期,第6页。
⑤ 胡适:《胡适文集》第5卷,北京大学出版社,1998年,第518~519页。

如何看待关于修辞原则的不同表述①
——兼谈建立修辞原则时需要注意的问题

一

"修辞原则"是指"指导说写者有效表达的行为依据",因为论及的行为依据都是基本性的,所以又被称为"修辞的基本原则"(为行文简洁,后文统称"修辞原则")。陈望道、吕叔湘、张志公等前辈都曾就修辞原则发表过意见,在当前修辞研究中它依然是一个备受关注的热点问题。根据初步调查,自现代修辞学诞生以来,关于修辞原则的不同表述已有20多种。现将其中影响较大的,以及与本文讨论有关的12种列举如下:

  表述1:修辞以"适度"为原则(吕叔湘,1982)②

  表述2:修辞以"适合语境"为原则(张志公、庄关中,1996)③

  表述3:修辞以"得体"为原则(王希杰,1996)④

  表述4:修辞以"适应题旨"和"适应情境"为原则(陈望道,1932)⑤

  表述5:修辞以"适应现实语境"和"实现交际效果"为原则(张

---

① 原载《福建师范大学学报》,2007年第2期。
② 吕叔湘:《汉语修辞学·序》;王希杰:《汉语修辞学》,北京出版社,1983年,第1~2页。
③ 张志公、庄文中:《汉语知识新编》,人民教育出版社,1996年,第337~338页。
④ 王希杰:《修辞学通论》,南京大学出版社,1996年,第342~400页。
⑤ 陈望道:《修辞学发凡》,上海大江书铺,1932年,第17~22页。

弓,1963)①

表述6:修辞以"真"和"美"为原则(王占福,2001)②

表述7:修辞以"适应题旨"、"适应语体"、"适应语境"为原则(倪祥和,1985)③

表述8:修辞以"明确目的,看清对象"、"适应环境,注意场合"、"前后连贯,关照上下文"为原则(刘焕辉,1993)④

表述9:修辞以"适切"、"审美"、"比较"为原则(孙汝建,2003)⑤

表述10:修辞以"围绕题旨"、"适应对象"、"适应语境"、"适应上下文"、"适应语体"为原则(宗廷虎,1986)⑥

表述11:修辞以"处理好语言与思想、事物的关系"、"把握交际对象"、"保持自我本色"、"同语言环境相一致"、"明确前提"、"视点适当"为原则(王希杰,1983)⑦

表述12:修辞以"码本共通"、"角色认同"、"合作"、"得体"、"收效"、"共存"为原则(胡范铸,2002)⑧

从以上所列举的观点可以看出,有把修辞原则归结为一点、两点的,也有归结为三点、五点、六点的。归结为一点的可以称之为"一元论",归结为两点的可以称之为"二元论",其余类推。

二

有不同看法自然就有对不同看法的比较和评说。最近不断看到有文章出来,讨论哪种表述最为可取。

---

① 张弓:《现代汉语修辞学》,天津人民出版社,1963年,第2~11页。
② 王占福:《古代汉语修辞学》,河北教育出版社,2001年,第33~37页。
③ 倪祥和:《修辞的活灵魂:论修辞的三大基本原则》,见中国修辞学会:《修辞学论文集(第三集)》,福建人民出版社,1985年,第1~12页。
④ 刘焕辉:《修辞学纲要》,百花出版社,1993年,第50~68页。
⑤ 孙汝建:《现代汉语》,南京大学出版社,2003年,第420~423页。
⑥ 宗廷虎:《修辞的标准和原则》,载《国外修辞学》,1986年第5期,第85~89页。
⑦ 王希杰:《汉语修辞学》,北京出版社,1983年,第25~57页。
⑧ 胡范铸:《什么是"修辞的原则"》,载《修辞学习》,2002年第3期,第3~4页。

参与有关讨论,首先需要了解"修辞原则"与"修辞规律"的关系。一方面应当看到修辞原则与修辞规律有着密切的联系,建立前者需以后者为基础;另一方面应当看到修辞原则与修辞规律不是一回事,前者具有主观性,后者具有客观性。主观性是指怎样建立修辞原则以及建立怎样的修辞原则,与论者的学术观点、体系设计、目标追求等不无关系。了解这点很重要,它可以避免"非此即彼"或"以此律彼"的思维方式。其次,还需要了解修辞原则的一个重要属性,即"工具性"。建立修辞原则是为了让人们表达时有所依靠,不致茫然失措,可见它具有工具性。了解这点也很重要,它提醒我们,修辞原则其实不过是个工具,身上带有工具特征。

讨论修辞原则有多种角度可供选择。或以是否符合"公理法"要求出发,或以是否经得起"奥卡姆剃刀(Occam's Razor)"的检验为视角,它们都不失为可取的选择。但选择前述角度之前,得弄清一个问题,即通常运用于自然科学的"公理法"和"奥卡姆剃刀"是否适用于社会科学,是否适用于修辞学。这个问题很复杂,相对而言,从工具论角度出发比较单纯。所以下面的讨论,在阐述应当如何看待关于修辞原则的不同表述时,主要选择从工具论的角度进行。

众所周知,任何工具总是类中有类,即大类当中有小类。锄头和拖拉机就是耕作工具这一大类中的两个小类。从工作效率看,锄头远远赶不上拖拉机,但锄头永远不会被淘汰,原因在于锄头有锄头的用途,它的某些用途永远无法为拖拉机所取代(参见后文)。由此可知,工具的类中有类是不同需要决定的。如果把修辞原则比作耕作工具,把关于修辞原则的不同表述比作锄头和拖拉机,便会顺理成章地得出如下结论:修辞原则之所以呈现多种面貌,也是不同需要决定的。事实正是如此,陈望道(1932)把"适应题旨"和"适应情境"作为修辞原则,是因为符合他对修辞的理解,同时有助于建立能够体现辩证法"内容形式关系说"及"内因外因关系说"的理论体系;[1]吕叔湘(1982)把"适度"作为修辞原则,是因为他认为修辞就是讲究"各有所宜",[2]而"只有适

---

[1] 陈望道:《解答有关修辞的几个问题》,见复旦大学语言研究室编:《陈望道修辞论集》,安徽教育出版社,1985年,第272～275页。

[2] 吕叔湘说:"从修辞的角度看……不同的场合有不同的要求,有时候典雅点儿较好,有时候大白话最为相宜……总之是各有所宜。修辞就是讲究这个'各有所宜'。"见《漫谈语法研究》,载《中国语文》,1978年第1期,第15～22页。

度才能不让藻丽变成花哨,平实变成呆板,明快变成草率,含蓄变成晦涩,繁丰变成冗杂,简洁变成干枯";①刘焕辉(1993)把"前后连贯,关照上下文"列入修辞原则,是因为发现掌握话语衔接规律至关重要,希望建立的理论体系具有较强的实用性;②王希杰(1996)把"得体"作为修辞原则,是因为可以协调"同义手段选择说"、"零度-偏离说"及"四个世界说"之间的关系,有益于体系内部的统一。③ 亚里士多德"四因说"(The Theory of Four Causes)认为万物有果必有因,在修辞原则表述上出现"各吹各的号"的现象,其实都是有原因的,这就是不同论者基于不同思考提出了不同需要。在考察和评论关于修辞原则的不同表述时,有一点得注意,就是应当联系需要而避免泛泛而论。

  我们都知道,任何工具都是既有其长处又有其短处。拖拉机效率很高,但遇到边角地、山坡地则捉襟见肘;锄头效率极低,但无论多么狭窄多么陡峭的地块都能施展身手。与此相类,前面 12 种表述,几乎每一种都是长短互见。陈望道(1932)把修辞原则表述为"适应题旨"和"适应情境",④王希杰(1983)把它表述为"处理好语言与思想、事物的关系"、"把握交际对象"、"保持自我本色"、"同语言环境相一致"、"明确前提"、"视点适当"。⑤ 前者为二元论,后者为六元论。二元论具有"概括性"的特点。"概括性"意味着覆盖面大和伸缩性强,但"概括性"又意味着笼统,意味着缺乏可操作性。如果只知道"适应题旨"、"适应语境"八个字,而不了解"题旨"包括中心思想和表达目的两方面,不了解"情境"包括上下文、交际场合、文化背景等因素,又有多大用处呢?⑥ 六元论具有"精细"的特点。"精细"意味着明确,意味着具有较强的可操作性,但"精细"又意味着缺少弹性和普适性,如所谓"保持自我本色"就显然缺乏普适性,因为撰写公文的场合并不要求保持自我。综上所言,在

---

  ① 吕叔湘:《汉语修辞学·序》;见王希杰:《汉语修辞学》,北京出版社,1983 年,第 1~2 页。

  ② 刘焕辉:《一切修辞手段都归结为组合:关于修辞理论和研究方法的思考》,见华东修辞学会:《修辞学研究(第四辑)》,厦门大学出版社,1988 年,第 1~7 页。

  ③ 王希杰、李名方:《关于得体修辞学的通信》,见李名方主编:《得体修辞学》,河海大学出版社,1999 年,第 385~386 页。

  ④ 陈望道:《修辞学发凡》,上海大江书铺,1932 年,第 17~22 页。

  ⑤ 王希杰:《汉语修辞学》,北京出版社,1983 年,第 25~57 页。

  ⑥ 有的学者高度评价题旨情境说,但同时加以改造,把原来的二元论细化为五元论、六元论,就是看到高度概括的题旨情境说在指导运用上存在缺憾。

考察和评论关于修辞原则的不同表述时,有一点得注意,就是应当提倡辩证法,避免简单化、绝对化。

锄头和拖拉机各自的短长是如何发现的?是通过比较发现的。比较是认识事物的必由途径,所以在日常生活及学术研究中,乃至当前围绕修辞原则的讨论中,经常用到比较法。比较有条规则,即"异类不比"。具体地说,在工具之间作比较,可以把锄头和拖拉机放到一起,比效率、比适用场合,但绝不可以把锄头和电灯泡放到一起,比效率、比适用场合,因为这违反"异类不比"的规则。同样道理,在对修辞原则作比较的时候,可以在属于同一类型的表述 2、表述 4、表述 7、表述 8、表述 10、表述 11 之间作比较,或者在属于同一类型的表述 1、表述 3、表述 6 之间作比较,当然,偶尔也可以在属于同一类型的表述 5、表述 9、表述 12 之间作比较——如果其中彼此对应的原则性质相同的话(详见后文);但绝不可以在三种类型之间作比较,因为这违反"异类不比"的规则。仔细推敲后不难发现,以上三种类型虽然都被称作"修辞原则",但名同实异:第一种类型其实说的是"操作原则",第二种类型其实说的是"效应原则",第三种类型则属于"操作原则"与"效应原则"的结合。"操作原则"与"效应原则"不是一回事:前者着眼于过程,提示如何操作;后者着眼于目标或结果,说明预期效应或实际效应。前者通常用动词短语表示,如"适应题旨"、"适应情境"、"适应语体"、"明确目的,看清对象"等;后者通常用形容词表示,如"适度"、"得体"①、"真"、"美"等(也有例外,如用"实现交际效果"表示效应)。在以往研究中,反映修辞效果、体现价值评判的概念被称为"修辞要求",也就是说,它们与"修辞原则"本来并无匹配关系。在张志公、倪宝元、刘焕辉等人著作中,"修辞原则"与"修辞要求"泾渭分明,绝不混淆。近年来修辞研究出现术语使用扩大化倾向,在此背景下"修辞原则"的使用也泛化了。因为操作原则和效应原则都能起到指导说写者有效表达的作用,所以虽然我们对术语使用泛化现象持保留态度,但并不认为在效应原则基础上建立

---

① 《修辞学通论》论述"得体"概念时说:"交际效果其实就是文化的、心理的价值评价……得体性是一种社会群体的文化心理的价值评价。"(第 342 页)这清楚表明其"得体"是就效果和价值评价而言,属于效应原则。也有人通过重新分析(reanalysis)把"得体"解释"切合语体"。参见倪宝元:《汉语修辞新篇章》,商务印书馆,1992 年,第 570 页。"适合语体、文体的规律",参见郑颐寿:《中国文学语言艺术大辞典》,重庆出版社,1993 年,第 71 页。这样使用的"得体"则属于操作原则。

修辞原则,或者以操作原则与效应原则相结合的方式建立修辞原则,就绝对不行。当然,对于拿"得体说"与"题旨情境说"作比较的做法我们是怀疑的,因为前者属于立足效应建立起来的修辞原则,后者属于立足操作建立起来的修辞原则,放到一起比较违反了"异类不比"的规则。不过话说回来,也不是绝对比不得,例如可以讨论构建修辞学体系是从"操作原则"出发为好,还是从"效应原则"出发为好,但这已经不是两种修辞原则的比较,而是两种构建体系方法的比较了。总之,在考察和评论有关修辞原则的不同表述时,还有一点需要注意,就是不能违反"异类不比"的规则。

三

前面从工具论角度出发,就如何看待修辞原则不同表述阐述了个人想法。可以看出,除了反对把不同类型修辞原则等质齐观,以及不赞成拿"操作原则"与"效应原则"作比较,总的来说,我们主张以宽容、包容、兼容的态度对待不同表述,即认为在修辞原则的建立上没有必要定于一尊,而应鼓励多元化。

当然,这并不等于怎么说都行。在深入考察20多种不同表述过程中,我们发现其中不少是有缺憾的。仅就前面列举到的某些表述来看,至少存在这样一些问题:

其一,概括不全面。例如,"表述6"把"真"和"美"的统一作为修辞原则。论者说:"修辞的原则是什么?修辞的原则应该是真与美的统一。'真'就是真实、准确,'美'就是优美,和谐。'真'是修辞的基础,'美'是修辞的指导。"[1]大家都知道,"美"有狭义和广义之分,狭义的"美"是与"真"和"善"相对而言,广义的"美"则包含"真"和"善"及狭义的"美",是指这三者的统一。根据"表述6"的解释可知,它所谓的"美"是狭义的。论者在建立修辞原则时,强调修辞要做到"真"与狭义的"美"的统一,却把"善"给遗漏了。前面已经说过,我们不反对把效应作为建立修辞原则的根据;但由此建立的理论体系不应出现以偏概全现象。"表述6"论及修辞原则时,只提到"三分天下"的两方"真"和"美",而遗漏了第三方"善",以致其修辞原则只能覆盖修辞行为

---

[1] 王占福:《古代汉语修辞学》,河北教育出版社,2001年,第33～37页。

的三分之二而不能覆盖其全部,可见"表述6"存在概括不全面的问题。

其二,解释欠严密。例如"表述2"认为修辞原则可以用"适合语境"一言以蔽之。根据前面12种表述可以看出,语境有宏观、中观、微观之分,宏观语境是指包括题旨在内的制约传释因素之总和,如"表述2"和"表述5";中观语境是指不包括题旨在内的制约传释因素之总和,如"表述4";微观语言是指不包括题旨和语体(以及对象、上下文等)在内的制约传释因素之总和,如"表述7"、"表述8"、"表述10"、"表述11"。既然"表述2"是在宏观层面上使用语境概念,那么,具体解释时就不该把题旨给忽略了。可论者说:"语言环境,简称'语境',指运用语言的实际环境,它包括的范围很广,大到社会环境、自然环境,小到说写的时间、地点、场合、对象,说写的上下文,说写者的身份、职业、思想、修养、性格等,都属于语境。"[1]该提的基本都提到了,却单单把题旨给漏掉了(同样是对"语境"作宏观理解的"表述5"则没有这样的问题)。宏观性地使用"语境"概念时,要想阐释得天衣无缝是相当困难的,不过即便如此,像"题旨"之类的关键因素不可疏漏。但"表述2"却疏漏了,可见它存在着解释欠严密的问题。

其三,内部不统一。例如"表述9"认为修辞原则包括"适切"、"审美"和"比较"。这里的"比较"指什么?论者解释说:"分析修辞现象的基本方法就是比较。考察词语和句子的选择,一定要有同义的语言形式作参照。考察修辞格,可以将运用辞格的表达同没有用辞格的表达进行对比,这样就能看出效果的不同。作家的改文是研究修辞的重要材料,比较作品的原文和改文可以发现许多修辞规律,可以学到运用语言的方法和技巧。此外,修辞格之间的比较、不同语体之间的比较、作家或作品风格的比较、都是修辞研究的重要内容。"[2]读了这段话,可知其所谓"比较"不是指"指导说写者有效表达的行为依据",即修辞原则,而是指"分析修辞现象的基本方法",即修辞学原则。"表述9"论述修辞原则时,把修辞学原则搅和进来,可见它存在着内部不统一的问题。

其四,"屋上又架屋"。例如"表述12"把"码本共通"、"角色认同"、"合作"、"得体"、"收效"、"共存"视为修辞原则。所谓"共存"是指"共同生存"。

---

[1] 张志公、庄文中:《汉语知识新编》,人民教育出版社,1996年,第337~338页。
[2] 孙汝建:《现代汉语》,南京大学出版社,2003年,第420~423页。

对于把"共存"纳入修辞原则,论者的解释是:"修辞行为只是人类行为中的一种,而人类的健康发展离不开人与人之间的'共存'、'共处'。任何修辞行为如果妨碍了人类的共存,妨碍了人类的共同生存与发展。那么,即便在某一具体的修辞行为的层面上是有效的,它也是非法的。"①缘上可知,论者不仅把"共存"作为修辞原则的组成部分,而且视为比"收效原则"更为有力的决定性因素。前不久曾看到有人把"立诚"作为决定性修辞原则②,其做法与此小异而大同,因为二者都认为,就修辞来说追求交际效果并不是第一位的。笔者以为,如果说的是伦理修辞学,强调道德制约的修辞学,这样论述是自然而合理的。但如果说的是普通修辞学,以揭示言语规律为指归的修辞学,在此场合下,把并不必然影响交际效果的伦理因素作为修辞原则中的决定成分,则未免欠妥,因为它偏离了语言学立场而站到了伦理学立场上,否定了普通修辞学的本来属性。需要说明的是,笔者并不认为给普通修辞学建立修辞原则时必须把"立诚"、"共存"排除在外,在我们看来,可以也应当考虑在内,但不管怎么说,不宜将其推上最高原则的位置。因为"以诚待人"、"和平共处"是一种文化规约,合乎逻辑的处理是把它作为文化语境的组成部分。③"表述12"讨论普通修辞学时,把不宜在修辞原则中独立存在的"共存"独立出来,且置于其他原则之上,可见它存在"屋上又架屋"的问题。

如果对列举到的12种表述作更为细致的审视,会发现实际存在的问题并不只是以上几点。例如,有的存在把不同层次原则并置于同一层次的现象;有的存在外延交叉现象,即处于平行关系的原则边界叠合。因为前者极可能是为了强调某个下位原则而将它提升到上位层次,是论者的特意安排,属于可以理解之列;而后者并不影响修辞行为的正确实施,属于可以忽略不计之列,也就没有视作问题而给予评析。过去存在的问题也就是今后需要注意的地方,相信以上讨论会起到引以为戒的作用,从而对今后关于修辞原则的研究有所裨益。

---

① 胡范铸:《什么是"修辞的原则"》,载《修辞学习》,2002年第3期,第3~4页。

② 详见王希杰、孟建安《关于得体性原则相关问题的讨论》,载《淮阴工学院学报》,2006年第4期,第4~9页。该文主要作者明确表示:出发点不诚"不能够叫做修辞,应当说是'伪修辞'"。

③ 曹德和:《试论表达内容、表达态度在形意修辞学中的位置》,见华东修辞学会编:《修辞学研究》(第八辑),南海出版公司,1998年,第52~59页。

本文主要做了两件工作：一是就应当如何看待修辞原则的不同表述，从工具论角度阐述了想法；二是以 12 种表述为例，就建立修辞原则时需要注意之处作了论析。撰写本稿是为了推动有关讨论，同时也是希望通过反馈而听取意见乃至批评，我们期待批评，真心地。

修辞学是否属于言语语言学大讨论①

莱昂斯(John Lyons)指出,区分语言和言语是现代语言学的重要特征。②这个看法可谓中肯。语言学史表明,现代语言学正是在语言—言语区分理论基础上发展起来的。语言—言语之区分反映的不仅是一种先进的语言观,同时是一种科学的方法论。由于对它的把握直接影响到语言学科的发展,所以各国语言学家都很重视对它的研究、消化和吸收。20 世纪 50 年代末到 60 年代初,围绕语言—言语区分及二者关系问题,我国语言学界开展过一场大讨论。在这场讨论中,修辞学是否属于索绪尔(Ferdinand de saussure)所说的"言语的语言学"(linguistque de la parole),乃是其中备受关注的问题。1966 年,"文革"爆发,围绕前述问题的学术争鸣被迫中止,但即便是在非常时期,执着的学者并没有停止思考。"十年动乱"结束后,搁置的问题被重新提起。20 世纪 80 年代,关于修辞学是否属于言语语言学的讨论开始了新的延续。这里拟就上述讨论作一扼要回顾,并就肯定派和否定派的观点给予不带成见的述评,同时就导致意见分歧的原因,以及这场学术讨论的意义谈点个人看法,不当之处欢迎同仁赐教。

一、分歧的产生和两派的形成

1961 年 2 月,张世禄发表了题为《一定要把语言和言语分开来》的文章。

---

① 载潘悟云、邵敬敏主编:《二十世纪中国社会科学·语言学卷》,上海人民出版社,2005 年。

② J. Lyons, *Introduction to Theoretical Linguistics*, London: Cambridge University Press, 1977, pp. 38-53.

他说:"语言科学的研究对象是语音系统和词汇、语法等,是关于语言这种工具的结构和性能;言语科学的研究对象是修辞、风格和文章作法等,是关于人们运用语言来表达意思的方式和手段。"①易言之,张先生率先提出修辞学属于"言语的语言学"。1963年10月,高名凯发表了名为《语言与言语问题的争论》的文章,表示支持张的观点。他说:"事实上,言语科学早就存在,现在也还在不断地发展着。古人所开创的语文学事实上就是一种言语学。"他还说:"传统的修辞学和翻译学,就是言语语言学的两个部门。现代新兴的一些科学,如风格学、机器翻译学、言语分析法等也属于言语语言学的范围。"②1982年6月,郑远汉发表了《修辞学是言语学》一文。他说:"按照'语言'与'言语'相区别的理论,狭义地说,修辞学应当属于言语学,因此,修辞学也不可同以语言及其体系为研究对象的语言学科混在一起。"③1983年秋,刘焕辉发表《从社会语言学的角度看修辞的社会性》一文,认为:"修辞学是语言学的一个独立分支,它是从语言运用方面来研究如何提高言语表达效果规律的科学,属于言语语言学的范畴。"④其后,李廷扬、童山东、李运富、林定川、李名方、郝荣斋、岑运强相继就此发表意见,均表示修辞学属于"言语的语言学"。

1961年7月,方光焘发表了题为《语言与言语问题讨论的现阶段》的文章,对前述观点提出了批评,他说:"张先生竟把语言和言语看成两种具有不同本质特点的东西,而使它们对立了起来。这种说法是很容易堕入到唯心主义里去的。德·索绪尔不也是把语言(langue)和言语(parole)对立起来的吗? 德·索绪尔不也是主张划分'语言'的语言学(linguistique de la langue)和'言语'的语言学(linguistique de la parole)的吗? 主张划分语言科学和言语科学的张先生会不会走上德·索绪尔的老路去呢?"⑤1964年3月,张礼训发表了名为《修辞学是"言语语言学"吗?》的论文,他以区分语言和言语的基

---

① 张世禄:《一定要把语言和言语分开来》,见《张世禄语言学论文集》,学林出版社,1984年,第437~438页。
② 高名凯:《语言与言语问题的争论》,载《光明日报》,1963年10月26日第2版。
③ 复旦大学语言研究室:《〈修辞学发凡〉与中国修辞学:纪念陈望道〈修辞学发凡〉出版社五十周年》,复旦大学出版社,1983年,第386~287页。
④ 刘焕辉:《从社会语言学的角度看修辞的社会性》,载《江西大学学报》,1983年第4期,第86~94页。
⑤ 方光焘:《方光焘语言学论文集》,商务印书馆,1997年,第380页。

本依据,即着眼于社会共通性还是着眼于个人独特性,对修辞学目标对象作了全面考察,最后得出结论:修辞学不属于言语语言学。① 与此同时,施文涛等亦撰写文章,阐述了与之相近的意见。缘上以观,在20世纪中叶的语言和言语问题大讨论中,以方光焘为领袖、以南京大学中青年教师为骨干的一批学者,坚决反对修辞学隶属言语语言学的提法。王希杰是当年大讨论的积极参与者,在1964年撰写的《略论语言和言语及其相互关系》一文中,他对"言语的语言学"的概念提出过批评。29年后,王先生又发表了《论修辞学的性质和定义》(1993)一文,他说:"五六十年代,方光焘、高名凯等关于语言和言语的论战中,主张言语有阶级性的高名凯认为修辞学是言语学。方老师反对建立言语学,支持方老师的张礼训在《南京大学学报》1964年1期发表了《修辞学是言语学吗?》的论文,批评了高名凯。近年来,郑远汉、张静、王德春、刘焕辉等都主张修辞学是属于言语学的。在张静、郑远汉主编的《修辞学教程》(1989)中更明确地指出:'修辞学属于言语学'。我们知道语言的定义包括了两个部分的内容,一是语言的内部结构,二是语言的社会功能,这两个部分同样是语言的本质,对这两个部分的研究都是语言学的任务,都是语言学不可缺少的内容,只有这两个部分的总和才构成了完整的语言学——科学的语言学。不研究语言的社会功能、交际功能的语言学,则是不完善的残缺的语言学。因此只把研究语言内部结构的学科叫做语言学,而把研究语言的社会功能的学科叫做'言语学',既不符合人们对语言本质的认识,也会导致人们对语言本质的错误认识,似乎不可取。"②1987年,在纪念陈望道逝世10周年语法、修辞方法论学术讨论会上,刘大为递交了题为《修辞学的科学化》的文章。文中说:"修辞学是研究言语规律的吗? ……如果一定要在言语中寻找什么规律的话,这规律要末就是语言规律(包括语言运用的规律),要末就是与我们的论题不相干的其他什么现象的规律。"③1995年,刘大为发表了《我们需要怎样的语言观》一文。在这篇文章中,他以毫不含糊、不容置辩的口气说:

---

① 张礼训:《修辞学是"言语语言学"吗?》,载《南京大学学报》,1964年第1期,第114~123页。

② 王希杰:《论修辞学的性质和定义》,载《云梦学刊》,1993年第1期,第52~58页。

③ 刘大为:《修辞学的科学化》,见复旦大学语法修辞研究室:《语法修辞方法论》,复旦大学出版社,1991年,第218页。

我们"无从发现产生一门言语语言学的可能性"。① 即此可知,对于修辞学属于言语语言学的提法,刘大为是不以为然且坚决反对的。在近一二十年里,公开抵制将修辞学纳入言语语言学的学者为数甚少,但因为持否定意见者有着较高的学术威信,加上有方光焘等著名学者的支持,他们那看似孤单而微弱的声音,其实既不孤单也不微弱。

二、对肯定派理由的考察及其结论

对于张世禄等学者来说,他们之所以认为修辞学属于言语语言学,主要基于以下四点理由。

理由一:语言是指由语音、词汇、语法诸要素构成的符号系统,言语是指符号系统的运用。符号系统和符号系统运用是两码事,符号系统的研究与符号系统运用的研究也是两码事。有关后者的研究属于言语语言学,修辞学以研究后者为己任,应当归入言语语言学。

例如,在国内率先提出修辞学属于言语语言学的张世禄说:"语言是人们最重要的交际工具。言语是人们运用语言来表达一定的思想、感情的方式。语言这种工具的本身,是一个方面;人们怎样运用这种工具来达到怎样的目的,又是一个方面。供人们运用的语言和人们对于语言的运用,可以而且应该成为不同的研究对象……我们把语言这种工具的本身和对于语言运用的方式看做不同的研究对象,于是语音系统的研究和词汇、语法的研究之外,又对于文体、风格、修辞、文章作法等等的研究,都要各自成为语言学中独立的部门。"前一方面的研究属于语言的语言学,后一方面的研究属于言语的语言学。②

对于肯定派据以立论的第一点理由,事实上很难证伪。首先,无论国外的还是国内的语言学工具书,都是讲"语言"是指由词汇、语法等要素构成的系统,而"言语"是指前述系统的运用。其次,"语言"构造的研究与"言语"规

---

① 刘大为:《我们需要怎样的语言观》,载《华东师范大学学报》,1995 年第 3 期,第 74~80 页。
② 张世禄:《一定要把语言和言语分开来》,见《张世禄语言学论文集》,学林出版社,1984 年,第 424 页,第 430~431 页。

律的研究确实存在目标对象上的区别。既然如此,鉴于"语言"和"言语"的划分,以及鉴于修辞学以揭示"言语"规律为己任,把修辞学视为言语语言学的组成部分,这样处理是符合逻辑的。

理由二:语言的语言学具有"同质性"特征,言语的语言学具有"异质性"特征。修辞学属于跨学科研究,具有异质性特征,自然应当归入言语的语言学。

例如,高名凯说:"言语的理论使我们发现人们在运用语言时所有的情况,因为这些情况一方面属于言语,一方面也属于语言,是隔乎语言和言语之间的东西,也可以说是处在语言边缘的东西……虽然这种研究不是纯粹语言学的研究,它却可以成为一种语言学的边缘科学即言语语言学……以往的修辞学事实上就是言语语言学的研究。"①岑运强说:"语言的语言学是同质的,言语的语言学是异质的。所谓异质就是指不但涉及语言系统本身,而且涉及语言系统之外的不同方面的物质,尤其要涉及运用语言的人。例如社会语言学的语言与人类社会;文化语言学的语言与人类文化;心理语言学的语言与人类心理;应用语言学的语言与教学双方;神经与病理语言学的语言与正常人及非正常人;语用学、言语交际学、言语修辞学、话语分析、篇章语法的语言与不同语境的人说话与写作技巧……异质研究就是跨学科研究、交叉研究。"②

语言内部结构研究总的看属于同质性研究,对此并无多少异议。修辞研究是否具有跨学科性质,人们看法不一。假若修辞研究跟语言内部结构研究都是同质性研究,那么,将修辞学视为言语语言学下位学科的做法则不免令人怀疑。审查肯定派的第二点理由,首先需要检验前面提到的问题。怎么检验呢? 有个很简单的办法,就是看看研究语言运用的语用学是否具有跨学科性。徐思益曾经发表过一篇题为《重视语用学的研究》的文章。他说:"人们有效地使用语言,必须包括说话人和听话人共知的三种因素:(一)一套语言知识;(二)一套非语言的百科知识;(三)一套推理规则。语用学就是这三种因素综合运用的体现。具体说,语用学不仅同理论语言学关系密切,而且同

---

① 高名凯:《语言论》,商务印书馆,1995年,128~129页。
② 岑运强:《言语的语言学的界定、内容及其研究方法》,载《北京师范大学学报》,2000年第4期,第71~77页。

逻辑学、社会语言学、心理语言学，以及文学、美学都有关联和交接，它是一种多学科综合运用的边缘性科学。"①上面这番话想必大家都能接受。如果接受的话，那么，对于研究语言运用的修辞学同样具有跨学科性也就很难反对；如果不反对的话，那么，就得承认肯定派提出的第二点理由没有什么不妥。

理由三：在语言学理论体系中，修辞知识始终处于"缺席"状态；这表明修辞学不属于通常所说的语言学，即语言的语言学；而属于言语学，即属于为修辞知识留了席位的言语的语言学。

例如，李廷扬在《修辞学不是语言学》一文中说："修辞学如果是语言学，那它对修辞所作的理论概括就应当符合语言学的普遍原理。尽管不能要求语言学去解决修辞学的具体问题，但语言学对一切修辞现象应能作出一般、最基本的解释。然而语言学连最简单、甚至和语言最接近的修辞现象也解释不了……事实上，修辞学早已逃脱'语言家庭'而进入了言语学的'难民营'。"②

对于这第三点理由，要想否定亦不大容易。原因在于，修辞研究为语言本体研究者忽略乃是实情，修辞学成果为语言学理论体系拒纳也是实情。2001年出版的一本《基础语言学教程》，其中有这样一段话："语言学，顾名思义，自然是研究语言的科学，它的基本任务是要弄清语言的结构规律和演变规律。""我们这本基础语言学教程主要讲授语言学的基础知识和基本原理，对语用问题只能择要做一些必要的介绍，没有必要展开全面的论述。"因为研究语言运用的学科不属于语言学，它是作为"与语言学有关的一门独立的学科"③而存在的。请看，这部"普通高等教育'九五'国家级重点教材"明确表示，研究语言运用不属于语言学的职责！否认研究语言运用的学科隶属语言学，将有关语言运用的研究排斥于语言学视野之外，这种现象由来已久。在题为《语言作为一种社会现象》的文章中，吕叔湘感慨地议论道："语言是什么？说是'工具'。什么工具？说是'人们交流思想的工具'。可是打开任何一本讲语言的书来看，都只看见'工具'，'人们'没有了。语音啊，语法啊，词汇啊，条分缕析，讲得挺多，可都讲的是这种工具的部件和结构，没有讲人们

---

① 徐思益：《重视语用学的研究》，载《语言与翻译》，1991年第1期，第15～20页。
② 李廷扬：《修辞学不是语言学》，载《毕节师专学报》，1988年第1期，第73～79页。
③ 徐通锵：《基础语言学教程》，北京大学出版社，2001年，第257页。

怎么使唤这种工具。"①研究语言的人大多把精力集中在语言内部构造上,而对语言运用规律关注甚少乃至于置若罔闻,结果造成语言学著作中修辞或语用知识付之阙如,使得那些希望从中获得前述知识的人深感遗憾,这一点连吕先生亦不否认。在此背景下有些学者对修辞学属于语言学的说法提出质疑,认为修辞学不属于通常所说的语言学(语言的语言学)而属于言语学(言语的语言学),这实在是很正常的事情。

理由四:区分"语言的语言学"和"言语的语言学",反映了索绪尔对目标对象的整体把握和对研究步骤的明智安排,具有重要意义。把修辞学作为言语语言学的组成部分看待,符合索绪尔原来的构想。

这第四点理由有多位学者曾以不同方式表述过。例如,岑运强在《语言学基础理论》(1994)中说:"索绪尔在茫茫的言语中,提炼出语言这个系统来,这是一个重大的创举。他提出的语言的语言学和言语的语言学,更具有深远的历史意义。"②刘焕辉在《言语交际学》(2001)中说:"索绪尔为了追求研究对象的纯净化和研究方法的精密化,在严格区分了语言和言语、共时和历时之后,毅然排除了言语而专门研究语言,从而建立起内部语言学理论框架,推动了整个语言学的发展。"③戚雨村在《索绪尔研究的新发现》(1995)一文中说:"过去总是说索绪尔把语言和言语割裂开来,只主张研究语言的语言学,有人甚至将言语的语言学不能很快建立归咎于他。从新发表的资料看,这种评论有欠公允。索绪尔始终重视语言和言语二者的联系……索绪尔也不是不要搞言语的语言学,恰恰相反,他主张既研究语言,也研究言语。大约在1912年,索绪尔向日内瓦大学递交了一份《关于成立修辞学教研室的报告》,以便开展言语的研究。"④

肯定派据以立论的第四点理由,显然谁也无法驳斥和诘难。稍有点语言常识的人都很清楚,区分语言的语言学和言语的语言学,以及把有关语言运用的研究置于后者分管范围,这确实是索绪尔的意思。肯定派把修辞学作为

---

① 吕叔湘:《语言作为一种社会现象》,载《读书》,1980年第4期,第90~100页。
② 岑运强:《语言学基础理论》,北京师范大学出版社,1994年,第12页。
③ 刘焕辉:《再论修辞学和言语交际学》,见《修辞学探新》,香港文化教育出版社有限公司,1995年,第109页。
④ 戚雨村:《索绪尔研究的新发现》,见《现代语言学的特点和发展趋势》,外语教育出版社,1998年,第44页~45页。

言语语言学的下位学科看待,并不是别出心裁,只是在贯彻索绪尔的思想。

戴昭铭(1996)曾经提议,在讨论语言规范化问题的时候,有必要借鉴司法界的"无罪推定"原则。我们以为,在本课题研究中,亦不妨取而用之。这样做的好处是,它可以提醒我们宽容地对待别人的意见。

以"无罪推定"原则为指导,来审视肯定派用以证明修辞学属于言语语言学的理由,我们认为,它们不无道理,难以简单否定。

三、对否定派理由的审视和评析

方光焘等学者不赞成将修辞学视为"言语语言学"的下位分科,为什么呢? 其理由概括起来有以下四条。

理由一:"语言的语言学"内部语义关系为"目标对象+学科名称","言语的语言学"内部语义关系为"资源对象+学科名称",不对称,不合逻辑。根据字面看,"言语的语言学"以言语为目标对象,理论上说不通。既然"言语的语言学"经不起推敲,所谓修辞学属于言语的语言学自然不能成立。

"言语的语言学"术语本身存在逻辑上和理论上的问题,这早已为细心者所觉察。例如张礼训在《修辞学是"言语语言学"吗?》一文中就曾提出质疑:"'言语语言学'这个术语的构词形式,究竟是'言语的/语言学'那种意思呢? 还是'言语——语言的科学'那种意思呢? 这又是令人疑惑的。"[①]而罗兰·巴特在《符号学原理》(1964)论著中则直截了当地说:"无论如何也不可能有一种言语的语言学(至少根据索绪尔语言理论是这样):因为任何言语,作为交流行为,已经取决于语言。可以建立语言学,但不能建立言语学"。[②]

配套使用的学术用语命名时应注意词语内部结构的一致性,这是学术研究中需要留心的一个方面;命名时应注意表义的明确性,特别是要注意不能与所建立的学术体系在理论上相抵牾,这是学术研究中需要留心的又一个方面。平心而论,"言语的语言学"的命名确实有毛病。

理由二:修辞研究成果与词汇、语法研究成果一样都是"言语"中社会性

---

① 张礼训:《修辞学是"言语语言学"吗?》,载《南京大学学报》,1964 年第 1 期,第 114~123 页。

② [法]罗兰·巴特:《符号学原理》,见中国艺术研究院外国文艺研究所:《世界艺术与美学第 6 辑》,文化艺术出版社,1985 年,第 27 页。

和稳固性的体现,社会性和稳固性乃是语言的基本特征,前者与后者一样都属于"语言"范畴,区分语言的语言学和言语的语言学,以及将修辞学与后者对号入座,属于节外生枝。

例如,张礼训在《修辞学是"言语语言学"吗?》中谈到,他曾经对修辞学主要课题——包括辞格构成研究、句式功能研究、组织规律研究、语体特征研究、风格表现研究等——进行过逐项考察。结果发现,修辞研究成果与语音、词汇、语法研究成果一样,都是言语中社会性和稳定性方面的体现。他因此认为,我们"没有什么理由可以否认修辞学的语言学的属性。我们没有理由也没有必要把修辞学从语言学的领域里赶出来,另外自找麻烦地建立一个'言语语言学'来安置它"①。

把抽象出来的辞格、语体等视为语言单位,纳入语言范畴,有人会觉得很荒唐。其实并不只是张先生提出过这样的看法。20世纪末,王希杰在题为《汉语修辞学发展中的几个问题》(1996)的文章中说:"比喻的结构,作为抽象的规约的比喻,它是全社会所共同的,相对稳定的,不会因使用它的具体人的差异而有所改变。就这个意义来说,比喻当然是属于语言的,而不是属于言语的。"②2002年中国修辞学会年会上,曾毅平递交了题为《修辞学应当加强实证研究》的论文,文中说:"按索绪尔的划分,语言学有语言的语言学(内部语言学或纯语言学)与言语的语言学(外部语言学)之分。语言的语言学描写语言符号系统的静态结构,研究对象是同质的,它的终极成果主要是类型概括。修辞学中语言要素的功能分化、辞格、语体、语言风格的研究多是静态的言语成品的分类描写,具有语言的语言学性质。"③怎么会得出上述结论呢?原因在于,索绪尔曾经为"语言"下过这样的定义:"语言以许多储存于每个人脑子里的印迹的形式存在于集体中,有点像把同样的词典分发给每个人使用。所以,语言是每个人都具有的东西,同时对任何人又都是共同的,而且是在储存人的意志之外的。语言的这种存在方式可表以如下的公式:1+1+1

---

① 张礼训:《修辞学是"言语语言学"吗?》,载《南京大学学报》,1964年第1期,第114~123页。

② 王希杰:《汉语修辞学发展中的几个问题》,载《毕节师专学报》,1996年第4期,第15~23页。

③ 曾毅平:《修辞学应当加强实证研究》,见中国修辞学会年会论文,2002年,昆明。

+……=1(集体模型)。"①倘若注意到索氏这番话,注意到抽象化的辞格、句式、语体、风格等具有"语言"特征,对于将修辞研究成果纳入语言范畴的做法就不会再感到困惑。而理解上述做法,对于反对将修辞学归入言语的语言学也就不会再觉得匪夷所思。

理由三:词汇构造语法规则研究是以"言语"即说写行为及其成品为资源对象,从个别到一般,走向目标对象——"语言";修辞方式修辞规律研究也是以"言语"即说写行为及其成品为资源对象,从个别到一般,走向目标对象——"语言"。既然起点相同,路径相同,归宿相同,就没有必要区分"语言的语言学"和"言语的语言学",没有必要将修辞学划归后者。

例如,方光焘在《漫谈语言和言语问题》(1962)中说:"拿语法学和修辞学来说,这两者都是以语言的表现手段作为研究对象的,都是属于语言学的部门。它们虽然都同样地从具体的言语出发来进行研究,但各从不同的角度寻找语言的不同的规律,语法学寻找的是语言的语法结构规律,修辞学所寻找的却是语言的修辞手段的规律。它们的出发点是相同的,都是言语,它们的归结也是相同的,都是语言。我们认为,两者的对象并没有什么不同,只是对同一对象,从不同的角度加以考察而已。我们怎么可以把语法学和修辞学分别归到'语言科学'和'言语科学'呢?"②

这第三条理由不能说没道理。范晓(1996)曾经指出:"一切语法理论(包括规律、规则)都来源于语法事实,是通过对大量的语法事实的研究抽象概括出来的,也就是循着'事实→理论→事实→理论……'这样的认识道路不断发现、不断验证、不断深化才获得的。"③陈光磊(1986)曾经谈到,修辞研究中最为常用的方法是归纳法,具体地说,即"从产生表达实效的话语文章中大量搜集事实,然后考察其异同,把具有共同性的事例集中在一起加以考察,归纳出其中的条理和规则"④。范先生是语法学家,陈先生是修辞学家,从两位先生

---

① 索绪尔:《普通语言学教程》,高名凯译,商务印书馆,1980年,第41页~42页。
② 方光焘:《漫谈语言和言语问题》,见《方光焘语言学论文集》,商务印书馆,1997年,第400页~401页。
③ 范晓:《语法研究中的十大关系》,见《三个平面的语法观》,北京语言学院出版社,1996年,第107页。
④ 陈光磊:《怎样学习和研究修辞》,见《修辞论稿》,北京语言文化大学出版社,2001年。第52页。

的论述可以看出,修辞学和语法学都是以言语事实为资源对象,通过从个别到一般的概括归纳,从中抽象出具有普遍意义的"语言性"的条理和规则;区别仅仅在于二者切入角度有所不同而已。

理由四:语言是内部结构和外部功能的统一体;将词汇构造、语法规则与修辞方式、修辞规律截然分开,视为两门学科即语言的语言学和言语的语言学的目标对象,等于将内部结构与外部功能割裂为二。这样做利少弊多。

这第四条理由有多位学者阐述过。最先提出上述见解的是王德春。王先生认为应当加强语言运用研究,但同时又认为没有必要区分"语言的语言学"和"言语的语言学"。在1962年发表的《语言学的新对象和新学科》一文中,王先生说:"有人认为语言的使用值得研究也应该研究,但不主张它是语言学的研究对象。语言学只研究语言本身,语言的使用最好由别的科学或者另建新的科学去研究……另立一门新科学专门研究语言的使用问题当然未尝不可,科学分类本来就是与科学发展水平有关系的。但是,由于语言和使用语言两者之间的密切关系,把它们放在一门科学里进行研究,会有更多的方便和好处。"[①]从语言内部结构与外部功能的关系对"语言的语言学"和"言语的语言学"二分法进行证伪,工作做得最细的是刘大为。在1991年发表的《修辞学的科学化》中,他说,我们没有必要在语言学之外建立研究语言运用的"言语的语言学",道理很简单,"语言是工具,不能设想关于这个工具的说明书中只有结构的说明而没有关于使用方式的说明"[②]。在1995年发表的《我们需要怎样的语言观》中,他进一步论证道:"语言(langue)作为语言科学的目标对象应该由这三个部分组成:(a)语言项目的系统。(b)语言结构规则的系统。(c)语言使用规则的系统……拥有了这样一个由(a)、(b)、(c)组成的目标对象,语言的使用者才拥有了完整的语言能力,语言科学才真正拥有了一个完整的格局。"[③]

否定派的第四条理由,王希杰亦曾表达过,因为前面已作介绍,不再重

---

① 王德春:《语言学的新对象和新学科》,见王德春:《多角度研究语言》,清华大学出版社,2002年,第227、229页。

② 刘大为:《修辞学的科学化》,见复旦大学语法修辞研究室:《语法修辞方法论》,复旦大学出版社,1991年,第218页。

③ 刘大为:《我们需要怎样的语言观》,载《华东师范大学学报(哲社版)》,1995年第3期,第74~80页。

复。王希杰、王德春、刘大为三位学者不仅是修辞学家,同时也是理论语言学家。他们一致认为,基于语言内部结构与外部功能的紧密联系,没有必要将研究前者的语法学和研究后者的修辞学分别划归"语言的语言学"和"言语的语言学"两个学科,他们的看法不能说毫无道理。

以"无罪推定"原则为指导,来审查否定派否定修辞学属于言语语言学的理由,最后结论是:我们无法说"不",因为它们也都言之有理。

四、导致意见分歧的原因所在

前面全面介绍了肯定派和否定派的基本观点,并对两派据以立论的理由逐一进行了考察,本着"无罪推定"的原则,以宽容的态度评判两派的观点,最终结论是两派意见都有道理,不可简单棒杀。

人们不禁要问,既然都有道理,分歧是如何产生的呢?根据笔者的调查和研究,在修辞学是否属于言语语言学问题上,两派之所以形成不同看法,主要原因有三。

原因一:索绪尔《普通语言学教程》(以下简称《教程》)内部不够统一、不够严密,导致了后世学者认识上的分歧。

《教程》并非索绪尔本人撰写,而是由其弟子沙·巴利(C. Bally)和阿·薛施蔼(A. Sechehaye)根据同学们的三次听课笔记加上索氏的部分手稿,以及别的一些材料编辑而成,因为"'德·索绪尔是一个不断革新的人',他在多年的讲课中少不了有些前后不很一致之处"[①],加上索绪尔语言学思想博大精深,学生听课难免有理解偏误之处,结果整理出的文本中存在多处相互矛盾的地方。例如《教程》第37页说,语言是词汇和语法的总和(原话为:"……一本词典和语法能够成为语言的忠实代表"),而第41页又说,语言是言语活动中共性的方面(原话为:"语言是每个人都具有的东西,同时对任何人又都是共同的")。就外延来看,前者显然小于后者。又如《教程》第35页说,言语是语言的运用(原话为:言语是"说话者赖以运用语言规则表达他的个人思想的组合"),而第42页又说,言语是语言之外的个人因素(原话为:"所以在言语中没有任何东西是集体的;它表现是个人的暂时的。在这里只有许多特殊

---

① 岑麒祥:《普通语言学教程·前言》,商务印书馆,1980年,第9页。

情况的总和")。既然言语是语言的运用,言语必定离不开语言,怎么又说言语外在于语言呢?另外,《教程》还存在疏漏之处,突出的问题是,它提出建立"言语的语言学"的设想,但目标对象到底是什么?语焉不详。

《教程》里某些前后矛盾的说法后来成为两派提出不同见解的依据。例如《教程》讲,语言是词汇和语法的集合,而言语是前者的运用。基于以上所说,肯定派提出,研究词汇和语法的是语言学,而研究词汇和语法运用的是言语学。但《教程》又讲,语言是言语活动中共性的方面,言语是语言之外的个人成分。根据以上所说,否定派中有学者提出,语言不是词汇和语法的集合,而是言语中一切共性因素的集合,并坚持认为所谓"言语的语言学"在理论上不能成立。

《教程》提出建立言语语言学的设想,但没有给予具体说明,以致造成后人理解不一。如涂纪亮在1996出版的《现代西方语言哲学比较研究》中认为,言语语言学是以"以言语活动的个人部分"为研究对象的学科;[1]而高名凯、戚雨村认为,言语语言学是"研究语言成分之如何组成各种言语"和"研究言语中超语言而与语言具有同类作用的表达手段及其如何与语言成分共同组织言语的规律"的学科,[2]是包括修辞学、语用学、篇章语言学、言语交际学等在内的学科。[3]

由此可知,在修辞学是否属于言语语言学的问题上,两派意见不一,从根源上看,其与《教程》存在缺憾不无关系。

原因二:语言和言语划分存在多种方案,导致了彼此的分歧。

如何划分语言和言语,直接影响到如何认识修辞学在语言学中的地位。在我国语言学界,目前存在着以下几种划分语言和言语的方案。

甲方案:最为基本的结构项和结构规则的抽象存在归语言,最为基本的结构项和结构规则在语言运用过程中的正常或变异呈现,以及语言运用规律归言语。

例如,戚雨村、吴在扬在1961年发表的《语言、言语及其相互关系》中说:"语言是由语音、词汇、语法构成的体系……自由词组、句子和整个篇章……

---

[1] 涂纪亮:《现代西方语言哲学比较研究》,中国社会科学出版社,1996年,第173页。
[2] 高名凯:《语言论》,商务印书馆,1995年,第127~128页。
[3] 戚雨村:《索绪尔研究的新发现》,见《现代语言学的特点和发展趋势》,外语教育出版社,1998年,第46页。

是为了满足当时当地的交际需要、由人们使用现成的语言单位临时搭配起来的,因此,它们就不是语言单位。"① 又如,高名凯在 1963 年发表的《语言与言语问题的争论》中说:"语言系统的单位及其要素的单位是词汇单位(词位)、语法单位(法位)、语音单位(音位)、意义单位(义位)……言语单位则是某些表达手段的单位的线条性组合的片断……词位和法位是语言成分的基本单位……言语的基本单位是句子,词组是言语的次单位。"②

根据甲方案的划分原则,词汇和语法的抽象存在属于语言,词汇和语法在语言运用过程中正常或变异的表现形态(包括因为表达需要构成的自由短语、句子、句群、篇章),以及语言运用规律(包括内部结构规律和内外协调规律)属于言语。

乙方案:抽象的共性存在归语言,具象的共性与个性结合归言语。

例如,王希杰在 1993 年发表的《语法研究中的静态和动态》说:"在 60 年代的语言和言语问题的讨论中,有些人主张,词是语言的单位,句子是言语的单位。我们认为,这一区分不恰当。其实,词,短语,句子,既是语言的单位,又是言语的单位。作为语言单位的词,短语,句子,是抽象的,一般的,概括的,是一种模式;而作为言语单位的词,短语,句子,则是具体的,个别的,是模式的体现。"③

根据乙方案,存在于交际过程中的所有音义结合体,对前述音义结合体的存在方式具有规约作用的所有规则规律,都属于言语的范畴;通过对前述音义结合体及其规则规律的抽象,即剥离其个性的方面,保留其共性的方面,由此提取出来的大小单位以及规则规律,都属于语言的范畴。

丙方案:常规表现归语言,变异表现归言语。

例如,方光焘在 1952 年撰写的讲义《语言学引论》中说:"我们所接触到的都是语言与言谈的统一,对象原是相同的,但由于观点的不同,对象就有语言与言谈。若着眼于共同点,便是语言。若着眼于差异之点,特殊之点,便是

---

① 戚雨村、吴在扬:《语言、言语及其相互关系》,见《语言和言语问题讨论集》,上海教育出版社,1963 年,第 97 页。

② 高名凯:《语言与言语问题的争论》,见《高名凯语言学论文集》,商务印书馆,1990 年,第 401 页。

③ 王希杰:《语法研究中的静态和动态》,载《语言教学与研究》,1993 年第 3 期,第 53~68 页。

言谈。"① 又如，黄景欣在 1962 年发表的《就语言研究的精密化趋势论语言和言语的区分问题》说："言语中许许多多具体的语法结构形式都是作为一般语言的语法结构的变体而存在着的，它一方面体现着共同语的一般规律，另一方面又存在着许许多多具体的特点。语言的一般语法规律，只有从它里面经过一定的概括、抽象才能获得。因此，绝不能简单地把个人言语中具有特殊表现形式的语法结构看成社会语言一般的语法结构形式。"② 再如，徐思益在 1984 年发表的《论句子的语义结构》中说："如果承认现代语言学必须区分语言和言语，或者语言能力和语言行为（competence and performance），那么，也必须区分语言的句子和言语的句子……我们可以把非逻辑句划归言语的句子"。③

根据丙方案的划分原则，存在于交际过程中的一般性的单位和规则规律属于语言的范畴，特殊性的单位和规则规律属于言语的范畴。

丁方案：静态单位、备用单位归语言，动态单位、使用单位归言语。

例如，吕叔湘在 1979 出版的《汉语语法分析问题》中说："句子跟词和短语又有一个重要的分别，词，短语，包括主谓短语，都是语言的静态单位，备用单位；而句子则是语言的动态单位，使用单位。"④ 又如，岑运强在他主编的《语言学基础理论》中说："句子以下的静态单位，如：音素、音位、音节、义素、义位、语素、词、词组等模式，可属于语言范畴；句子以上的动态单位，如：语流、句群、篇章等，可属于言语范畴。研究说话的行为、过程等内容，也可属于言语范畴。句子的模式属于语言范畴，具体的句子属于言语范畴。"⑤

根据丁方案的划分原则，不具备独立交际功能的语素、词、短语（包括运用中出现的）以及句法规则属于语言，具备独立交际功能的句子、句群、篇章以及修辞现象属于言语。

甲、乙、丙、丁四种方案可以归并为甲、乙、丁三种。因为乙方案与丙方案形异实同，前者从正面立论，后者从反面立论，是对前者的补充。

---

① 方光焘：《方光焘语言学论文集》，商务印书馆，1997 年，第 539 页。
② 黄景欣：《就语言研究的精密化趋势论语言和言语的区分问题》，见《语言和言语问题讨论集》，上海教育出版社，1963 年，第 268 页。
③ 徐思益：《论句子的语义结构》，载《新疆大学学报》，1984 年第 1 期，第 96～105 页。
④ 吕叔湘：《汉语语法分析问题》，商务印书馆，1979 年，第 28 页。
⑤ 岑运强：《语言学基础理论》，北京师范大学出版社，1994 年，第 13 页。

上述几种方案中的丁方案与本文论题没有多大的关系,撇开不谈。与本文论题有关的是甲方案和乙方案(含丙方案)。

在选择甲方案的学者看来,语言学研究分两大块:一块以归纳语音系统、语义系统、词汇系统、语法系统为己任;一块以揭示表达手段系统和语言运用规律系统为己任。前一块为先导性研究,基础性研究;后一块为后续性研究,补充性研究。前一块隶属于索绪尔所说的语言的语言学,后一块隶属于索绪尔所说的言语的语言学。修辞学以研究表达手段系统和语言运用规律为己任,因而隶属于言语语言学。

在选择乙方案的学者看来,语言学研究是以言语为资源对象,以语言为目标对象,通过归纳和演绎等方法,经由从个别到一般的途径,最终建构起语言体系。语言体系由(a)基本结构项、(b)结构项组织规则及(c)内外协调规律三部分合成。内外协调规律即语言运用规律,它从一开始就已经被置于语言学目标对象之内,所以,出于担心语言运用研究无安身之处而另行建立言语语言学是没有必要的,此外,将本属语言学的修辞学分离出来,放到言语语言学里,也是没有必要的。

在语言和言语区分方案的选择上,肯定派倾向于甲方案,否定派倾向于乙方案。可见,对"语言"和"言语"这两个最基本概念的不同理解和区分也是导致两派意见分歧的一个根源。

原因三:考虑问题的侧重点有所不同,造成了彼此的分歧。

肯定派和否定派都以言语行为和言语成品为资源对象,而在言语语言学能否成立,以及修辞学是否属于其下位学科问题上却意见相悖。原因在于尽管两派面对的是同一资源对象,但是他们考虑问题的侧重点有所不同。

就肯定派来说,他们比较注意语言结构研究与语言运用研究的区分,认为前者属于工具研究、同质性研究,后者属于工具运用研究、跨学科研究;同时他们比较注意工作策略,认为应当首先把语言的内部结构搞清楚,然后再来从事语言运用规律的研究,他们觉得分两步走比较稳妥。

就否定派来说,他们比较注意言语活动中本质与非本质的区分。如方光焘在1959年发表的《言语有阶级性吗?》中说:"我们所以要区别语言和言语是因为语言具体地存在在人们的交际过程的言语中,而言语又可以是千差万别的(这种差别主要是言语中的'超语言的剩余部分'形成的)。我们从具体的千差万别的言语中抽象和概括出语言来,也就可以把什么是一般的,什么是个别的区别开来了。"① 又如,黄景欣在《就语言研究的精密化趋势论语言和言语的区分问题》中说,之所以要区分语言和言语,原因主要在于,"这有助于把语言现象中本质的和非本质的、社会的和个人的,一般的和特殊的,规范的和不规范的,稳定的和易变的等等区别开来"。②

考虑问题侧重点不同,研究视角、研究方法自然不同,得出的结论自然不同。两派在修辞学是否属于言语语言学问题上意见抵牾,其实是情理中的事。

五、结束语

修辞学是否属于言语语言学的大讨论从 20 世纪 60 年代开始持续至今,始终未能得出一致的结论。今天我们对此进行全面回顾和总结,即将结束前述工作时亦不准备给出归一化的结论,倒不是回避矛盾,而是无法得出这样的结论,因为本来就不存在此是彼非的问题。

或许有人认为这是一场毫无意义的舌战。不是这样,绝对不是。我们以为,评价这场大讨论不应当看它是否有助分歧的消除,而应当看它是否事实上推动了语言—言语二分法的理论建设,以及是否促进了修辞学研究。以后者为根据看待这场大讨论,相信无论谁都会给予积极评价。

评述这场大讨论属于历史研究的范畴。对于历史研究来说,弄清来龙去脉及给予客观评价都是次要的,重要的是能够从中发掘可以借鉴的东西,用于指导当前和今后实践。通过回顾和总结可以看出,无论肯定派还是否定派,其观点都包含着可贵的思想菁华。如肯定派认为,语言结构研究属于同质性研究,语言运用研究属于跨学科研究。以上见解,对于改变修辞研究中存在的画地为牢状况具有促进意义。又如否定派认为,语言不是什么别的东西,而是言语活动中共性因素的集合;语言研究的任务不在别处,而在发现言语活动中的共性因素及其内部联系。倘若修辞学界能够真正领悟上述观点,修辞研究中存在的津津乐道于个性特征的现象,则不会再有市场。

---

① 方光焘:《言语有阶级性吗?》,见《方光焘语言学论文集》,商务印书馆,1997 年,第 57 页。

② 黄景欣:《就语言研究的精密化趋势论语言和言语的区分问题》,见《语言和言语问题讨论集》,上海教育出版社,1963 年,第 284 页。

修辞研究近年来一直处于坐冷板凳的状态。在华东修辞学十二届年会上,有人说是因为没有话语权,有人说是因为重视修辞学的大气候(后现代思潮)姗姗来迟等,这些说法都有道理。但自身工作做得不好恐怕也是原因之一。所谓"工作做得不好",包括有些修辞研究者语言意识不是很强、有些修辞著作语言理论含量不是很高。一个突出事例,就是有些修辞研究者对语言—言语二分理论表现出置若罔闻的态度。众所周知,搞文论和文学批评的人如今都在积极引用语言—言语二分理论,而搞修辞研究的人却漠然待之,这很不正常。

　　王力(1957)曾指出:"中国语言学落后,主要是由于我们的普通语言学的落后。这一薄弱的部门如果不加强,中国语言学的发展前途就会遭受很大的障碍。"[①]普通语言学是在语言—言语二分理论基础上建立起来的,前述理论是普通语言学教材中不可或缺的部分。忽略该理论,轻视它对修辞学的指导作用,势必影响修辞研究的质量。

　　重视语言—言语二分理论及其指导作用,不等于开口"语言"闭口"言语",术语满纸飞。所谓"重视"是指分析问题时心中有语言(广义),能够坚持以语言为本位,注意抓住本质方面。换言之,就是能够做到把修辞研究与美学研究、文论研究、文艺批评、伦理道德规范评说等区别开来,让自己的研究真的像语言研究。如果绝大多数修辞研究者都能如此,相信修辞研究为语言学界同仁所漠视的尴尬局面定会有所改变。

[①] 王力:《中国语言学的现状及其存在的问题》,载《中国语文》,1957年3月号,第4~5页。

修辞学是否具有交叉性争鸣的回顾与思考①

如何认识修辞学的性质问题,直接影响到修辞学研究的任务规划、体系建构和方法选择等,所以我国修辞学界十分重视对有关的理论思考。修辞学是否具有交叉性,是否属于边缘学科(Boundary subject),一直被视为有关思考的重要组成部分。20 世纪中叶以来,围绕修辞学是否具有交叉性问题,我国修辞学研究者展开了热烈争鸣。下面拟就此进行全面回顾,并在深入考察不同观点的基础上坦陈己见,不当之处愿听指教。

一、有的学者说修辞学具有交叉性,有人不同意这观点

修辞学具有交叉性的看法提出于 20 世纪中叶。1963 年 4 月,在与学生交谈中,陈望道说,修辞学"与许多学科关系密切,它是一门边缘学科"。② 同年 10 月,高名凯在《语言论》一书中表达了同样见解,他说修辞学"不是纯粹的语言学研究",而是"语言学的边缘学科"。③ 1981 年 12 月,在中国修辞学会首届学术年会上,张志公发表了类似意见,他说:"修辞学不论怎么说总是和许多门学科有关联、有交错的那么一门学科。它和语言学、文艺学显然有很密切的关系,它和心理学、逻辑学、美学也有密切的关系,它和语言运用、语

---

① 原载《毕节学院学报》,2002 年第 3 期。
② 陈望道:《一九六三年四月十日在复旦大学语言研究室的讲话》,见《陈望道修辞论集》,安徽教育出版社,1985 年,第 302 页。
③ 高名凯:《语言论》,科学出版社,1963 年,第 129 页。

言教学也有很密切的关系。"①1982年6月,在《学习〈修辞学发凡〉,为促进修辞学的繁荣贡献力量》的文章中,胡裕树发表了类同观点,他说:"修辞学是研究语言的调整和运用的。它虽然隶属于语言学,但实际上是一门边缘学科。它与哲学、逻辑学、文艺批评、美学、文章学(辞章学)、心理学和语言学中的语音学、语法学、词汇学、文字训诂学等,都有着十分密切的联系。"②1985年岁末,林文金、宗廷虎读了郑子瑜就"语法修辞能否结合"写给大陆同仁的公开信,并先后"复信",信中一致认为修辞学属于边缘学科。③ 1988年,在《修辞新论》一书中,宗廷虎重申前述观点,同时就为何这样认定及如何由此出发开展研究,从理论上作了全面深入阐述。④ 20世纪末和本世纪初,对于修辞学具有交叉性问题,唐松波在《语体·修辞·风格》一书中,张炼强在《修辞艺术探新》文集中,陆稼祥在《内外生成修辞学》著作中,袁晖在《二十世纪的汉语修辞学》撰述中,以及林方、李廷扬、骆小所、吴礼权、曹德和等在其著述中,都表示了肯定态度。

　　在20世纪60年代到80年代这段时间里,对于修辞学具有交叉性的观点,未见有人表示过异议。到了90年代,情况有了变化。1992年,李运富和林定川对前述观点率先提出质疑。他们在《二十世纪汉语修辞学综观》一书中说:"'边缘'性只是修辞学的一个次要属性,而不是本质属性;'修辞学'不能直接称为'边缘科学'"。⑤ 对此王希杰给予了支持。在1993年发表的《论修辞学的性质和定义》一文中,他认为李、林的意见总的来说"公允正确,很好"。⑥ 不过在修辞学是否具有交叉性问题上,20世纪80年代以来,王有时

---

① 张志公:《关于修辞学研究工作的几点建议》,见《修辞学论文集》第一集,福建人民出版社,1983年,第12页。
② 胡裕树:《学习〈修辞学发凡〉,为促进修辞学的繁荣贡献力量》,载《修辞学习》,1982年第4期,第5页。
③ 林文金、周文景:《语法修辞结合问题》,北京语言学院出版社,1996年,第11、13页。
④ 宗廷虎等:《修辞新论》,上海教育出版社,1988年,第20~37页。
⑤ 李运富、林定川:《二十世纪汉语修辞学综观》,香港新世纪出版社,1992年,第74页。
⑥ 王希杰:《论修辞学的性质和定义》,载《云梦学刊》,1993年第1期,第52~58页。

发表肯定意见,①有时发表否定意见,②可见其态度不是很明朗。不过在下面讨论中,还是将他归入了否定派,因为其新著《修辞学导论》明确否定修辞学具有交叉性。否定派中态度较为一贯的是郑荣馨。20 世纪 90 年代他积极参与有关讨论,始终否定修辞学具有交叉性。郑远汉是一位重视理论建设的修辞学家。2001 年,他发表《修辞学的定位和分类问题》一文,对修辞学具有交叉性的看法明确表示了否定态度。③

二、否定派提出五点理由,能否成立

对否定派意见进行全面梳理,可以看出其理由主要有五点,这些观点能成立吗?

其第一点理由是:不能在肯定修辞学属于语言学科的同时又肯定它属于交叉学科。如有位学者说:"这里,首先出现一个问题是:修辞学是边缘科学,还是语言科学?"④不难看出在论述过程中,这位先生引入了排中律。

排中律是保证正确思维的逻辑前提,在学术研究中任何人都必须遵守这一规律。但肯定修辞学具有交叉性的观点是在违反排中律的情况下形成的吗?那位先生提出"修辞学是边缘科学,还是语言科学"问题时,头脑里显然存在两个预设:一是语言学不是交叉学科,二是交叉学科与非交叉学科之间存在否定关系。这两个预设对不对呢?在我们看来,前者基本是对的,而后者既对又不对。道理在于矛盾关系的构成是有条件的。将交叉学科与非交叉学科置于同一论域,它们是冲突的。但是将交叉学科与非交叉学科置于不同论域,它们则不冲突,且能够以包容和被包容关系和平共处。20 世纪 80

---

① 《什么是修辞?什么是修辞学?》,见《语言学百题》,上海教育出版社,1983 年,第 355 页;《汉语修辞学》,北京出版社,1983 年,第 6 页;《论双关》,载《玉溪师专学报》,1989 年第 4 期,第 61 页;《再论修辞学的研究对象问题》,载《湖南师范大学学报》,1990 年第 1 期,第 81 页;《论修辞研究中的几个问题》,载《锦州师范学院学报》,1995 年第 3、4 期,第 76～81 页、第 60～64 页;《修辞学通论》,南京大学出版社,1996 年,第 36 页。

② 《论修辞学的性质和定义》,载《云梦学刊》,1993 年第 1 期,第 52～58 页;倪宝元:《大学修辞》第一章,上海教育出版社,1994 年,第 5～9 页;《修辞学导论》,浙江教育出版社,2000 年,第 60 页。

③ 郑远汉:《修辞学的定位和分类问题》,载《毕节学院学报》,2001 年第 2 期,第 40 页。

④ 王希杰:《论修辞学的性质和定义》,载《云梦学刊》,1993 年第 1 期,第 52～58 页。

年代,上海外语教育出版社推出过一套《现代语言学丛书》,不少入选著作具有交叉学科性质,如桂诗春的《心理语言学》、王德春的《神经语言学》等皆为其例。在非交叉学科旗帜下反映交叉学科研究成果,这做法并未受到批评。因为大家都知道,"现代语言学"概念是在上位层次上使用,"心理语言学"、"神经语言学"概念是在下位层次上使用,彼此并不冲突;同时因为大家很清楚,"心理语言学"、"神经语言学"虽然具有交叉性,但脚落在语言上,将其作为现代语言学分支学科看待没有什么不妥。可见以违反排中律为理由否定修辞学具有交叉性缺乏说服力。①

其第二点理由是:以两门或三门学科名称组合命名的学科才能认为具有交叉性,否则不应这样看。例如有位学者说:"从修辞活动的广泛性看,从修辞学同许多学科都有联系,并要借助许多学科的知识和研究成果看,说修辞学带有交叉性或边缘性,有一定的道理。不过,作为交叉性学科,它是哪两类或哪几类学科的交叉,应该是明确的。如'生物物理学',是运用物理学的理论和方法研究生物体系,或者说是研究生物体系的物理现象,它是生物学和物理学的交叉学科。修辞学是什么学科和什么学科的交叉呢?很难明确地定位,也很难像'生物物理学'或'生物化学'、'历史地理学'那样,给它取个体现学科交叉的名称。"②以上看法对吗?既对又不对。说对,是因为多数交叉学科都是以两门或三门学科名称组合命名的。说不对,是因为还存在一些学科,它们并未采取以上命名方式但属于交叉学科,如美学、语用学即为其例。关于美学、语用学属于交叉学科问题,蒋孔阳为"美学"词条撰写的注释、③金开诚为《美感的结构与功能》一书撰写的序言、④《语用学概要》⑤和《当代新学科手册》有关语用学性质的说明,⑥都说得很清楚。美学、语用学属于交叉学科而命名未予反映,为什么呢?原因在于美学、语用学涉及领域广泛,难以在

---

① 张礼训曾经指出,"任何一门边缘学科总是要从属于一种基本学科的,它不会是站在两种基本学科之间的中立的第三者。因此,把修辞学看做语言学的一个分科和把修辞学看做一门边缘学科这两种意见不一定是不相容的。"事实说明上述看法是正确的。见张礼训《修辞学是"言语语言学"吗?》,载《南京大学学报》,1964年第1期,第114~123页。
② 郑远汉:《修辞学的定位和分类问题》,载《毕节学院学报》,2001年第2期,第40页。
③ 蒋孔阳等:《哲学大辞典美学卷》,上海辞书出版社,1991年,第653页。
④ 汪济生:《美感的结构与功能》,学林出版社,1984年,第1~3页。
⑤ 何兆熊:《语用学概要》,外语教育出版社,1989年,第7页。
⑥ 杨国璋等:《当代新学科手册》,上海人民出版社,1985年,第574~577页。

名称上反映全部交叉。缘上以观,以命名方式为理由否定修辞学具有交叉性亦难以令人信服。

其第三点理由是:把修辞学界定为交叉学科等于将自己置于蝙蝠境地,结果是鸟不认,兽也不认,这样做无益修辞学的生存和发展。如有位先生说:"在修辞学被视为'边缘学科'时,正如张志公先生所指出的那样:'研究语言学的人认为它不是纯语言的东西,研究文艺学的人认为它不是纯文艺的东西,因而不被重视,研究的少,比较薄弱'。"循此推出的结论是:不再提其交叉性问题,"更有利于它的发展前景和建立独立的科学理论体系"。[①] 以上说法并非毫无根据,由于有的人颠倒主次,弄得修辞研究个性模糊,以致被学界同仁视为不伦不类。但这只能说个别人忽略修辞研究主要属于语言研究,而不能说肯定其交叉性必将导致其特征丧失。修辞学是否具有交叉性与修辞学能否赢得尊重没必然联系。修辞学是否具有交叉性取决修辞研究本身而非别的因素。至于承认修辞学交叉性是否有利其发展,是否有助其地位提升,后边再谈。综上所述,认为肯定修辞研究具有交叉性将搞得无家可归、备受冷落,因而否定修辞学为边缘学科亦缺乏充分道理。

其第四点理由是:修辞学旨在揭示表达规律,落脚点在语言(广义"语言",下同),所以修辞学属于语言学,而不是什么交叉学科。如有位先生说:"修辞学并非边缘学科,它以揭示语言运用的客观规律为己任,尽管研究时必须高度重视其他学科的重要制约、影响作用……但是修辞学从整体上来看毕竟是一门独立性很强的科学。"[②]"修辞学是提高语言表达效果规律的一门科学,语言矛盾的解决,语言运用规律的揭示始终是第一位的,不能动摇的。这就决定了修辞学只能是一门独立的语言学方面的科学"。[③] 这位先生强调修辞学的目标对象是语言无疑是正确的,但据此否定修辞学具有交叉性则值得商榷。原因在于决定一门学科基本性质的直接根据是目标对象,而决定一门学科是否具有交叉性,直接根据是所涉知识领域。倘若走向目标对象无需涉

---

① 路宝君:《修辞学:应用语言学的一个分支》,载《修辞学习》,2000年第2期,第1~3页。

② 郑荣鑫:《修辞学研究的基本方向论辩》,载《毕节学院学报》,1999年第3期,第39~43页。

③ 郑荣鑫:《修辞学性质论辩——与骆小所商榷》,见《跨世纪的中国修辞学》,河海大学出版社,1999年,第97页。

及多个知识领域,应视为非交叉学科,不然则否。交叉学科以涉及多个知识领域为条件。涉及又分两种情况:一是无主次涉及,如生物物理学;二是有主次涉及,如数理逻辑学。无主次涉及,所涉基础学科之间为"相干、共振、融合"关系;有主次涉及,所涉基础学科之间为"吸附、嵌入"关系。① 在肯定派看来,修辞学属于主次型交叉学科。② 由此可知,因为修辞学落脚点在语言而否定修辞学具有交叉性,是误将鉴定学科基本性质的根据当成鉴定学科是否具有交叉性的根据,证伪并不成功。

其第五点理由是:处于修辞学体系核心位置的微观修辞学、内部修辞学,其研究始终是在语言学范围内进行,真正的修辞学是纯语言学,而不是什么交叉学科。如有位先生说:"修辞学隶属广义上的语言学,但其中的核心部分是纯语言学。"③还有位先生说:"真正体现修辞学的科学品格的是纯修辞学的水平……修辞学本质上是一门语言科学,语言科学就可以、也应当'就它、为它、而研究它'!正如索绪尔在《普通语言学教程》的结尾部分所说的那样:'为语言、就语言而研究语言。'因为语言现象太复杂了,是异质的。既然'为语言、就语言而研究语言'并不是死路一条,那么逻辑地说,纯修辞学也不会是一条死路的。因为修辞现象也是复杂的、异质的,要想真正地把握它,就应当大胆地舍弃一些非修辞学的东西。"④何谓纯修辞学?根据前面引述看,纯修辞学就是"为语言、就语言而研究语言",就是只在语言范围内打转,就是不涉及其他学科知识。有这样的修辞学吗?如果有,效果如何呢?

针对以上问题笔者作了调查。对象为 8 部修辞学著作,时间跨度为 20 世纪 30 年代至 90 年代,作者包括肯定派和否定派。调查项目有二:一是看其讨论的内容和涉及的知识领域;二是看其研究实绩,即在实现修辞学基本任务上效果如何。

前一项调查,结果如下:

---

① 符志良:《交叉科学漫议》,载《科研管理》,1986 年第 1 期,第 26 页。
② 根据刘仲林研究,几乎所有交叉学科均为主次型,即具有"偏序"特征。参见《现代交叉科学》,浙江教育出版社,1998 年,第 97~99 页。
③ 郑荣馨:《修辞学性质论辩——与骆小所商榷》,见《跨世纪的中国修辞学》,河海大学出版社,1999 年,第 98 页。
④ 王希杰:《修辞研究科学化中值得重视的几个问题》,载《华文教学与研究》,1999 年 3 期,第 45~52 页。

(1)《修辞学发凡》,陈望道著,上海大江书铺1932年版。全书12编。第一、第二编为绪论,第三编说"修辞学的两大分野",第四编谈"消极修辞",第五至第九编讲"积极修辞",第十编叙谈文无定法和修辞发展,第十一编概述语体风格,第十二编为结语。总体看,该著的讨论是在语言知识范围内展开的。但不少讨论超出了前述领域。如积极修辞与消极修辞划分根据的讨论、"引用"辞格运用戒律的讨论、"对偶"辞格美学特点的讨论、"比拟"辞格适用场合的讨论、"错综"辞格心理基础的讨论等,均不同程度涉及非语言知识。

(2)《现代汉语修辞学》,张弓著,天津人民出版社1963年版。全书十章。第一章和第二章为绪论,第三章谈词汇、语法、语音修辞手段,第四章至第八章介绍修辞格,第九章讨论寻常词语艺术化问题,第十章概述现代汉语语体。该著对汉语中各种修辞手段及其形态表现、功能特点作了全面描述。总体看,操作是在语言知识界域内进行。关于如何根据题旨情境施行修辞活动,该著谈得很少,只是第一章第二节讨论"修辞的原则"时稍有涉及。而此处讨论超出了语言知识的界域。

(3)《修辞概要》,张志公著,上海教育出版社1982年版。该著以绪论开篇。正文分四章:第一章"用词",第二章"造句",第三章"修饰",第四章"篇章和风格"。所谓"修饰"其实谈的是辞格运用。该著侧重谈两点:一是汉语修辞手段基本形态,二是各种修辞手段语用功能。后者的论述基本上是通过微观性的规范与失范、得当与失当、平白与生动的比较展开的。该著第四章关于"篇章结构"的讨论,其中有些问题,如材料安排、段落划分、开头和结尾等,一般认为属于文章学研究范畴。如果上述内容撇开不论,该著讨论基本上没有突破语言知识范畴。

(4)《汉语修辞学》,王希杰著,北京出版社1983年版。全书十二章。第一章为绪论,第二章谈"交际的矛盾和修辞的原则",第三章谈"语言的变体和同义手段的选择",第四至第十章描写和介绍修辞手段,第十一和十二章讨论"语体风格"和"表现风格"。该著有关修辞手段的描写和介绍用力甚勤,而对如何根据题旨情境运用修辞手段着墨不多,只是在第二、第三章稍稍涉及。修辞手段的描写和介绍总的来说没有超出语言知识范围,而如何根据题旨情境正确运用修辞手段的讨论则有不少地方超出了语言知识的领域。

(5)《修辞新论》,宗廷虎、邓明以、李熙宗、李金苓著,上海教育出版社1988年版。全书五章。第一章为绪论,第二、第三章讲解修辞手段及其运用,第四章论说风格和语体,第五章概述汉语修辞学史。该著恪守以语言为本位的原则,但不少地方的讨论突破了语言知识范围。最为明显的是绪论部分,如关于修辞现象特性的说明,关于两大分野哲学根据的阐释,关于如何落实"修辞以适应题旨情境为第一义"的论述等,都超越了语言知识的樊篱。另外,第二章"衬托"、"通感"的讨论、第三章"齐整与错综"的讨论,以及"对偶"、"排比"的讨论等,也突破了语言知识领域。

（6）《修辞学纲要》,刘焕辉著,百花洲文艺出版社 1993 年版。全书二十章。第一至第五章讨论修辞理论,第六至第十章阐述常规修辞,第十一至第十九章论析艺术修辞,第二十章概说语体和风格。该著注意划清修辞与非修辞研究的界限,讨论基本上是在语言知识范围内展开。但某些地方涉及其他学科的知识。例如,第四章"修辞的基本要求"的讨论吸纳了信息学知识,"修辞的基本原则"的讨论引入了社会学知识,第十八章"几个常用辞格的辨异"的讨论运用了逻辑学、心理学、美学等学科知识。

（7）《大学修辞》,倪宝元主编,上海教育出版社 1994 年版。全书十章。第一章为绪论,第二、第三章谈选词炼句,第四章说语音调适,第五、第六章论辞格运用,第七章议篇章布局,第八、第九章讲风格和语体,第十章述修辞学史。以语言为本位是该著的基本原则。但具体讨论中不少地方跨越了语言知识边界。如第一章中"修辞的原则"的讨论;第二章中"选词的原则"的讨论,"词语选用和地区文化"的讨论;第三章"话题与述题"的讨论;第五、第六章辞格辨异的讨论;第八章风格形成外部因素的讨论、作家风格形成主客观因素的讨论等,均涉及语言以外领域。

（8）《修辞学通论》,王希杰著,南京大学出版社 1996 年版。该著以引论发端。接下来分十二章。第一章"修辞学",第二章"语言世界和物理世界",第三章"文化世界和语言世界",第四章"语言世界和心理世界",第五章"零度和偏离",第六章"显性和潜性",第七章"同义手段",第八章"语言环境",第九章"得体性原则",第十章"修辞格",第十一章"语体",第十二章"风格"。该著坚持以语言为轴心,在此前提下广泛而充分吸纳相关学科知识,以为其探索性研究服务。这一特点,该著章节标题已经清晰显示,无需赘述。

通过以上调查我们看到这样几点事实:①前人曾尝试在纯语言范围内从事修辞研究,并且写出了影响深远的专著,如张弓。这说明在纯语言范围开展修辞研究不是不可能,而且同样可以取得很大成绩。②如果只是研究修辞手段,并且只是就外部形态和表层结构作直接描写,以及只是就修辞功能作规范性说明,其研究可以在纯语言知识范围内完成。③如果研究修辞手段时不仅描写外部形态、表层结构,而且揭示内在机制、深层结构;不仅考察修辞功能,而且追溯其形成,那么,研究必将涉及语言以外的知识。例如,研究省略,如果仅作规范性说明,只需指出"省略"具有"避免繁冗,简洁辞面"、"顺畅语脉,加强连贯"、"紧凑话语,渲染气氛"、"排除干扰,凸显焦点"、"调配形音,创造美感"、"强化诗味,成就诗作"等六大作用即可;而如果想要指出前述作用形成的缘由,那么,在解释过程中将不可避免地涉及信息学、心理学、话语语言学、美学、文学、文艺理论等学科的知识。①(4)如果研究由两方面组成,除了探讨存在哪些修辞手段,还要探讨如何运用哪些修辞手段,即如何根据题旨和情境进行修辞运作,其探讨必将涉及语言学以外的知识。因为修辞行为既是语言行为,同时也是文化行为、社会行为;修辞过程既是表达的过程,同时也是心理和生理活动的过程,以及"按照美的规律来建造"文本的过程。概言之,因为修辞运作事实上超越了语言范畴,所以,只要是全面地而非局部地、深入地而非肤浅地讨论修辞规律,势必涉及文化学、社会学、心理学、生理学和美学等诸多方面的知识。

再说第二项调查,即两种研究——纯语言的研究和坚持语言本位并注意吸纳其他学科知识的研究——在完成修辞学基本任务上效果如何。

进行此项调查首先需要弄清,修辞学的基本任务是什么?借助学科定义通常可以看出学界对此的认识。且看以下定义:

【修辞学】语言学的一个部门,研究如何使语言表达得准确、鲜明而生动有力。②

【修辞学】语言学的一个学科,研究如何运用各种语文材料及表现方式,使语言表达得准确、鲜明而生动有力。③

【修辞学】修辞是使用语言的过程中,利用多种语言手段收到尽可能好的表达效果的一种语言活动。……研究这种语言活动及其

---

① 曹德和:《省略功能新说》,载《湖北师范学院学报》,2001年第4期,第62～65页。
② 中国社会科学院语言研究所词典编辑室:《现代汉语词典》,商务印书馆,1996年修订第三版,第1416页。
③ 罗竹风等:《汉语大词典》第一册,汉语大词典出版社,1990年,第1382页。

规律的科学是修辞学。它是语言科学的一个分支。①

【修辞学】修辞学是以修辞的规律、方法和语言手段的表现为研究对象的科学。②

【修辞学】语言学的一个分支,……它研究如何依据题旨情境,运用语文的各种材料、各种修辞手法和技巧,恰当地表达所要表达的思想内容。③

【修辞学】语言学的一个分支学科。研究如何根据题旨情境,调动、运用各种语文材料和各种表现方法,来恰当地表达思想和感情,以求得最佳的表达效果。④

以上定义引自工具书,反映学界共识,具有较强代表性。

由此可知,修辞学的基本任务主要有二:一是揭示修辞手段;二是总结修辞规律。

以基本任务为根据考察两种修辞学研究,即纯语言的研究和坚持语言本位并注意吸纳其他学科知识的研究,可以看出前者不及后者。因为前者只是在语言知识范围内伸缩其身,受知识条件限制,它只能承担描写归纳修辞手段的工作,只能承担基本任务的一半(不完整的一半);而后者围绕语言学轴心,兼收并蓄,有诸多学科支持,它不仅能够讲清修辞手段的知识,同时能够讲清如何运用修辞手段的知识,即讲清修辞规律,能够承担基本任务的全部。

需要申明的是,我们说语言范围内的修辞研究不及以语言为轴心兼收并蓄的修辞研究,这是就学术体系而言,而不是就研究者的水平和贡献而言。同时需要申明的是,有些学者之所以选择了前一种体系,即存在局限的修辞学体系,很大程度上乃当时学术风气使然,以及学科发展阶段使然。

不过,在语言学由结构主义一统天下转向结构主义和功能主义并重互补的今天,作为修辞研究者,继续强调结构主义规约下的内部分析、表层描写的至尊性,怎么看都显得不合时宜。

---

① 中国大百科全书编辑部:《中国大百科全书·语言文字卷》,中国大百科全书出版社,1988年,第165页。
② 北京大学语言学教研室:《语言学名词解释》,商务印书馆,1960年,第119~120页。
③ 张涤华等:《汉语语法修辞词典》,安徽教育出版社,1988年,第451页。
④ 戚雨村等:《语言学百科词典》,上海辞书出版社,1993年,第399页。

其实，对于修辞学来说从来就没有过真正的纯语言研究。因为在多数结构主义语言学家看来，语言是指由语音、词汇和语法组成的高度抽象化的符号体系，修辞学研究的辞格、语体等不在其列。同时在他们看来，"言语活动是多方面的、性质复杂的，同时跨着物理、生理和心理几个领域"，①有关修辞规律的研究，根本无法在纯语言框架内进行。

应当肯定，索绪尔"就语言和为语言"②而研究语言的口号为现代语言学的诞生作出了卓越贡献，时至今日仍具有重要学术价值。不过同时应当注意，上述口号的积极意义仅仅在于它倡导了一种聪明的研究策略，而从系统论、语言观的角度审视，其片面性十分明显。通过上文讨论已知，修辞行为既是语言行为，同时也是文化行为、社会行为；修辞过程既是表达的过程，同时也是心理和生理活动的过程，以及"按照美的规律来建造"文本的过程。既然如此，作为真正的修辞学研究，绝无可能真正坚持纯语言性。其实，时至今日，不仅修辞研究，即便语音、词汇、语法研究也难以继续保持纯语言性。卫志强曾指出：

> 语言作为人类社会的一种普遍现象，跟人类的一切实践活动，包括人类的精神活动都有十分紧密的关系。语言学应该是一门最为广泛、多角的交叉学科。随着现代科技的发展，语言学跟自然科学的交接面越来越多。现在我们已经可以确认，没有多门学科专家的共同努力，不采取多面的视野，语言学难以取得突破性的发展……语言学从本质上说是一门多向的综合学科。纯语言的研究是不可能的，或理论、或方法、或对象，必与其他学科发生多向的联系。③

卫先生所言极是。④ 浏览近年出版的《中国语文》，其中的不少文章，如陈平的《释汉语中与名词性成分相关的四组概念》、廖秋忠的《现代汉语并列名词性成分的顺序》、文炼的《汉语语句的节律问题》、刘宁生的《汉语偏正结

---

① 索绪尔：《普通语言学教程》，商务印书馆，1980年，第30页。
② 索绪尔：《普通语言学教程》，商务印书馆，1980年，第323页。
③ 卫志强：《当代跨学科语言学》，北京语言学院出版社，1992年，第11页。
④ 其实，早在20世纪80年代，张志公就已经指出："语言学，用最简单的话来说，是一种多科融合的学科。"见张志公《汉语辞章学论集》，人民教育出版社，1996年，第70页。

构的认知基础及其在语序类型上的意义》、文炼的《谈谈汉语语法结构的功能解释》、沈家煊的《"在"字句和"给"字句》、张伯江的《现代汉语的双及物结构式》等,都超越了纯语言的界限。在修辞学是否属于交叉学科讨论中,曾有人以某学者的比喻研究为例,证明修辞研究不仅可以在纯语言学框架内进行,而且可以取得出色成绩。① 该学者将转换生成分析法运用于比喻研究,阐释比喻由内而外逐步转换的过程,这一尝试开辟了辞格研究的新途径。但转换生成分析法的创始人乔姆斯基强调,他的分析法不属于语言学,而属于认知心理学。其实,转换生成分析法绝非前述学科所能涵盖,它是通过融合数学、逻辑学、生理学、心理学、语言学等多门学科知识形成的一种语言分析法。我们认为,尽管"就语言和为语言"而研究语言的口号对于划清修辞学与其他学科的界限曾经起到促进作用,尽管这一口号仍然具有积极意义②,但是在汉语修辞学理论体系业已初步建立的形势下,在它开始由起步阶段走向发展阶段的形势下,在整个语言学科都在由封闭走向开放的形势下,作为本来就以开放研究为特征的修辞学更应当与时俱进,而不应当让"就语言和为语言"而研究语言的口号局限视野,束缚手脚。

通过以上调查和分析可以看出,强调纯语言研究的重要意义,以此为理由否定修辞学具有交叉性,看上去论证有力,其实根本不能成立。

三、肯定派立论有三条根据,是否站得住

肯定派提出的根据可以归纳为三条。是否站得住呢?

其第一条根据是:修辞学研究如何利用语言手段传情达意。由于语言缺乏自足性,情和意的传达实际上是由语言因素和非语言因素合作完成,这就决定修辞研究不可能不涉及非语言因素,不可能不具有交叉性。例如,有人说:"修辞学研究语言行为,由于无论语谓行为(Locutionary Acts),语旨行为

---

① 郑荣鑫:《修辞学研究的基本方向论辩——与吴礼权商榷》,载《毕节师专学报》,1999年第3期,第39~43页。

② 在索绪尔手稿和学生笔记中找不到"就语言和为语言"而研究语言的说法。它是负责汇编《普通语言学教程》的巴利(Ch. Bally)和塞什艾(A. Sechehaye)根据个人理解加到书里去的。见信德麟:《索绪尔〈普通语言学札记〉(俄文本)译评》,载《国外语言学》,1993年第4期。但该口号具有的积极意义仍应肯定。

(Illocutionary Acts)、语效行为(Perlocutionary Acts)，都并非由语言独立承担，而事实上得到诸多非语言因素辅助。因此修辞学研究便不可能是纯语言的，而必然涉及诸多方面并运用到诸多学科的知识。研究过程中诸多学科知识的介入逻辑地决定了修辞学属于边缘学科。"①最新研究成果表明，话语信息的传递事实上得到非语言因素即言辞外语境因素的辅助。所谓"言辞外语境因素"，包括交际者依据社会常识对彼此角色关系的认识和把握，包括交际者基于文化常识对所涉礼仪习俗的尊重和利用，包括交际者根据心灵沟通经验对自我和对方心理状态的顺遂和调控，包括交际者对于辅助手段和时空条件的制导和调动等。概言之，所谓"言辞外语境因素"是指那些与交际活动有关的并且影响到修辞效果的非语言成分。离开言辞外语境因素不可能有修辞，因为如果前述因素全部交给话语承载，话语将由于负荷过重及说听者生理条件无法适应而崩溃。离开言辞外语境因素也不可能有什么成功的修辞，因为成功的修辞必定是对言辞外语境因素正确认识、把握、利用的修辞。修辞学以揭示成功表达规律为己任，既然成功表达是语言和非语言因素通力合作的结果，研究时自然也就不能仅仅凭借语言知识而必须同时引入其他学科的知识。前面那位先生说，"研究对象的多质性和研究中诸多学科知识的介入逻辑地决定修辞学属于边缘学科"，这说法不无道理。②

其第二条根据是：修辞学与文学、美学、逻辑学、心理学等往往以同一文本为素材；尽管落脚点不同，但研究时采用的方法和关注的内容每每相叠相合，可见修辞学具有交叉性。例如，有位先生说："修辞现象的分布极广，不论在文艺语体，还是在公文、政论、科技等语体中，都广泛存在，它与文学现象、美学现象、逻辑现象、心理现象等也往往交叉并存，每每有着紧密的联系，有时站在这个学科的角度看是这一现象，站在另一学科看，又是别一种现象，往

---

① 曹德和：《修辞学五十年：回顾、思考及前瞻》，载《修辞学习》，1999年第5期。
② 近年来，语言研究朝着认知语言学方向转移。赵艳芳在《认知语言学概论》中指出："新的语言观强调人的经验和认知能力(而不是绝对的客观现实)在语言运用和理解中的作用"，因为"语言不是封闭的、自足的体系，而是开放的、依赖性的，是客观现实、社会文化、生理基础、认识能力等各种因素综合的产物。"(上海外语教育出版社，2001年，第6页)从语言缺乏自足性出发，论证修辞研究不可能是纯语言性的。该论证得到"新的语言观"的支持。

往很难区分。"①"修辞学研究的是语言的运用,这就与哲学社会科学中的多门学科的某些研究范围相合或相关。有的学科还为修辞学提供了研究的基础和原则,而修辞学对很多学科的研究也很有帮助。这些原因,使修辞学成为介于多门学科之间的边缘性学科。"②以上看法是符合实际的。《论语·雍也》中有这样一句话:"子曰:'质胜文则野,文胜质则史。文质彬彬,然后君子。'"它一直为多门学科所关注。在施昌东《先秦诸子美学思想述评》和叶朗《中国美学史大纲》中,它被作为美学命题来讨论;在王运熙等人《中国文学批评史》和张少康《中国文学理论批评发展史》中,它被作为文学批评原则来看待;在郑子瑜《中国修辞学史稿》和周振甫《中国修辞学史》中,它被作为修辞要义来审视;在王凯符等人《中国古代写作学》和孙耀煜《中国古代文学原理》中,它被作为文章写作和文学创作基本理论范畴来分析。尽管不同学科研究指归相异,但研究过程中采用的方法和关心的内容并没有多大区别。为了进一步证实这点,不妨做个实验,找一段研究报告,看看人们能否根据研究方法和研究结论辨认研究者身份:

> 贺知章的《咏柳》:"碧玉妆成一树高,万条垂下绿丝绦。不知细叶谁裁出,二月春风似剪刀。"前两句用碧玉形容柳树,一树绿柳高高地站在那儿,好像是用碧玉妆饰而成的。碧玉的比喻显出柳树的鲜嫩新翠,那一片片细叶仿佛带着玉石的光泽。这是碧玉的第一个意思。碧玉还有另一个意思,南朝宋代汝南王小妾名叫碧玉,乐府吴声歌曲有《碧玉歌》,歌中有"碧玉小家女"之句,后世遂以"小家碧玉"指小户人家出身的年轻美貌的女子。"碧玉妆成一树高",可以想象那袅娜多姿的柳树,宛如凝妆而立的碧玉。这是碧玉的第二个意思。碧玉这个词本来就有这两种意思,而在这首诗里两方面的意思似乎都有,这就造成了多义的效果。③

根据研究方法和研究结论能够辨认研究者身份吗?不能。当了解到以上报告为古典文学研究专家袁行霈所撰,出自其《中国古典诗歌的多义性》一

---

① 宗廷虎:《边缘学科的特殊理论营养》,见中国华东修辞学会:《辞学研究》第3辑,语文出版社,1987年,第2页。
② 宗廷虎等:《修辞新论》,上海教育出版社,1988年,第23页。
③ 袁行霈:《中国诗歌艺术研究》,北京大学出版社,1987年,第8页。

文,人们不难发现在语言表现方法研究上修辞学与文学往往没有多大区别。由此可见,修辞学与文学具有很多共同点,彼此具有交叉性。

肯定派提出的第三条根据是:从交叉学科立场出发,借助诸多学科的支持,修辞学研究总是别开生面,新意迭出——历史经验证明,修辞学具有交叉性。例如,胡裕树说:"修辞学是研究语言的调整和运用的。它虽然隶属于语言学,但实际上是一门边缘学科。它与哲学、逻辑学、文艺批评、美学、文章学(辞章学)、心理学和语言学中的语音学、语法学、词汇学、文字训诂学等,都有着十分密切的联系。如果孤立地就修辞学研究修辞学,知识有限,局面一定很难打开。望道当时在研究修辞学的同时,就对上述各门学科都进行过研究。他写过《因明学》、《美学概论》、《作文法讲义》等专著,翻译和撰写过不少哲学、文艺学、美学的论文。他对这些学科有着很深的造诣。因此他研究修辞的功力十分深厚,基础扎实牢靠,写起文章来就游刃自如。1975 年台湾出版的黄庆萱的《修辞学》,之所以能在某些方面取得一定的突破,也是因为较广泛地吸取了其他多学科的理论的缘故。这都是历史的经验。"①望道先生成就斐然,在人口耳,无需赘言。老朋友乐嗣炳论及望老何以能够在修辞研究上出类拔萃时说:"望老注意到心理活动、思想意识活动是口头语言和笔头语言的基础,也是修辞现象的基础,为此下苦功研究翻译了《社会意识学大纲》,写了不少笔记和论著。他还注意到修辞现象的正确、明晰和逻辑有关,就下苦功研究了形式逻辑、唯物辩证法和佛教的'因明'理论,编著了《因明学》一书……美学也是他最关心的一门科学。他为了精通这门科学,先后著译了《美学概论》、《艺术简论》、《艺术社会学》、《实用美学基础》……还写了不少论文,并且在好几个学校讲授'美学'。"②黄庆萱的《修辞学》主要研究修辞格。郑子瑜评价,黄氏对于辞格的剖析"比《发凡》更加用功,更加详细"。③读过《修辞学》的人都清楚,其辞格研究确实是后来居上。黄氏的《修辞学》一共是 30 章,每章讨论 1 个辞格。在写作体例上,每章分作三部分:首先是"概

---

① 胡裕树:《学习〈修辞学发凡〉,为促进修辞学的繁荣贡献力量》,载《修辞学习》,1982 年第 4 期,第 5 页。

② 乐嗣炳:《学习〈修辞学发凡〉,发展〈修辞学发凡〉》,见《〈修辞学发凡〉与中国修辞学》,复旦大学出版社,1983 年,第 50 页。

③ 郑子瑜:《从台湾的修辞学研究说到澳门的语体学研究》,载《复旦学报》,1986 年 6 期,第 69~74 页。

说",全面深入地讨论该辞格产生的原因和具有的功能;其次是"举例",条分缕析地说明该辞格的下位类型及其形态结构;最后是"原则",要言不烦地指出该辞格在运用中需要注意的事项。三部分中尤数"概说"最富新意。如关于"对偶"辞格的产生及作用,黄氏是这样叙述的:

> 就美学而言,美的形体无论如何复杂,大概都含有一个基本原则,就是平衡(balance)或匀称(symmetry)。根据繁琐哲学(Scholastic Philosophy)的说法,个体化原则(a principle of individuality)是时空中主体之质形或殊性。个体的统一性与单纯性皆植根于其各元素之韵律与呼应上,所以个体常以对称性线条,或对称性的音程为其界限。桑塔耶那在《美感》一书《对称》章中对此有更详细的发挥。他说:如果客体的安排情状不能使眼睛肌肉亢奋得到平衡,而使视觉重心勉强注视着某一点,那么视觉会因左右搜索其对称的界限而造成激动与不安。当感官在迷惘混乱中藉着对称性而认识了个体,其快乐满足,尤胜于干渴的喉咙之得水。再者,当客体是按某种规律的间隔出现时,心意中就会起一种期待,这时,如果继续出现的果然按照原来的规律,便会带给人快乐的完整状态,使人回复一种内在的平静。总之:对称是一种个体化原则,有助我们去辨认各种客体。对称的辨认,带给人舒适快乐。对称的继现,带给人满足平静。中国的官殿,希腊的庙宇,罗马的教堂,其正面总是采取对称的形式,常给人庄严堂皇的感受,而且印象鲜明深刻。文学上的对偶句亦具有类似效果,理由都在此。既然人事和物情有许多是自然成对的,而人心理方面的联想作用能把这些成对的现象联结起来;生理方面的肌肉活动也因辨认这些成对的现象而获得快乐。所以无论中外,都有许多对偶的语言。①

高明在为黄著撰写的序言中说:"所谓'修辞学'不仅是寻找出'修辞'现象的条理,最重要的是要把产生那些现象的根源能够发掘出来,把建立那些条理的依据能够阐明出来。"②高明认为,黄著之所以在辞格研究上不同凡

---

① 黄庆萱:《修辞学》,三民书局,1994年增订第7版,第449~450页。
② 黄庆萱:《修辞学》,三民书局,1994年增订第7版,第2页。

响,是因为"他不甘于为'修辞'的表面现象所囿,他要更深一层地追究那些现象的根底,他向语言学、心理学、逻辑学、美学、哲学以及文学批评进军,希望给'修辞学'奠立更深更广的理论基础"。①

管仲曰:"疑今者察之古,不知来者视之往。"②墨翟曰:"谋而不得,则以往知来,以见知隐。"③面对修辞学是否具有交叉性的问题,在理论上难以说清的情况下,不妨"以史为鉴",胡裕树正是这样做的。他以历史经验为根据,说明修辞学具有交叉性,其有关论证他人是难以颠覆的。

四、本文看法:修辞学属于交叉学科中的综合学科

通过以上讨论我们看到,关于修辞学是否具有交叉性,否定派提出的五点理由难以成立,肯定派立论的三条根据难以证伪。概而言之,修辞学确实具有交叉性。

专门从事交叉学科(Inter-disciplinarity)研究的专家告诉我们,交叉学科内部存在多种类型,边缘学科只是类型之一。④ 不少人认为修辞学属于交叉学科中的边缘学科。如此定位妥当吗?我们注意到,这样处理会带来麻烦。

修辞研究并不存在固定而唯一的模式,人们既可以像前面谈到的,以语言为轴心,广泛吸纳逻辑学、心理学、文化学、社会学、文艺学、美学等诸多学科知识,开展多边性的跨学科研究;也可以以语言为重点,主要借鉴一门相关学科的知识,或逻辑学,或文艺学,或心理学,或其他学科,开展单边性的跨学科研究。前一种研究与后一种研究,做法上无疑有着明显区别。称前者为"边缘性研究",后者怎么称呼?这问题现实地摆在面前,不能不考虑。

上述问题,胡裕树很早就敏锐地觉察到了。为了让二者在名称上有所区别,他在《学习〈修辞学发凡〉,为促进修辞学的繁荣贡献力量》一文中说:

> 向广度进军,还可以向分工更为细密的边缘学科进军。与语言学其他分支结合,可以研究语音修辞、语法修辞、词汇修辞。在充分

---

① 黄庆萱:《修辞学》,三民书局,1994年增订第7版,第3页。
② 《管子·形势》。
③ 《墨子·非攻中》。
④ 刘仲林:《现代交叉科学》,浙江教育出版社,1998年,第82~85页。

吸收相邻学科的成果后,还可以研究文艺修辞学、心理修辞学、美学修辞学、工程语言修辞学、社会语言修辞学、模糊语言修辞学,等等。从不同语体风格的角度,又可以研究诗歌修辞、散文修辞、戏剧修辞、相声修辞,等等。还可以研究不同朝代的不同风格。①

为了让两种研究在名称上有所区别,胡裕树将通常理解的修辞学称为"边缘学科",将"文艺修辞学"、"心理修辞学"等称为"分工更为细密的边缘学科"。

胡裕树所说的两种修辞研究确实存在分工粗细的差异。如果用图表示,前一种研究状如图1所示,而后一种研究,以文艺修辞学为例,则状如图2。

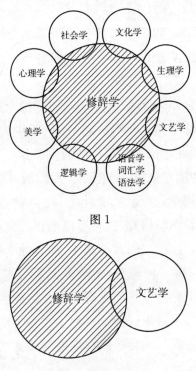

图 1

图 2

通过两图对比可以看出,前一种研究表现为多边交叉,后一种研究表现为单边交叉。从全面开花的多角度研究,转入各个击破的特定角度研究,这

---

① 胡裕树:《学习〈修辞学发凡〉,为促进修辞学的繁荣贡献力量》,载《修辞学习》,1982年第4期,第5~8页。

自然是"分工更为细密"的反映。不过,与"分工更为细密"相对应的提法应当是"分工较为粗糙",总不能用"分工较为粗糙的边缘学科"和"分工更为细密的边缘学科"来称谓这两种研究吧?那么,如何解决面临的难题呢?无论是前一种研究还是后一种研究,均属交叉性研究,而并非属于什么纯语言研究,这是无可置疑的。在明确这一点的前提下,为了让前者与后者在称名上有所区别,我们以为可以作点人为约定,在已有的用于指称交叉研究的多种提法中选择两种提法分别给予前者和后者,以解决一名二实的问题。目前看到的用于指称跨学科修辞研究的说法有这样几种:①边缘性研究(陈望道,1963);②交错性研究(张志公,1981);③交叉性研究(徐烈炯,1988);④综合性研究(张涤华等,1988);⑤多边性研究(宗廷虎,1988);⑥多科性研究(张炼强,1992)。其中,"边缘性研究"和"综合性研究"的提法出现最为频繁。出现最为频繁的也就是大家最为熟悉的,最容易接受的。我们不妨以此为基础,然后通过下定义的办法让它们在用途上有所区别。似可这样定义:与一个或两个相邻学科发生交叉关系的修辞研究属于边缘性研究,与三个或三个以上相邻学科发生交叉关系的修辞研究属于综合性研究。譬如说,像郑颐寿等人的《文艺修辞学》、陈汝东的《社会心理修辞学导论》,可称为"边缘性修辞学著作";而像黄庆萱的《修辞学》、王希杰的《修辞学通论》等,则可称为"综合性修辞学著作"。

修辞学界讨论学科属性和名称需要注意与整个学术界接轨,这就是说,我们不能闭门造车,自说自话,而必须尊重学界通则。学科分类和学科命名照理说应当由一个专门学科即学科学统筹考虑,但这样的学科似乎还没有出现,至少说在中国还没有出现。由于有关研究滞后,因而在学科分类及命名上存在着不尽统一的现象。例如《现代汉语词典》增订本只收入"边缘学科"词条而未收入"综合学科"词条。关于"边缘学科",其释义是:"以两种或多种学科为基础而发展起来的科学。"[①]可以看出它并不区分什么"边缘学科"和"综合学科"。不过在学术性较强的辞典上,或是在专门论述学科分类的著述中,"边缘学科"和"综合学科"是被作为内涵不同的术语使用的。例如在冯契

---

① 中国社会科学院语言研究所词典编辑室:《现代汉语词典》商务印书馆,1996年修订第3版,第74页。

主编的《哲学大辞典》①里,可以看到这样的区分和注释:

　　边缘学科(marginal science)　指在原有学科之间相互交叉、渗透而形成的科学。

　　综合科学(synthetic science)　运用多种学科的理论和方法研究某一特定对象或领域的科学。

刘仲林所著《现代交叉科学》,也是将"边缘学科"与"综合学科"作为不同概念处理。他说,所谓"边缘学科","主要是指二门或三门学科相互交叉、渗透而在边缘地带形成的学科。如物理学与化学结合产生了物理化学,与生物学结合产生了生物物理学。又如教育经济学、历史自然学、技术美学、地球化学等"。而所谓"综合学科"(Integrated discipline),则是指"由于对象的复杂性,任何单学科甚至单用硬学科或软学科,都不能独立完成任务,必须综合运用多种学科的理论、方法和技术",由此而形成的学科。② 根据刘先生的说明可以看出,"边缘学科"与"综合学科"的区别不仅体现在轴心学科与相关学科交叉的指数上,同时体现在边缘学科的出现具有一定的偶然性、人为性,而综合学科的出现则具有必然性、不可抗拒性。

综上所述,我们将"边缘学科"与"综合学科"作为不同概念处理的想法,以及如何称谓修辞学内部两种交叉性研究的建议,与学术界目前流行的做法不约而同。上述情况说明,我们的建议和想法不仅是可行的,而且是合理的。

把边缘性研究和综合性研究区分开来,具有多方面好处。众所周知,凡是跨越基础学科或横跨若干学科的研究被称之为"跨学科研究"。基于跨学科研究而形成的学科被称之为"交叉学科"(Interdisciplinary Science)。交叉学科是作为统称使用的。其内部包括"横断学科"(crossing science,指系统论、控制论、信息论、协同论等)、"综合学科"、"边缘学科"等。横断学科所处层次高于综合学科,而综合学科所处层次又高于边缘学科。③ 将综合学科用于指称通常意义的修辞学,将边缘学科的术语留给胡裕树所说的"分工更为细密"的文艺修辞学、社会心理修辞学等,不仅解决了称名上如何区分两种研究的问题,而且明确了两种研究之间的层次关系,同时也照顾到学科分类和

---

① 冯契等:《哲学大辞典》,上海辞书出版社,1992年,第83页;第2 083页。
② 刘仲林:《现代交叉科学》,浙江教育出版社,1998年,第84页。
③ 刘仲林:《现代交叉科学》,浙江教育出版社,1998年,第85页。

命名通则,可谓一石三鸟。经过以上讨论可知,美学和语用学亦属综合研究范畴。将修辞学及美学、语用学统统视为综合学科,可以解决修辞学与美学或者修辞学与语用学交叉研究如何说明的问题。譬如,对于黎运汉正在撰写的《语用修辞学》一书,过去肯定说这是建立在两门边缘学科基础上边缘性研究。这样说实在很别扭。而现在可以说,这是植根于两门综合学科基础上的边缘性研究。这样说则让人觉得比较顺妥。加上刚刚说到的优点,区分边缘性研究与综合性研究,或者说区分边缘学科与综合学科,便是一石四鸟了。①

五、结　语

有人认为修辞学是否具有交叉性的争鸣意义不大。我们的看法是,意义大不大最能说明问题的乃是事实。而事实显示有关讨论至少已经产生以下影响:其一,通过争鸣,推动了修辞学的理论研究,提升了人们对于修辞学性质特点的认识;其二,通过争鸣,弄清了一般修辞学研究与文艺修辞学等研究的区别,并为双方找到了各得其所的学术称谓;其三,通过争鸣,明确了修辞学发展方向。具体地说,大家认识到今后的修辞研究应当在坚持语言本位的前提下广泛吸纳相关学科知识,注意静态考察与动态分析的结合,现象描写与原因解释的结合,一言以蔽之,就是要对修辞现象作全方位、广角度、多层次的立体观照。

前面谈到,有人担心强调交叉性会使修辞研究陷入困境。这担心其实是多余的。伍铁平不久前指出,语言学在西方世界一直是社会科学中的领先学科,而修辞学在当代西方语言学中有跃居首位的势头。② 语言学何以能够成为社会科学中的领先学科?因为语言学有一套行之有效的结构主义分析方法,对于其他社会科学研究极富启发性。修辞学何以有望成为领先学科中的领先学科?因为语言的特点和价值并非表现在静态的语言系统中,而是表现

---

① 宗廷虎在论证修辞学性质时,强调修辞学是一门"多边性学科",是"边缘性很强的综合性学科"。"多边性"也好,"综合性"也罢,都说明学界已注意到修辞学与人们通常理解的边缘学科之间的区别。我们提议将修辞学作为综合学科看待,不单因为这样做有着前述三方面的好处,同时因为这样做符合修辞研究者的语感。

② 伍铁平:《修辞学在西方认知语言学中有跃居首位的势头》,载《修辞学习》,1995年第2期,第3~5页。

在语言与非语言的互动过程中。要真正认识语言的特点和价值,必须把语言与非语言的互动关系作为研究重点,并在研究过程中充分运用跨学科研究方法。这意味着今后的语言学研究将越来越多地向修辞学靠拢,或者说,今后的语言研究将改变原来的套路而借鉴修辞学研究模式。

毋庸讳言,在当今中国,语言学并不是一门领先学科,而修辞学离领先学科中的领先学科更是遥远。但这状况必将改变。恩格斯有句名言:"历史上常常有惊人的相似之处。"[1]西方发达国家曾经发生过的现象,在发展中的我国每每惊人相似地重演。可以肯定,类似重演同样也将发生在语言学和修辞学身上。到了那一天,对于前述争鸣的历史意义,以及对于强调修辞学跨学科的必要性,人们定会有更为深刻的认识。

---

[1] [德]恩格斯:《论波兰问题》,见《马克思恩格斯选集》第1卷,人民出版社,1972年,第291页。

修辞学和语用学关系的回眸与前瞻[①]

一、开展修辞学和语用学比较的前提

自从20世纪70年代语用学问世,修辞学和语用学的关系问题便成为不断有人参与讨论的热门话题。弄清前述问题无论对二者特征、辖域、作用的揭示,还是对于各自学术历程的总结,以及对于双方前景的预测都不无裨益,这无疑是一个值得关注的话题。介入有关讨论有一点不可不注意,即这两个学科都存在着不同流派。以我国修辞学为例,其内部就明显分为两大流派:一是以陈望道学术思想继承者为代表的学术流派,该流派认为修辞就是语言表达,一切正常说写都属于修辞范畴;修辞研究需要把考察范围延伸到交际全过程,但其任务主要在于认识语言的表达手段和表达规律。二是以西方泛修辞论拥护者为代表的学术流派,该流派不仅认为耳听目视是修辞,表情手势是修辞,而且认为举凡文化行为都是修辞。以上两大流派不妨称之为"常域修辞学"和"广域修辞学"。与此相类,我国语用学也是形态多样。范晓曾经谈到,根据研究课题的不同语用学可以分出四种类型。[②] 四分法属于较为细致的划分,概而论之则可统括为微观语用学(Micropragmatics)和宏观语用学(Macropragmatics)。我国较早出版的语用学教材,如何自然的《语用学概论》(1988)、何兆熊的《语用学概要》(1989)等,所论仅限于预设、指示语、会话含意、言语行为、话语结构几项内容,可以说是微观语用学的代表;其后问

---

① 原载《外语与外语教学》,2010年第4期。
② 陈忠:《信息语用学》,山东教育出版社,1999年,第1页。

世的某些著作,如钱冠连的《汉语文化语用学》(1997),学术旨趣超越语言,涉及文化乃至哲学,可以说是宏观语用学的代表。厘清修辞学和语用学关系需要通过比较,而任何比较都必须满足两个条件:首先是被比较项属于同一范畴,其次是被比较项具有稳定性。常域修辞学和微观语用学始终强调自己是语言学的下位学科,广域修辞学和宏观语用学明确否认自己属于语言学;较早出现的常域修辞学和微观语用学外延较为清晰,较晚问世的广域修辞学和宏观语用学轮廓不甚分明,因此,有关比较只能是在常域修辞学和微观语用学之间展开。为叙述方便,在后文讨论中有时径直以"修辞学"和"语用学"称之。

二、修辞学和语用学的共同点与不同点

通过比较可以看出,修辞学和语用学的共同点主要表现在以下两个方面:

研究视角相同。陈望道指出:"每一句话都可以看做文法现象,也都可看做修辞现象。文法是讲语文组织的,一句话里的主语、谓语等就是讲语文组织的。修辞是语言文字的运用,一句话里凡是与运用语言文字有关的现象,包括运用语文组织规律的现象,都可当作修辞现象。"[①]Morris 指出:我们可以研究符号与对象的关系,这方面的研究叫作"语义学"。也可以研究符号与解释者的关系,这方面的研究叫作"语用学"。每个符号当然也可能与其他符号有关,因此最好创造一个与前两个方面平行的第三个方面,这方面的研究叫作"语形学"。[②] 我国修辞学主要开创者陈望道和语用学主要奠基人 Morris,研究语言都严格区分内外联系,他们对于修辞学和语用学任务的界定都是基于语言与使用者的联系的。

学科属性相同。刘大白认为,《修辞学发凡》的主要特点是"以语言为本位"。[③] 陈望道自己也强调他研究修辞"用的就是语言学的工具"。[④] 陆俭明

---

① 陈望道:《陈望道修辞论集》,安徽教育出版社,1985 年,第 306 页。
② C. W. Morris, *Foundations of the theory of signs*, Chicago: The University of Chicago Press, 1938, p. 6~7.
③ 刘大白:《刘大白选集(港版竖排繁体)》,香港文学研究社,1979 年,第 288~291 页。
④ 陈望道:《陈望道修辞论集》,安徽教育出版社,1985 年,第 308~309 页。

不久前对此表示充分肯定,指出,"陈望道先生提出修辞学必须以语言为本体。这很正确"。① 他们都认为修辞研究应当以语言为落脚点。有学者指出,语用学具有明显的哲学特征,以上看法不无根据,"哲学提供了语用学最具创造性的一部分概念"。② 但 20 世纪 70 年代,当语言学家介入有关研究并明确提出"语言的语用学"(Linguistic Pragmatics)的概念(见 1977 年《语用学杂志》创刊号)时,语用学也就有了语言学属性。许国璋指出,语用学是现代语言学大家庭中的新成员。③ 戚雨村亦指出,Sausure 设想的言语语言学除了包括他当时瞩意的修辞学,还包括后来出现的语用学。④ 常域修辞学和微观语用学都属于语言学,都属于言语语言学(linguistque de la parole),至少对于这两个学科成员来说是毫无疑问的事情。

修辞学和语用学的不同点主要表现在以下七个方面:

其一,学术旨趣不尽一致。陈望道指出:"修辞学的职务,就消极方面说,就是要使不至于不通;就积极方面说,就是要使成为工。"⑤可见,帮助人们提高语言表达水平乃是修辞学旨趣所在。给学科下定义通常会对学术旨趣作出说明,语用学定义林林总总,但论及学术旨趣有个明显倾向,就是强调它对言语意义的关注。例如,《汉语语用学》说语用学"是对话语怎样在情境中获得意义的研究"。⑥《辞海》说语用学"重心则是研究话语在语境中的意义"。⑦《当代语用学》说:"语用学研究主要包括四个层面,涉及语言单位的语用属性、说话人意义、说话人的意义、听话人意义、语篇意义等。"⑧《语用学概要》说:"语用学的崛起是语义研究的发展和延伸的结果,因此可以说语用学是一种对意义的研究。但语用学所研究的意义不同于形式语义学所研究的意义,它所研究的不是抽象的、游离于语境之外的意义,而是语言在一定的话境中

---

① 陆俭明:《关于汉语修辞研究的一点想法》,载《修辞学习》,2008 年第 2 期,第 1~5 页。

② J. Verschueren, *Understanding Pragmatics*, Beijing: Foreign Language Teaching and Research Press, 2000.

③ 许国璋:《"语言学系列"序》,载《现代外语》,1988 年第 2 期,第 70~72 页。

④ 戚雨村:《索绪尔研究的新发现》,载《外国语》,1995 年第 6 期,第 1~7 页。

⑤ 陈望道:《陈望道修辞论集》,安徽教育出版社,1985 年,第 74 页。

⑥ 左思明:《汉语语用学》,河南人民出版社,2000 年,第 13 页。

⑦ 夏征农等:《辞海(缩印本)》,上海辞书出版社,1999 年,第 481 页。

⑧ 桂诗春等:《当代语言学》,外语教学与研究出版社,2004 年,第 22 页。

使用时体现出来的具体的意义。"①以上定义都强调语用学以研究言语意义为重心。修辞学主要关心交际效果的提高途径,语用学主要关心言语意义的传释规律,学术旨趣不尽相同。②

其二,研究课题有所不同。陈望道注意到,"凡是成功的修辞,必定能够适应内容复杂的题旨,内容复杂的情境,极尽语言文字的可能性","语言文字的可能性可说是修辞的资料、凭借;题旨和情境可说是修辞的标准、依据"。因此认为修辞学任务主要有两项:一是"研究语言怎样具体运用,才能适合题旨情境";二是拿出"语言文字的可能性的过去试验成绩的一个总报告",内容包括"修辞方式的构成"、"修辞方式的变化"、"修辞方式的分布"、"修辞方式的功能或同题旨情境的关联"、"各种方式的交互关系"等。③ 沈家煊指出:语用学曾经被当作杂物箱,凡是无法用明确规则加以描述的语义问题都被扔进其中。但经过努力,现在它被整理和分隔成几个部分,分别容纳不同性质的语义或语用问题。④ 可见,正是为了让无法运用既有方法加以解释的言语意义及相关问题通过新的途径得以说明,预设、指示语、会话含意、言语行为、话语结构等内容才被汇集到一块,在语用学框架内各就其位。为学术旨趣制约,修辞学着重研究"表达规律"和"表达手段"这两项宏观课题,语用学着重研究预设、指示语等五项微观课题。⑤ 研究课题不尽相同是其间的又一区别。

其三,语境认知存在差异。任何学术研究都会涉及语境问题,"在有说明和解释的地方,就会有语境概念的使用",⑥目前语境已经成为诸多学科共同

---

① 何兆熊:《语用学概要》,上海外语教育出版社,1989年,第12页。

② 有学者认为语用行为和修辞行为一样都讲究是否"合适得体",在注重效果方面语用学和修辞学并无区别。见饶琴:《语用学与修辞学关系小议》,载《内蒙古农业大学学报》,2006年第2期,第232~233页。以上说法存在一个问题,即混淆了语用行为与语用学、修辞行为与修辞学的区别。任何行为都注重效果,但并非任何学科都把如何提高效果作为主要研究任务,语用学从未把如何提高效果视为目标对象。

③ 陈望道:《陈望道修辞论集》,安徽教育出版社,1985年,第147~157页。

④ 沈家煊:《语用学和语义学的分界》,载《外语教学与研究》,1990年第2期,第26~35页。

⑤ 目前微观语用学又增加了"关联理论"、"新格赖斯原则"等研究内容,它们是对"会话含意"理论中"合作原则"的修正或补充,并没有跳出原有课题。

⑥ 杜建国:《语境与意向性》,载《科学技术与辩证法》,2005年第4期,第15~17页。

关注的课题。站在哲学高度看,语境就是能够使对象澄明的相关联系。澄明需通过人的关注和语言认知。所以"联系"、"关注"、"语言认知"是语境生成的三个必要条件。与对象不相关联的、没有被注意到的及没有进入语言认知的因素不在语境之列。任何关注都是意向性(intentionality)关注。意向不同,则认知不同;认知不同,则呈现不同。在不同语言学家眼里,语境外延往往有所出入。在结构主义语言学家眼里,语境被理解为决定语言要素价值的语言内部关系;①在人类语言学家眼里,语境被理解为有助于了解语符所指的交际情境和文化背景;在社会语言学家眼里,语境被理解为影响言语变体存在形式的社会因素;在研究表现风格的语言学家眼里,语境被理解为决定风格面貌的个人特征。修辞学和语用学都很重视语境,陈望道将语境作为构成修辞原则的关键因素,何兆熊认为语用学的核心概念除了"意义"就是"语境",②但彼此对语境有着不同认知:在修辞研究者眼里,"语境"是指与修辞效果有关的各种因素;在语用研究者眼里,"语境"是指制约言语意义生成和理解的各种因素。

其四,理论基础明显有别。陈望道指出:"修辞学介于语言,文学之间。它与许多学科关系密切,它是一门边缘学科。"③他在论及修辞学多边交叉性时,按下其他学科不提,单单列举语言学和文学,原因何在?结合陈望道说过的——他最初研究修辞主要是以无产阶级文学理论和索绪尔语言学说为指南④——即可明白,他是将文学理论和结构主义作为汉语修辞学的主要理论基础。当然,因为是以语言为本位,在两大基础中,结构主义语言学处于更为核心的位置。语用学是从语义学分化出来的,不言而喻,语义学是语用学的一个主要理论基础。语用学的指示语理论、预设理论是 Frege 提出来的,言语行为理论是 Austin 提出来的,会话含意理论是 Grice 提出来的,语用概念

---

① 语境有广狭之分。广义的语境包括语言的语境和言语的语境,狭义的语境仅仅指言语境。语言的语境是指语言单位在静态结构中所涉因素的集合,言语的语境是指语言单位在动态运用过程中所涉因素的集合。有的西方学者用 CO-TEXT 指称语言的语境,用 CONTEXT 指称言语的语境。结构主义语言学所谓语境对应于前者,语用学所谓语境对应于后者。
② 何兆熊:《语用学概要》,上海外语教育出版社,1989年,第12页。
③ 陈望道:《陈望道修辞论集》,安徽教育出版社,1985年,第302页。
④ 陈望道:《陈望道修辞论集》,安徽教育出版社,1985年,第308~309页。

是 Morris 创造的,以上学者有的是英国分析哲学的旗手,有的是美国实用主义哲学的中坚,由此可知,英国分析哲学和美国实用主义哲学是语用学的又一主要理论基础。不过,因为这里论及的是微观语用学,是隶属语言学的修辞学,尽管语义学和哲学同为理论基础,但相对而言,前者处于更核心的位置。总之,理论基础明显有别也是修辞学和语用学不同点之一。

其五,研究范式迥然相异。不同的理论基础决定了不同的研究范式。修辞学将结构主义语言学作为主要理论根据。结构主义语言学有两个显著特点:一是坚持以系统论眼光看问题,二是始终把对象置于组合(syntagmatic relationship)和聚合(paradigmatic relationship)双重关系中加以考察。我国修辞研究者习惯按照语音、词汇、句式、辞格、语体等门类对修辞现象开展研究,无论研究哪个门类都是自觉以系统论为指导。林兴仁指出,陈望道考察语言单位修辞功能时常常运用同义手段比较法。[①] 所谓"同义手段比较法",亦即在所指相同且语境不变的条件下对语流中某个片段作替换试验,通过不同效果的比较达到了解不同语言单位修辞功能乃至相关修辞规律的目的。该方法是中国古代文论常用的手法。陈善《扪虱新话》有关"文字意同而立语自有工拙"的讨论,即著名的"黄犬奔马工拙论",就是其经典实例。从方法论角度看,同义手段比较法与结构主义语言学倡导的把对象置于组合和聚合双重关系中考察的做法是一回事。我国修辞研究者经常运用它,除了与古代文论的影响有关,同时也与结构主义语言学的启发有关。语用学把言语意作为研究重点,这与语义学在其理论中的基础地位有着学理上的联系。语用学分析问题极为细致,例如,论及合作原则,先在总则下划分 4 条细则,接着又在细则之下划分出更细的 8 条细则;随后又补充了礼貌原则,礼貌原则下分两个层次,第一层次为 6 条准则,第二层次为 12 条次准则。语用学考察分析之细腻在语言学界堪称表率。而其之所以具有前述特点,与作为其主要理论基础的哲学的影响无疑有着密切关系,"哲学家过人之处在于人们还没看到问题时他们看到了,并且认认真真加以探索"。[②] 语用学非常重视会话含意推理步骤的研究,且不说 Searle(1975)、Levinson(1983)的率先垂范,就从最近

---

① 林兴仁:《同义手段比较法是修辞学研究的基本方法》,见复旦大学语法修辞研究室:《语法修辞方法论》,复旦大学出版社,1991 年,第 277~287 页。

② 李锡胤:《转向:在别人还没注意时,先看出问题——就〈语用学的哲学渊源〉给作者的信》,载《外语与外语教学》,2000 年第 1 期,第 48 页。

的专题调查也可以看出。不久前,我们通过中国期刊全文数据库对语用学界有关会话含意的推理研究作了调查,结果显示,1988年以来语用学界发表的有关文章为112篇。而通过同样途径所作的调查发现,1987年以来修辞学界论述会话含意推理的文章只有2篇。当然这并不表明修辞学界普遍忽视推理。张炼强《修辞理据探索》第四章第三节,标题为"言外之意和推理",专门讨论推理。① 不过比起修辞学界,语用学界更为重视会话含意推理程序的研究也是不争的事实。语用学以上特点的形成与作为其主要理论基础的哲学的影响有着直接的关系,因为哲学研究主要依靠思辨,而思辨则主要建立在推理基础上。②

其六,考察范围相去甚远。张会森指出,修辞研究涉及语言使用的各个领域,而语用研究始终围绕日常口语打转;前者研究言语活动多从语体、语篇入手,后者研究言语活动多从言语行为切入。③ 何自然指出,在言语过程的考察上修辞学始终局限于表达阶段,而语用学既关注表达阶段又关注接受阶段。④ 以上看法可谓切中肯綮。除此以外,修辞研究不受时代限制,如《发凡》列举的语料纵贯古往今来各个时期,而语用研究则否,翻开任何一本语用学著作都会发现,其语料基本取自现代语言生活。修辞学和语用学在考察范围上需要相互借鉴,但也要防止借鉴过头而失去自我。须知修辞学应当且必须把主要精力放在表达阶段,即便对于接受过程需要给予适当关注,但那也是辅助性的,是为实现基本任务服务的;因为诚如李伯聪所言,"修辞学原本就是一门研究表达问题的学科"。⑤ 而语用学将现代日常口语作为资源对象,符合科学研究的"简单性原则"(the principle of simplicity),乃是明智选择。因为与古代语言、文学语言相比,现代语言、日常口语中的预设显明而稳定,更便于言外之意的推导和相应规律的揭示。概言之,修辞学和语用学考察范围明显有别,主要是学术旨趣和研究课题不同所使然,在这里它们没有

---

① 张炼强:《修辞理据探索》,首都师范大学出版社,1994年,第354～365页。
② 语用学推理不同于哲学推理。前者通常只是指利用合作原则等推导会话含意,后者则包括归纳推理、演绎推理、类比推理等。但无论何种推理都是由一个或几个已知判断推导出一个未知结论,就目的和方法论原则看并非根本区别。
③ 张会森:《修辞学与语用学》,载《修辞学习》,2000年第4期,第24～25页。
④ 何自然:《语用学对修辞研究的启示》,载《暨南学报》,2000年第6期,第3页。
⑤ 李伯聪:《选择与建构》,科学出版社,2008年,第258页。

必要生搬硬套对方的做法。

其七,社会贡献各有建树。修辞学和语用学都为社会作出了重要贡献,前者的社会贡献主要体现在以下几个方面:

(1) 为国民语言运用能力的改进提供了帮助。

修辞知识的主要作用在于指导表达。古希腊把修辞作为"七艺"之一。1951年初夏,中央政府发起语法修辞学习运动,都是旨在提高国民的语言表达能力。熟悉修辞手段和掌握修辞规律是成功表达不可或缺的条件。通过多年努力,我国修辞学界已基本揭示修辞手段的概貌,大学汉语教材介绍的辞格知识和语体知识等就是由修辞学界提供的。根据 Sausure 组合聚合理论,修辞规律包括两方面内容:一是横向推进规律,二是纵向选择规律。目前纵向选择规律的研究已趋成熟,现代汉语教材有关"选词"、"择句"等规律的介绍,便是这方面成果的体现。横向组合规律的研究,即"依顺序,相衔接,有照应"(陈望道语)的研究,很早就已列入修辞学议事日程,但因为没有找到适当方法而长期滞后(前述缺憾近年来已为语篇语言学所弥补)。虽然修辞学界在某些课题的研究上不尽人意,但它在改进国民语言运用能力上发挥了重要作用,则是无可否定的。

(2) 在语言学的整体研究中起到了补缺作用。

王希杰指出,语言的定义包括了两部分内容:一是语言的内部结构,二是语言的社会功能。对这两个部分的研究都是语言学的任务,"只有这两个部分的总和才构成了完整的语言学"。[①] 在过去一个很长的时期里,研究语言内部结构的工作由语言的语言学分管,研究语言社会功能的工作由言语的语言学分管,而修辞学是后者的唯一代表。这自然意味着,没有修辞学就没有言语语言学,同时也就没有完整的语言学。语用学等学科诞生前,与语言运用有关的所有问题都是由修辞学分管。近年来,随着语用学、社会语言学、言语交际学、语篇语言学等学科的问世,以及随着本来只研究句法结构的语法学开始关注语用结构,修辞学原先独当一面的作用明显削弱。但今天的语言学依然离不开修辞学,因为对辞格、语体、风格的研究,对语境形态、语境系统及语境调适规律的研究,对修辞学史的研究,以及对某些语言运用理论(如同义手段选择理论、零度偏离理论)的研究,修辞学仍然保持领先地位。前不久

---

① 王希杰:《论修辞学的性质和定义》,载《云梦学刊》,1993年第1期,第52~58页。

沈家煊①、屈承熹②明确表示:语言研究需要修辞学,无论过去还是今后它都是语言学大家庭的重要成员。

(3) 对语言学以外学科的研究给予了支持。

前面说文学理论是汉语修辞学的主要理论基础;最近沈家煊谈到我国修辞学特点时指出:"中国的修辞传统与文学结合紧密",③表述不同,看法则是基本一致的。汉语修辞学和文艺理论水乳交融,关注后者自然会关注前者,而熟悉前者往往能融通后者。不少精通修辞学的学者同时也是擅长文艺理论的专家,像大陆学者郭绍虞、周振甫,台湾学者黄庆萱、沈谦,新加坡华人学者郑子瑜,加拿大华人学者高辛勇,便是典型例子。修辞学和文艺理论所以存在合则双赢的关系,主要因为它们都很重视语境调适、文本建构、意义生成、效果获得;不同的只是前者立足语言本体,基础稳健,后者关注言语特点,反应敏锐;而以上差异正是二者互补之处。语言学是人文学科中的领头羊,在修辞学和文艺理论之间更多的是前者启发后者。Robey 指出:"语言与文学之间的关系一直是现代文学理论中讨论得最广泛的问题之一……在促进现代文学理论发展的为数众多的学科中,几乎可以断言语言学是最重要的。"④在前述语言学中修辞学占据重要位置。对于语言学以外学科,特别是对于文艺理论的建设和发展,修辞学提供了有力的支持。

至于语用学,它成为语言学分支学科时间并不长,如果把 1977 年荷兰创办语用学杂志(Journal of Pragmatics)作为诞生标志,则迄今不过 30 来年历史。率先将语用学引入我国的是逻辑学家周礼全。20 世纪 40 年代他与 Morris 有过交往,随后便将其符号学三分说用于自己的学术研究。1979 年,周礼全通过翻译波兰学者 Schaff 的《语义学引论》,把语用学理论首次介绍给国内学者。⑤ 此后不久,许国璋、胡壮麟、何自然、沈家煊、廖秋忠、顾曰国、戚雨村、熊学亮、左思明等相继加入研究语用学的行列。得益于众多语言学家

---

① 沈家煊:《谈谈修辞学的发展取向》,载《修辞学习》,2008 年第 2 期,第 6~9 页。
② 屈承熹、合则双赢:《语法让修辞更扎实,修辞让语法更精彩》,载《修辞学习》,2008 第 2 期,第 10~16 页。
③ 沈家煊:《谈谈修辞学的发展取向》,载《修辞学习》,2008 年第 2 期,第 6~9 页。
④ [英]安·杰斐逊等:《当代国外文学理论流派》,上海外语教育出版社,1991 年,第 32 页。
⑤ 该著对莫里斯符号三分说、维特根斯坦语言游戏说等给予了相当深入的述评。

的共同努力,我国语用学研究后来居上,在不长的 20 多年里取得累累硕果,主要贡献为:

(1) 推动了语言研究由表入里、由点到面的深化。

世界学术发展史清楚表明,语言研究重心总是随着哲学研究重心的转移而转移。哲学研究重心有过两次宏观转移:第一次是由本体论向认识论转移,第二次是由认识论向语言论转移。在以语言论为重心阶段,对于语言的关注又有过两次微观转移:首先是由关注语言形式向关注语言意义转移,其次是由关注语言意义向关注言语意义转移。现代语言学是在哲学转向以语言论为重心的背景下诞生的。①

(2) 为语言的共时描写和历时分析提供了具体帮助。

近年来,我国语言学家所使用的新概念有许多来自语用学。如论析名词性语法单位时经常提到的"有指"、"无指"、"通指"、"单指"等,这些概念均取自语用学的指称理论;论析句子结构时每每提及的"新信息"、"旧信息"、"话题"、"述题"等,这些概念均取自语用学的话语结构理论;论析某些言语组合何以会有言外之意时提及的"适量准则"等概念,这些概念均取自语用学的合作原则理论;论析褒贬形容词使用不对称现象时提到的"礼貌原则"、"乐观原则"等,这些概念亦取自语用学的前述理论。语用学不仅为细化和深化语言共时描写作出重要贡献,同时也为推进语言历时解释提供了有力支持。沈家煊指出:"当今历史语义学的主流是探讨语义演变的动因和机制,这种探讨的一个重要方面是借鉴和采纳语用学的研究成果。"②语用原则不仅对语义演变规律探讨有所裨益,在语法化研究上也发挥了不小的作用。例如,疑问句本来是表示疑问,后来用于表示请求,Hopper 发现,促使前述转变的根本动因是礼貌准则。③ 研究语言本体的人往往对语言应用研究持有偏见,但大多并不轻视语用学,这主要因为他们经常从中得到启发。

---

① 李开:《试论索绪尔语言学说的康德哲学渊源》,载《语文研究》,2007 年第 4 期,第 18～22 页。

② 沈家煊:《语用原则、语用推理和语义演变》,载《外语教学与研究》,2004 年第 4 期,第 243～251 页。

③ Hopper P. J., *On some principles of grammaticalization*, In Elizabeth Traugott and Bernd Heine (eds.). Approaches to Grammaticalization, *Amsterdam: John Benjamins*, 1991, p. 17～36.

(3) 富有成效地解决了第二语言教学中诸多难题。

随着外语学习和对外汉语教学持续升温,我国的第二语言教学研究亦不断升温。修辞学、文化语言学、社会语言学乃至认知语言学都给有关研究以不小的帮助,但面对下列问题则不免捉襟见肘:

a. 如何保证交际活动顺利进行;

b. 如何认识句类与句用的"错位";

c. 如何通过言内之义把握言外之意;

d. 如何做到辞里(如表达重心)与辞面(如自然重音)最佳匹配;

e. 如何解释中性词语感情色彩的语流偏离;

f. 如何掌握交谈过程中话语权的争取、维持以及移交技巧;

……

而引入语用学知识,前述难题则可迎刃而解。如 a 可以借助语用学的"合作原则"、"礼貌原则"来解决;b 可以通过语用学的间接言语行为理论来解决;c 可以运用语用学的会话含意推导程序来解决;d 可以依靠语用学的话语结构理论来解决;e 可以凭借语用学的"乐观原则"、"礼貌原则"来解决;f 可以借用语用学的话轮建构、话轮延续、话轮转换理论来解决。2008 年 10 月,我们通过"中国期刊全文数据库"就第二语言教学中语用知识运用情况进行了调查,结果显示:1986 年以来,我国学者结合语用学研讨第二语言教学的文章多达 594 篇。可见在当今中国,语用学已经成为第二语言教学的重要理论武器。

(4) 大大丰富了普通语言学的理论宝库。

以语用学崛起为界,比较前后的普通语言学教材,不难发现一个重要变化,即其后出版的教材添加了不少新东西。引人注目的是,语用学知识在新增内容中占据分量最重。如伍铁平主编的《普通语言学概要》有 27 页(高等教育出版社,1993 年版,第 174—201 页)专门介绍语用学;吴为章主编的《新编普通语言学教程》有 51 页(北京广播学院出版社,1999 年版,第 301～352 页)专门说明语用学;邢福义、吴振国主编的《语言学概论》有 46 页(华中师范大学出版社,2002 年版,第 229～275 页)专门论述语用学;熊学亮编著的《语言学新解》有 39 页(复旦大学出版社,2003 年版,第 140～179 页)专门阐释语用学。以上四本教材有关语用学的介绍,分别占据全书篇幅的 10%、14%、12%和 20%。语用学不仅使得普通语言学教材更为厚重,同时也使人们的语言观有所更新。例如,今天大家都已认识到,言语属于行为范畴,所谓"言语的巨人,行动的矮子"严格讲不合逻辑。就政府官员来说,其施政行为主要是通过言语进行的,"言语"即"行动"。①

(5) 促进了哲学等学科基本观念的转变和更新。

哲学为语用学作出了巨大贡献,而语用学在其发展过程中亦给予哲学有力回馈,"六十年代后,语用学正在悄悄地改变着哲学"。② 真理问题是哲学研究的中心课题,多年来哲学界一直强调,真理即认识与实际相符合,而近年来开始主张"语境主义真理观"(contextual theories of truth)。该理论认为,真理的把握需要通过语言,语言运用离不开语境,因而真理的揭示离不开语境。在"现今的哲学无不带有语用学的特征"(Karl-Otto Apel 语)的背景下,以上变化很大程度是受语用学的语境理论影响。语用学不仅在悄然改变着哲学,同时也在悄然改变着逻辑学。李先焜指出:"语用学的研究对语言逻辑来说,恰恰尤为重要,因为当对自然语言作逻辑分析时,不可能不考虑语言的使用者,语境以及整个背景知识的问题,缺少这些东西,我们对一些语句就会感到无法理解,自然也就无从进行推理。而语言的使用者、语境、背景知识,都是语用学研究的内容。如果说语言逻辑与现代逻辑除了继承关系之外,还有点什么区别的话,恐怕最大的区别就在于语言逻辑要探索语用问题。"③最近数十年,语用学给予哲学、逻辑学等学科的影响是非常深刻的。

关于修辞学和语用学的不同之处,以上择其要点谈了七点。不少学者认为,修辞学和语用学还有一个重要区别,即前者具有实用性以及规范性,而后者则否。我们以为这看法有待商榷。因为如果给予肯定,不仅无法解释为什么何自然会说"语用学(pragmatics),即语言实用学",④同时也无法解释为什么 Habermas 会把"规范"二字赋予语用学,即称之为"规范语用学"(Normative Pragmatics)。其实,语用学一开始就带有实用特征,Morris 为语用学命名时,把实用主义即 pragmatism 的词根 pragma-植入其中,就是要让语用学与实用挂钩。以往有些学者把"规范"与"描写"、"解释"、"理论研究"

---

① 顾曰国:《John Searle 的言语行为理论与心智哲学》,载《国外语言学》,1994 年第 2 期,第 1~8 页。
② 盛晓明:《话语规则与知识基础:语用学维度》,学林出版社,2000 年,第 3~4 页。
③ 李先焜:《语用学与自然逻辑》,载《湖北大学学报》,1989 年第 1 期,第 87~90 页。
④ 何自然:《语用学对修辞研究的启示》,载《暨南学报》,2000 年第 6 期,第 3 页。

视为相互排斥的概念,似乎不妥。所谓"规范"是指评判正误得失的根据以及对前述根据的运用,规范根据的建立除了存在以逻辑以及以规律为基础的情况,同时也存在以描写为基础的情况,这就是说,"规范"与"描写"之间并无冲突。任何解释都不是凭空的,而需要一定规范的支持。例如,对于"言外之意"推导过程的解释,就是得益于"合作原则"、"礼貌原则"等规范的支持,可见"规范"与"解释"之间也不是什么相斥关系。"理论研究"的一项重要任务就是揭示客观存在的各种规范,因为规范是规律或倾向的体现,而理论研究主要是建立在对规律或倾向给予描写说明的基础上,因此,把"规范"与"理论研究"视为相斥关系的看法经不起事实的检验。

三、修辞学和语用学关系的过去时和未来时

在通过比较揭示二者同异的基础上,针对修辞学和语用学的关系,许多学者表达了自己的意见。从目前见到的资料看,论述修辞学和语用学关系有两种立场——过去时立场和将来时立场。

站在过去时立场上谈关系存在三种观点:一是认为二者为包含关系;二是认为二者为属种关系;三是认为二者为平行互补关系。

对于第一种观点,论者的解释是:"语用学既研究编码过程,也研究解码过程……修辞学则主要研究编码过程……阐释学则是专门研究解码过程中的接受问题的……语用学=修辞学+阐释学。"[1]以上观点指出语用学与修辞学在言语研究上的区别,富有启发性,但把二者说成包含关系似可商榷。修辞学的许多课题语用学并不研究,即便修辞学和语用学都研究表达规律,但并不具有内涵和外延的同一性:语用学包含不了修辞学。

对第二种观点,论者的解释是:语用学研究语言符号在社会交际中的运用,而修辞学是"关于语言符号在社会交际中艺术化运用的研究"。[2] 以上观点不无根据,但把二者视为属种关系未必妥当:如果论述的是微观语用学与常域修辞学,因为前者并不全面研究语言符号的运用,而后者并不仅仅研究语言符号的艺术化,前者无法统领后者。如果论述的是宏观语用学与广域修

---

[1] 王希杰:《修辞学通论》,南京大学出版社,1996年,第45~46页。
[2] 池昌海:《也谈修辞学和语用学》,载《修辞学习》,1989年第1期。

辞学,因为前者最多只是研究同交际有关的非语言因素,而后者则把考察范围扩展到一切文化现象,包括与交际无关的服饰打扮、建筑设计等,前者更无法统领后者:属种关系的说法站不住。

对第三种观点,论者的解释是:"修辞学……研究语言体系本身的语言手段、修辞资源、修辞分化,语言体系里面的语体分化、风格分化……而语用学则是偏向运用本身";"语用学的研究达到理解为止……修辞学要达到最高的修辞效果"。二者各有侧重点,它们是平行互补关系。① 对第三种观点的认可度最高。因为它是建立在对常域修辞学和微观语用学全面比较的基础上,较为准确地反映了它们之间的关系。

在修辞学和语用学将来关系问题上也存在三种观点:a. 主张不干预,维持分立局面;b. 主张积极干预,推动二者整合;c. 主张暂不考虑是否整合,在相互借鉴上多下工夫。论者对于观点 a 的解释是:"语用学和修辞学两者虽然都是研究语言的运用,但出发点和着眼点不同……由于它们各自的理论目标不同,因而两门学科是可以平行发展,互相利用、互相促进的。至少,在目前如果一定要把一方强行纳入另学科的发展将是不利的。"② 论者对于观点 b 的说明是:"语用学的诞生源于哲学界对理论的有效性的追求,但由于与生俱来的原因,其实,总是摆脱不了形而上的姿态。汉语修辞学非常形而下,但却摆脱不了表面化的倾向。就此而言,语用学与修辞学的整合便不但是可能的而且是必要的。"③ 论者对于观点 c 的表述是:"国内外都有人议论修辞学和语用学谁包涵谁,甚至谁吞掉谁的问题。我们认为,更为实际,更有意义的是修辞学和语用学的'联姻'问题。"④ "强调两个学科的渗透与借鉴,目的在于促进两个学科的发展,绝无两个学科可以合并或其中的一个根本没有存在的必要之意。修辞学和语用学始终是语言学的两个不同的分支学科。但在各自

---

① 王德春:《共同繁荣修辞学 共同发展语言学》,见中国修辞学会《修辞学论文集》第 11 集,中国社会科学出版社,2008 年,第 1~4 页。
② 袁毓林:《从语用学和修辞学的关系论修辞学的理论目标、对象范围和研究角度》,载《齐齐哈尔大学学报》,1987 年第 3 期,第 45~50 页。
③ 胡范铸:《汉语修辞学与语用学的整合的需要、困难与途径》,载《福建师范大学学报》,2004 年第 6 期,第 8~13 页。
④ 张会森:《修辞学与语用学》,载《修辞学习》,2000 年第 4 期,第 24~25 页。

的研究中应当密切联系,互相借鉴"。①

以上三种观点,对观点 b 附和者不多,大家都清楚,学科分合从来都是自然形成,它是文化底蕴、社会历史、学术环境、权威影响、政府导向、实际需要等多种因素合力的结果,在这上面个人是无可奈何的。② 对观点 a 与观点 c 认同者较多。这两种观点其实大同小异。就大同来说它们都主张顺其自然;就小异来说,观点 c 在主张相互借鉴上显得更为积极。从信息反馈看,观点 c 引发的反响较为热烈。许多学者不仅就如何相互借鉴献计献策,而且还有学者就建构语用修辞学的必要性和合理性进行了充分论证。③

看来在未来一个相当长的时期内,修辞学和语用学各守其域、和平共处的状况不会根本改变。当然它们不会"老死不相往来",而是会相互合作。因为语用学在理论和方法建设上棋高一着,当前修辞学需要更多地向语用学求经问计。修辞学需要借鉴语用学哪些方面,不少学者发表了很好的意见。沈家煊对微观语用学和宏观语用学作过比较,他发现前者围绕语言,坚持"往下做";后者把范围尽量扩大,趋向"往上做";结果前者始终保持语言学分支学科的独立地位,取得令人鼓舞的成就;后者不仅学科属性模糊,而且在规律探寻上成效甚微。④ 因此他对语用学"往下做"持赞赏态度,并且建议修辞学向"往下做"靠拢。⑤ 以上观点值得重视。⑥ 西方符号学和美国修辞学无限拓疆而陷入困境的教训充分表明,"研究对象的无限扩张对于一门学科来说有时

---

① 夏中华:《关于修辞学和语用学学科渗透与借鉴问题的思考》,载《广西民族大学学报》,2007 年第 2 期,第 186~190 页。

② 刘焕辉明确表示不同意整合修辞学和语用学的主张,他说:"不妨让其各自按'自己的历史延续性和旨趣'去'研究自己的问题,探索自己的领地,构建自己的体系与方法'。"事实上"学科分支越纷繁,越有利于它的繁荣和发展"。

③ 黎运汉:《汉语语用修辞学建立的背景》,载《浙江师范大学学报》,2002 年第 2 期,第 94~97 页。

④ 沈家煊:《语用法的语法化》,载《福建外语》,1998 年第 2 期,第 1~8 页。

⑤ 本刊记者:《修辞学科的发展与语言研究:沈家煊先生在复旦大学与青年教师、研究生座谈纪要》,载《修辞学习》,2006 年第 5 期。

⑥ "往下做"不是"只见树木,不见森林",是"高瞻远瞩"指导下的"脚踏实地",它对于人文学科好玄谈、轻实证的普遍倾向具有纠偏意义。

是一种致命的打击",①"是犯了一个历史性错误"。② 在当今学术研究多元化的背景下,各种探索会同时并存,但可以预言,不论风云如何变幻,在未来岁月里微观语用学和常域修辞学不会改变"往下做"的方向和向此趋近的态势,也就是说,它们会继续沿着"往下做"的道路携手前行。

---

① 王铭玉:《从符号学看语言符号学》,载《解放军外国语学院学报》,2004 年第 1 期,第 1~9 页。
② 刘亚猛:《当代西方修辞学科建设:迷惘与希望》,载《福建师范大学学报》,2004 年第 6 期,第 1~7 页。

修辞·修辞学·接受修辞学[①]

近年来,对于什么是修辞、修辞学研究范围应当如何划定、"接受修辞学"概念能否成立等,修辞学界时有讨论。事实证明,进行一些理论探讨不无益处。适当的理论探讨有助于修辞学理论建设,并将有助于推动修辞研究的健康发展。在此我们愿就前述问题谈点个人想法,以推动有关讨论。

一、修辞是指编码行为,其中并不包含解码

什么是修辞?应当怎样理解修辞?讨论这类问题看起来有点荒唐,因为修辞的含义词典上写得明明白白,更何况词语的含义是由社会决定的,社会赋予它什么含义就是什么含义,在词语含义的理解上是不允许个人讨价还价的。

汉语中的"修辞",日本人称之为しゅうじ,美国人称之为 rhetoric。就符号形式看相去甚远,在语义内容上,彼此是否也存在显著区别呢?查阅权威性的汉语、日语、英语词典,可以看到以下注释:

【修辞】①〈动〉修饰文辞;作文;勤苦~②〈名〉为使语言表达得准确、鲜明、生动有力,而运用的各种修饰文字词句的方式。

【しゅうじ】ことばを有効適切に用い、もしくは修飾的な語句を巧みに用いて、表現すること。また、その技術。レトリック。(汉译:"修辞"是指表达过程中恰到好处地有效地使用词语或者艺术地使用修饰语,也指有关技巧,相当于英语的 rhetoric。)

【rhetoric】a:skill in the effective use of speech. b:a type or

---

[①] 原载《修辞学习》,2001 年第 4 期。

mode of language or speech.（汉译：①说话的技巧；②运用语言的方式或说话方式）

以上注释分别引自我国语言学家胡裕树主编的《新编古今汉语大词典》①、日本辞书专家新村出主编的《広辞苑》②、美国辞书专家韦伯斯特主编的《韦氏大学词典》③。无论中国还是日本或者美国，对于修辞的含义有着大体相同的理解。

可能有人会批评说，学术用语和日常用语有所不同，现在讨论的是作为学术用语的修辞而非日常用语的修辞。以上批评是有道理的。譬如讨论索绪尔的"语言—言语"二分法，首先需要明确这里的"语言"和"言语"属于学术概念，不能跟平时所说的"语言"和"言语"混为一谈。那么，作为学术用语的修辞又是指什么呢？

先看陈望道是怎么说的。他在1935年发表的《关于修辞》一文中说："'修辞'是一个古来的成语，若用现代的话翻译出来，就是调整语言。"④在1961年发表的《我对研究文法、修辞的意见》里说："什么是修辞，修辞是利用每一个语文的各种材料、各种手段来表现我们所说的意思，它要讲究美妙，讲究技巧，但不是凌空的浮泛的，是利用语文的各种材料（语言、文字等等）来进行的。"⑤

再看语言学工具书是怎么说的。张涤华等主编的《汉语语法修辞词典》说，"修辞"包含两层意思：一是指"为了表达特定的思想内容，适应具体题旨情境而采取的运用语言的方法、技巧或规律"；二是指"依据题旨情境，运用语言的方法、技巧或规律来恰当地表达特定思想内容的一种活动。即指调整语言的活动"。⑥戚雨村等主编的《语言学百科词典》说，"修辞"除了"指人们据

---

① 胡裕树主编：《新编古今汉语大词典》，上海辞书出版社，1995年，第137页。
② ［日］新村出主编：《広辞苑》，日本岩波书店，1979年补订第2版，第1 046页。
③ Merriam-Webster, *Merriam-Webster's Collegiate Dictionary*, 10th ed., Merriam-Webster Incorporated, 1996, p. 1 004.
④ 陈望道：《关于修辞》，原载《中学生》第56期，见复旦大学语言研究室：《陈望道文集》，上海人民出版社，1981年，第620页。
⑤ 陈望道：《我对研究文法、修辞的意见》，见复旦大学语言研究室：《陈望道语文论集》，上海教育出版社，1997年，第608页。
⑥ 张涤华等主编：《汉语语法修辞词典》，安徽教育出版社，1988年，第443页。

以进行修辞活动的客观规律、原则系统本身"以外;还"指依据题旨情境,运用各种语文材料和表现手法,来恰当地表现写说者所要表达的情意内容的一种活动"。①

通过对照可知,学术用语的"修辞"相对于日常用语的"修辞"确实有所不同,至少说前者比后者更为周到更为严谨。

尽管作为科学概念的"修辞"与作为生活概念的"修辞"含义存在区别,尽管作为科学概念的"修辞",在早期的陈望道和后期的陈望道那里,在不同的语言学工具书里,说法不尽一致,但有一点是相同的,即:"修辞"作动词使用的场合仅仅指编码行为。

本来这不是问题,因为过去从未有人认为修辞既指编码又指解码。但近年来有人提出:修辞不能不考虑"接受",过去对"修辞"的定义只注意到编码而忽略了解码,因此必须加以修改。

以上想法似乎不合逻辑。举例说吧,用餐不能不考虑到消化,乃至不能不考虑到排泄(容易导致便秘的东西是不宜多吃的),但从未有人因此认为,对于"用餐"一词的注解,不能只注意到进食,还需注意到消化乃至排泄。

修辞就是修辞。在以动词身份出现时,它仅仅指编码行为。搞学术研究,只能在保持概念同一性的基础上建立命题,展开推理;而不能为了建立新的命题和推理而随意改变概念的固有内涵,削足适履殊不可取。

二、修辞学是编码学,但不能只研究编码不研究解码

什么是修辞学?陈望道认为:"修辞学讲究语文的运用,讲究内容的表达;它是研究如何运用语文的各种材料,如何运用各种表现手法,恰当地表达出所要说的内容的一门学问。"②由此可知,修辞学的职责不在别处,在于揭示编码规律。

因为言语交际学以揭示编码和解码规律为己任,而修辞学以揭示编码规律为本职,有的学者认为,既然在目标对象上修辞学小于言语交际学,那么,

---

① 戚雨村等主编:《语言学百科词典》,上海辞书出版社,1993年,第399页。
② 陈望道:《谈谈修辞学的研究》,见复旦大学语言研究室:《陈望道文集》第三卷,上海人民出版社,1981年,第626页。

在研究范围上修辞学亦小于言语交际学。于是得出以下结论：言语交际学研究范围是言语交际全过程，即不仅要研究编码同时也要研究解码；而修辞学研究范围是言语交际过程的前半截，即它只研究编码。

前述观点是值得商榷的。从理论上讲，研究任务与研究范围之间并不存在整齐的对应关系，通常情况下研究范围总是大于研究任务的覆盖面。这是由研究任务决定的。基于完成任务的需要，研究者有时必须去研究某些本属其他学科研究的内容。例如，为了弄清修辞规律，陈道望除了钻研了语言学，还钻研了美学、心理学、逻辑学等。又如，为了认识语法规律，冯胜利不得不欲进先退，去认真研究韵律现象。事实表明，对于修辞学来说，仅仅研究编码而不研究解码是不够的。为什么呢？这有四个方面的原因：

其一，在修辞过程中，表达者需不时变换立场，站在接受者的角度审视修辞效果、监控修辞活动。也就是说，编码离不开解码，编码与解码是交织互动的。既然如此，在研究修辞规律时，仅仅研究编码而不研究解码，这样的研究是跛足的。

其二，修辞活动包括"单向性的独白活动"和"双向性的交谈活动"两大类型，以"甲"、"乙"两方为主体的为交谈活动，可以图示如下：

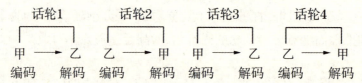

由示意图可以看出，在直接的、面对面的交谈活动中，几乎全部编码行为都是以解码为基础的。修辞学不能不研究"双向性的交谈活动"，而在研究过程中，要研究编码，又研究解码。

其三，对于修辞学来说，研究修辞手段属于题中之义。上述研究涉及两方面内容：首先是对修辞手段的表现形态或内部结构的描写，再次是对修辞手段功能的说明。对修辞手段功能的说明是从接收角度进行的。例如，学者在介绍"错综"辞格时，总是说它能够避免单调乏味，因为"文似看山不喜平"。又如，学者在介绍"对偶"辞格时，总是说它能够给人以深刻的印象，因为采取相同、相近的句法结构或语音结构实质上是一种信息重复，而信息重复会强化记忆。无论对"错综"、"对偶"辞格，还是对其他辞格或修辞方式作功能的说明，都是根据接受反应信息而作出的。正确的说明是根据正确的接受反应而作的,错误的说明是根据错误的接受反应而作的。如果在功能说明上发生分歧,追根溯源,问题总是出在接受反应上:或因接受反应有出入,或因对接受反应的分析有出入。既然修辞手段功能的说明植根于接受反应,研究修辞自然得研究解码。

其四,研究修辞不能不研究修辞效果,因为修辞的成功与失败,修辞效果是重要的评判标准。什么是修辞效果?在我们看来,修辞效果就是表达者预期效果在接受者身上如愿或不如愿的最终实现,既然修辞效果实现于解码过程中,研究修辞也就不能不研究解码。

综上所述,虽然修辞学以揭示表达规律为己任,且修辞学可以改称为编码学,但就其研究范围来说,却不能局限于修辞过程或者说编码过程。1989年,宗廷虎、李金苓在《汉语修辞学史纲》中提出:"听读者如何通过修辞现象、修辞方式,正确理解写说者所要表达的意思,这也是修辞学应该研究的又一个重要的方面。"[①]1996年,宗廷虎在《21世纪的汉语修辞学向何处发展:关于现状与前景的思考》中,以更加明确的语言指出:"必须重新认识修辞学研究的范围是言语交际全过程。"[②]我们以为,上述观点是正确的。

前面谈到,交际全过程由编码和解码两方面组成。其实,严格地讲,交际全过程的研究同时应将文本研究包括在内,因为编码和解码是以文本为物质终点和物质起点,离开文本,无论编码还是解码都将成为空中楼阁。概言之,修辞学研究范围应当涵括三个方面,即编码、文本和解码。以上三方面的分别研究与综合研究的总和,大致反映修辞学研究范围的全貌。

三、接受修辞学不同于接受美学,落脚点在编码而不在解码

20世纪60年代后期,在德国学者尧斯(Hans Robert Jauss)、伊瑟尔(Wolfgang Iser)等人的大力倡导下,欧美大陆出现一门名为"接受美学"(Receptive Aesthetics)的学科。80年代,通过朱立元等学人的译介,接受美

---

① 宗廷虎、李金苓:《汉语修辞学史纲》,吉林教育出版社,1989年,第61页。
② 宗廷虎:《21世纪的汉语修辞学向何处发展:关于现状与前景的思考》,载《云梦学刊》,1996年第2期,第70页。

学的理论和方法逐步为我国学术界所了解。在其影响下,一些修辞研究者提出了"接受修辞学"的概念。

就术语名称看,接受修辞学可以有两种理解:a.(接受—修辞)→学;b.接受→修辞学。按照前一种理解,所谓"接受修辞学",是从接受角度考察修辞,从修辞角度考察接受,也就是说,它是通过彼方来研究此方的一门学科。这样的学科,既不属于阐释学也不属于修辞学,它是独立于二者之外的一门学科。按照后一种理解,所谓"接受修辞学"是通过接受来研究修辞。这样的学科不属于阐释学而属于修辞学。交叉学科研究专家刘仲林指出,不偏不倚的对勘式学术研究事实上是不存在的。① 因此,对于接受修辞学当取后一种理解。

"接受修辞学"概念的提出对于以往忽略从解码角度研究修辞起到纠偏作用,它所产生的积极影响应当给予充分肯定。

我们不反对接受修辞学的提法。但同时认为,基于其学科属性,对于它所承担的学科任务,有必要通过适当的定义给予应有的规范。似乎可以这样来定义:

> 接受修辞学是指为了更为深入地认识修辞过程、修辞现象以及修辞规律而对接受方式和接受原理开展研究的学科。

上述定义反映了我们以下想法,即:在研究的落脚点上,接受修辞学跟接受美学应当有所区别。

众所周知,接受美学是在"阐释学"(Hermeneutics)基础上发展起来的。阐释学是流行于西方的旨在探讨文本(包括古往今来的法律、《圣经》、文学、梦和其他形式的文本)解释规则和解释方法的学科。阐释学站在接受者的立场上诠解文本。尽管在诠解过程中,它有时不能不考虑文本的生成——如我国学者在诠解《春秋》中"陨石于宋,五。是月,六鹢退飞过宋都"一句时,有人说"闻其陨,视之石,数之五。各随其闻先后而记之",即认为作者是根据观察的次第来写的;②也有人说,"圣人文字之法,正当如此"。③ 在以上诠解过程中,诠解人就注意到文本的生成,注意到表达题旨和表达手法——但是阐释

---

① 刘仲林:《现代交叉科学》,浙江教育出版社,1998年。
② (清)阮元校刻《十三经注疏》,中华书局,1980年版,第1 808页。
③ 董季棠:《修辞析论》,台湾益智书局,1981年,第403页。

学以揭示解释规则和解释方法为目的,对于文本的生成条件和生成规律,总体说是不大关心的。接受美学与阐释学有所不同。美学这门学科,其研究任务涵括美的建构、美的形态、美的消费三个方面。作为美学下位学科的接受美学,虽然主要研究美的消费,但对于美的建构、美的形态还是给予较多关注的。不过,因为接受美学侧重研究美的消费规律,它更在意的还是消费者和消费行为。我们认为,作为修辞学分支的接受修辞学,在研究思路上应当与阐释学和接受美学有所区别。这里所说的区分,是指它不能像阐释学和接收美学那样把注意力完全或主要地放在解码上,而应当把关注点放在编码上。

概而言之,在接受修辞学旗号下研究接受,应当联系编码,服务编码。离开编码来研究解码,尽管研究结论对于认识和总结修辞规律不无裨益,但就其本身性质而言,它不像是修辞学的下位学科,而更像是阐释学或接受美学的下位学科。

试论表达内容表达态度
在形意修辞学中的位置①

一、形式修辞学与形意修辞学

根据研究范围的区别,我们可以在修辞学中分出形式修辞学和形意修辞学两种不同类型。所谓形式修辞学,是指侧重在表达形式方面探索修辞规律的修辞学。

1963年,张弓在他的《现代汉语修辞学》中提出,"修辞学……是研究词汇、语法、语音的运用",着重研究如何"根据内容需要,选用词或句的同义手段"。② 在中国修辞学界,将修辞学对象严格限制在语言形式层面,从理论上加以系统阐述并且对后人产生较大影响的学者是张弓。张是形式修辞学的主要奠基人。

1981年,王希杰在《修辞的对象及其他》中说:"修辞活动当然是'对语言的加工'。但是'对语言的加工'并不全部是修辞学的对象。这里得分清思想的锤炼和语言的锤炼两种不同质的东西……虽然对于说者、作者,思想的锤炼是比语言的锤炼更为重要的事情,但是就修辞学而言,语言的锤炼才是重要的,才是自己的研究对象,而思想的锤炼对于修辞学来说并不那么重要,它不是修辞学研究的对象……语言的锤炼总是在各种同义手段之间进行的

---

① 原载华东修辞学会主编:《修辞学研究》第八辑,南海出版社,1998年。
② 张弓:《现代汉语修辞学》,河北教育出版社,1993年,第13~14页。

……我们可以说,修辞学是研究同义手段选择的各种模式的。"①在以上论述中,王希杰继承和发展了张弓的观点,对修辞学对象在范围上作了更为严格的限定。王是形式修辞学的积极支持者和宣传者之一。

在相当长的一个时期里,汉语修辞学研究几乎为形式修辞学所主导,修辞学研究者基本是在表达形式的藩篱内耕耘和收获。从事形式修辞学研究的先生们并非完全不顾表达内容,他们十分清楚,表达形式离不开表达内容,在揭示不同表达形式的语用功能和归纳同义手段选择规律的过程中,他们都是将辞面和辞里结合起来考察的。

形式修辞学联系表达内容,却不研究表达内容。其所谓"修辞效果",主要是一种由表达形式显示出来的语用功能;而所谓"得体",则主要是一种由表达形式在特定题旨语境基础上体现出来的适切性。

形式修辞学是在西方结构主义语言学影响下汉语修辞学合乎逻辑的必然发展,它的问世扭转了传统汉语修辞学在研究方法上重意会、轻形式的状况,加速了汉语修辞学科学化的进程,为具有现代意义的汉语修辞学体系的建立奠定了坚实的基础。可以肯定,汉语形式修辞学的研究还会继续下去,并不断向纵深发展。形式修辞学的历史功绩有目共睹,但言语的表达效果是通过辞面和辞里的共同作用实现的,对于指导人们的说写来说,仅仅指出各种表达形式的语用功能和使用方法显然是不够的。那些迫切要求提高说写能力的人民群众,殷切地希望修辞研究者不仅告诉他们表达形式的调控规律,同时告诉他们,在特定题旨情境下,如何对表达内容作出合理的安排,从而使他们能够在适切的形式和适切的内容表里结合的基础上,顺利地推进自己的说写过程。一方面是为了满足广大语言消费者的愿望,另一方面也是由于70年代以后西方兴起的语用学研究热对中国语言学界产生了巨大影响,加上汉民族本来就有对语言作整体把握的文化传统,因此,在上述诸因素的作用下,近年来,一些曾经偏重于形式研究的修辞学者开始自觉不自觉地由形式修辞学向形意修辞学靠拢。

什么是形意修辞学?1924年,陈望道在《修辞学在中国之使命》一文中指出,"修辞学所讲的'辞'是什么呢?简单言之,辞是由思想和言语组成的,二

---

① 王希杰:《修辞的对象及其他》,载《语文研究》,1981年第2期,第58页。

者缺一,便不成辞"。① 1926 年,王易在《修辞学》里说:"本书研究之中心,在修辞之现象。"修辞现象有内容与外形二端,"外形为技巧中关于言语方面;内容为其思想发展方向"。如果是在"面色红鲜"和"红颜"的使用上加以选择,这属于外形修辞的过程;如果将"面色红鲜"改为"颜若桃花","则是思想之发展,属于内容修辞的过程"。② 1985 年,郑颐寿的《同义与异义》一文认为:"在修辞的过程中,不仅语言形式要发生变化,而且思想内容也往往要发生变化,发生量的或质的变化,不发生变化的也有,但是比较少见。因此,在修辞的过程中,不仅要讲究美化语言形式,而且要重视锤炼思想内容,让尽可能完美的语言形式和表达内容有机地统一起来。只讲究语言形式而不重视思想内容是不够的。"③陈、王、郑认为,修辞本身涉及形式和内容两个方面;从研究的角度看,修辞学应当二者兼顾。在这里,他们所论及的修辞学就是形意修辞学。

1993 年,王希杰的《修辞学新论》出版,书中写道:"作为以语言表达效果为其研究对象的修辞学,对于交际活动中的语言,它只感兴趣于引起交际效果巨大变化了的那些语言形式和语言内容的变化。"④此时,王希杰改变了将表达内容置于修辞学研究对象之外的做法。另外,在同一书中,他将"信息的真实、切题、适量性"列入了修辞原则。⑤ 最近,王希杰又推出了一本新著——《修辞学通论》,该书则更加清楚地体现了他修辞学观念的新变化。以上变化反映了某些修辞学者近期学术发展的一个新动向,即由形式研究为主逐步朝形式和内容研究并重转轨。

二、表达内容与表达态度

形意修辞学在研究范围上要比形式修辞学宽,对于影响表达效果的各种因素,它都不放过。影响表达效果的因素,除了表达形式和表达内容,还有一

---

① 陈望道:《修辞学在中国之使命》,见复旦大学语言研究室:《陈望道修辞论集》,安徽教育出版社,1985 年,第 72 页。
② 宗廷虎:《中国现代修辞学》,浙江教育出版社,1990 年,第 79 页。
③ 郑颐寿:《同义与异义》,载《修辞学习》,1985 年第 1 期,第 6 页。
④ 王希杰:《修辞学新论》,北京语言大学出版社,1993 年,第 30 页、
⑤ 王希杰:《修辞学新论》,北京语言大学出版社,1993 年,63～64 页。

个重要方面,即表达态度。这也是形意修辞学关注的问题之一。

表达内容和表达态度的界限有时不大好区分,但根据研究的需要,我们必须把它们分开来考察。什么是表达内容?表达内容是说写者通过言辞传递给听读者的言语意义。言语意义可能与辞面意义基本对应,也可能同辞面意义相去甚远。如某人要求听话人进屋后把门关上,可以采用以下不同说法:

①能请您把门关起来吗?
②请您把门关上。
③关一下门好吗?
④你进来时是不是忘了关门啦?
⑤你进来时忘了一件事。
⑥房里好冷呀!谁忘了关门?
⑦谁怕把尾巴夹住啊?
⑧(说话者眼睛望着门说)谁那么缺德?

说法各异,而传递的言语意义是一样的。

传递同一言语意义的不同话语,在表达态度上往往存在着巨大的差异。拿上面例①、例②与例⑦、例⑧相比较,前者表现了谦和礼貌的态度,而后者表现出的是傲慢无礼的态度。不用说,选择开头两种说法,听话人会乐意地随手将门关上;而采用末尾两种说法,听话人不但不会去关门,还可能气得跳起来,与说话人发生冲突——表达态度的差异对修辞效果有着直接的影响。

表达态度一方面体现在说写者对听读者是否友好、怀有善意、谦虚有礼,即是否采取一种"诚敬"的态度;另一方面也体现在说写者对所表达的内容是否采取一种"诚实"的态度。

有学者认为,是否具有诚实态度对于表达效果来说是无关紧要的,骆宾王的《讨武曌檄》列数武则天的罪状,有许多是莫须有的,但语言生动有力,修辞水平很高;在政治生活和日常生活中,许多骗子专门讲假话,但照样滔滔不绝,娓娓动人。

以上说法是大可商榷的。如果根据形式修辞学的单一标准孤立评价,上述说法自然能够成立。但若按形意修辞学的综合标准全面衡量,以上说法就站不住了。就拿上面提到的《讨武曌檄》来说,该文在辞面上可谓无可挑剔,但由于所列罪状证据不足,结果不仅未能产生预期的号召力,甚至未能对武则天起到威慑作用;相对于杜甫的信而有征被誉为史诗的《北征》,它无疑属于等而下之的作品。至于那些政治骗子、金钱骗子娓娓动人的谎言,能够奏效的其实为数甚少。总之,缺乏诚实态度的言辞,其修辞效果一般来说都不怎么理想。

孙莲芬、李熙宗在《公关语言艺术》中指出:"说话写东西必须遵循'诚'的原则,对于公关语言来说,'诚'更具有特殊而重要的意义……'诚于中而形于外',社会组织成员心理上、态度上的'诚',形之于语言就表现为一种能使人感到可依赖的语言品质。有无这种品质,对于语言交际的效果来说往往是有天壤之别。"[①]

"诚"对表达效果的意义,古人早已意识到,距今 2 000 多年前的孔子就曾有过"修辞立其诚"的明训。在形意修辞学的理论体系中,表达态度的诚实被视为成功修辞的重要条件。

在修辞活动中,强调诚实并不排斥某些场合下"善意谎言"的权宜使用。鲁迅在《立论》中讲过这样一个故事:

> 一家人生了一个男孩,合家高兴透顶了。满月的时候,抱出来给客人看,——大概自然是想得到一些好兆头。一个说"这孩子将来要发财的。"他于是得到一番感谢。一个说"这孩子将来要做官的。"他于是收回几句恭维。一个说"这孩子将来是要死的。"他于是得到一顿大家合力痛打。

三位客人,前面两位说假话得到主人的感谢,而最后一位说真话挨了主人全家一顿痛打。

说假话反而比说真话修辞效果要好,这该作何解释?原因在于,说假话的两位对别人是抱着友好礼貌的态度而逢场作戏,说真话的那位则表现得很不友好很不礼貌,说的尽管是大实话,但伤害了人家的感情。

在诚实与诚敬两种态度不能兼顾的情况下,一般是前者服从让位于后者。

[①] 孙莲芬、李熙宗:《公关语言艺术》,知识出版社,1989 年,第 20~21 页。

三、表达内容和表达态度在形意修辞学中的位置

将修辞视为综合现象,对表达形式、表达内容和表达态度各个方面都给予充分重视,这一修辞思想在我国由来已久。无论在先秦两汉还是在唐宋明清的典籍中,有关论述随处可见。例如,所谓"言之无文,行而不远"(孔子,见于《左传·襄公二十五年》);"辞之不文,则不足以达意也"(魏禧《甘健斋轴园稿序》),这是强调表达形式不可小视。又如,所谓"苟有文无实,是则五色之禽,毛妄生也"(王充《论衡·超奇篇》);"意不胜者,辞愈华而文愈鄙"(杜牧《答庄充书》),这是指出表达内容至关重要。又如,所谓"言莫弃乎无征"(徐幹《中论·贵验》);"言而无实,罪也"(柳宗元《上桂州李中丞荐卢遵启》);"尚质抑淫","着诚去伪"(白居易《白氏长庆集·策林》),这是说明在表达态度上也应当树立正确的观念。在我国古代典籍中,充分注意修辞诸方面的联系,辩证看待它们之间的关系,这类论述也是层见叠出:"意与言会,言随意遣"(叶梦得《石林诗话》);"文附质","质待文","文质相称"(刘勰《文心雕龙》);"实诚在胸臆,文墨著竹帛,外内表里,自相副称"(王充《论衡·超奇篇》),等等。前面提到,汉民族素来就有对语言作整体把握的文化传统,今天,在人们注意将汉语修辞与汉文化联系起来深化学术研究之时,形意修辞学研究开始升温,从某种意义上可以说是对汉民族文化传统的回归。但这绝不是原地踏步式的回归,而是螺旋上升式的否定之否定。

在形意修辞学的学术体系中,表达内容和表达态度被视为影响修辞效果的重要因素而被纳入研究的范围。研究表达内容和表达态度不可避免地要涉及所谓思想觉悟,有些学者担心,这样做的结果会不会重新弹起思想觉悟决定论的老调。

以上担心其实是不必要的。我们的想法是:

首先,形意修辞学不同于伦理修辞学。20世纪80年代"五讲四美"活动中提倡"语言美",近年来,对服务人员加强职业道德教育而规定什么话可以说什么话不该说,这些都属于伦理修辞。作为伦理修辞,评价其表达效果,要看它是否符合一定的伦理观念。因为伦理观念具有思想倾向性,建立于一定伦理观念基础之上的伦理修辞学自然会带有一定的思想倾向性。但形意修辞学不是这样。形意修辞学是建立在不带思想倾向性的语言学以及文学、美

学、心理学、社会学等学科知识基础之上的,在它的研究中,不涉及对表达内容的思想性评价,其一切分析讨论严格控制在纯学术的范围内。

其次,形意修辞学不在思想水平和修辞水平之间画等号。尽管它承认思想水平、认识能力对修辞效果有影响,但它同时注意到,修辞效果是多种因素合力的结果,并不是由思想水平简单决定的。思想水平高未必修辞能力就强,而思想水平不那么高也不一定永远不能说出得体的话或写出得体的文章。更主要的是它看到,修辞效果受制于语境。一切语境都是具体的,而具体语境中对思想和道德评价的标准也是具体的,世界上从来就没有过统一的、公认的、泛时空的思想道德衡量标准,因此它从来不在话语的思想性上作出任何规定。你所表达的内容,人家说进步也好,落后也罢,它都不予理会。形意修辞学强调的只有一点,就是你不管说什么,都要契合语境。做到这一点,就是得体,就是修辞水平高。

形意修辞学不研究思想性问题,在表达内容方面它亟待考虑的主要课题为:

○言语意义的生成、类型和特征。
○已知信息、未知信息和话题、述题的对应。
○语义线性生长和语符链推进。
○语义连贯和语义跳跃之间的协调。
○话语信息的量度调控。
○话语内容与题旨、语境的适切匹配。
……

表达态度包括"诚敬"和"诚实"两个方面。对于诚敬态度,形意修辞学需要研究的有:(a)诚敬态度的表现类型(如"圆通"、"慷慨"、"赞誉"、"谦恭"、"附和"、"同情"等);(b)语言和言语手段所反映出的诚敬等级;(c)各种诚敬等级与相应语境的常数变数关系;(e)诚敬表达同语境中相关因素的协调规则;(d)诚敬态度在不同行业中的社会变体;(e)积极诚敬语言手段与消极诚敬语言手段;(d)显性诚敬表现手法与隐性诚敬表现手法等。

在"诚实"态度的研究上,它分别主观诚实和客观诚实两种情况。主观诚实是指说写者本意并不打算歪曲真相欺骗他人,客观诚实则指语言成品符合实际贴近真理,至于说写者本意则忽略不计。形意修辞学主要强调的是前者而不是后者。因为客观诚实不是仅仅凭借语言能力就做得到的,而且要作出是否符合实际贴近真理的断言,有时评价活动本身超出了修辞学的范畴。

　　形意修辞学要求做到主观诚实。这也可以说是一种伦理要求。形意修辞学不是伦理修辞学,体系本身不允许它这样提出问题。对于形意修辞学来说,妥善的选择是将它作为语境要求。这样处理是顺理成章的。因为无论对于小语境中的信息接受人来说,还是对于大语境的社会文化背景来说,说谎欺骗和故意歪曲真相的行为都是受到抵制和排斥的。

不自觉修辞:一块不应忽视的研究领域[①]
——由"读"和"匹"的超常用法说起

一

在20世纪80年代以来的文学作品里,时常可以看到动词"读"不以书报而以其他事物为对象的用法。这一用法大多出现在新潮诗歌中,例如:

①……当我以为已爱上你时/你只浅浅一笑/清淡得令我炽热的心生疼/当我无奈离去/你又让幽幽的叹息牵我/那时我无法读懂你呀……(星星《再爱一次》)

②你是山村弯弯曲曲的小道/你是母亲额前刀刻的皱纹/叫我走不足读不完……(魏锦辉《省略号》)

③篱笆深深的小院/我阅读一天星辰/不知谁来阅读我。(胡玫《心之帆·思》)

有时也出现在抒情散文中,例如:

④在海畔读夕阳的时候,常常看见一副感人至深的画面。(张歧《读夕阳》)

⑤此时,我仿佛觉得才算真正读懂了这边城的黎明。(张永权《黎明之城读黎明》)

⑥我们远去万山丛中的湘南鄹县,拜读中华民族的始祖炎帝之

[①] 原载《修辞学习》,1994年第5期。

陵。(李元洛《秋读炎陵》)

"读"伴随多种联想义,如认真仔细地看、有滋有味地看、爱不忍释地看、怀着强烈求知欲望地看……将"读"用于书报以外的对象,不仅丰富了表达的内涵,而且也增强了语言的变异美。

将"读"用于书报以外对象不是什么新鲜事,早在半个多世纪以前,鲁迅就这样用了:

⑦……我也渐渐清醒地读遍了她的身体,她的灵魂,不过三星期,我似乎于她已经更加了解,揭去许多先前以为了解而现在看来却是隔膜,即所谓真的隔膜了。(鲁迅《伤逝》)

现代诗人和作家笔下"读"的超常用法很可能受到鲁迅的直接或间接影响。鲁迅作品中"读"的超常用法又是受谁影响的呢?是受日本人。请看以下例子:

⑧お客様は十分に使用説明書を読んでください。(请用户认真阅读使用说明书。)

⑨朝は新聞を読む時間がありません。(早晨没有读报的时间。)

⑩あの人は人の心を読むのがうまい。(他善于猜度别人的心。)

⑪相手の腹をつねに読まなければいけない。(必须经常揣测对方的意图。)

⑫君の考えていることは,顔色で読める。(你在想什么,看脸色就知道了。)

与中文"读"相对应的日文单词是"読む",把中文作品翻译为日文,遇到"读",通常都是用"読む"对译。不过日文中的"読む"使用范围较宽。通过上面的例子可以看出,它不仅可以用在书报的身上,还可以用在人的身上,用于后者时,表示"猜度"、"揣测"、"了解"、"看破"等意思。鲁迅1902年去日本留学,1909年回国,在日本待了8年。其间除了翻译过日文版《毁灭》等作品外,还用日文撰写过《上海所感》等文章。前述经历使得鲁迅的日文水平达到了相当高的程度。由于潜意识中日文知识的作用,他在中文写作过程中,往往就不经意地夹进日文的用法。

"修辞活动有自觉的有意识的和不自觉的无意识之分"(王希杰,1993),当代诗文中"读"的超常用法属于前一类,鲁迅作品中"读"的超常用法属于后一类。

二

有位先生曾经指出,在鲁迅、郭沫若作品里,存在着把量词"匹"用于马、驴、骡以外对象的情况,他解释说,之所以这样做,有的是为了表示贬斥之意:

⑬我留在上海做一匹文氓,都比现在好得多。(郭沫若《骑士》)

还有的是属于夸张活用①——

⑭古时候有一位国王,有一匹大跳蚤……(歌德著、郭沫若译《浮士德》)

⑮阿Q并没有说话,拔步便跑,追来的是一匹很肥大的狗。(鲁迅《阿Q正传》)

根据他的解释,以上搭配都是"有意而为之"。

如果接受前述解释,那么,就必须认为,例⑬中的"我"是通过不把自己当人看,把自己当作畜牲,来糟蹋贬损自己。这样解释显然不合情理。把例⑭和例⑮作夸张活用解释,孤立地看没有什么不可以,但全面考察,则这种说法很难成立。为什么呢?因为在鲁迅、郭沫若的作品里,还存在着如下用例:

⑯从此卖小鸡的乡下人也时常来,来一回便买几只,因为小鸡容易积食,发痧,很难长寿的;而且一匹还成了爱罗先珂君在北京所作的唯一的小说《小鸡的悲剧》里的主人公。(鲁迅《鸭的喜剧》

⑰七年前的春假,同学C君要回国的前一天晚上,他提着一只大网篮来,送了我四匹鸡雏。鸡雏是孵化后还不上一个月的,羽毛已渐渐长出了,都是纯黑的,四只中有一只很弱。(郭沫若《鸡雏》)

---

① 张向群:《量词的超常用法》,载《陕西师范大学学报》,1992年第4期,第123~126页。

在上面语句中,量词"匹"被用于"小鸡"和"鸡雏"。如果这是为了达到夸张的目的,那么前言后语应当保持一贯,始终采用"匹"这个量词。然而我们实际看到的情况是,作者忽而采用"匹",忽而采用"只",变来变去。为什么变,并无规律可言。那位先生所谓"匹"用于小动物是为了表示夸张的说法不能成立。

下面让我们来看看日文的有关例子。日文里有个借自中文的"匹",它不仅保持着原来的写法和读音(日文读作 hiki,与中文"匹"有着整齐的对音关系),而且也是作为量词使用。不过在日文中,当用于计量动物的时候,它不是用于马、驴、骡之类的大型牲口,而是用于比猪小的动物——

⑱くすりを撒いたから,虫はもう1匹もいない。(撒了药以后,一条虫也没有了。)

⑲内では犬を2匹と猫を3匹かっている。(家里养了两条狗和三只猫。)

⑳そのとき祖母から、1匹の雌鶏はだいたい2日に1个の卵を产むよと闻いたのを觉えている。(我记得那时听祖母说,一只母鸡大体上是两天下一个蛋)

有时也用于人:

㉑男一匹こんなことでへたれるものか。(一个男子汉,哪能为这样的事就泄气呢?)①

将日文中的"匹"的用法与鲁迅、郭沫若作品中"匹"字的超常用法加以对照,我们不难看出,它们之间存在着惊人的一致性。

同鲁迅一样,郭沫若也曾经有过在日本留学和生活的经历。从1914到1923年,郭沫若一直待在日本,并娶了日本妻子。1923年回国后,又多次返回日本。他与日本有着更为紧密的联系。他所接受的日文影响不下于鲁迅。联系两位文学大师的语言背景,可以看出,在前面讨论的例子里,他们将量词"匹"字用于"狗",用于"跳蚤",用于"人",用于马、驴、骡以外的对象,实际上是受头脑深处日文知识的干扰,属于不自觉修辞。研究者无需郢书燕说,去发掘什么微言大义。

---

① 王海国:《浅谈助词"匹"的特殊用法》,载《日语知识》,1991年第2期,第16页。

三

修辞过程中的所有操作，不论遣词还是造句，不论采取寻常表达还是采取超常表达，归根到底，都是为说写的目的服务。按道理讲，修辞的过程应当自始至终是有意识地、自觉地运用语言的过程。然而实际情况并非如此。在生活中，事实上还存在着无意识的、不自觉的修辞行为，人们时常看到的口误、笔误，以及前面谈到的词语误用，都反映了后者的客观存在。无意识不自觉修辞产生的口误、笔误等现象被心理学家视为揭示语言结构心理表征和言语产生过程的宝贵资料，具有重要的价值。80年代中期，王希杰先生提出，对于无意识、不自觉修辞现象，修辞学者也应当予以重视。当时，他身体力行，撰写了《"手误"类谈》①、《潜意识和修辞》②等文章。在80年代末发表的《再论修辞学的研究对象问题》(1990)一文中，他更为明确地提出："修辞活动中存在着潜意识无意识的情况，这也是修辞学的研究对象。"③我们认为前述看法值得重视。由前面谈到的那位先生对"匹"字误用的褒赞，联系到古人对"润之以风雨"、"大夫不得造车马"断取用法的批评，不难得出这样的结论：在修辞研究中，忽略自觉修辞与不自觉修辞的分别，或者轻率地将不自觉修辞当作自觉修辞，或者相反，都有可能使我们的研究步入误区。开展不自觉修辞的研究是个大课题，除了王先生文中已经谈到的方面，另外像领导干部的官腔、节目主持人的口头禅、文学家作品里类似口头禅或笔头禅的习惯用词④等，都大有文章可做。目前，对不自觉修辞的研究刚刚起步，许多理论问题有待我们去探索，如自觉修辞与不自觉修辞的关系及划界、不自觉修辞的类型及原因、不自觉修辞的研究方法、不自觉修辞语料的利用价值等。我们认为，修辞研究需要包括不自觉修辞，离开不自觉修辞研究提供的理论，修辞学的学科体系是有缺陷的，不牢靠的。为建立完整的、稳固的修辞学学科体系，修辞学界应当重视对不自觉修辞的研究。

---

① 王希杰：《"手误"类谈》，载《学语文》，1986年第4期，第30～32页。
② 王希杰：《潜意识和修辞》，载《修辞学习》，1987年第6期，第16～18页。
③ 王希杰：《再论修辞学的研究对象问题》，载《湖南师大学报》，1990年第1期，第76～82页。
④ 于根元：《他有待于写出更加成熟的作品：王蒙小说语言的不足之处》，载《修辞学习》，1988年第3期，第41～44页。

修辞现象中内容与形式结合的层次性①

陈望道先生认为,"修辞研究要把内容决定形式作为研究的纲领"。② 贯彻前述纲领必须对修辞现象作内容与形式的区分。有人说区分内容和形式就是把作品"切分为'内容'和'形式'两大块"。③ 这显然是误会。望道先生在《修辞学发凡》中指出:"语言的内容,对于写说的内容只能算是一种形式的内容,在讨论文章说话时常常把它归在形式的范围之内。"④由此可知,作为内容—形式二分法积极提倡者的望道先生,从未把内容—形式关系简单化,也从未认为贯彻二分法就是把修辞现象"切分为'内容'和'形式'两大块"。事实上,他早就注意到内容、形式概念的相对性,以及内容与形式结合的层次性。

本文拟在前人研究的基础上,对修辞现象中内容与形式结合的层次性进行更为全面深入的考察。因为内容—形式的结合只是发生在聚合轴上,所以考察沿着聚合轴展开。

一、聚合轴上的基本层次单位

考察内容与形式结合的层次性,首先需要弄清聚合轴上有哪些基本层次单位。基本层次单位的确定取决于两方面因素:一是层次切分的起讫点,二

---

① 原载《复旦学报》,2002年第1期。
② 陈望道:《1963年4月10日在复旦大学语言研究室的讲话》,见复旦大学语言研究室:《陈望道修辞论集》,安徽教育出版社,1985年,第305页。
③ 盛子潮:《小说形态学》,海峡文艺出版社,1993年版,第2~5页。
④ 陈望道:《修辞学发凡》,上海教育出版社,1979年版,第39页。

是层次切分的原则。

沿着聚合轴由表及里看,修辞现象上限为文字,下限为题旨意义。文字作为书面符号,它以语言为记录对象。因为文字与语言的关系是一种能指与所指的关系,所以,文字与语言的关系其实也就是形式与内容的关系。鉴于在上述形式—内容关系中,属于形式的文字与属于内容的语言彼此之间相互作用和相互影响不是很明显,在研究内容与形式结合的层次性问题时,我们将文字层面剔出考察范围。也就是说,我们的层次切分以语音为起点,以题旨意义为终点。

系统论指出,在系统内部进行层次切分时应当注意两点:一是切分的关节点必须与系统内部连续性的自然中断相吻合;二是分布于切分关节点两边的单位,彼此必须具有性质上的显著差异。基于上述两点,我们将它作为指导层次切分的基本原则。

根据确定的切分起讫点和切分原则进行考察,可以看出,沿着修辞聚合轴由表及里分布着以下四级基本层次单位(unit of basic level):

a. 以语音为主体的基本层次单位
b. 以语言意义为主体的基本层次单位
c. 以辞里意义为主体的基本层次单位
d. 以题旨意义为主体的基本层次单位

语音是指语言的物质外壳;语言意义是指从言语中概括出来的一般意义、普遍意义,或者说是指为某语言集团全体成员共同理解的抽象意义;辞里意义是指某言语片段表现出的个别意义、特指意义,是编码者通过某言语片段传达出的或解码者通过某言语片段理解到的具体意义;题旨意义是指主题意义、目的意义,它是编码者通过语篇传达出来的感触、感知、感情和意图,是编码者确立的对于多个言语片段具有统摄作用的高层次意义。当然也可以换个角度说,它是解码者阅读语篇后理解到的高层次意义。

以上解释过于抽象,下面让我们观察一个具体例子,通过实例分析来加深对四级基本层次单位的认识。

俄国作家托尔斯泰曾经创作过名为《寒鸦与鸽子》的寓言故事:

> 寒鸦听说,鸽子吃食讲究,就把自己涂成白色,飞进鸽子窝。鸽子以为它也是鸽子,就让它留下了。寒鸦忍不住嘎嘎地叫了起来。

鸽子发现它是只寒鸦,就把它赶跑了。寒鸦回到老窝,但是其他寒鸦已认不出它了,也不收容它了。

苏联心理学家维戈茨基(Л. С. Выготский)及神经语言学家卢利亚(А. Р. Лурия)指出,要理解上述语篇,首先需要进行"意思贯通"处理,换言之,就是要把语篇外部没有显露的叙述客体给揭示出来,同时明确代词所指,等等。通过一番贯通处理,上述寓言便以下面的状态呈现于人们的意识之中:

寒鸦听说,鸽子吃食讲究,[它,寒鸦]就把自己涂成白色,[它,寒鸦]飞进鸽子窝。鸽子以为它[寒鸦]也是鸽子,就让它[寒鸦]留下了。寒鸦忍不住嘎嘎地叫了起来。鸽子发现它[寒鸦]是只寒鸦,就把它[寒鸦]赶跑了。寒鸦回到老窝,但是其他寒鸦已认不出它[寒鸦]了,也不收容它[寒鸦]了。

维戈茨基和卢利亚指出,进行贯通处理是理解语篇的先决条件,但仅此是不够的。有的语篇中各个叙述段都有着超出字面的"内在意思",要理解这样的语篇,必须越过"公开语篇"深入到"内在意思"的层面。像《寒鸦与鸽子》,其公开语篇与内在意思关系如下:

$$\frac{寒鸦听说,鸽子吃食讲究}{寒鸦很羡慕鸽子}$$

$$\frac{(它,寒鸦)就把自己涂成白色}{它决心把自己打扮得跟鸽子一样,让鸽子无法识破}$$

$$\frac{(它,寒鸦)飞进鸽子窝}{它想跟鸽子一样吃食讲究}$$

$$\frac{鸽子以为它(寒鸦)也是鸽子,就让它(寒鸦)留下了}{它的诡计得逞了,它未被识破,鸽子受骗了}$$

$$\frac{寒鸦忍不住嘎嘎地叫了起来}{它不慎暴露了自己}$$

$$\underline{(鸽子发现,它(寒鸦)是寒鸦,就把它(寒鸦)赶跑了)}$$
骗局揭穿了,寒鸦的伪装暴露了

$$\underline{(它(寒鸦)回到老窝)}$$
寒鸦想再按老样子生活

$$\underline{(其他寒鸦已认不出它(寒鸦)了,也不收容它(寒鸦)了)}$$
寒鸦的虚伪行径得到报应,它受到了惩罚

维戈茨基和卢利亚认为,要理解语篇,重要的是把握其内在意思,即横线以下部分。

维戈茨基和卢利亚同时指出,在内在意思之外还存在着一个统摄整个语篇的"总体意思"。就《寒鸦与鸽子》来说,其总体意思为:

谴责寒鸦的虚伪行径,提倡"做人要诚实","不要虚伪","要保持本来面目","虚伪和欺骗总是要受到惩罚的"等道德观念。

他们认为,在把握内在意思以后,需要进而把握总体意思;只有把握了总体意思,读者才能说自己理解了某一语篇。① 维戈茨基和卢利亚在分析《寒鸦与鸽子》的过程中,提出了"内在意思"和"总体意思"的概念。他们所说的"内在意思",大致相当于我们所说的"辞里意义";他们所说的"总体意思",也就是我们所说的"题旨意义"。

维戈茨基和卢利亚还提出另外一个概念,即"公开语篇"。这一概念与我们所谓的"语音"和"语言意义"之间有着一定的对应联系。对公开语篇中的语音进行剥离处理,比如将"鸽子以为它也是鸽子"一句中的音节序列"Gē·zi yǐwéi tā yě shì gē·zi"和陈述语调(后文中陈述语调用"↘"表示)等提取出来,这提取出来的部分就是我们所说的"语音"。

在从公开语篇中提取语音时,我们把同语音直接联系的语义即公开语篇中的"显示意义"撇在了一边;这撇在一边的显示意义接近于我们所说的"语言意义"。

---

① [苏]A.P.卢利亚著、赵吉生、卫志强译:《神经语言学》,北京大学出版社,1987年,第234~240页。

所以说"接近",原因在于我们所说的"语言意义"与维氏和卢氏所说的"显示意义"(经过"意思贯通"处理后获得的字面意义)不尽相同,彼此间存在着一定的距离。举例说吧,以语言意义来看"鸽子以为它也是鸽子"一句,句首的"鸽子"和句中的"它"都是指称不明的;而以显示意义来看前面一句,则句首的"鸽子"是特指的,它仅仅指(寒鸦飞进的那个)鸽子窝里的鸽子,句中的"它"也是特指的,它仅仅指托尔斯泰提到的那只寒鸦。概而言之,我们所说的"语言意义"属于抽象化的一般意义、普遍意义,而维氏和卢氏说的"显示意义"则属于具体化的个别意义、特指意义。

通过讨论可以看出,在修辞现象中,一方面物质形态的语音与精神形态的语言意义、辞里意义和题旨意义之间存在着巨大差异,另一方面精神形态的语言意义、辞里意义和题旨意义之间亦存在着明显的区别。正是这样的差异和区别,使得它们获得自身质的规定性,有资格占据一个层次,成为一级基本层次单位。①

二、复合层次单位及复合层次单位中内容与形式的结合

修辞现象的聚合轴上由表及里地分布着语音、语言意义、辞里意义、题旨意义四级基本层次单位。这四级基本层次单位之间既有对立的一面,又有统一的一面。所谓'统一'是指它们自身存在的理由和自身存在的价值只有通过与对立一方的结合才能获得。

在修辞现象中,四级基本层次单位的结合并不是混沌一团、杂乱无章的,而是条理分明,有秩序有规律的。请看下面的示意图:

---

① 将语言意义、辞里意义和题旨意义称为精神形态的层次单位,并不是说上述三种意义能够以精神形态独立存在。不言而喻,任何精神形态的存在均须以物质实体为依托。那么为何要将它们视为纯粹的精神形态呢?原因在于上述三种意义,除了语言意义已经部分地通过词条诠释方式被明确地展现出来,其他两种意义实际上均是以缩略的、隐约的、飘忽不定的形态存在于编码者或解码者的意识之中。况且即使被人们以诠释方式明确展现出来的那些,实际上并非真实反映了它们的本来面貌。鉴于语言意义、辞里意义和题旨意义的本身特点,以及语言研究者通常对它们的处理,我们权宜性地将它们作为纯粹的精神形态看待。当然,这样做也是为了减少叙述的麻烦。

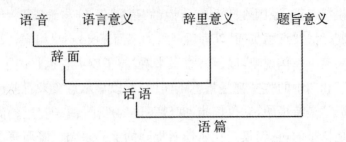

图 1

通过图1可以看出,四级基本层次单位的结合是以这样的顺序进行的:首先是语音和语言意义结合,共同组成辞面这一单位;接下来是辞面和辞里意义结合,共同组成话语这一单位;再接下来是话语和题旨意义结合,共同组成语篇这一单位。

由基本层次单位组成辞面、话语、语篇其实也是一种层次单位。只不过它们不是基本层次单位,而是复合层次单位(unit of complex level)。

基本层次单位与复合层次单位至少存在着两点区别:①基本层次单位只占据一个(基本)层次,复合层次单位占据了两个、三个、甚至四个(基本)层次。②不同的基本层次单位之间为平行关系;而不同的复合层次单位之间为套叠关系。

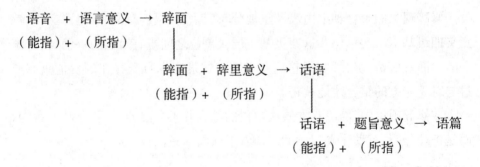

图 2

从图2可以看出,在复合层次单位内部,语音与语言意义的结合、辞面与辞里意义的结合、话语与题旨意义的结合,实际上是能指与所指的结合。

因为能指与所指的结合其实也就是形式与内容的结合,所以图2可以改写如下:

```
语音  +  语言意义  →  辞面
（形式）+  （内容）     │
                        │
              辞面  +  辞里意义  →  话语
             （形式）+  （内容）     │
                                     │
                           话语  +  题旨意义  →  语篇
                          （形式）+  （内容）
```

图 3

根据图 3,可以得出这样几点结论:①因为语音、语言意义、辞里意义、题旨意义四级基本层次单位全都介入内容——形式关系的建构,所以在修辞现象中,内容与形式的联系实际上遍布于修辞现象的各个层次。②有的基本层次单位,比如语言意义、辞里意义,它们相对于上一级的基本层次单位属于内容的范畴,而相对于下一级基本层次单位属于形式的范畴,因此在修辞研究的过程中,有时可以把它们作为内容来研究,有时可以把它们作为形式来研究,这在理论上都是成立的。③在修辞现象聚合轴上,除了基本层次单位外,还存在着辞面、话语、语篇等复合层次单位。根据分布位置,上述三种复合层次单位可以依次称之为"表层复合层次单位"、"中层复合层次单位"和"里层复合层次单位"。对于修辞现象来说,内容与形式的联系主要表现在这三种复合层次单位的内部。

三、不同复合层次单位中内容与形式结合的不同特点

在修辞现象中,内容与形式的联系主要表现在复合层次单位内部,这意味着研究修辞内容与修辞形式的关系,就是研究复合层次单位内部的内容与形式的关系。修辞现象聚合轴上分布着三种复合层次单位,其中内容与形式的结合是否各有特点呢？考察结果表明,表层复合层次单位的内容——形式结合不同于中层复合层次单位的内容——形式结合,中层复合层次单位的内容——形式结合不同于里层复合层次单位的内容——形式结合。概言之,在不同复合层次单位内部,内容与形式的结合分别具有不同特点。

考察不同复合层次单位中内容与形式的结合,主要看三个方面:第一,看内容与形式之间对应关系。第二,看内容与形式之间伴随情况。第三,看内

容与形式之间联系是否紧密。因为考察围绕上述三个方面展开,所以我们谈到的不同复合层次单位中内容与形式结合的不同特点集中反映在上述三个方面。

首先,我们考察了表层复合层次单位中内容与形式的结合。考察结果表明,在表层复合层次单位中,作为内容方面的语言意义与作为形式方面的语音,它们的结合具有"对应性"、"同现性"和"稳定性"的特点。

"对应性"是指语言意义与语音有着不可移易的联系。比如,"用来书写的或长或方的黑色硬板",作为语言意义,它同"hēibǎn"这一语音片段的联系是不可随便变动的。再比如,"比起年轻人,年长者考虑问题和处理问题更有水平",在以语言意义身分出现时,它与 "Shēngjiāng hái·shi lǎo·de là ↘" 这一语音序列的联系也是不可更改的。

"同现性"是指语言意义与语音有着如影随形般的联系。比如,前面提到的两种语言意义(用来书写的或长或方的黑色硬板/比起年轻人,年长者考虑问题和处理问题更有水平),它们与相应的两种语音(hēibǎn / Shēngjiāng hái·shi lǎo·de là ↘),总是犹如车之两轮、鸟之双翼同时出现;无论交际场合如何变化,双方的结伴关系都丝毫不受影响。

"稳定性"是指语言意义与语音的结合不是暂时的而是长期的。由于双方联系具有约定俗成性,有关专家已经将这种联系写进辞书。像前面提到的两种语言意义和两种语音,人们可以在有关辞书中找到它们。

接着,我们考察了中层复合层次单位中内容与形式的结合。考察结果表明,在中层复合层次单位中,以内容身分出现的辞里意义与以形式身分出现的辞面意义,它们的结合具有"亚对应性"、"亚同现性"和"亚稳定性"的特点。

所谓"亚对应性",是指辞面与辞里意义,它们有的场合可以对勘,而有的场合则无法对号入座。

比方有这么一个句子:"我们此刻在开会。"现假设它是作为中层复合层次单位中的辞面存在的。大家已经知道,辞面是语音和语言意义的复合体。既然是这样的复合体,在将"我们此刻在开会"中的语音序列析取出来以后,可以肯定地说,与"Wǒ·men cǐkè zài kāihuì ↘"这一语音序列相对应的语言意义不是别的什么,而是同交际语境无关的、高度抽象化的"我们此刻在开会"。析言之,这里的"我们"仅仅表示包括说话人在内的若干人,这里的"此刻"仅仅表示说话当时,这里的"开会"仅仅表示若干人在一起进行议事、联欢、听报告之类的活动。

在"我们此刻在开会"以辞面身分出现的情况下,与之相对的辞里意义有两种:一种是"直接表出型"辞里意义,另一种是"间接表出型"辞里意义。

直接表出型辞里意义是指这样一种言语意义:它是由语言意义直接生发出来的,或者说,是通过语言意义的具体化产生出来的。比如,某日晚上 8 点钟的时候,某公司王科长和他的部下正在公司会议室里召开业务会。会议开到 8 点半时,公司保安路过会议室。他推开门,看见里面都是人,于是问道:"你们在干嘛?"王科长回答:"我们此刻在开会。"不言而喻,在"我们此刻在开会"这句话中,"我们"指王科长及其部下,"此刻"指某日晚上 8 点半钟,"开会"指召开业务碰头会。在这里,"我们此刻在开会"传递了明确而具体的意义,这种意义属于言语意义。上述言语意义是在语言意义的基础上直接生发出来的,是在特定语境中通过语言意义具体化形成的。这样的言语意义我们称之为"直接表出型辞里意义"。

间接表出型辞里意义是指这样一种言语意义:它不是通过语言意义的具体化直接产生出来的,而是由编码者借助语境条件以言在此而意在彼的方式迂回表达出来的。比如,那天晚上,会议开到 9 点时,王科长看到他的部下小李和小张不专心开会,在一旁侃大山。于是冲她俩说了一句:"我们此刻在开会。"王科长第二次说出这句话,它所传递的言语意义是什么呢?是:"不要开小差"、"不要再聊了"、"不要干扰会议"等。上述言语意义不是通过语言意义的具体化直接产生出来的,是绕弯子绕出来的。具体地说,王科长首先将"我们此刻在开会"这句话具体化,让这句话中的"我们"、"此刻"、"开会"等词语都具有明确指称,完成由语言意义向直接表出型言语意义的转化。然后,再借助语境条件,在前述言语意义的基础上,生发出他实际上想要表达的"不要开小差"等言语意义。这里说的"语境条件"主要是指:①会议期间无需向与会者说明"此刻在开会";②会议期间与会者应该集中精力,不应该开小差、侃大山,影响会议进行。前一条件的存在,决定了王科长所说的"我们此刻在开会",其醉翁之意不在酒;后一条件的存在,决定了王科长以上面这句话语为前提,引发出"不要开小差"等言语意义。"不要开小差"等言语意义是由编码者借助语境条件以指东说西的方式表达出来的。这样的言语意义我们称之为"间接表出型辞里意义"。

在中层复合层次单位中,如果辞里意义为直接表出型辞里意义,则辞面与辞里意义可以对勘；如果辞里意义为间接表出型辞里意义，则辞面与辞里意义则无法彼此对勘。因为辞面与辞里意义有时可以对号入座，有时不能对号入座，所以，在中层复合层次单位中，内容与形式的结合具有"亚对应性"的特点。

所谓"亚同现性"，是指辞面与辞里意义彼此处于或即或离的状态。在辞面与辞里意义可以对号入座的情况下，有前者在必有后者在，有后者在必有前者在，双方总是同时出现。① 在辞面与辞里意义不能对号入座的情况下，有前者在未必有后者在，有后者在未必有前者在，双方之间不存在同现关系。② 因为辞面与辞里意义有时同现，有时不是这样，所以，在中层复合层次单位中，内容与形式的结合具有"亚同现性"的特点。

所谓"亚稳定性"，是指辞面与辞里意义的结合既稳定又不稳定。在辞面与辞里意义有着对勘关系、相伴关系的情况下，如王科长第一次说"我们此刻在开会"，在此情况下，抽象化的辞面处于稳定状态，具体化的辞里意义处于稳定状态（它仅仅表示"我们此刻在开会"），辞面与辞里意义的结合处于稳定状态。在辞面与辞里意义不具有对勘关系、相伴关系的情况下，如王科长第二次说"我们此刻在开会"，在此情况下，抽象的辞面处于稳定状态，具体化的辞里意义处于非稳定状态（它可能表示"不要开小差"，也可能表示"不要再聊了"，也可能表示"不要干扰会议"，以及其他等），辞面与辞里意义的结合处于非稳定状态。③ 因为辞里意义与辞面的结合既稳又不稳，所以在中层复合层次单位中，内容与形式的结合具有"亚稳定性"的特点。

最后，我们考察了里层复合层次单位中内容与形式的结合。考察结果显示，在里层复合层次单位中，属于内容范畴的题旨意义与属于形式范畴的话语，它们的结合具有"非对应性"、"非同现性"和"非稳定性"的特点。

所谓"非对应性"是指题旨意义与话语之间并非具有不可移易的联系。

---

① 辞里意义与辞面可以对号入座，这意味着前者是由后者直接生发出来的。因为彼此有直接联系，所以总是同时出现。

② 在辞里意义与辞面不能对号入座的情况下，同一辞面可以表达不同的辞里意义，同一个辞里意义可以用不同的辞面来表达。所以前者出现时后者未必出现，后者出现时前者未必出现。

③ 双方结合的稳定须以双方自身的稳定为基础，在一方稳而另一方不稳的情况下，不可能建立起稳定的结合关系。

从编码的角度看,同一题旨意义可以采用不同话语来表现;从解码的角度看,同一话语事实上存在着不同的题旨意义理解。二者的这种非单线关系,反映了它们之间并不具有确定性的联系。所谓"非同现性"是指在题旨意义与话语之间并不存在有此必有彼的伴随关系。在创作过程中,编码者总是首先确定题旨意义,然后再来建构话语,这实际存在的时间差,反映了二者出现的非同步性。所谓"非稳定性"指题旨意义与话语之间并不具有恒久而稳固的联系。编码中存在的题旨意义不变而话语一改再改的现象,解码中存在的话语不变而对于题旨意义的理解一变再变的现象,这一方不变或基本不变而另一方不断改变的事实,反映了它们二者之间结合的非恒定性。总而言之,在里层复合层次单位中,内容与形式的结合具有"非对应性"、"非同现性"和"非稳定性"的特点。

  对于修辞学来说,内容与形式关系研究可谓重中之重。但要把内容与形式关系搞清楚,首先必须把内容、形式的存在方式,特别是二者结合的层次性以及不同层次上的结合状态搞清楚。基于前述认识,在决定将内容与形式关系作为近期研究课题以后,我们首先就层次性问题进行了全面细致的考察。限于篇幅,在以上讨论中有些需要交代的没有交代。关心该问题的读者可以参看笔者有关专著。

省略的六种作用①

省略是说写过程中经常用到的修辞手法。人们之所以频繁地使用它,是因为它具有特定作用,能够满足特定的表达需求。省略具有怎样的作用呢?以下语言工具书是这样说明的:

  省略的修辞作用是,避免繁冗、重复,使表达简洁、精炼。(《修辞通鉴》)
  省略——依靠语言环境的帮助,省用某些成分以使语辞简洁。(《语言学百科词典》)
  省略——是指为语言简洁,说话或写文章时省去一些不说自明的句子成分的语法现象。(《实用汉语语法大辞典》)

它们一致认为省略的作用就是避免繁复,简洁辞面。以上看法很有代表性,事实上它反映了人们的普遍认识。然而在观察语言生活及阅读有关资料的过程中,我们越来越感到,以上认识存在以偏概全的缺憾。

省略无论对于语言使用者还是语言研究者都很重要,如果不能准确认识它的作用,不仅将影响到语言使用水平,同时也将影响到语言研究质量。事实说明,对于省略作用有必要加以重新审视,并给予更为全面更为客观的说明。

研究省略得以用到省略手法的语料为基础。在如何判定是否省略的问题上,语言学界至今尚未统一认识,语料采集工作存在很大难度。为了避免有人因为怀疑语料的可靠性而怀疑本文研究结论,我们决定放弃自己采集语

---

① 原载《湖北师范学院学报》,2001年第3期。

料的打算,而以别人使用过的且没有争议的用例为基础。根据我们的研究,省略实际上具有六种作用。现分别说明如下:

作用之一:避免繁冗,简洁辞面

例1:

  a1.小芹去洗衣服,马上青年们也都去洗。(赵树理《小二黑结婚》)

  a2.小芹去洗衣服,马上青年们也都去洗衣服。

例2:

  b1.总而言之,可以这样说,五百万左右的知识分子对待马克思主义的状况是:赞成而且比较熟悉的,占少数;反对的也占少数;多数人是赞成但不熟悉,赞成的程度又很不相同。(毛泽东《在中国共产党全国宣传会议上的讲话》)

  b2.总而言之,可以这样说,五百万左右的知识分子对待马克思主义的状况是:赞成而且比较熟悉马克思主义的,占少数;反对马克思主义的也占少数;多数人是赞成但不熟悉马克思主义,赞成马克思主义的程度又很不相同。

例1和例2取自邓福南等人的《汉语语法新编》。邓福南等先生认为,a1和b1均有所省略:a1的句末本来有个宾语成分"衣服",被作者省略了;b1有四处本来带有宾语成分"马克思主义",也被作者给省略掉了。他们认为,如果不省的话,a1和b1应当像a2和b2显示的样子。[①] 将a1与a2,b1与b2加以对照,可以看出,省略形式与非省略形式负载着相同的语意内容。这就是说,a1与a2、b1与b2的区别只是在于辞面的简与繁。即此可知,省略确实具有"避免繁冗,简洁辞面"的作用。因为上述作用频繁为人们所利用,以及它最容易被察觉,受先入为主思维定势影响,所以许多人把它视为省略的唯一作用。

作用之二:顺畅语脉,加强连贯

例3:

  [原句]国王刚要关城门,国王忽然又想起一件事,便叫住皮皮

---

① 邓福南:《汉语语法新编》,湖南教育出版社,1983年,第262~263页。

……(张天翼《大林和小林》,见1932年《北斗》第二卷,第一期)

　　[改句]国王刚要关城门,∅可忽然又想起一件事,叫住了皮皮……(张天翼《大林和小林》,中国少年儿童出版社,1956年)

例4:

　　[原句]我们幸亏有了信陵君,这十几年我们都没有遭兵患了。(郭沫若《虎符》,群益出版社,1946年)

　　[改句]∅幸亏有了信陵君,这十几年我们都没有遭兵患了。(同名,见《沫若文集》第三卷,人民文学出版社,1957年)

　　例3和例4来自倪宝元所著《汉语修辞新篇章:从名家改笔中学习修辞》。倪先生分析道:作者之所以要将例3后边的主语及例4前边的主语去掉,自然可以说是"为了言语的简洁",但是"依我看,主要还是为了言语的连贯,流畅",因为"主语相同的几个短句,连说时反复出现主语也会使贯通语势受阻"。① 倪先生的看法是正确的。以篇章语言学的眼光看,倪先生所谓的"主语"应称之为"话题"。在前句与后句话题相同的情况下,为什么话题重复出现会影响话语连贯性,而把后继句的话题省略,可以使话语连贯流畅,这问题刘哲在《论话语的衔接手段与话语的连贯及语义分层》文章中曾经给予过解释。他说:"在话题重现的话语中,每个语句都具有自己的话题和述题,它们本身语义自足,可以形成一个完整的表述单位,这样也就在很大程度上避免了对上文的依赖性,加大了各个语句之间在意义和形式上的间隔,使之成为话语中具有相对独立性的板块。因此,从某种意义上说,这种连续运用的、密集的话题重现造成了话语形式上的断裂和离散,是一种反连贯的表达方式。"而让后继句承前省略形式或者说采取零形回指形式,则可以产生消除断裂、增强连贯性的效果。② 通过以上讨论不难看出,"顺畅语脉,加强连贯"也是省略所具有的一个重要作用。

---

　　① 倪宝元:《汉语修辞新篇章:从名家改笔中学习修辞》,商务印书馆,1992年,第439~440页。
　　② 刘哲:《论话语的衔接手段与话语的连贯及语义分层》,载《解放军外语学院学报》,1994年第3期,第53~54页。

作用之三:构造紧句,渲染气氛

例5:

红日高悬,她懒洋洋地从床上爬起来,身上穿好粉红色尼龙连衣裙,脚下穿上乌黑透亮的高跟皮鞋,肩上挂着印花绿色皮兜儿,一步三摇地出了门。

例6:

我刚躺下床去,忽然传来一阵阵急促的呼喊声:"河堤崩了!"我连忙从床上爬起来,头上戴上斗笠,身上披好蓑衣,冒着迎面扑来的风雨,向河堤奔去。

例5和例6引自张维耿、黎运汉的《汉语修辞学的对象、任务和范围》一文。他们认为,例5和例6中标有着重号的词语照理说可以省略,但是在已知例5是"描写一个游手好闲,专事打扮的妇女"的情况下,标有着重号的地方不宜省,不省有助于表现人物性格;而在已知例6是"关于防洪抢险的描写"的情况下,标有着重号的词语则应统统省去,不省"跟防洪抢险的紧张气氛不协调"。① 他们的语感是准确的。例5可以省却不宜省,例6可以省且应当省,为什么? 原因在于,可以省而不省必然造成话语的累赘,累赘的话语必然造成疲软拖沓的表达效果,以疲软拖沓的表达效果对应"游手好闲,专事打扮的妇女",可以说适得其所;相反,可以省的一概省去必然造成话语的紧凑干练,紧凑干练的话语必然造成急切促迫的表达效果,以急切促迫的表达效果对应"防洪抢险",可以说恰到好处。由此可见,有时省略还能起到"紧凑话语,渲染气氛"的作用。

作用之四:排除干扰,凸显焦点

例7:

  passenger: One to Brighton, please, second class.
  旅客: 一张布赖顿,二等舱。
  booking clerk: Single or return?
  售票员: 单程票还是来回票?

---

① 张维耿、黎运汉:《汉语修辞学的对象、任务和范围》,载《中山大学学报》,1982年第1期,第96~104页。

```
passenger:      Return, please.
旅客：          来回票。
booking clerk: Second return, Bright. One twenty, please.
售票员：        二等舱,来回票,布赖顿,(找您)1美元20美分。
```

例7是钱兆明在《环境与语义》文章中提到的例子。它旨在说明口语交际中省略现象的频繁出现。例7如实记录了旅客与售票员之间的一场对话①。在这场对话中,双方把负载已知信息的词语统统省去,只留下了那些负载着未知信息或者说焦点信息的词语。从语法学的角度看,大量的省略造成了语句的支离破碎；但从信息学的角度看,在有充足语境条件支持的情况下,把那些负载着已知信息的可有可无的词语统统拿掉,只把那些负载着未知信息的必不可少的词语留下来,这将有助于信息的交流。因为大量省略意味着彻底排除干扰,从而将焦点信息置于更为醒目更便于接受的位置。通过以上例子的剖析可以看到,在某些场合省略能够起到"排除干扰,凸显焦点"的作用。

作用之五：调配形音,创造美感

例8：

a1. ……百川东到海,何时复西归？少壮不努力,老大徒伤悲。（汉乐府《长歌行》）

a2. ……百川东到海,何时复西归耶？少壮若不努力,老大徒伤悲矣。

例9：

b1. 山木如市,弗加于山；鱼盐蜃蛤,弗加于海。（《左传·昭公二年》）

b2. 山木如市,弗加于山；鱼盐蜃蛤如市,弗加于海。

这是从葛兆光《汉字的魔方：中国古典诗歌语言学札记》及杨树达《汉文文言修辞学》中采撷来的例子。例8a1为汉乐府《长歌行》节录,该诗一共10句,这里引用的是最后4句。葛兆光指出,"中国古代诗人一开始也并不是那

---

① 钱兆明：《环境与语义》,见《语境研究论文集》,北京语言学院出版社,1992年,第271页。

么自觉地利用语序来制造诗歌的。至少,在古人心目中尚未有自觉的诗歌语言观念,在诗歌还没有完全脱离应用性质而成为纯文学形式之前,诗歌语言还是与散文语言相似的:意脉清晰流贯,让人一读之下便理解了诗人的思路;语序正常平直,使人读起来毫不感到别扭难过,诗与文之间的区别只在于文无韵而诗有韵,文多虚字而诗少虚字,文句不齐而诗句齐,只不过人们在读诗时先存了个'诗'的念头,所以便在心里把它读出了诗歌的节奏而已。"①葛先生所言极是,《长歌行》收尾四句平白如话,给它加上三个虚词,照例 8a2 的样子写出,可以说是地地道道的散文。把例 8a1 与例 8a2 加以比较,可以看出,有没有这三个虚词,或者说是加上还是省略这三个虚词,感觉大不一样。加上了虚词,就不再是诗歌,就失去了美质;而省略了虚词,就有了诗歌的味道,就有了令人愉悦的美感。例 9b1 见于《左传·昭公二年》,解读后不难发现,原句有所省略。补出省略成分,恢复完整形式,应当是例 9b2 显示的样子。②将例 9b1 与例 9b2 相对照,可以看出,通过省略,原来不匀齐的语句变得匀齐了,原来不上口的语句变得上口了,原来很平常的语句给人以美的感觉。通过例 8、例 9 省略与非省略形式的比较可知,省略有时还能起到"调配形音,创造美感"的作用。

作用之六:强化诗味,成就诗作

例 10:

　　[完整形式]空外有一鸷鸟,河间有双白鸥。
　　[省略形式]空外一鸷鸟,河间双白鸥。(杜甫《独立》)

例 11:

　　[完整形式][逢]青则惜峰峦之过,[见]黄则知橘柚之来。
　　[省略形式]青惜峰峦过,黄知橘柚来。(杜甫《放船》)

例 12:

　　[完整形式]烟火冲寒,隐约见军中之幕;牛羊晚归,依稀认岭上之村。

---

①　葛兆光:《汉字的魔方:中国古典诗歌语言学札记》,辽宁教育出版社,1999 年,第 61~62 页。

②　杨树达:《汉文文言修辞学》,中华书局,1980 年,第 196 页。

　　　　［省略形式］烟火军中幕,牛羊岭上村(杜甫《秦州杂诗》其十)
　　例13:
　　　　［完整形式］高鸟百寻,群度长淮水;平芜数里,环攒故郢之城。
　　　　［省略形式］高鸟长淮水,平芜故郢城。(王维《送方城韦明府》)

　　例10至例13的"完整形式"均引自王力《汉语诗律学》。这些"完整形式"是王先生根据那些有所省略的诗句的内部语义关系,通过补出省略成分,一一复原出来的。①"完整形式"比"省略形式"易于理解,为什么要省略呢?通过"完整形式"与"省略形式"的比较可以看出,不省略就不能产生诗味,就不能产生诗歌。概言之,省略乃是诗歌创作不可或缺的手段。省略对于诗歌的重要性主要体现于"三个有助于":

　　首先,它有助于增强诗歌的含蓄性。诗歌与科技作品、事务公文等有所不同。后者以说明事理为目的,为了保证信息的准确传释,它通常采取人们熟悉的形式,并且总是让语义表达得明白而清晰。诗歌属于文学艺术范畴,它以满足审美需求为目的。所以诗歌经常采用能够激发审美兴趣的"陌生化"形式,一般不把话说白、说透,以给读者留下想象的空间,回味的余地,也就是说,它总是"意不浅露,语不穷尽,句中有余味,篇中有余意"(沈祥龙语)。对于诗歌来说,省略乃是满足含蓄要求的重要手段。譬如例11,在完整形式下,词语之间的语义关系穷形尽相,面对这样的表述,身为读者只能是你说我听。而在省略形式下,词与词的语义关系进入了朦胧状态,要理顺其语义关系并弄清它所包容的深层意思,读者则不能不开动脑筋。经过琢磨,读者会领悟到,诗人乘船顺流疾驶而下,起先望见一片绿色,当发现那是一座青山时,青山已在视线中消失,他为未能尽情欣赏而感到惋惜;后来又望见一片黄色,等船驶到跟前才意识到那是果实挂满枝头的橘柚林:这样写是为了惟妙惟肖地再现诗人随船快速行进时的所见所感。当明了采取以上表达方式的缘由,以及知晓超常搭配下的独具匠心,读者会感到非常愉悦。

　　其次,它有助于增强诗歌的绘画性。诗歌作为文学作品,在内容表现上应当尽可能地借助于艺术形象,做到"诗中有画"(苏轼语)。画是以三维形式显示形象,而语言是以一维形式来描绘形象,要做到"诗中有画",就得使之在

---

① 王力:《汉语诗律学》,上海教育出版社,1979年新2版,第258~262页。

一定程度上放弃历时性的叙述方式而采取共时性的表现手法，就得使之淡化时间性而强化空间性。时间指物质运动的延续性、间隔性和顺序性，它存在于运动之中。在诗歌创作中，如何淡化时间性呢？有个很简单的办法，就是把用于表现运动的动词给拿掉。把动词拿掉，特别是把那些反映前后事件相继关系的动词拿掉，如例12，于是时间性便被淡化了，而空间性得到了强化。由此可知，省略乃是增强诗歌绘画性的有效手段。

再次，它有助于增强诗歌的活力和弹性。刘熙载指出："律诗要处处打得通，又要处处跳得起。"他认为，诗歌不能像日常语言那样一扣套一扣，而应当跳跃前进。诗歌的跳跃特点主要是通过省略取得的。结构成分的大量省略造成了语言组织关系的松动和模糊，而这松动和模糊则增强了物象、事象表现的活力和弹性。譬如例10，在动词未省略的情况下，其语义关系只有一种解释；而在动词省略的情况下，读者可以根据自己的理解去填补空白，不同的填补代表着不同的理解，省略为多样理解提供了可能。再譬如例13，在动词不曾省略的情况下，不仅对于"高鸟"和"平芜"的存在方式只能按照动词的限定去认识，而且对于"高鸟"与"长淮水"的空间关系，以及"平芜"与"故郢城"的空间关系，也只能根据动词的限定去考虑；而在动词省略的情况下，读者不仅可以根据不同的想象去安排"高鸟"和"平芜"的存在状态，而且可以根据不同的想象去建构"高鸟"与"长淮水"之间及"平芜"与"故郢城"之间的空间关系。美国诗人、评论家艾兹拉·庞德（Ezra Pound）和英国诗人、批评家托马斯·艾略特（Thomas Stearns Eliot）认为，文字既有内在意义，亦有外射意义；一首理想的诗歌，其意义不应受到束缚，而应能冲破文字的桎梏，活泼泼地呈现在读者面前。诗歌表现的物象、事象应当是活泼灵动的，具有活力和弹性的，而创作实践证明，省略乃是增强这种活力和弹性的有效方法。

省略的第六个作用主要反映在诗歌创作上，这就是前面已经提到的，它能够"强化诗味，成就诗作"。

比拟类型的心理学考察[①]
——兼论比拟是否需以相似关系为条件等问题

比拟的主要特征在于异化,在于把 A 类所指异化为 B 类所指。通常将比拟分为三类,即把物当作人、把人当作物,以及把甲物当作乙物。上述分类是以 A 类所指与 B 类所指的异化关系为根据。其实也可以换个角度,以比拟的心理基础为根据来分类。如果说前一种分类属于语义学角度的观照,那么,后一种分类则属于心理学角度的考察。

根据心理基础的不同对比拟进行分类,可以分出以下五种类型:

一、"类似联想"基础上的比拟

作为心理学术语的"类似联想"(association by similarity),是指基于外部特征或内在性质的类似而从某一事物联想到另一事物。建立在"类似联想"基础上的比拟出现频率最高。例如:

①我到了自家房外,我母亲早已迎着出来了,接着便飞出了八岁的侄儿宏儿。(鲁迅《故乡》)

②蓝色的火苗舔着锅底,锅内热气腾腾。(刘坚《草地晚餐》)

③在有关阶级斗争问题上,有的人总爱把螺丝钉往左边多拧几道。这也难怪。你说他偏见也好,反正有这么一个念头在起作用——中国出产过"右派分子",谁见过左派分子。(《当代》,1982

[①] 原载《新疆大学学报》,1995 年第 3 期。

年第5期第124页)

例①作为比拟,本体是"宏儿",拟体是"小鸟"。把宏儿当做小鸟来写,是因为宏儿跑步的样子宛如小鸟般的活泼、轻盈、快捷。例②作为比拟,本体是"火苗",拟体是"舌头"。把前者当做后者描绘,除了因为两者形貌相像——汉语中"火苗"又叫"火舌",同时因为它们动态相像——火苗腾跃的样子犹如舌头不停舔动的模样。例③作为比拟,本体为"右派分子",拟体为"工农业产品"。把前者当做后者叙述,主要因为二者的产生同样具有人为性。以上比拟的形成都是基于"类似联想"。

二、"移情"基础上的比拟

所谓"移情"(empathy)是指由于情之所致,而将人的情感外射或移注到天地万物身上。建立在"移情"基础上的比拟并不少见。例如:

④树上的鸟儿成双对,绿水青山带笑颜。(黄梅戏《天仙配》)

⑤不知为什么,原来挺敞亮的店堂变得特别黑暗了,牌匾上的金字也都无精打采了。(汪曾琪《异秉》)

例④至例⑤作为比拟,本体是"绿水青山"和"牌匾上的金字",拟体是人。把前者当做后者写,纯粹靠的是"移情"作用。有人认为,"移情发生的原因是同情感与类似联想。"①以上看法尽管不无道理,但经不起检验。像例④至例⑤这样的例子,本体与拟体之间并不存在类似联想的条件。金开诚指出:移情"是把客观事物(包括有生命和无生命的)想象为具有人的思想、感情、意志、品格等心理素质方面的东西,而且这些心理素质还往往是按照'移情'者本身的心理模式来'复制'的"。② 相对而言,还是金先生的看法比较准确。因为事实表明,移情对象身上表现出的情感,乃是人的情感的直接"克隆",而克隆关系的建立,并非总是以"类似联想"为条件。

---

① 童庆炳:《与天地万物相往来:谈审美移情》,载《文史知识》,1989年第5期,第97～102页。

② 金开诚:《文艺心理学概论》,人民文学出版社,1987年,第226～227页。

三、"通感"基础上的比拟

从心理学角度讲,"通感"(synesthesia)是指感官反应在不同感觉器官之间互相打通。对于建立在"通感"基础上的比拟,需要区分"错觉性通感"和"经验性通感"两种情况。下面分开讨论。

1."错觉性通感"基础上的比拟

所谓"错觉性通感",是指事物的某方面特征引发的感官反应极其强烈,它除了冲破了不同感官的辖区,同时还把自己的特征附加在其他感官反应上,造成其他感官反应的失真。例如:

⑥雨过树头云气湿,风来花底鸟声香。(贾唯孝《登螺峰四顾亭》)

⑦月凉梦破鸡声白,枫霁烟醒鸟语红。(李世熊《剑浦陆发次林守一》)

例⑥作为比拟,本体是鸟的叫声,拟体是花的气味。把前者当做后者描绘,是因为:当时鲜花盛开。微风从花丛中穿过,将花丛中的花香和鸟鸣声同时传到诗人身边。那缕缕传来的花香太浓烈了,诗人仿佛感到,那阵阵传来的鸟鸣声也饱含着花香。尽管诗人知道,"鸟声"为听觉对象,而"香"用于记录嗅觉反应,彼此不能搭配。但诗人还是组织了"鸟声香"这样的诗语,为的是真实记录当时的感受。例⑦作为比拟,本体是雄鸡和小鸟的叫声,拟体是秋月和秋枫的色泽。把前者当做后者描写,原因在于:秋月皎洁,枫叶红艳,给视觉以强烈的刺激,以致当它们出现于诗人视域的时候,诗人仿佛觉得,当时听到的鸡鸣声和鸟叫声,都或白或红,带染上了皎月和丹枫的明丽色彩。用记录视觉反应的"白"和"红"来描写作为听觉对象的"鸡声"和"鸟语",虽然不合逻辑,但却惟妙惟肖地再现了诗人当时的真实感觉。为了记下当时的美妙体验,以及为了让别人分享这美妙感受,诗人留下了千古佳句。

2."经验性通感"基础上的比拟

任何具体事物都具有多方面属性,它们往往同时为不同感官所反应,如此反复多次,相关反应会相伴进入潜意识,作为经验积淀下来。以后当多方面属性中的某一属性成为反应对象的时候,有着伴生关系的其他属性会作为经验被激活,以致让人感到,实际接触到的属性带有其他属性的特征。因为上述反应属于"通感"范畴,且源生于以往经验,所以称之为"经验性通感"。例如:

⑧行入闹荷无水面,红莲沉醉白莲酣。(范成大《立秋后二日泛舟越来溪》)

⑨翠寒一隅,燕子归来骤。(文森《蓦山溪·香江春日》)

例⑧作为比拟,本体是荷花的色彩,拟体是人发出的声音。把前者当做后者写,是基于"经验性通感"的作用。在人的潜意识里,"红"与"热"、"热"与"闹"、"红"与"闹"这些不同属性之间存在着伴生关系。"红"与"热"为何会形成伴生关系呢?原因在于:"红"是"火"和"太阳"的颜色;而"火"和"太阳"除了具有"红"的属性,还具有"热"的属性;在其"红"的属性为人所感受的同时,其"热"的属性也一并为人所感受。于是这两种属性相伴进入人的潜意识,并每每通过经验的激活而相伴出现。汉语中之所以会有"赤热"、"暖红"这样的语词,道理也就在这里。"热"与"闹"又为何会形成伴生关系呢?原因在于:有"火"的地方才会产生"热","太阳"出来的时候才会产生"热";而有"火"的地方也就是有人活动的地方,"太阳"出来的时候也就是人开始活动的时候;而在有人活动的时空里总是充满了喧闹声;于是,"热"和"闹"这两种属性也作为相伴属性,进入人的潜意识,并常常随着经验的激活而相伴出现。汉语中之所以会有"热闹"这样的语词,道理也就在这里。至于"红"与"闹"何以能够形成伴生关系,原因在于:在人的潜意识中,"热"除了与"红"存在相伴关系,还与"闹"存在相伴关系。这使得它可以作为桥梁,帮助"红"与"闹"之间建立伴生关系。前述相伴关系可以称之为"通感链"关系。荷花色彩艳丽,尤其是在晴好的天气里,"映日荷花别样红"。诗人泛舟驶入荷塘深处,零距离地面对千万朵盛开的红艳无比的荷花,在通感链作用下,仿佛听到那朵朵荷花发出阵阵欢快的喧闹声。于是诗人构造了"闹荷"这样的诗语。例⑨作为比拟,本体是树丛的色泽,拟体是河流或树林的温度。把前者当做后者来写,也是借助"经验性通感"。在人的潜意识中,"翠"与"寒"两种属性之间存在相伴关系。这关系是如何形成的呢?因为:"翠"或"绿"是"河流"的颜色,是"树林"的颜色;"河流"和"树林"除了具有"翠"或"绿"的属性,还具有"寒"、"冷"、"凉"的属性——把手伸进河流里,以及走进树林深处,可以实实在在感受到以上属性。由于"翠"或"绿"的属性与"寒"、"冷"、"凉"的属性每每结伴而行,以致它们后来结伴进入人的潜意识,并在经验激活时结伴出现。概言之:汉语中存在"碧冷"、"冷绿"、"碧凉"之类词语,词人可以用体现触觉感受的词语表现视觉对象,乃是通感链作用的结果。

四、"类似联想"和"通感"双重基础上的比拟

这类比拟,从心理学角度看,既具有"类似联想"的特质,又具有"通感"的特质;所以称之为"建立在'类似联想'和'通感'双重基础上的比拟"。例如:

⑩一群云雀儿明快流利地咭咭呱呱,在天空里撒开了一颗颗珠子。(引自钱锺书《通感》)

⑪眼不见,耳则欲灵。过了寒翠桥,还没踏上进山的途径,泠泠淙淙的泉声就扑面而来。(谢大光《鼎湖山听泉》)

例⑩作为比拟,本体是云雀儿的叫声,拟体是珠子的形象。用圆润饱满、亮丽光滑的"珠子"来比喻云雀"明快流利"的叫声,是"类似联想"的结果。从形貌入手描绘云雀的叫声,把听觉对象变成了视觉对象,是"通感"在起作用。这里的通感当属"经验性通感"。根据是:在我们的经验中,圆滑的物体多与圆润的声音结伴而行;不圆的物体多与粗糙的声音结伴而行。例⑪作为比拟,本体是泉水发出的声音,拟体是能够产生很强冲击力的实体。用动感和力度极强的"扑面而来"比喻由远及近、由弱而强的泉水声,是基于"相似"联想;从视觉和触觉感受的角度描绘泉水的声音,把听觉器官感知的对象变为其他器官感知的对象,是基于"通感"的作用。这里的通感同样当属"经验性通感"。根据是:在我们的经验中,猛烈的冲击总是与巨大的声响结伴而行,微弱的冲击总是与细小的声音结伴而行。

五、"类似联想"和"移情"双重基础上的比拟

此类比拟,从心理学角度看,除了具有"类似联想"的特质,同时具有"移情"的特质;所以称之为"建立在'类似联想'和'移情'双重基础上的比拟"。例如:

⑫羁鸟恋旧林,池鱼思故渊。(陶渊明《归园田居五首》)

⑬千锤万凿出深山,烈火焚烧若等闲。粉身碎骨浑不怕,要留清白在人间。(于谦《石灰吟》)

例⑫作为比拟,本体是笼鸟和池鱼,拟体是诗人自己。失去自由的鸟念念不忘过去栖居的树林;困顿于浅窄池塘的鱼始终怀念着昔日畅游的深渊。鸟和鱼的行为是出于本能,与诗人希望摆脱官场桎梏、回归田园的自觉意识有着本质区别;但是双方在向往自由自在这一点上存在着共同之处。所以诗人可以利用共同点以彼喻此,这是体现了"类似联想"的作用。本来懵懂无知的鸟和鱼,表现出诗人的情感,这是"移情"的结果。例⑬作为比拟,本体是石灰,拟体是诗人自己。利用石灰与诗人之间的共同点,即双方都具有的"刚毅"和"清白"品格,借彼喻己,体现了"类似联想"。从原本毫无知觉的石灰身上,不仅看到诗人的坚强意志,同时看到他的高尚情操,是"移情"在起作用。

传统修辞学从语义学的角度将比拟分为三类,而我们从心理学的角度将它分为五类。就分类的细度看,后者比前者细。但这并不意味着作为分类方法,后者优于前者。道理在于:对于同一现象,需要作多角度的考察;不同角度的考察会有不同的发现。譬如前面所说的语义学角度的考察,它可以对本体与拟体之间的异化关系作高度概括的揭示。上述作用则是后一种角度的考察所不具备的。作为后一种角度的考察具有怎样的作用呢?我们以为,心理学角度的考察至少具有以下两个作用:其一,它可以告诉我们,比拟的构成是否必须以本体与拟体之间的相似关系为条件。其二,它可以告诉我们,比拟适用于什么样的场合,或者说具有怎样的修辞功能。

在比拟构成是否需以相似关系为条件的问题上,我国修辞学界存在意见分歧。例如,陆稼祥说:"比拟要求本体与拟体有相似点。"①郑颐寿强调:"无论是拟人还是拟物……被比拟物和比拟物之间有相似点。"②与其相反,郑远汉认为:"'比拟'不像'比喻'强调甲乙两事物的相似点,而倒是侧重于它们之间的不同特征,这是比喻与比拟的重要区别所在。"③陈法今指出:"比拟,以此拟彼,不一定要求有相似性,重在'拟'上,并且彼此已融为一体了。"④这两

---

① 陆稼祥:《辞格的运用》,辽宁人民出版社,1989年,第68页。
② 郑颐寿等:《修辞学新编》,鹭江出版社,1987年,第171页。
③ 郑远汉:《辞格辨异》,湖北教育出版社,1985年,第46页。
④ 陈法今:《应用修辞学》,江苏教育出版社,1991年,第158页。

种互相矛盾的看法,孰是孰非?其实上述两种看法都是既对又不对,因为它们都是正确与谬误并存。通过对比拟所作的心理学考察可知,比拟是多种因素作用的结果。有一部分比拟是在相似关系基础上形成的,而另一部分比拟则不然。具体地说,根据心理基础不同划分出来的五种类型,其中(一)、(四)、(五)三种类型,是在"类似联想"基础上的比拟、在"类似联想"和"移情"基础上的比拟、"类似联想"和"通感"基础上的比拟,其构成需以相似关系为条件;而(二)、(三)两种类型,是在"通感"基础上的比拟、在"移情"基础上的比拟,其构成无需相似关系的支持。

在比拟适用于什么样的场合或者说具有怎样的修辞功能的问题上,我国修辞学界存在各种各样的说法。例如《修辞学发凡》说:比拟"发生在情感饱满、物我交融的时候"。①《修辞方式例解词典》说:"比拟是一种抒情手段。"②《大学修辞》说:"第一,比拟可以调动想象,勾画形象。""第二,比拟能烘托气氛,抒发情感。"③通过对比拟类型的心理学考察可以看出,以上说法或存在以偏概全的不足,或存在着眉毛胡子一把抓的缺憾。因为事实表明:根据心理基础划分出的五类比拟中,只有(二)、(四)两类,即"移情"基础上的比拟、"类似联想"和"移情"基础上的比拟,才是在"情感饱满、物我交融的时候"使用,才主要体现为"一种抒情手段",而其他类型的比拟主要作用并不是抒情,甚至跟抒情几乎不搭界。把比拟的修辞作用一分为二是个进步,但没有说明什么样的比拟与什么样的用途相对应,仍然让人不得要领。通过心理学角度的考察我们发现,不同类型的比拟具有不同的用场:类似联想基础上的比拟,主要用于增加表达的形象生动性;移情基础上的比拟,主要用于烘托气氛,畅抒情怀;通感基础上的比拟,主要用于使读者立体地、真切地感知对象。类似联想和通感双重基础的比拟,一方面用于增强艺术形象的生动性,另一方面用于激活读者的通感链,使他们能够在多种感官的协同运作下,立体地、鲜活地观照审美对象;类似联想和移情双重基础上的比拟,除了起到增强表达形象生动性的作用,同时还起到充分宣泄内心情感的作用。

---

① 陈望道:《修辞学发凡》,上海教育出版社,1976年,第119页。
② 浙江省修辞研究会:《修辞方式例解词典》,浙江教育出版社,1990年,第3页。
③ 倪宝元等:《大学修辞》,上海教育出版社,1994年,第239页。

无标点文字的修辞功能和使用条件

在 80 年代以来的文学创作中,我国有些中青年作家开始尝试运用"无标点文字"。所谓无标点文字并不像"五四"以前通篇无标点,只是在文章个别地方不加标点。事实证明,上述修辞方式运用得当的话,能够产生很好的修辞效果。

例如:

①船长……连声说一条好汉一条好汉一条好汉。(方方《风景》)

②我又走了几步,那声音突然象机关炮一样炸响了:"说你哪说你哪说你哪……"(陈祖芬《一九八七:生存空间》)

这里不用标点要比使用标点好。不加标点,对于主人公当时的语态,即所谓"连声说",所谓"象机关炮一样炸响",读者能够获得如闻其声的真切感受。

又如:

③F城的街道永远熙攘拥挤,迫不及待争分夺秒地流动着流行时尚,无论是流行时装流行发式流行家具流行首饰流行歌曲还是流行霹雳舞太空舞流行妻子加情人,在此都应有尽有,无一遗漏。(张抗抗《流行病》)

④E很热爱甚至酷爱开会。他在一个政府机关任职,一向忠于职守,几十年来,开过的会无以计数。令人佩服的是,他无论被派去

---

① 原载《赣南师范学院学报》,1994 年第 4 期。

参加什么会议，诸如五讲四美计划生育植树造林加强治安宣传民法通则技术开发交通安全看样定货区人民代表大会通俗歌曲大奖赛颁奖仪式经济管理理论讨论会等等，都能应付自如，游刃有余，恰到好处地作出及时而适当的发言。(张抗抗的《无序十题》)

例③是说在F城各种时尚"应有尽有，无一遗漏"，有哪些时尚呢？作者举例时采用了无标点文字，让各种时尚密密麻麻"迫不及待"地"拥挤"在一起。尽管列举的内容并不多，只举到其中一小部分，但在无标点文字的作用下，给人以林林总总，目不暇给的感觉，对于凸显F城追求时尚几近病态起到很好的作用。例④主要表达两层意思：一是不少官员，如作品主人公E，"热爱甚至酷爱开会"，成了职业病；二是会议成灾，愈演愈烈。在介绍E经常参加哪些会议时，作者用了无标点文字，把会议名目作接连不断的排列。尽管所谈挂一漏万，但是在无标点文字的作用下，使读者深刻感受到，会议病这种官场顽症，已经严重到何等程度。

再如：

⑤你想想看在这个厂里有多少人让你扣帽子的啊想不起来了反正那时政治帽子是很多的是吗你想想那时在中国有多少政治帽子啊让我想想看让我想想看……(胡万春的《女贼》)

⑥可是我根本记不清你的模样啦我使劲想也想不起来你的脸庞模样我真的认识你吗真的和你在一块儿在秋天开满黄色的金针花的草地上听你讲过那些话吗我想不起来了我只有一个印象一个强烈的眩目的光彩的印象。(张承志《三岔口》)

例⑤和例⑥是写主人公的内心活动，写他们回忆往事时的思绪。思绪绵延不断，犹如水流，所以被形象地称为"意识流"。意识流可分四种类型：a.线形的意识流结构，即意识由一个源头连续地、单线地向前运动，像一环接一环的链条；b.放射形的意识流结构，即由一个固定的中心持续地向四周放射，像一个放射的星状；c.彩点式的意识流结构，即意识杂乱地互不相关地闪烁涌现，像散布的彩点；d.块状的意识流结构，即意识集结为大块的构件，整个意识流由大块构件排列而成。① 例⑤和例⑥显然属于第一种。书面上表现这

---

① 汪靖洋：《当代小说理论与技巧》，江苏教育出版社，1989年，第561～562页。

种意识流,如果篇幅不长,不加标点可谓聪明之举。因为这种意识流"像一环接一环的链条",加上标点意味着将完整的链条割断为多截,表现效果会受到影响。例⑤例⑥采用了无标点文字,从而惟妙惟肖地再现了作品主人公当时绵延不断的思绪。

根据调查看,无标点文字有三大功能:其一,可以凸显话语的急切;其二,可以渲染事物的众多;其三,可以表现思绪的绵延不绝。功能与用场之间存在对应关系。基于前述功能,可以逻辑地推导出它所适用的场合。即:a.可以表现连珠炮似的话语;b.可以表现难以历数的事物;c.可以表现线形意识流。

前面说无标点文字适用三种场合,这并不等于逢到前述场合就应使用无标点文字。无标点的使用受到语体的限制。它通常是在小说中使用,有时也在杂文中使用。撰写公文或者学术论稿,即便需要表现事物众多等,也不能使用无标点文字。

无标点也是一种标点。有人称之为"不用标点的标点",有人称之为"零形式的标点",从理论上讲它依然属于标点的范畴。标点是书面语言的辅助工具,作用是有限的。在文学创作中,不论表现何种内容,还是应当在语言上下工夫。例如,表现连珠炮似的话语,根据它属于口语语体及其本身的表达特点,在组织语言时应当多用口语词,多用短句,多用省略形式。不在语言上花工夫,而只是在标点上费脑汁,结果只能是南辕北辙,事与愿违。试看下面的例子:

⑦要克服居民企图购买四大名鱼而不买胖头鱼的不切实际的幻想和不顾大局的自私心理!更要制止那种前四天不积极买鱼而第五天一拥而上的无组织无纪律无计划无道德的不文明现象!

这是赵大年《活鱼》中的一段。有人认为它成功地表现了"剀切肯定"的语气,讨论无标点文字时赞不绝口。其实它属于失败的尝试。因为在地道的口语里,从不使用如此臃肿的长句。

无标点文字除了受到语体的限制,同时还受到话语形式的限制。一般地说,它只能在不用标点但话语结构和语气依然比较清楚的情况下使用。标点能够显示结构和语气,但并不是唯一手段;语言自身的某些因素也能起到前述作用。就汉语来讲,能够显示结构和语气的因素有:a.叹词、语气词(可以显示句界和语气);b.关联词语、相同的提挈语、相同的语法格式(可以显示结构、层次);c.语气副词、疑问词(可以显示语气);d."例如"、"诸如"之类的领摄动词(可以显示结构)等。采用无标点文字的时候,应当注意这些因素的利用。前面提到的例①至例⑥,都注意到了这一点。不用标点但话语结构和语气也比较清楚,对于无标点文字来说至关重要;少了这一前提,修辞效果不会好。因为读者读时不得不把精力集中到对结构和语气的分析上,再也无暇顾及其他。试看下面的例子:

⑧……试想序列音乐中的逻辑是否可以把你的生命延续到理性机械化阶段与你日常思维产生抗衡与缓解并产生新的并且高度的高度并且你永远忘却了死亡与生存的逻辑还保持了幻想把思维牢牢困在一个有限与无限的机合中你永远也要追求并弄清你并且永远弄不清与追求不到的还是要追求与弄清……

这是刘索拉的《你别无选择》中的一段无标点文字。它结构纠缠,句界模糊,加上使用的是学究式的语言,令人望而生畏,读而生厌。有人分析说,作者成心把话组织得七里八拐,整个语段中间没有一处停顿。看起来是试图表现主人公悟出人生哲理的深奥艰涩,实际上是通过语言外在形式对话语内在意义的硬性扭曲,对主人公自视神圣的、崇高的、有价值的东西进行了尖锐的讽刺和嘲弄。分析是对的,由这段文字的形式和内容人们不难体会作者的良苦用心。但是,这段文字给予读者更多的是焦虑和烦躁,是阅读情绪的严重破坏,就效果来讲得不偿失。

在无标点文字的使用上,除了需要注意有关语体是否适合这种方式,以及需要注意有关语言形式能否接纳这种方式外,同时还要注意,任何场合,无标点文字的使用都必须严加控制。因为使用过度会引起读者反感。为什么呢?原因在于:阅读过程是与记忆过程相伴随的。记忆过程需要通过"瞬间记忆"、"短时记忆"和"长时记忆"三种记忆的配合来完成。阅读时首先由瞬间记忆把文字图像接收下来传递给短时记忆;接着由短时记忆把接收到的文字信息转换为语言信息;最后由长时记忆将获得的语言信息储存起来。三种记忆分工不同,记忆能力亦各有不同。瞬间记忆容量大,刹那间进入眼界的视觉映像几乎都能接收下来;但保持时间极短,仅为十分之几秒。短时记忆容量有限,以组块(chunk,心理学术语,指过去经验中熟悉的刺激单位,如一个汉字、一个单词、一个句子等)作为测量单位,一次性记忆容量为 5~9 个组块,保持时间为 5~20 秒。记忆的容量和记忆时间的久暂受到组块大小、熟悉程度、复杂程度、呈现速度等因素影响。长时记忆在容量上没有限制,存入的信息可以较长时间甚至永久不被丢失。前面指出,短时记忆的容量和时量为语言特点所制约。语句的长度、结构的复杂程度、阅读的速度都会对它产生影响。① 普通书面语,其语言面貌是顺应人的心理特点自然形成的;语句的长度、结构的复杂程度、阅读的速度都被控制在短时记忆能够承受的范围内,阅读起来比较轻松。无标点文字则不然,其书面形式一定程度上与阅读心理相违拗,语句的长度、结构的复杂程度,以及阅读的速度通常超出短时记忆能够承受的范围,以致读者不得不靠两次三次四次回读来补救。阅读这样的超常文字,读者都有吃力的感觉。偶尔的、小段的无标点文字倒没有什么问题,而频繁地、大段地使用,则会弄得读者疲劳不堪,会使得他们由于阅读屡屡受阻而心生烦躁。阅读文学作品,本来是想放松放松,希望得到精神上的享受,结果适得其反,读者自然会产生反感。

---

① 彭聃龄主编:《语言心理学》,北京师范大学出版社,1991 年,第 158 页。

从诗味的产生谈新诗分行[①]

落笔时正文开头空两格,然后往下写,第一行到头转到第二行,第二行到头转到第三行,依此类推,这是一种写法;落笔时正文开头不止空两格,不到头就转行,将完整的句子分割为多截,这又是一种写法。在讨论新诗艺术时,人们将前一种写法称为"不分行"形式,后一种写法称为"分行"形式。[②]

把不分行的文本改用分行形式写出,表达效果是否会发生变化呢? 有个名叫威廉斯(William Carlos Williams,1883-1963)的美国诗人做过实验,他找了一则以不分行形式写下的普通便条——

  I have eaten the plums that were in the icebox and that you were probably saving for breakfast. Forgive me; they were delicious, so sweet and so cold.

  我吃了冰箱里的李子,它们大概是你留着早餐吃的。原谅我,它们太可口了,那么甜,那么凉。

改用分行形式写出:

    I have eaten
    the plums

---

① 原载台湾《第三届中国修辞学研讨会论文集》,台湾洪叶文化事业有限公司,2001年版。

② 有的诗歌采取一个小句占据一行的形式,如闻一多的《死水》;有的诗歌采取一个或两个小句占据一行的形式,如郭小川的《甘蔗林——青纱帐》;有的诗歌采取三个小句占据一行的形式,如公刘的《铁的独白》。这些我们视之为"不分行"与"分行"的中间形式,本文不予讨论。

> that were in
>
> the icebox
>
> and that you were probably
>
> saving
>
> for breakfast
>
> forgive me
>
> they were delicious
>
> so sweet
>
> and so cold

> 我吃了
>
> 冰箱里的
>
> 李子
>
> 它们
>
> 大概是你
>
> 留着
>
> 早餐吃的
>
> 原谅我
>
> 它们太可口了
>
> 那么甜
>
> 那么凉

  结果发现,眼前这段文字顿时生出诗歌的味道。① 本来不是诗歌,分行书写就有了诗歌的味道。实验表明,分行与诗味之间有着一定的联系。

  为什么分行能够产生诗味呢?要把这问题说清楚,首先需要把分行的作用搞清楚。分行属于形式的范畴,从创作过程讲,是先确立内容后选择形式;形式是跟着内容走的,是为内容服务的;新诗所以采用分行形式,乃是因为该形式具有特定的作用,能够为意欲表现的内容提供所需的服务。所谓内容不能简单地理解为写什么,而应当理解为诗人在创作过程中希望实现的与效果

---

① Jonathan Culler. *Structualist Poetics: structralism, linguistics and the study of literature*, London:Routledge and Kegan Paul,1975.

有关的全部要求。探讨分行作用不能脱离新诗创作要求这个前提。这是起码的常识。我们的有关调查和分析始终是建立在前述常识的基础上的。

根据我们的初步考察,对于新诗来说,分行具有四大作用:

一、分行可以起到上口的效果

诗人有时会采用一些较长的句式。例如,郭小川创作过一首名叫《闪耀吧,青春的火光》的新诗,开头四句平均每行 20 字,用的都是长句。如果不采取分行形式,一句一行地往下写,就成了下面这个样子:

> 我几乎不能辨认这季节到底是夏天还是春天,
> 因为在我目光所及的地方处处都浮跃着新生的喜欢,
> 我几乎计算不出我自己究竟是中年还是青年,
> 因为从我面前流过的每一点时光都是这样新鲜。

朱自清曾经对诗句长度问题进行过专门研究,他发现"长到二三十字的句,十余字的读,中间若无短的停顿,便不能上口"。① 老舍也曾指出,把长句引入诗歌,"必然的会使气势衰沉,而且只能看而不能读",给诗歌"一个致命伤"。② 开头四句,郭小川所以采用长句,原因在于:第一句与第二句之间存在因果联系,第三句与第四句之间也存在因果联系。每个因句和果句虽然比较长,但都是单句形式。在这种情况下,无论因句或果句都必须维持原来的长句形式。然而这样做造成了朗读的困难。怎么办? 为了解决前述难题,郭小川对它作了如下处理:

> 我几乎不能辨认
> 　　　这季节
> 　　　　　到底是夏天还是春天,
> 因为
> 　　在我目光所及的地方

---

① 朱自清:《朗读与诗》,见《朱自清全集第二卷·散文编》,江苏教育出版社,1988 年,第 393 页。
② 老舍:《我的"话"》,见《老舍文集第十五卷》,人民文学出版社,1990 年,第 463 页。

```
                      处处都浮跃着新生的喜欢,
    我几乎计算不出
                我自己
                      究竟是中年还是青年,
    因为
          从我面前流过的每一点时光
                            都是这样新鲜。
```

即采取了楼梯状分行书写的形式。后来郭小川解释说:"如果把二十字排成一行,那读者(尤其是朗诵者)一定会感到难念。所以,我大体上按照念这些句子时自然的间歇,按照音韵的变化作了这样一种排列,多少也想暗示读者:哪里顿一下,哪里加强一些,哪里用一种什么调子。"[①]将长句照楼梯状作分行排列,其实是提醒读者,在语音处理上不要以小句为单位,而以台阶为单位,即"化整为零,分而治之"。分行形式的采用,顺利化解了语法上需要"连"而语音上需要"断"的矛盾,消除了"只能看而不能读"的问题。

二、分行可以调整节奏关系

句中停顿总是出现在节奏单位与节奏单位交界处。改变停顿位置,等于改变节奏单位的构成,进而改变节奏关系。因为分行意味着停顿,停顿能够改变节奏关系,所以,分行具有调整节奏关系的作用。请看下面的例子:

```
《死》    夐 虹
轻轻的拈起帽子
要走
许多话,只
说:
来世,我还要
和
你
```

[①] 郭小川:《谈诗》,上海文艺出版社,1984年,第103页。

结婚

《如果爱情像口香糖》 王添源

……
而爱情总是和口香糖
比赛失味的速度
丢掉的爱情
和你嚼淡的口香糖一样
不容易
忘记
只是慢慢地
淡去
淡
去

前一首诗以"和你结婚"收尾,写成"和"、"你"、"结婚",四个字分为三行,这显然不是从便于朗读出发;后一首诗以"淡去,淡去"结束,写成"淡去"、"淡"、"去",四个字亦写成三行,这无疑也不是从有助朗读考虑。目的何在?不言而喻,是为了调整节奏关系。诗人把四个字分作三行,是要读者打破常规,以三个节奏单位来处理四个字,两字一顿地读,甚至一字一顿地读。通过节奏单位长度的压缩,并辅以朗读力度的强化或弱化,表现出相应的语气和意蕴。具体地说,是要读者在诵读"和"、"你"、"结婚"时读出斩钉截铁的口吻,在诵读"淡去"、"淡"、"去"时读出渐行渐远的味道。

三、分行可以创造语意空白

南宋诗论家严羽认为,诗歌创作以"不涉理路、不落言筌者"为上(《沧浪诗话》)。这提法存在一定的片面性,因为要让诗歌完全超脱理路是办不到的,况且诗歌中有哲理诗一族,由于涉及理路而视之为下下品,甚至否认其诗歌资格,显然不妥。但以上提法又具有一定的合理性。对于咏物诗来说,"不涉理路、不落言筌"似可作为座右铭,因为在这类诗歌创作中不避理路被视为大忌。① 像下面两句诗"日落江湖白,潮来天地青"(王维《送邢桂州》),尽管其中不无理路,但若不避理路,乃至挑明理路,把它写成"因日落而江湖白,因潮来而天地青",生机勃勃的诗句也就成了死句。"不落言筌"是指在"言"与"象"之间保持一定距离。为什么呢？因为语言既是工具又是牢笼,不拉开距离等于把活泼灵动的物象、事象送进牢笼。举个例子,我国古典诗歌中经常出现"云山"一语,如王维《登裴迪小台》:"端居不出户,满目望云山。"张说《再使蜀道》:"烟壑争晦深,云山共重复。"杜甫《茅堂》:"喜无多屋宇,幸不碍云山。"戴叔伦《雨》:"啼鸟云山静,落花溪水香。"陆希声《山居即事》:"满川风物供高枕,四合云山借画屏。"方干《和于中丞登扶风亭》:"郭里云山全占寺,村前竹树半藏溪。"张祜《题樟亭》:"晚霁凭虚栏,云山四望通。"陆游《云门道中》:"不须苦觅东柯谷,是处云山可寄家。"赵梦频《题龚圣予山水图》:"当年我亦画云山,云白山青咫尺间。"在汉诗英译中,"云山"或被译成 clouded mountain(被云遮盖的山),或被译为 cloud like mountains(像云的山),或被译为 mountain in the clouds(云中的山)。以上译法存在一个问题,这就是以偏概全。因为"云山"是一个富有弹性的、可作多角度观察的物象,就语意讲,它未必是: clouded mountain $\overline{V}$ cloud like mountains $\overline{V}$ mountain in the clouds,而可能是: clouded mountain $\wedge$ cloud like mountains $\wedge$ mountain in the clouds("$\overline{V}$"表示不相容析取关系,相当于汉语的"要么";"$\wedge$"表示合取关系,相当于汉语的"并且")。这例子说明,表述清晰意味着剥夺了物象、事象活动的自由,而表述模糊意味着留给物象、事象以伸缩的余地。"不涉理路、不落言筌"对于咏物诗具有重要意义。叶维廉认为,要做到"不涉理路、不落言筌",一方面得尽量减少指引性说明而让物象、事象站到台前自己演出;另一方面得充分利用汉语语法的灵活性,在语言运用上采取"若即若离"的策略。"若即若离"就是不把话说满,留有空白,让物象、事象有自由活动的空间。② 我们以前讨论省略时指出,省略作用之一便是留空白。现在讨论分行,我们要说,分行也能起到留空白的作用。请看下面的对比实验:

---

① 根据表现对象和表达旨归的不同侧重,诗歌可以分为咏物诗、叙事诗、抒情诗、言理诗四种类型,这四种类型在语言运用上具有不同的特点。关于这一问题,可参见葛兆光《汉字的魔方:中国古典诗歌语言学札记》。

② 叶维廉:《中国古典诗歌中的传释活动》,见《中国诗学》,三联书店,1992年,第17页。

【不分行书写】

　　迷濛里一个斗笠随着牛步一起一伏的归来。风流不必问尽在图画中。滂沱！好深沉的静止！一只白鹭划过绿色的雨无声地停在一只水牛的身上。任雨水由它的嘴尖滴下，滴滴滴，滴在那么温驯的牛背上……

【分行书写】

　　　　　　《耕雨》　　　叶维廉

　　　　　迷濛里
　　　　　一个斗笠
　　　　　随着牛步
　　　　　一起一伏的
　　　　　归来
　　　　　风流不必问
　　　　　尽在图画中
　　　　　滂沱！
　　　　　好深沉的静止！
　　　　　一只白鹭
　　　　　划过绿色的雨
　　　　　无声地
　　　　　停在
　　　　　一只水牛的身上
　　　　　任雨水
　　　　　由它的嘴尖滴下
　　　　　滴滴滴
　　　　　滴在那么温驯的牛背上……

　　这是叶维廉的一首诗。它本来是以分行形式出现的，不分行形式是我们给予的。同一首诗，分行与不分行，给人的感觉是不一样的。至少说有这么几点区别：首先，在不分行的形式下，要想放慢阅读速度似乎是不可能的；后字紧跟前字，后行紧跟前行，好像有谁在催促，要求读者不停往下读，直到读完为止。在分行的形式下，读者无法快速阅读，第一行读完，得停顿一下，第二行读完,又得停顿一下;读者不得不不断地停顿,放慢语词的阅读速度。其次,在不分行的形式下,语意读解是以比较快的速度进行的,读者是以小句作为读解的基本单位,在句义联系中,即在定位、定向、定范围的前提下来解读其中的词语的意义的。在分行的形式下,语意读解的速度明显趋缓,读者会感觉到,自己有时不是以小句而是以诗行作为读解的基本单位,而且往往是在切断语义联系的情况下——即不定位、不定向、不定范围的情况下——读解那一行行的诗语。再次,在不分行的形式下,读者会觉得好像在阅读一首富有诗意的咏物散文。在分行的形式下,读者会觉得那向下延伸的一行一行文字不是诗句,而是一幅接一幅跳出的电影特写镜头,镜头中的景物玲珑剔透,淡雅悠谧,令人神怡心醉。通过对比可以看出,就叶维廉的这首诗而言,分行比不分行效果要好得多。分行为何能够起到如此好的效果?原因在于,分行造成了语意网络的解体,而这解体造成了诗歌中的空白——请注意,这空白不是指页面上的空白,不是指画家或书法家在景物之间或方块字之间留下的空白,它是一种语意上的空白,是诗人在语意网络中为语意单位开辟的向外延伸的空间——对于诗歌来说,这空白实在是太重要了,因为它使得各种物象、事象能够跳出"语言的牢笼"(Jameson 语),成为可以自由伸展、活泼灵动、富有弹性的意象,同时它使得语意的传释能够摆脱一维轨道的约束而向三维空间发展,取得只有绘画、电影等视觉艺术才能取得的效果。以上事例说明,分行能够起到创造语意空白的作用。

四、分行可以帮助构筑图像

台湾诗人白荻常把自己创作的新诗作图像排列,他的《流浪者》的前段是以如下模样出现在页面上的:

望著远方的云的一株丝杉
望著云的一株丝杉
一株丝杉
丝杉
在
地

平
线
上
一株丝杉
在
地
平
线
上

　　他把这段诗句排成了丝杉的模样,目的是以孤寂的丝杉象征和衬托流浪者的孤寂。叶维廉说:"对中国人来说,因为中国字方形,大小一样(也可以写大些小些),很容易排成我们欲表现的图像,没有什么巧妙可言。中国人多视之为游戏。但在一首诗里,为了某种表现的需要而用上图像,有时效果很好,如白荻和方莘的诗。"①对于白荻的以上尝试,叶维廉给予了充分肯定。

　　从上述例子可以看出,在图像的构筑上,分行起着重要的作用。因为构筑图像首先要有构筑图像的组块,即不同形状的文字块,而组块或者说文字块须通过对句子的切割即分行获得。由此可知,除了前面提到的作用以外,分行还有一个功能——可以帮助构筑图像。

　　开头说,分行作为一种形式,它是为内容服务的。所谓内容就是新诗创作过程中诗人希望实现的与效果有关的全部要求。通过以上讨论我们看到,在新诗创作过程中,诗人希望实现的全部要求,无非便于口诵、富有节奏、耐人寻味,以及能够让人产生形象联想等。上述要求既可以说是新诗创作者的要求,也可以说是新诗本身的要求,因为正是通过它们的实现,诗人创作的新诗才真正成为新诗。

　　需要说明的是,以上强调分行的从属性和服务性,并无贬低分行作用的意思。内容与形式是相互决定关系的。从发生学角度看,是内容决定形式;从效果角度看,是形式决定内容。也就是说,从效果角度看,离开分行形式新诗也就不成为新诗。这通过前面的实验——把叶维廉的一首诗由分行改为

---

① 叶维廉:《"出位之思":媒体及超媒体的美学》,见《中国诗学》,三联书店,1992年,第175页。

不分行——已经得到证明。为什么会发生这样的情况呢？道理在于,离开分行形式,"便于口诵、富有节奏、耐人寻味以及可以能够让人产生形象联想"这些要求就无从满足,而不能满足的话,所谓新诗也就无从产生。

不过我们既已充分认识到,分行是"有意味的形式"(significant form),是决定新诗成为新诗的形式;又应清醒意识到,分行不是能够把任何作品都变成新诗的点金石。如果那样的话,新诗创作就太容易了——随便乱写,按分行形式排列就是了。

创作新诗不能"买椟还珠"。作为诗人,应当紧紧围绕新诗特征下工夫,而不应当只是在分行形式上玩噱头。

第三编

社会语言学研究

"言语社区"与"言语共同体"
——从历史流变谈社会语言学两个常用词

　　社会语言学主要研究社会与语言的互动关系。语言方面一般用"言语变体"表示,通常简称"变体";社会方面一般用"言语社区"、"言语共同体"、"言语社团"、"言语社群"①表示,通常简称"社区"、"共同体"、"社团"、"社群"。有些学者认为,"社区"、"共同体"等均来自对英文 community 的翻译,一词多译会造成混乱,故而应当按照学术用语"单义性"(monosemy)和"单名性"(mononymy)要求加以规范。对于将单义和单名作为术语规范前提,王宗炎(1987)表达过商榷意见。② 我们赞同王先生观点。我们不支持以单义单名要求学术用语,但支持对其加以规范,包括对"言语社区"、"言语共同体"、"言语社团"、"言语社群"加以规范。因为减少术语无谓分歧,明确其含义和用场,可以增加传释双方共识,促进学术研究顺利发展。弄清有关术语历史流变,对于深入认识其特点和功用并加以合理规范无疑大有帮助,下面的讨论将由此切入。在前述术语中,目前"言语社区"、"言语共同体"影响最大,讨论拟围绕它们展开;鉴于其语义和语用差异源于核心词,讨论以"社区"和"共同体"为侧重点。

---

①　游汝杰、邹嘉彦(2004)《社会语言学教程》、郭熙(2004)《中国社会语言学》以"言语社区"为标准称谓;祝畹瑾(1992)《社会语言学概论》选择了"言语共同体"的说法;徐大明等(1997)《当代社会语言学》曾认为"语言社团"为最佳表述;陈松岑(1985)《社会语言学导论》将"社群"作为基本用语。在戴庆厦(2004)《社会语言学概论》中,"语言社团"和"语言社群"被作为有所区别的术语。

②　王宗炎:《关于译名的三个问题》,载《外语教学与研究》1987年第4期,第38~4页。

一、"言语社区"、"言语共同体"的初现、使用及"社区"、"共同体"直接来源

本文论及的"言语社区"、"言语共同体"事实上涵括"语言社区"、"语言共同体",仅仅提及前者乃是为了方便叙述以及顺应多数人选择。①

根据笔者利用中国知网所作调查,"言语社区"是随着西方社会语言学理论的传入而进入我国语言研究领域。1980 年,桂诗春率先将其引入所撰论文。② 表1反映了32年来"言语社区"在我国语言研究中的使用情况:

表 1

1980 年以来"言语社区"在我国语言研究中的使用情况			
时间跨度	1980~1989 十年	1990~1999 十年	2000~2009 十年	2010 后每年
使用篇数	34	132	1021	超过 200

调查结果同时显示,"言语共同体"也是在同一背景下成为我国语言研究关键词,也是在 1980 年见于我国语言学期刊。③ 当年《国外社会科学》杂志上,冀刚通过介绍社会语言学的译文首次使用该术语。④ 表2反映相同时段"言语共同体"在我国语言学论文中的使用情况:

表 2

1980 年以来"语言共同体"在我国语言研究中的使用情况			
时间跨度	1980~1989 十年	1990~1999 十年	2000~2009 十年	2010 后每年
使用篇数	109	334	1033	不足 200

---

① 对于将"言语社区"、"言语共同体"作为 speechcommunity 对应形式,曾有学者提出质疑,理由之一是"英语 speech 这个词本身还有'语言'的意思"。见王宗炎:《关于译名的三个问题》。以上质疑不止涉及 speech 的含义理解,还涉及"语言~言语"二分法的如何操作。因为采用前述二分法主要是为了方便研究,而根据研究需要有多种方案可供选择;同时因为"言语"和"语言"区分问题很复杂,非三言两语可以说清。笔者对此不作评论,"大而化之"。
② 桂诗春:《我国应用语言学的现状和展望》,载《现代外语》1980 年第 4 期,第 1 页。
③ 根据知网调查,早在 1962 年第 8 期《语言学资料》上就已出现"语言共同体"说法,但它是以语言系统为所指,类似用法没有纳入统计数据。
④ [苏] JL 尼柯尔斯基:《社会语言学的对象与任务》,冀刚译,载《国外社会科学》1980 年第 10 期,第 69~71 页。

通过对比可以看出,在 1980 年至 1989 年和 1990 年至 1999 年两个十年中,"言语社区"使用率大大低于"言语共同体";到了 2000 至 2009 这十年,"言语社区"使用率开始接近"言语共同体";2000 年以后,"言语社区"使用率明显飙升,反超"言语共同体"。

之所以会有这样的变化,首先因为,起初在马恩著作以及索绪尔《普通语言学教程》影响下,①人们对"共同体"一词比较熟悉;后来随着中国政府将加强社区(原称居委会)建设作为重要国策,人们同"社区"一词接触更为频繁,上述变化一定程度左右了社会语言学相关术语使用率的高低升降。其次因为,言语变体通常被区分为社会变体和地域变体两大类型,我国早期的社会语言学著作,如陈原(1983)的《社会语言学》、陈松岑(1985)的《社会语言学导论》、祝畹瑾(1992)的《社会语言学概论》、戴庆厦(1993)的《社会语言学教程》、徐大明等(1997)的《当代社会语言学》,对社会变体如性别变体、年龄变体、阶层变体、行业变体等论述较为详细,对地域变体则大多一带而过;后期的社会语言学著作,如郭熙(2004)的《中国社会语言学》、游汝杰、邹嘉彦(2004)的《社会语言学教程》、徐大明(2010)的《社会语言学实验教程》,有关地域变体——包括境内变体与境外变体、乡村变体与城市变体等——的论析分量明显增强,上述变化对于"共同体"和"社区"在社会语言学中使用率的上下浮动亦产生一定影响。

"言语社区"是由语言学术语"言语"与社会学术语"社区"组合而成。"言语"的来源大家都清楚,无须赘言;"社区"以英语 community 的含义为指称,就表达的概念来说属于舶来品,就词形来看属于中国造。费孝通曾指出:"最初 community 这个字介绍到中国来的时候,那时的翻法是用'地方社会',而不是'社区'。当我们翻译 Park 的 community 和 society 两个不同的概念时,面对'co'不是'so'成了句自相矛盾的不适之语。因此,我们开始感到'地方

---

① 例如,马克思《政治经济学批判》说:"语言本身是一定共同体的产物,正像从另一方面说,语言本身就是这个共同体的存在,而且是它的不言而喻的存在一样。"(《马克思恩格斯全集》第 30 卷,北京:人民出版社,1995 年,第 482 页)索绪尔《普通语言学教程》说:"每个人类集体中都有两种力量同时朝着相反的方向不断起作用:一方面是分立主义的精神,'乡土根性',另一方面是造成人与人之间交往的'交际'的力量。'乡土根性'使一个狭小的语言共同体始终忠实于它自己的传统。"(高名凯译,北京:商务印书馆,1980 年,第 287 页)在以上著作中"共同体"频繁出现。

社会'一词的不恰当。那时,我还在燕京大学读书,大家谈到如何找一个贴切的翻法,偶然间,我就想到了'社区'这么两个字样。后来大家采用了,慢慢流行。这是'社区'一词之来由。"①

"社区"内涵来自域外而外壳产于域内,"共同体"看似属于同样情况,其实不然。在舶来程度上"共同体"超过"社区",因为其内涵和外壳均为外国造。20世纪90年代,李登辉鼓吹所谓"台湾生命共同体",曾有批判者指出,汉语没有"共同体"一词,这说法来自日语。② 当时笔者查阅了两部权威日文词典(《小学馆ランダムハウス英和大辞典》,小学馆株式会社,1973年;《広辞苑》,岩波书店,1956年),发现其中都收有"共同体"(きょうどうたい)词条。通过顺藤摸瓜进一步了解到,早在上世纪30年代就有日本学者使用"共同体"这术语。目前发现的最早用例见于横川次郎的《支那に于ける农村共同体とその遗制について》,该文刊于日本杂志《经济评论》,时间为日本纪年昭和一〇年七月,亦即公元纪年1935年7月。③

二、"社区"、"共同体"的深层基础以及"言语社区"、"言语共同体"的用法差异

在今天的社会学领域,使用"社区"的人通常不再使用"共同体",使用"共同体"的人通常不再使用"社区",可见在其看来"社区"与"共同体"语值相等,为维护术语使用的同一性和稳定性,撰稿时只能二选一。"社区"与"共同体"是等义词吗?费孝通12年前说过这样的话:"社区……的最初解释受到了西方人文区位学观点的影响,其含义简单地说是指人们在地缘关系基础上结成的互助合作的共同体,用以区别在血缘关系基础上形成的互助合作的共同

---

① 费孝通:《二十年来之中国社区研究》,见《社会调查自白:怎样做社会调查》,上海人民出版社,2009年,第213~214页。
② 林劲:《评李登辉的"台湾生命共同体"》,载《台湾研究集刊》,1995年,第3~4页。
③ 在日本社会语言学研究中,"言语共同体"和"言语コミュニティ"乃是与英文 speechcommunity 相对应的基本表述。相比较前者更为常见,这与日语中很早就已出现"共同体"说法不无关系。

体。"①由上可知"社区"与"共同体"在严格意义上是有所区别的。阅读过林荣远译著《共同体与社会》②的人都会注意到,其中"社区"与"共同体"被作为不同术语使用。请看该著部分目录:

……
第一章 共同体的理论
1. 共同体的胚胎形式
2. 共同体的统一和完善
……
6. 血缘共同体——地缘共同体——精神共同体
……
10. 自然单位的划分和重新形成人民——部落——氏族
农业地区——行政区——村庄城市——同业公会——社区
……
17. 村庄社区和阿里明达③
作为预算单位的社区——经济上共产制度的状况
……

根据译著看,"社区"与"共同体"作为实体,主要区别表现在以下两方面:①外延大小不同。"共同体"涵括血缘共同体、地缘共同体和精神共同体;"社区"仅仅对应于其中的"地缘共同体";②所处阶段有别。"共同体"属于原始共产主义阶段的社会形态,"社区"属于介乎原始共产主义阶段与现代资本主义阶段之间的社会形态。④ 正因为如此,论及植根于特定地域且带有一定原始共产义特征的社会形态,该著以"社区"称之。

林荣远的译著是以德国社会学家斐迪南·滕尼斯(Ferdinand Tönnies, 1855～1936)的德文著作 *Gemeinschaft und Gesellschaft*：*Grundbegriffe*

---

① 费孝通:《中国现代化:对城市社区建设的再思考》,载《江苏社会科学》2001年第1期,第49～52页。
② [德]斐迪南·滕尼斯著、林荣远译:《共同体与社会》,商务印书馆,1999年。
③ "阿里明达"为德文 Almende 音译,意为"共产村落"。
④ [德]斐迪南·滕尼斯著:《共同体与社会》,林荣远译,商务印书馆,1999年,第58～94页。

der reinen Soziologie(Stuttgart, Ferdinand Enke Verlag,1931)为底本,原著是否将"社区"与"共同体"视为不同实体并在措辞上加以区别? 在找不到德文原著的情况下,我们查阅了美国社会学家查尔斯·罗密斯(Charles Price Loomis)的英文译著。结果发现遇到以"共同体"为指称,该著一律照搬原著中的德文 gemeinschaft;遇到以"社区"为指称,则一律以英文 community 表示。中文译著和英文译著表现出的高度一致绝不可能源于巧合。即此可知,林荣远从能指到所指对"社区"和"共同体"加以区别,乃因为它们在原著中被作为不同概念处理。①

我们已知汉语中的"社区"是费孝通发明,汉语中的"共同语"来自日语。费孝通创造"社区"是基于翻译英文 community 的需要,日本人构建"共同体"根据何在? 在查阅日语词典《広辞苑》时,我们注意到以下注释:

> 原文:【共同社会】テニュスによって設定された社会型の一。実在的・有機的生活体で、感情・衝动・欲望の自然的・実在的な统一たる本質意思に基づく社会。血縁・地域・精神の三つの共同に基づくもので、社会の低い段階において支配的であると見られる。例えぱ家族・村落。共同体。協同体。ゲマインシャフト。②

> 译文:【共同社会】滕尼斯设定的一种社会类型。基于自然而实在的情感、情绪、欲望统一体亦即本质意志建立起来的纯真而富有生机的社会形态。以共同血缘、共同地域、共同精神追求三方面条件为生成基础。一般认为是社会低级阶段基本社会形态。如家族、村落等。又称共同体、合作社、礼俗社会(gemeinschaft)。

---

① 拙稿完成后通过在美国访学的弟子弄到德文原著扫描件,查阅发现:林著中的"家族社区"是用"heimatgemeinde"表示、"乡村社区"是用"dorfgemeinde"表示;同时发现:林著中的"社区"是用"gemeinde"表示。也就是说林著中的"共同体"和"社区",滕著分别是以"gemeinschaft"和"gemeinde"表示(Ferdinand Tönnies, *Gemeinschaft und Gesellschaft: Grundbegriffe der reinen Soziologie*, Leipzig, Hans Buske, Verlag, 1935, P. 31)。"gemeinschaft"和"gemeinde"为同根近义词,都含有"共同"这一语义特征;不过后者还含有"地域"这一语义特征,而前者则否;当然在原著中,它们还被分别用于表示不同社会形态。关于二者社会特征的联系与区别,大冢久雄作过具体说明。见[日]大冢久雄:《共同体的基础理论》,于嘉云译,台北:联经出版事业公司,1999年,第16~39页。有兴趣者可参见。

② [日]新村出编:《広辞苑》,岩波书店,1956年,第575页。

注释指出,"共同体"在日语中通常称之"共同社会",而无论"共同体"还是"共同社会"都是通过翻译滕尼斯 gemeinschaft 而产生。一直以来我国学界都认为汉语中"共同体"一词来自英文 community,调查表明这乃是误会。实际情况是:汉语中的"共同体"来自对日语的同形借用,而日语中的"共同体"来自对德文 gemeinschaft 的直接翻译。

因为"共同体"无论所指(规约意义)还是能指(字面意义)均将共同性作为基本前提,而"社区"无论内容(规约意义)还是形式(字面意义)均将地域支撑作为重要条件,这自然会对其使用产生不同影响。笔者作过这样的调查:在"言语社区"与"言语共同体"的选择上,什么样的人倾向前者?结果发现凡是有过方言研究经历并主张将社会语言学范式(paradigm)运用于地域语言研究的学者,多半倾向选择前者。例如游汝杰、曹志耘、苏晓青、郭熙、徐大明便是典型例子。徐大明起初主张使用与"共同体"意义相近的"社团",①不久改变主意,成为"言语社区"主要倡导者。② 因在于:徐大明曾经运用社会语言学方法深入考察过包头、新加坡等地的城市方言,他后来发现对于描述城市方言来说"言语社区"乃是最为适合的用语。③ 们还注意到,倾向使用"言语共同体"的学者通常不大在意表达对象的地域特征,如祝畹瑾,她给予"言语共同体"的最新定义是:"言语共同体 speechcommunity 又称'言语社区''言语社群''言语社团'。在语言变项运用上持有共同的社会准则和相同的语言价值标准的群体。是社会语言学者为研究语言与社会的关系而采用的分析单位"。④ 中只字未提"言语共同体"是否需要具备地域条件。而主张使用"言语社区"者则不是这样,如徐大明,他最近论及"言语社区"时指出,"言语社区的要素包括'人口''地域''互动''设施'和'认同'"。在以上定义中"地域"被作为重要依存基础。⑤

---

① 徐大明:《当代社会语言学》,中国社会科学出版社,1997年,第189~190页。
② 徐大明:《言语社区理论》,载《中国社会语言学》2004年第1期,第92~103页。
③ 徐大明、王玲:《社会语言学实验室的实践与创新》,载《语言学研究》2008年第4期,第120~128页。
④ 语言学名词审定委员会:《语言学名词》,商务印书馆,2011年,第186页。
⑤ 徐大明主编:《社会语言学实验教程》,北京大学出版社,2010年,第122页。

三、"言语社区"和"言语共同体"的发展动向和使用规范

无论就内涵还是就运用看,"言语社区"与"言语共同体"是有所区别的,而以上区别是由中心词"社区"与"共同体"影响所致。前面对"社区"与"共同体"不同点已作说明,其实"社区"与"共同体"既有相互区别的一面又有相互纠缠的一面。

鉴于二者存在区别,林著赋予不同译词。而罗著亦给予不同处理——遇到"共同体"照搬德文,如滕著论及的"血缘共同体"、"地缘共同体"、"精神共同体",罗著分别以"gemeinschaft by blood"、"gemeinschaft of locality"、"gemeinschaft of mind"表示;遇到"社区"则转译为英文,如滕著论及的"村庄社区"、"家族社区",罗著分别以"village community"、"house community"表示。罗著1940年出版,以后多次修订重版。查阅其中 40 年版、55 年版、57 年版,就书名和章次写法看,三个版本前后有所不同,①而"共同体"和"社区"的表述方式未作任何改动。照搬德文难免会给读者造成不便,为此罗著采取了如下补救办法:

德文 gemeinschaft 和 gesellschaft 最初出现时,给予必要注释。如罗著第一章第一节标题为: Relations Between Human Wills—Gemeinschaft (Community) and Gesellschaft (Society) froma Linguistic Pointof View,第一节正文中的 gemeinschaft 和 gesellschaft 都附上"(community)"和

---

① 笔者所见三个译本,40 年版标题为:*FUNDAMENTAL CONCEPTS OF SOCIOLOGY* (*Gemeinschaft und Gesellschaft*);1955 年版的标题为:*COMMUNITY AND ASSOCIATION* (*Gemeinschaft und Gesellschaft*);1957 年版的标题为:*COMMUNITY & SOCIETY* (*Gemeinschaft und Gesellschaft*)。1940 年版和 1955 年版的章次写法为:FIRST BOOK、SECOND BOOK、THIRD BOOK;1957 年版的章次写法为:PART ONE、PART TWO、PART THREE。(Ferdinand Tönnies, *Fundamental Concepts of Sociology* (*Gemeinschaft und Gesellschaft*) trans. by Charles P. Loomis, New York: American Book Company, 1940; Ferdinand Tönnies, *Community and Association* (*Gemeinschaft und Gesellschaft*) trans. by Charles P. Loomis, London: Routledge & Kegan Paul Ltd,1955; Ferdinand Tönnies,*Community & Society* (Gemeinschaft und Gesellschaft) trans. by Charles P. Loomis,Michigan: The Michigan State University Press,1957.)

"(society)"这样的说明语。

翻译学术著作遇到新概念,在一时找不到适当译词的情况下,以上述方式处理不失为权宜之计;但以后提及那些概念,最好还是用本民族语言表述,所以后来的英文使用者论及 gemeinschaft 和 gesellschaft,都是用英文单词 community 和 society 直接表示。

综上可知,在"共同体"和"社区"表述上,英文经历过一个由分到合的过程。其实中文亦经历过类似过程。不同只是在于:前者以舍此(gemeinschaft)取彼(conmmunity)的方式合二为一;后者以或此(共同体)或彼(社区)的方式合二为一。

为什么会走向合流?除了因为"共同体"和"社区"本身存在语义交叉的情况,同时因为随着社会的演进、对象本身的变化、考察范围的扩大、所涉类型的增加,作为学术用语的"共同体"和"社区",其语义特征发生重要变化。例如随着"学习共同体"(learning community)、"科学共同体"(scientific community)等成为考察对象,原来作为"共同体"构成条件的时代特征大大削弱;而随着"虚拟社区"(online community)、"穆斯林社区"(muslim community)等进入学术视域,原本作为"社区"构成前提的地域条件明显淡化。而随着"共同体"与"社区"之间排他性的不断下降和开放性的不断上升,二者的界线日趋模糊。

不少学者希望及早结束"言语社区"和"言语共同体"并峙局面,一个重要原因就是他们注意到前述趋势。对此我们始终持怀疑态度。因为以上目标根本不可能实现。所以这样说,主要理由有三:其一,"言语社区"、"言语共同体"已有 30 多年历史且广泛用开,也就是说已经成为根深蒂固的语言习惯。曾有学者指出,"改变人们的语言习惯,是世界上最难的事之一"。① 我们认同以上观点;根据跟踪调查和多年经验,坚信在以上术语使用上已经形成稳定倾向的学者不会轻易改弦易辙。其二,在存在多个术语可供选择的情况下,治学严谨者总是根据需要决定取舍。"言语社区"和"言语共同体"事实上已经分别成为不同学者推进学术研究的有力武器,要让他们基于单义单名要求放弃适手利器,等于要他们为了手段而牺牲目的,他们不会答应。其三,

---

① 赵守辉:《语言规划国际研究新进展》,载《当代语言学》2008 年第 2 期,第 122~136 页,第 189~190 页。

"言语社区"和"言语共同体"作为汉语表述形式,适用场合早已为字面意义所制导,且事实上各有短长。比如说,选择"穆斯林共同体"措辞,显然要比选择"穆斯林社区"称谓稳妥;选择"香港社区词"表述,无疑要比选择"香港共同体词"说法得当。结束"言语社区"和"言语共同体"并存状态,等于剥夺学人选择余地;继续"言语社区"和"言语共同体"共存局面,意味着保留研究者扬长避短空间,怎样处理好结论不言自明。在考察中我们发现,有些学者不是将"言语社区"和"言语共同体"(或"言语社团"等)视为排斥关系而是视为互补关系。且看以下用例:

a. 在很多情况下,一个社会或言语社区会使用两种语言变体,而且这两种变体往往分别在不同的场合使用。学生作为一个年轻的言语共同体,对普通话和方言的使用和态度有自己的独特之处,他们之间的语码转换现象也应该更加丰富。①

b. 基诺语是中心区基诺族群众在日常生活最主要的交际语言,在现阶段基诺语仍保持着强大的生命力,没有濒危的迹象。……社区环境对族际婚姻家庭的孩子习得基诺语起到了重要作用。当然,这与基诺乡存在如此强大的基诺语使用社团和刚劲的语言生态活力是分不开的。②

这不是个别情况,陈平的《社会语言学与小型集团中的交流》(《国外语言学》1984年第3期)、周振鹤、游汝杰的《人口变迁和语言演化的关系》(《上海社会科学院学术季刊》1986年第4期)、陈章太的《语言变异与社会及社会心理》(《厦门大学学报》1988年第1期)、杨永林的《性别在不同语言中的表现》(《山东外语教学》1989年第1期)、黄翊的《澳门言语社会在语际交流中的语码转换》(《中国语文》1999年第1期)、詹伯慧的《当前一些语言现象与语言规范》(《暨南学报》2001年第4期)、徐大明的《约翰·甘柏兹的学术思想》(《语言教学与研究》2002年第4期)、郭熙的《关于华文教学当地化的若干问题》(《世界汉语教学》2008年第2期)、李宇明的《海外华语教学漫议》(《暨南

---

① 苏晓青、付维洁:《两所工业社区子弟学校学生语言使用状况的比较研究》,载《徐州教育学院学报》2008年第1期,第76~82页。

② 戴庆厦等:《基诺族语言使用现状及其演变》,载《南开语学刊》2007年第1期,第4~22页。

大学华文学院学报》2009年第4期)、扬·布鲁马特、高一虹等的《中国情境的"移动性"》(《语言教学与研究》2011年第6期),都存在类似情况,只不过多数作者是将"社区"与"社团"互补处理,①个别作者是将"社区"与"社群"结合为用罢了。

我们主张对近义术语持开放包容态度,同时支持对此加以必要规范。在如何规范"言语社区"和"言语共同体"的问题上,具体看法是:首先,不要搞向我看齐,应尊重别人选择;适宜使用"社区"的场合使用"社区",适宜使用"共同体"的场合使用"共同体",不要一棵树吊死。其次,既要防止生搬硬套,又要防止以邻为壑。游汝杰、邹嘉彦指出:"言语社区的'社区'(commnuity)这一概念显然是从社会学引进的,但是言语社区与社会语言学上的社区有很大的区别。社会学上的社区需要有一定数量的人口、一定范围的地域空间、一定类型的社区活动、一定规模的社区设施和一定特征的社区文化,凡此种种都不是言语社区必备条件。"②我们认为前述意见值得重视,但同时认为,社会语言学与社会学关系紧密,作为社会语言学研究者应当关注社会学相关研究成果。例如滕尼斯认为共同体具有以下特征,即:a.行为规范的一致性,b.彼此互动的频繁性,c.归属感受的普遍性。③ 这看法对于社会语言学显然具有重要借鉴意义。再次,诚如滕尼斯所言:"概念本身作为个体的人的理念,是一种现实,是生动活泼的,是变化着的,发展着的。"④对"言语社区"与"言语共同体"的认识和把握需与时俱进。随着信息时代的到来和全球化步伐的加快,传统的生产方式、生活方式、交往方式早已解体,"远亲不如近邻"的感觉正迅速为"对门形同陌路人"的现实所取代。英国社会学家吉登斯(AnthonyGiddens)多年前就已告诫,应重视当今"社区"呈现的"脱域"

---

① ①根据知网调查,"言语社团"在本文提及的并用术语中出现时间最早(始见于1962年第1期《北京大学学报》刊载的《论语言系统中的词位》)且使用频率最高。但我国影响较大的社会语言学著作都没有采纳这说法;即便有人曾经提倡后来也放弃了。所以本文没有将它作为主要考察对象。

② 游汝杰、邹嘉彦:《社会语言学教程》,复旦大学出版社,2009年,第85页。

③ [德]费迪南·滕尼斯:《共同体与社会》,林荣远译,商务印书馆,1999年,第58~74页;另见杨春:《一种社会理想模型的构建——读〈共同体与社会〉》,载《知识经济》2008年第7期,第76,79页。

④ [德]费迪南·滕尼斯:《共同体与社会》,林荣远译,商务印书馆,1999年,第56页。

(Disembdeding)趋势。① 如果在"社区"和"共同体"规范上倾向二取一且决定选择前者,那么对于其内涵的界定和使用的限制,则既不宜无视地域作用亦不必将之视为必要条件。

四、结　语

以往人们大多是从谁更准确贴切、谁更通俗上口、谁更同相关术语相协调等角度,在"言语社区"、"言语共同体"等术语之间比较高下,希望藉此推动前述术语走向单义单名。本文没有沿袭仅仅立足共时(synchronic)的套路,从历时(diachronic)考察切入,注意历时考察与共时考察的结合。列宁指出:"为了解决社会科学问题,为了真正获得正确处理这个问题的本领而不致纠缠在许多细节或各种争执意见上面,为了用科学眼光观察这个问题,最可靠、最必需、最重要的就是不要忘记基本的历史联系,要看某些现象在历史上怎样产生、在发展中经过哪些主要阶段,并根据它的这种发展去考察它现在是怎样的。"②前述意见具有重要的方法论意义,弄清对象的发生和发展过程,以既不拘泥历史又不割断历史的眼光观照现实,对于解决疑难问题大有帮助。通过历时与共时相结合的考察,我们不仅了解到:汉语中"共同体"一词来自日语,而日语中"共同体"一词并非来自英文 community,而是来自对德文 gemeinschaft 的直接翻译。同时了解到:在我国社会语言学研究中,"言语社区"与"言语共同体"之所以无论含义还是用法都不尽相同,乃因为原属社会学用语的"社区"和"共同体",本来就存在含义和用法上的区别。此外还了解到:尽管"社区"和"共同体"在当前社会学中存在合流趋势,③但社会语言学并没有如影随形,依样画瓢。在社会语言学研究中,对"社区"与"共同体"

---

① [英]安东尼·吉登斯著:《现代性的后果》,田禾译,译林出版社,2000年,第18~26页。

② 中共中央马克思恩格斯列宁斯大林著作编译局:《列宁全集》第29卷,人民出版社,1985年,第430页。

③ 目前绝大多数社会学研究者不是使用"社区"就是使用"共同体",通过排他性选择留一弃一。但也有例外,如毛丹的《"我们"的本质是建设共同体》(《杭州(我们)》2011年第12期)便是将它们作为表示不同概念的术语结合使用。但后一种情况难得一见,所以我们说"在当前社会学研究中'社区'和'共同体'存在合流趋势"。

(或"社团"等)加以区别使用的学者并未给予事先说明,可见他们如此处理未必出于自觉,而是因为事实上存在加以区别的根据,以及因为加以适当区别有助于揭示不同实体的基本特征和相互关系,在实践需要的推动下他们作出了前述选择。① ——这或许可以作为"实践总是走在理论前面"(列宁语)的一个例证吧。而基于以上了解到的情况,对于如何看待"言语社区"、"言语共同体"等术语的并存状态,以及如何加以规范,我们也就"真正获得正确处理这个问题的本领",而不致去钻牛角尖,"纠缠在许多细节或各种争执意见上面"。

---

① 朱德熙认为术语的分化和细化反映了概念的分化和细化,反映了学术研究走向精密化,这是当前学术研究的时代特点和基本趋势。见马庆株:《我的导师朱德熙先生》,载《语文建设》1994年第2期,第43～45页。

变体概念及其在社会语言学中的运用①

变体概念既可以在语言学意义上使用,也可以在非语言学意义上使用,本文讨论的是前者。变体是变体群集中的成员。变体群集是指语言研究过程中,基于某些语言单位在聚合联系中表现出的共同点。人们将它们视为同一家族,由此建立起来的语言类聚。变体概念诞生于何时?目前使用状况如何?建构变体群集需要什么条件?群集内部的变体之间为何种关系?变体概念何以能够由点到面广泛用开?这是本文所要探讨和说明的基础性问题。在社会语言学研究中,变体概念处于怎样的地位?使用变体概念时应当注意什么?这是本文所要研究和阐述的根本性问题。

一、变体概念的形成和发展

诚如方光焘所言,"变体概念是从音位学来的"。② 音位与音素相对而言,其间区别之一在于,前者可以代表多个语音,而后者仅仅代表单个语音。可以代表多个语音意味着它时常作为一个类聚出现,这样的类聚即所谓变体群集,进入其中的语音单位即所谓变体。

克拉姆斯基(Y. Kramsky)认为,"音位的发现不能归功于某个个人",③ 因为音位概念的形成经历了漫长过程,它是语言学家集体努力的成果。克拉

---

① 原载《阜阳师范学院学报》,2004年第6期。
② 方光焘:《〈说"的"讨论总结〉,见《方光焘学术论文集》,商务印书馆,1997年,第300页。
③ [捷]伊·克拉姆斯基(Jiri Kramsky):《音位学概论——音位概念的历史与理论学派研究》,李振麟等译,译文出版社,1993年,第19页。

姆斯基同时指出,"早在印度语言学学派时期,例如在公元前2世纪波怛阇利和公元6世纪婆利睹梨诃利的著作中,就可以看到音位概念的蛛丝马迹";及至12世纪,一位至今尚不知其名的冰岛学者写出题为《第一篇语法论文》的大作,音位概念已呈呼之欲出之势。①

音位概念真正成为"一个崭新的革命的语言学概念"是19世纪最后30年的事。率先使用音位术语(1873)的德热内特(A. D. Dereneite),率先从理论上对音位概念予以说明(1880)的克鲁舍夫斯基(N. H. Kruszwski),率先从心理语音学角度就音位概念展开讨论(1894)的库尔德内(B. D. Courtenay),以及率先根据同一性和示差性原则对音位概念加以界定(1908-1909)的索绪尔(F. d. Saussure),都对于推动音位概念从模糊走向明晰发挥了重要作用。

前述学者论述音位特征时往往都会提到变体问题。克鲁舍夫斯基指出,同一音位"会随着环境改变形式";库尔特内明确地将前述现象称为"组合变体"。② 由此可见,音位概念与变体概念是同时形成的,音位概念问世之日也就是变体概念诞生之时。

变体概念最初使用范围很窄,仅仅在音位研究中出现,如今它四处涉足,在语言学的许多领域都可以看到其踪迹。

在英国学者哈特曼(R. R. K. Hartmann)和斯托克(F. C. Stork)编著的《语言与语言学词典》中,列有以下词条,即"字素变体"、"语词变体"、"语素变体"、"人名"、"地名变体"、"法位变体"、"语言变体"等。③ 在德国学者布斯曼(Hadumod Bußmann)编著的《语言学词典》里,有这样一条注释:

> 【Variationslinguistik 变体语言学】社会语言学中的描写方法,其出发点是自然语言的多样性系统。这种语言变体源于(a)地域差别,(b)具有社会阶层特点的语言行为,(c)情景因素(如正式和非正式的交谈语境),(d)语言习得阶段的不同,(e)语言接触→Sprachkontakt,(f)皮钦语→Pidgin-Sprache 和克里奥尔语→

---

① [捷]伊·克拉姆斯基(Jiri Kramsky):《音位学概论——音位概念的历史与理论学派研究》,李振麟等译,译文出版社,1993年,第4～6页。
② 同上,第13页。
③ [英]哈特曼、斯托克编:《语言与语言学词典》,黄长著等译,上海辞书出版社,1981年,第14～15页。

Kreolsprache 的形成和发展……①

由此可知,变体概念早已突破音位学樊篱,不仅进入了文字学、词汇学、语法学研究领域,而且进入了社会语言学研究领域。

严格讲变体有两种:一是"语言变体",variant;一是"言语变体",variety。在以上讨论中我们将它们合二而一。为什么这样做呢?原因在于,从发生学角度讲,它们之间存在源流关系;从方法论角度讲,它们之间具有本质上的一致性。既然如此,讨论变体问题对于其间区别可以忽略不计。当然有时不能不计,讨论变体概念在社会语言学中的运用,这时的变体只能是指"言语变体",即 variety。

二、变体群集及其内部关系

建构变体群集起码得满足两个条件:一是至少得有两个或两个以上语言实体;二是进入同一变体群集的语言实体彼此得有某种共同点。

作为变体群集构成条件的共同点不受限制,研究者可以从任一角度寻绎共同点。如果将特定共同点作为建立特定变体群集的基础,对于现代汉语来说,至少可以建立 12 类变体群集。以下说明中所谓"相同"包括"完全一致"和"基本一致"两种情况。

类型一:别义功能相同。例如,由某音位的不同要素、某构词或构形成分的不同形态组成的变体群集。

类型二:语义指称相同。例如,由语义相同的非缩略词与缩略词组成的变体群集。

类型三,语音语义相同。例如,由异体字、异型词以及某字的不同字体组成的变体群集。

类型四:义项基因相同。例如,由同一个词的不同义项组成的变体群集。②

类型五:语义组织相同。例如,由语义关系相同句型不同的语句组成的

---

① [德]哈杜默德·布斯曼著:《语言学词典》,陈慧瑛编译,商务印书馆,2003 年,第 587 页。

② 高名凯:《语言论》,商务印书馆,1999 年,第 223~256 页。

变体群集(如:"猫抓住了老鼠"、"猫把老鼠抓住了"、"老鼠被猫抓住了")。

类型六:初始形态相同。例如,由同一个词的不同变格形式组成的变体群集。①

类型七:句型结构相同。例如,由句型结构相同句式不同的语句组成的变体群集。②

类型八:语用构造相同。例如,由语用构造相同表现形态不同的辞格组成的变体群集。

类型九:语域范畴相同。例如,由"语场"(fields of discourse)范畴下的不同语体、"媒介"(modes of discourse)范畴下的不同语体、"角色"(tenors of discourse)范畴下的不同语体组成的变体群集。③

类型十:谱系归属相同。例如,由语系内不同语族、语族内不同语支、语支内不同语言、语言内不同方言、方言内不同次方言,次方言内不同土语组成的变体群集。

类型十一:语言类型相同。例如,由 SVO 型语言不同地域表现组成的变体群集。④

类型十二:电脑域名相同。例如,由信息处理软件中同一域名的不同备用形式构成的变体群集(如清华大学、清华大学、清华大学、清华大学、清华大学、清华大学、清华大学、清华大学)。

完成变体群集的类型划分后,可以看出同一变体群集的不同变体之间存在如下关系:a. 派生关系、b. 非派生关系、c. 自由替换关系、d. 非自由替换关系、e. 常式与变式关系、f. 个别与个别关系、g. 共时关系。

派生关系集中体现于类型二至类型四。将"人民代表大会"与"人大"、

---

① 高名凯:《语言论》,商务印书馆,1999 年,第 271 页。
② 黄景欣:《就语言研究的精密化趋势论语言和言语的区分问题》,见《黄景欣语言研究论文集》,江苏教育出版社,1995 年,第 250~280 页。
③ 曹德和:《程祥徽先生对风格学及语体学理论建设的重要贡献》,见《语言学:社会的使命》,广源纸业有限公司,2003 年,第 150~151 页。
④ 方光焘:《我们为什么要介绍哥本哈根学派》,见《方光焘语言学论文集》,商务印书馆,1997 年,第 503~510 页。

"灯"与"灯"及"冰"的四个义项①作为同一群集的不同变体处理,不难发现前述变体之间存在着派生联系。

非派生关系主要体现于其他类型。加上"主要"限定语是因为存在例外现象。如类型九,其中由"媒介"范畴下不同语体构成的变体群集,系指由口语语体、书面语体等构成的类聚,书面语体是在口语语体基础上形成的,二者之间存在着派生关系。

自由替换关系局部性地或非规范地体现于类型一至类型三,以及类型十二。之所以说"局部性地",是因为自由替换关系并不多见,只是在某变体群集为自由变体组成才会出现这种情况。之所以说"非规范性",是因为变体之间的自由替换有时反映语言使用者规范意识淡薄,如把简体与繁体、非缩略形式与缩略形式当做可以任意交替的语符使用等。

非自由替换关系集中体现于类型四至类型十一,以及局部性地体现于类型一、类型三、类型十二。非自由替换即不能自由替换,因为语境不允许。

常式与变式关系、个别与个别关系或然性地体现于类型一至类型十二。加上"或然性"限定语,是因为对于同一变体群集内部关系人们往往作出不同处理。有人在变体群集中区分常式与变式。在作出区分的情况下,同一变体群集某些变体之间为常式与变式关系。有人不作上述区别。在此情况下,同一变体群集变体之间为个别与个别关系。根据调查看,事实上有时无法区分常式与变式。例如,德国语言学家 A. Schleicher,其汉语译名有施莱歇尔(徐志民)、施来赫尔(高名凯)、施莱赫尔(杨余森)、施莱哈尔(徐通锵)、施莱歇(刘润清)等等,这些形式共同构成汉语中的同一变体群集,而我们实在很难指出其中何为常式何为变式。

共时关系全面体现于变体群集的十二种类型。前面谈到,同一变体群集的不同变体之间有时为派生关系,有时为非派生关系,派生关系属于历时关系,既然如此,何以说共时关系全面体现于各类变体群集?原因在于,尽管同一群集不同变体形成时间有早有迟,但是作为现代汉语构成要素的各种变体

---

① "冰"的四个义项:a 水在零摄氏度或零度以下凝结成的固体;湖里结~了。b 因接触凉的东西而感到寒冷:刚到中秋,河水已经有些~腿了。c 把东西和冰或凉水放在一起使凉:把汽水~上。d 像冰的东西:~片|~糖。见中国社会科学院语言研究所字典编辑室编:《现代汉语词典第 5 版》,商务印书馆,2005 年第 95 页。

群集,其中的变体无论先出现还是后出现,都同样活跃于现代汉语的现实形态中。

三、变体概念普遍用开的原因

变体概念在语言研究中已经延续两千多年,其生命历程可以说与世界语言学史相伴始终的。为什么变体概念能够长期保持旺盛生命力?为什么它能够由点到面,普遍使用?寻根究底,主要原因有两点。

1. 符合辩证法

辩证法认为,宇宙间每一事物都与其他事物相互联系着,绝对孤立的东西是不存在的;辩证法同时认为,任何事物都是由若干要素构成的整体,它实际上是以系统的形式出现的。我们已经知道,变体概念的提出意味着变体群集概念的提出。变体群集以类聚形式出现,不同类聚其实也就是处于不同联系中的系统。缘上以观,变体概念的提出符合辩证法的联系观和系统观。辩证法又认为,认识事物就是认识其本质,而对本质的把握是通过对根本属性的把握实现的。根本属性就是某一事物在与他方联系中表现出来的决定性特征,即决定该事物为该事物的特征。概言之,人类是通过认识决定性特征来认识事物的。各种变体群集的建构以该群集特有的共同点为根据,共同点即决定性特征。由此可知,变体概念的提出符合辩证法的认识论。变体概念所以久盛不衰,广受青睐,因为它符合辩证法。

2. 具有方法论意义

变体概念最初是由表音文字创制者提出来的。对于表音文字创制者来说,首先要做的工作就是找出那些具有别义功能的语音单位。在从事前述工作过程中,所有的语音形态都被纳入考察范围。那些不具备别义功能的语音要素,创制者总是毫不犹豫地将它们撇在一边;那些形态各异而别义功能相同的语音要素,创制者基于"经济原则"(economy principle),往往自觉或不自觉地对它们作归并处理,即视为同一类聚的不同变体,纳入同一群集,作为同一文字符号的记录对象。变体概念由音位领域扩散到语言学的几乎所有领域,是在语言研究的结构主义和后结构主义时期。在结构主义时期,即索绪尔(F. de Saussure)、布龙菲尔德(L. Bloomfield)及乔姆斯基(N. Chomsky)语言学思想居于主导地位时期,语言研究的基本特点是重共时轻历时、重描写轻解释。上述倾向逻辑地决定了当时的语言研究重视内部联系轻视外部联系。在后结构主义时期,即弗斯(J. R. Firth)、韩礼德(M. A. K. Halliday)、拉波夫(W. Labov)的语言观为学术界普遍接受时期,语言研究的基本特点是共时与历时互勘,描写与解释相济。上述转变逻辑地决定了当下语言研究是在既重视内部联系又重视外部联系的宽阔领域内展开。结构主义与后结构主义的区别,主要在于前者以局部联系为关注对象,而后者以全部联系为关注对象,概言之,结构主义与后结构主义都关注联系,区别在于涉及范围有窄有宽。"关注联系"很重要,它不仅是先进哲学观的体现,同时也是科学方法论的反映(参见后文)。变体概念之所以在语言研究的结构主义及后结构主义时期被广泛运用于语言学的各个分支学科,原因在于它与结构主义以及后结构主义语言学贯穿着共同的方法论精神。

四、变体概念在社会语言学中的运用及需要注意的地方

语言学有内部语言学和外部语言学之分,关注内部联系的语言研究属于前者,关注内外联系的语言研究属于后者。变体概念既适用于内部语言学亦适用于外部语言学,但相对而言,它更多地是在外部语言学中发挥作用。

社会语言学是外部语言学的重要组成部分。陈松岑说:"社会语言学研究对象的单位就是'语言变体'。"[1]祝畹瑾说:"社会语言学涉及许多概念……语言变体是社会语言学中最常用的一个术语。"[2]徐大明等人说:"英国语言学家郝德森(Hudson1980)提出了一套很有用的概念来描写语言的变异性特点。其中核心概念是'变体'(variety)。"[3]在前述学者论著中,变体概念几乎无处不在。

例如,徐大明等人的《当代社会语言学》认为,作为社会语言学研究对象的语言变体,宏观层次上表现为地域变体、社会变体和功能变体三种类型。汉语的八大方言,站在社会语言学立场看,也就是八大地域变体。方言有不

---

[1] 陈松岑:《社会语言学导论》,北京大学出版社,1985年,第30页。
[2] 祝畹瑾:《社会语言学概论》,湖南教育出版社,1992年,第19页。
[3] 徐大明:《当代社会语言学》,中国社会科学出版社,1997年,第78页。

同层次的方言,方言下面有次方言,次方言下面有次次方言,而变体亦有不同层次的变体,次方言、次次方言属于下位层次、下下位层次的地域变体。社会变体是在阶层、性别、年龄、民族或种族等社会因素影响下形成的语言变体,概言之,是由阶层变体、性别变体、年龄变体、民族或种族变体等组成的语言变体。功能变体即所谓语体,语体研究可以从"范围"(field)、"方式"(mode)、"对象"(tenor)不同层面切入,从而区分出不同类型的语体。像谈话语体、政论语体、科学语体、事务语体,像书面语体、口语语体,像正式语体、随便语体等,都属于功能变体。

变体对于社会语言学研究者来说既是最常用的概念,也是最重要的概念,但值得注意的是,近年来不断有人对其提出批评。因为变体概念基础坚实而无视批评显然不妥。作为社会语言学研究者,应当虚心对待批评并深刻反省自身不足。在今后研究中,对于以下问题需要给予足够重视。

1. 使用有关术语时需注意名异实同和名同实异现象的存在

社会语言学论著中经常出现一些跟"变体"相关的术语,如"变异"、"偏离"等。在不同学者那里它们有着或同或异的所指。

有人不大使用"变体"说法,经常使用的是"变异"这个词,称谓不同但意思一样。如陈原说:"社会语言学的中心问题就是变异。我这里讲的变异,在不同的场合可以翻成不同的英文语词,可以使用例如 variety, variation, diversity, change, differentiation 等等。总之,表达一种变化,是指语言文字某些变动。"[①]陈原的"变异"与某些学者所谓"变体"并不存在含义上的区别。

有人同时使用"变体"和"变异"两种说法,在他们那里"变体"与"变异"被赋予不同内涵。例如,徐大明等人说:"对于只是某一个人的特有的语言现象,或者是对于整个语言社团都表现一致的语言现象,社会语言学家都不作为研究的重点。在变异研究中特别受到重视的是'社会性'的变异。社会性的变异包括语言社团内部各种由社会条件所限制的集体性变异,以及各种由特殊社会身份所造成的个人变异。"[②]"'变体'的技术性定义是'一组具有相同社会分布的语言形式'。这里所谓'社会分布'自然是指相应的语言社团,一群接受和使用某一些语言形式的人。因此,任何一个'语言变体'都有一个

[①] 陈原:《社会语言学专题四讲》,语文出版社,1988年,第2页。
[②] 徐大明:《当代社会语言学》,中国社会科学出版社,1997年,第76页。

相应的语言社团。"①在其著作中,"变异"是个人性语言特征和社会性语言特征的统称,而"变体"是社会性语言特征的专称。

　　从事社会语言学研究的学者大多是站在语言学立场上使用"变体"或"变异"术语。需要留心的是,站在同一立场使用前述术语,在何谓"变体"或"变异"的解释上有时存在一个重要区别,即有的学者将"变体"或"变异"作为与"常体"或"常规"相对而言的概念,有的学者则不是这样。

　　例如,王希杰说:"在我们看来,假如全民共同的核心的语言是一种零度语言的话,那么,语体就是一种偏离形式,是为了适应特定交际环境的需要而对全民族共同的核心语言所做出的一种偏离——语境偏离,也可以叫做'变体'。"②秦秀白说:"语言中的'共核'成分构成了语言使用中的'常规',而不同文体所表现出的不同的语言特点则是在常规基础上出现的'变异'(deviation)。'变异'是对'常规'而言的,它们相映存在,互为比较。"③概言之,在王希杰、秦秀白那里,"变体"或"变异"是作为"零度语言"或"共核成分"的对立面而存在的。

　　与此不同,在祝畹瑾、陈章太著作里,"变体"可以用于标准语的描写,④"变异"可以用于普通话的评述。⑤ 概言之,对于祝畹瑾、陈章太来说,"变体"或"变异"是指具有相同社会特征的人在相同社会环境中普遍使用的语言形式。

　　讨论变体问题常常连及"偏离"这个术语。前述术语是由法国新修辞学派率先提出,当时主要用于风格生成分析,近年被逐步引入社会语言学研究。关于偏离,王希杰在《修辞学通论》中作过全面论述,根据其解释,偏离与零度是相互联系、相互对立的概念,偏离就是远离零度、违反常规。前述说法具有广泛代表性。由此可知,在社会语言学研究中,所谓"偏离"等同于秦秀白理解的"变异"而有别于陈章太论及的"变异"。

　　对于社会语言学而言,"变体"、"变异"、"偏离"属于基础性术语,在前述

---

① 徐大明:《当代社会语言学》,中国社会科学出版社,1997年,第78页。
② 王希杰:《修辞学通论》,南京大学出版社,1996年,第463页。
③ 秦秀白:《文体学概论》,湖南教育出版社,1986年,第6页。
④ 祝畹瑾:《社会语言学概论》,湖南教育出版社,1992年,第20页。
⑤ 陈章太:《略论我国新时期的语言变异》,见《语言教学与研究》,2002年06期,第27～36页。

术语的使用上,由于认识不同存在着名异实同和名同实异现象。吕叔湘曾告诫说:"语言的地面上是坎坷不平的,'过往行人,小心在意'。"① 社会语言学研究者在使用变体以及相关术语时,可真得"小心在意"!

2. 探求变体之间源流关系需防止本末倒置和简单化

变体概念引入社会语言学以后,原来的地方用语、社会用语及语体研究被分别视为地域变体、社会变体及功能变体研究,原来的地方用语、社会用语及语体的发生学研究被相应地视为变体的发生学研究。

因为缺乏史前语料,变体的发生学研究主要不是依靠客观描写,而是依靠理论推导。在此情况下,研究结论的可靠性很大程度上取决于指导理论的正确与否。这是极具挑战性、极富吸引力的课题,同时也是相当冒险、容易走入误区的工作。事实上,已经有人步入了误区。如有位学者说:

> 语言的地方变体就是一般人所说的"方言"。它之所以是语言的变体,因为它也具有一套符号系统,它也是一种交际工具,一套进行思维的工具,它并且是由全民共同语分化出来的。全民社会的单位,由于社会的历史条件,可以在其发展的过程中分化成各个半独立性的地方性社会,在这地方性的社会里,人们经常地彼此交际,但和地方以外的其他的全民社会单位的组成员之间的交际却松弛起来。这样一来,由于交际范围起了变动,又由于地方性社会内的社会发展的某些特殊性,语言也随着分化成适应这一地方性、社会的特殊环境的特殊的符号系统,成为这一地方性社会的交际工具、进行思维的工具,不过,这种符号系统是从全民共同语分化出来的,其中的许多成分都是全民共同语的直接继承,就是有变化,也是从这全民共同语的基础上变化出来的。

全民共同语其实也是一种变体,可以视为地域变体,也可视为社会变体,因为离开地域或者离开居住于地域之上的社群无所谓全民共同语。将其他地域变体解释为全民共同语这一地域变体分化的产物是值得商榷的。之所以这样说原因有二:其一,全民共同语是在地域变体或社会变体的基础上,经过抽象、整理、宣传、推广等一系列过程建立起来的,无论就地域变体还是社

---

① 吕叔湘:《意内言外》,见《语文常谈》,三联出版社,1980年,第67页。

会变体的发展过程看,全民共同语都是姓"流"而不姓"源"。其二,地域变体和社会变体的形成以民族的驻地分化和阶层分化为前提,这一前提早在全民共同语形成之前就已经形成。将地域变体或社会变体说成全民共同语分化的产物,等于否认在全民共同语形成之前已经存在民族的地域分化和社会分化。又如有位学者说:

> 日常会话语体是一切语体中最重要的一种,是一切语体中最早产生的一种。一切其他的语体都是从这个语体上产生和分化出来的。①

这里所说的"一切语体",范围上包括日常会话语体、公文事务语体、学术科技语体、报刊媒介语体、文艺审美语体等功能变体,将日常会话语体视为功能变体发展的源头,将其他功能变体视为在此基础上分化出来的支流,也是值得商榷的。为什么呢?有兴趣者可以参看拙稿《程祥徽先生对风格学及语体学理论建设的重要贡献》,其中有详细论述。这里只想补充一点:从功能变体发展历程看,学术科技语体、报刊媒介语体确实形成得比较晚,但即便如此,也不能说它们是在日常会话语体基础上产生和分化出来的。学术科技语体、报刊媒介语体的语言运用非常严谨,如果说有所继承的话,绝不会是完全继承极其散漫的日常会话语体。

近年来一再有人对社会语言学研究中的变体运用提出批评。他们批评什么呢?主要批评前述观点,错误地解释不同地域变体以及不同功能变体之间历史联系的观点。而事实证明,以上批评是正确的,应予接受的。

列宁曾指出,任何真理都有其合理取值范围,超越该范围,哪怕是同一方向的一小步,真理都将变成谬误。变体概念本是很好的东西,因为使用失当而使其价值受到怀疑,是令人遗憾的。从发生学角度研究变体之间关系时,前车之覆不可不鉴。

3.把握变体概念需以"四观"为指导

在社会语言学理论体系中,"变体"属于控导全局的核心概念。因而作为社会语言学研究者,对于变体概念应当有全面深刻的认知。变体概念充分体现了社会语言学在学术研究上的"四观",即动态观、社会观、系统观和阐释

---

① 王希杰:《修辞学通论》,南京大学出版社,1996年,第466页。

观,把握变体概念需以"四观"为指导。

动态观:变体乃"变化之体"、"变中之体"的意思。在语言研究由静态描写为主转向静态考察与动态观测相结合的今天,以变体之名指称社会语言学最能代表前述转变的新学科的操作对象绝非偶然。实际上学人是潜意识或有意识地将新的语言观和方法论熔铸到操作对象命名中。以变体之称为操作对象命名,无疑是在表示,社会语言学决定将动态考察引入研究过程,以动静结合的研究方式取代动中取静的研究套路。

社会观:对于社会语言学来说,所谓变体并非指一切变化之体、变中之体,它仅仅是指对应于相同社会分布的变化之体、变中之体,仅仅是指具备相同社会特征的人在相同社会环境中普遍使用的语言形式。主要植根于个人因素的语言表现形式,如个人风格,原则上不是社会语言学的考察对象。为何要确立以上规约?这是由学科特点决定的。社会语言学之所以为社会语言学,即因为它所关注的是社会对于语言的影响。变体概念的提出凸显了社会语言学的特征所在。

系统观:将语言学操作对象置于过程中考察由来已久,19世纪欧洲的历史语言学就是这样做的,但那时看重个别过程忽略整体关联,采取的是原子主义的方法。20世纪前期和中期是共时语言学居于主导地位阶段,那时的语言研究重视静态描写轻视动态分析,带有明显的片面性。20世纪后期社会语言学登上历史舞台,语言研究由侧重静态转向静动并重,一度备受冷落的动态研究再度得到重视。不同以往的是,社会语言学彻底告别了原子主义,自觉地以系统论为指导,将操作对象置于内外联系中观察和分析。拉波夫(W. Labov)有关纽约市百货公司社会分层的研究、布朗(R·Brown)和吉尔曼(A. Gilman)有关表示权势与同等关系代词的研究等,充分说明了这一点。

阐释观:以变体之称为操作对象命名的做法表明,社会语言学是一门同时肩负描写和阐释双重使命的学科。变体意指变化之体、变中之体,为什么会变?在动态描写过程中很自然地会提出这样的问题。有人将1952年视作社会语言学诞生之年,因为那年美国学者赫兹勒(Hertxler)提出,要研究语言结构与社会结构的相互影响,以及探讨言语行为和社会行为的相互关系。前述事实表明,社会语言学诞生之日起就已经将揭示语言演变之谜纳入职责范畴。实践证明描写与阐释相互依存,没有描写就没有阐释,而离开阐释的描写很可能是不得要领的描写。变体概念的提出意味着语言研究由描写为主走向描写与阐释相结合,意味着语言研究步入更为科学的新阶段。

变体概念的方法论意义不是以上"四观"可以穷尽的。祝畹瑾说:"采用这个术语的好处在于它把五花八门的语言表现形式用一个名称就统统概括进去,使用起来十分方便。"①徐大明等人说:"使用'变体'这一术语给社会语言学家带来了很多方便。首先就避免了使用像'语言'、'方言'、'地方话'、'土话'等等已经先入为主地具有判断价值的名称来讨论具体的语言变体,因为这些名称往往缺乏准确的定义,在具体的使用场合往往还包含着世俗偏见。"②综上所述,采纳变体概念同时具有"方便"和"客观"的优点。这些优点也是变体概念方法论意义的体现。

变体概念之所以在社会语言学研究中成为最为常用最为核心的概念,是因为它具有多方面的价值。充分认识变体概念的方法论意义,研究过程中坚持以动态观、社会观、系统观、阐释观为指导,可以肯定地说,我国的社会语言学研究不仅能够坚持正确方向,而且能够保持良好发展态势。

五、结束语

拉卡托斯(Imre Lakatos)指出,任何科学理论体系都有严格的内在结构。内在结构由相互联系的"硬核"(hard core)、"保护带"(protective belt)和"启示法"(heuristic)组成。保护带和启示法可以调整,而硬核不可动摇。因为硬核由基本假设和基本原理构成,是理论体系中的要害部分,如果硬核被动摇或否定,理论体系的大厦就会整个倒塌。③ 对于社会语言学来说,变体不仅是一个核心概念,同时也是一个不可动摇的概念。笔者之所以选择本课题,一是基于前述认识,再就是觉得,社会语言学应当重视理论建设,而加强变体概念研究将会大大促进社会语言学的理论建设。

---

① 祝畹瑾:《社会语言学概论》,湖南教育出版社,1992年,第19页。
② 徐大明:《当代社会语言学》,中国社会科学出版社,1997年,第79页。
③ [英]伊·拉卡托斯:《科学研究纲领方法论》,兰征译,上海译文出版社,1986年,第66~94页。

如何界定普通话的内涵和外延[①]
——学习《国家通用语言文字法》的思考

2000年10月31日颁布的《中华人民共和国国家通用语言文字法》(以下简称《国家通用语言文字法》),从政策方针、具体做法及保障措施等方面,就我国语言文字的规范化和标准化作出了一系列意义深远的规定。10年来的实践充分表明,这部法律对于推动"双化"工作具有重要指导作用。但该法不少条款较为原则,需要加以细化,以增强其可操作性。《国家通用语言文字法》是为"推广普通话,推行规范汉字"而制定,尽快给予普通话和规范汉字以明确界定乃是语言文字工作者义不容辞的责任。为推动上述配套工作的及早落实,本文专门讨论如何界定普通话,具体论析是从其内涵和外延两个方面展开。

一、普通话内涵问题及其界定

什么是普通话?如何认识普通话内涵?对此,《国家通用语言文字法》初稿曾有过说明,但征求意见时许多人不认同,于是去掉了。在一般人看来,中央电视台和《人民日报》使用的语言就是普通话,人们可以据此了解普通话特征,去掉也没什么。但不作明确交代,多多少少会影响到对普通话的把握,影响到《国家通用语言文字法》的贯彻执行,终究是个缺憾。所以,明确普通话内涵,也就成了界定普通话率先需要解决的问题。

自从1906年"普通话"概念问世,学人就一直试图给予它内涵上的明确

---

① 原载《安徽大学学报》,2011年第1期。

界定。① 1956年2月颁布的《国务院关于推广普通话的指示》指出："普通话"是"以北京语音为标准音、以北方话为基础方言、以典范的现代白话文著作为语法规范"。② 这是"普通话"被确立为国家通用语之后，关于其内涵最为权威的表述。但该定义一直受到质疑，特别是对"以北方话为基础方言"这一句，反应尤为强烈。有关批评主要有二：第一，这句话究竟是说"北方话"是整个普通话的基础，还是说它是词汇系统的基础，语焉不详，令人困惑；③第二，根据上下文，它似乎是针对词汇系统而言，但北方话内部并不一致，尤其是西南方言，词汇特点明显有别于普通话。④ 20世纪80年代中期，陈章太、李行健牵头，搞过一次较大规模的"北方话词汇调查"，结果显示：调查的3 200条词语中，超过三分之一词汇各地有差异，另外还有178条各地差异较大。⑤ 调查表明，"以北方话为基础方言"这句话，对于说明普通话词汇系统的形成，显得很牵强。

那么，什么才是普通话词汇系统的真正基础呢？朱德熙说是北京话。⑥ 但胡明扬认为，普通话不是以某个地点方言，而是以受过正规教育的上层社会的一种社会方言为基础，其词汇系统主要来自作为它典型表现的书面语。⑦ 莱曼(W. P. Lehmann)和刘叔新也持这种观点。莱曼说，普通话词汇系统的基础是"现代文学作品以及科技文献"（完整的原话为："Based on the phonology of Peking speech and the syntax and vocabulary of recent literary and technical materials."）。⑧ 刘叔新则更为明确地指出，普通话词汇系统的

---

① 曹德和：《"国语"和"普通话"名称源流考》，载《语文建设通讯》（香港），2011年1月第97期，第3～5页。

② 国务院《关于推广普通话的指示》（文献资料），载《语文建设》，1982年第3期，第33页。

③ 刘叔新：《现代汉语词汇规范的标准问题》，载《语文建设》，1995年第11期，第2～3页。

④ 侯精一：《推行普通话（国语）的回顾与前瞻》，载《语言文字应用》，1994年第4期，第75～76页。

⑤ 陈章太：《北方话词汇的初步考察》，载《中国语文》，1994年第2期，第87页。

⑥ 朱德熙：《现代汉语语法研究的对象是什么》，载《中国语文》，1987年第5期，第327页。

⑦ 胡明扬：《普通话和北京话（下）》，载《语文建设》，1987年第4期，第51页。

⑧ W. P. Lehmann, Descriptive Linguistics, An Introduction, NewYork: Random House,1976, p. 286.

基础是"现代著名的白话文学戏剧作品和学术论著,名家的白话书文,国家级的或享有全国声誉的报刊的白话文章、报道"中具有"复呈性"且已经"在社会书面应用上推广开来"的那部分词语。① 在《普通语言学教程》(Course in GeneralLinguistics) 中,索绪尔(F. de Saussure) 说:"词典和语法教材能够成为语言的忠实代表。"(dictionaries and grammars to give us afaithful representation of a language.)②这里所说的"词典"是指通过对任一族语中具有"共时性"、"稳定性"、"社会性"特征的词语的抽象,编辑而成的规范词典。不言而喻,对于普通话词汇系统来说,《现代汉语词典》可以作为忠实代表。而弄清其中词语来源,自然也就弄清了普通话词汇系统的真正基础。闵家骥参与过该词典的编辑,并发表了一篇题为《略谈收词》的文章,文中说:"《现汉》主要记录普通话语汇,以利于普通话教学。词汇来源主要选自五四以来重要作家的文艺作品、全国性的重要报刊、社会科学和自然科学的一般论著和学校课本。"③由此可知,胡明扬、莱曼、刘叔新等学者的看法并非空穴来风。④

学界基本上认同普通话原定义有关语音规范和语法规范基础的说明,只是指出,"以北京语音为标准音"这句话,其中所谓"北京语音"实际上是指"北京音系",理解时应予正确把握。⑤ 如何界定普通话内涵,争议主要集中在词汇规范以什么为基础的说明上,现在最棘手的问题解决了,准确界定普通话内涵的问题也就自然解决了。它似可这样表述:

> 普通话是以北京音系为语音规范基础,以典范的现代汉语书面作品中普遍用开且已趋稳定的用例为词汇和语法规范依据的中国国家通用语。

---

① 刘叔新:《现代汉语词汇规范的标准问题》,载《语文建设》,1995 年第 11 期,第 4~5 页。

② F. de Saussure,Course in General Linguistics,外语教学与研究出版社,2001 年,第 15 页。

③ 闵家骥:《略谈收词》,载《辞书研究》,1981 年第 3 期,第 20 页。

④ 国家通用语又名"文学语言"(literary language),之所以会有这样的异称,是因为其词汇和语法规范主要取样于文学作品,由此亦可看出书面文学作品乃是国家通用语的重要基础。

⑤ 周一民:《普通话和北京语音》,载《北京社会科学》,2007 年第 1 期,第 65 页。

给出以上定义前,笔者对同类国家——以本土语言(native language)作为国家通用语基础的国家——进行了考察,结果发现,将某个方言音系作为国家通用语语音规范的基础,将典范现代书面语作为国家通用语词汇和语法规范的依据,乃是普遍现象,俄国、英国、法国、德国、意大利、西班牙皆如此,日本亦不例外。可以认为,这是由国家通用语的普遍形成规律所决定的。其实,对于这类国家来说,国家通用语的形成难以逾越上述规律。因为国家通用语语音很难想象可以通过对人造音系的仿效而流行;①国家通用语词汇和语法也很难想象可以借助存在时空局限性的口语的力量而用开。② 总之,前述规律不仅为我国国家通用语发展历路所证明,同时亦为其他国家国家通用语形成轨迹所印证,是言之有据、经得起检验的。

二、普通话外延问题及其界定

在有关普通话定义的讨论中,有人认为"普通话"只是指口语,而不是既包括口语又包括书面语。还有人认为"标准语"和"民族共同语"不是一回事,"普通话"不能既指标准语又指民族共同语。这些问题都涉及普通话的外延。下文即围绕这两种说法展开讨论,并在此基础上就如何界定普通话外延表明我们的看法。

1. 普通话与口语和书面语的对应关系

普通话与口语和书面语对应关系问题是吕叔湘(1987)率先提出的,他说:"一般说到普通话,总是指口语,而管普通话的书面语叫白话文。这两个名称是历史地形成的,但是对于教学不利,因为一个叫做'话',一个叫做

---

① 1913 年春,民国教育部读音统一会以投票方式,为国家通用语设定了一个"以京音为主,兼顾南北"的语音系统。这个"人造音系"因缺乏社会基础而难以推行,后来被以北京音系为标准的语音系统所取代。这历史事实充分印证了本文所说的国家通用语语音规范的形成规律。

② 英国学者 R. R. K. 哈特曼和 F. C. 斯托克编著的《语言与语言学词典》指出:"标准语……的基础常常是语言集团的文化和/或政治中心及其附近的受过教育的人的言语。"见黄长著等译,上海辞书出版社,1981 年,第 328~329 页。德国学者哈杜默德·布斯曼编著的《语言学词典》指出:"标准语言……指得到历史认可的跨区域的中上社会阶层使用的口语及书面语形式。"见陈慧瑛等编译,商务印书馆,2003 年,第 517 页。以上注释有力印证了本文所说的国家通用语词汇规范和语法规范的形成规律。

'文',不利于消除历史上遗留下来的言文分歧的影响。"①意思是,为有助"言文合一",最好有个名称能涵盖口语和书面语,而"普通话"由于字面意义的限制及传统用法的影响,让它发挥这样的作用多少有点勉强。有学者受此启发,建议让"普通话"专指口语,同时不再使用"普通话口语"和"普通话书面语"说法,前者径直称之"普通话",后者径直称之"现代白话文"。② 以上建议不无道理,1950 年教育部颁布的《小学语文课程暂行标准(草案)》便是如此处理的。③ 但这样做有可能是"按下葫芦浮起瓢",虽可解决名实不符的缺憾,但将带出一大堆其他麻烦:首先,因为有关称谓系统中只保留了下位分立概念而取消了上位统括概念,往往造成表述的不便。比如说,《国家通用语言文字法》中原先使用"普通话"称谓的地方,不少得改称"普通话和现代白话文",这就显得很啰唆。其次,无论普通话口语还是普通话书面语都是"言文合一"运动的产物,它们之间虽然存在语体特征上的差异,但总体看来还是"合一"方面为主。取消"普通话"的统括作用,则在一定程度上疏离乃至割断了普通话口语和书面语的密切联系。再次,对于今天多数人来说,他们较为熟悉"普通话书面语"的含义,而不大了解"现代白话文"所指;习惯使用前者,则很少使用后者。采取前述做法,意味着要让若干亿汉语使用者跟着作出相应调整。又次,如前文所说,书面语乃普通话词汇系统和语法系统得以形成的主要基础,既然如此,怎么能割断普通话与书面语的联系呢?

或许正因为如此,吕先生说归说做归做,虽然指出"普通话"存在名实相谬的不足之处,但并没有取消它原先的统括作用,在有关文章中仍继续使用"普通话口语"和"普通话书面语"这对术语。"两利相衡取其重,两弊相较取其轻",我们以为,"普通话"名称确实存在不尽如人意之处,但无须因此改变其所指。在《国家通用语言文字法》中,"普通话"有时作为统称概念使用(如"本法所称的国家通用语言文字是普通话和规范汉字"),有时作为非统称概念使用(如"广播电台、电视台以普通话为基本的播音用语"),虽然集二任于

---

① 吕叔湘:《普通话书面语的教学》,见《语文近著》,上海教育出版社,1987 年,第 165 页。
② 苏培成:《普通话漫议》,载《语言文字应用》,1998 年第 3 期,第 10 页。
③ 参见中华人民共和国教育部 1950 年 8 月颁布的《小学语文课程暂行标准(草案)》,人民教育出版社课程教材研究所网站,http://www.pep.com.cn/xiaoyu/shuwu/xy_dsyz/xy20sjzg/200902/t20090213

一身,但在语境帮助下并不会造成误会,加之这样做不仅简洁明快,同时具有其他多方面的好处,我们认为还是维持其原来所指为好。

2. 普通话与标准语和民族共同语的对应关系

普通话与标准语和民族共同语对应关系的讨论是由王力的一个重要观点所引发的。在 1954 发表的《论汉族标准语》中,王力指出:"标准语是在民族共同语的基础上更进一步,它是加了工的和规范化了的民族共同语。"[①]在以上论述中,王先生将标准语和民族共同语视为有所区别的两个范畴。王先生以上论述具有重要学术价值,援引者甚众,影响力经久不衰。但吹毛求疵地说,它存在表述不够严谨的问题。因为根据以上说法,则可认为,作为标准语基础的民族共同语,人们从未对其进行过规范,这显然有违情理。

语言属于社会现象,始终受到社会因素的影响,社会因素每每造成语言局部性的无序状态,这时便需要使用者加以干预,将其从无序引向有序,以维护语言的正常运行。干预就是规范,这样的规范行为从语言形成之日起就已开始且从未间断,只是它通常是在不自觉状态下实施,不被注意而已。对于汉民族共同语来说,因为它孕生于华夏文明沃土,在其演进过程中,接受过的自觉干预并不罕见。李建国指出,我国历史上对汉民族共同语的自觉干预主要表现为三种方式:一是国家制定规范,用行政力量向社会推行;二是以学校教育为基地,培养人才,带动社会语文规范;三是编纂语文辞书,贯彻规范宗旨,传播规范成果。秦始皇推行"书同文",朱元璋下诏编纂《洪武正韵》,雍正特令福建广东两省设立正音书院等,都是自觉规范的体现。[②] 以上情况王力并非不知道,他所以那样说,或许是为了顺应苏联专家的看法,[③]或许是为了强调人民政府的贡献,在当时政治背景下,这样做并不奇怪。既然表述不严谨,为什么又说它具有重要学术价值呢? 原因在于,从"民族共同语"中抽象出来的"标准语",与作为其母体的"民族共同语",确实有所区别,只是主要区别不在于是否经过规范处理,而在于是否具有高度统一的规范依据。"标准

---

① 王力:《论汉族标准语》,载《中国语文》,1954 年第 6 期,第 14 页。
② 李建国:《汉语规范史略》,语文出版社,2000 年,第 3~190 页。
③ 从王力所列参考文献可以看出,《论汉族标准语》基本观点的形成,主要是受苏联语言学家的启发。

语"做到了这一点,而作为母体的"民族共同语",虽然力求做到,却从未实现。① 以上观点是耿振生率先提出,只是他是从汉语音韵史角度来谈,所论局限于语音;而实际上是否具有统一的规范依据,不仅体现在语音上,同时体现在词汇和语法上。

改革开放后,在有关国家通用语名称问题的讨论中,有学者接过王力那番论述,以标准语与民族共同语有所不同为根据,提出:只有符合标准的,即一级水平的汉民族共同语,才真正与标准语定义相吻合;不很或很不符合标准的,即二三级水平的汉民族共同语,与标准语定义存在较大乃至很大距离,"为推重标准语的地位,维护标准语的声望",以及为了做到名实相符,"严密逻辑",须对汉民族共同语作分割处理,与标准语对应部分,以"国语"称之;与标准语不相对应部分,以"普通话"称之。② 根据《国家通用语言文字法》第十九条有关论述,国家通用语(普通话)在外延上包括三级六等;而根据以上学者建议,国家通用语(国语)的外延得大大缩水。从事学术研究需要注意倾听不同意见,何去何从?

要解决如何抉择的问题,首先需要明了,学界对于某些问题的处理,站在满足研究需要的立场看,只要不犯逻辑错误,诚如费耶阿本德(P. Feyerabend)所说,"怎么都行"(anything goes)。因为不同研究范式反映不同观察角度,而任何角度的观察都会有所发现,都有其价值。站在满足社会需求的立场看,则必须通过利弊权衡而有所抉择,因为不同抉择往往与不同社会效果相联系,有时正负效果反差还十分明显。

站在后一种立场看,缩小国家通用语外延的做法殊不可取。举例说吧,英语考试共分八个等级,严格讲只有达到八级才可说真正掌握了英语,已经达到四级乃至六级水平的,仍然视为与英语不搭界。这样做有什么好处?结果必定是严重挫伤积极性,让多数人知难而退。实践已经证明,目前国家通用语采取的包括三级六等的较为宽泛的外延界定法,既坚持标准,又考虑到学习过程的阶段性和渐进性,有助于调动广大民众学习国家通用语的热情。

---

① 耿振生:《论近代书面音系研究方法》,载《古汉语研究》,1993 年第 4 期,第 44~52 页。

② 张拱贵、王维周:《"普通话",还是"国语"?》,载《语文建设通讯》(香港)1986 年 11 月第 21 期,第 10~14 页;戴昭铭:《关于民族共同语的名称问题》;见吕冀平:《当前我国语言文字的规范化问题》,上海教育出版社,1999 年,第 40 页。

如果真要改变它,必定会遭遇社会的强烈反对。

在《恢复"国语"名称的建议为何没有被接受》一文中我们指出,"国语"不是什么好名称。① 其实"标准语"也不是什么好名称,真正的好名称恰恰是"普通话"。我们这样说,主要原因有三:

其一,"标准语"说法无助于国家通用语的推广,而"普通话"则不然。陈望道说过这样的话:"北平话运动,我们应该把它当做普通话运动的一个方法看,不该把它当做'标准语'运动看……从事北平话运动的人……不把它当作至高无上的什么标准……应当作普通性比较大的一种土话,遇到普通性更大的语言就让,就可以减少些阻碍,也于语言文化更为有益。"②他明确指出,"标准语"的说法不利于国家通用语的推广,而"普通话"说法则相反,原因在于前者让人对国家通用语产生畏惧感乃至反感,后者有助缩小国家通用语与民众之间的心理距离。与"普通话"和"标准语"相关的好恶倾向并非仅仅表现在中国。王秀文指出:"日语标准语这一名称,最早出现于1891年……这一名称的出现和使用,反映了日本民族意识的抬头,同时也体现了由语言统一国家、反对地方分权主义的政治意图。战前,一个时期曾经强行推广标准语教育,目的在于消灭方言,因而产生了种种不利影响,在人们的心理上对标准语有一种反感。1949年以后,把在现实社会中使用度高的通用语言改称为共同语了。"③这里所说的"共同语",日文写作"共通语"(きょうつうご),与"普通话"字面意义基本一致。由于"标准语"和"普通话"历史作用不同,以及联想意义有别,事实上,它们已与不同情感反应有了较为稳定的对应联系,而前述联系又使它们在国家通用语的推行中有了较为明显的效果差异。

其二,"标准语"说法容易造成误导,而"普通话"说法没有这样的负作用。"标准"和"规范"本来为等义关系,因为意义无别常常可以互换使用。后来它们在意义上和用法上有了距离。前述现象的发生主要是受工业革命中标准化工程(standardization project)影响。④ 标准化工程中"标准"必须具备以下

---

① 曹德和:《恢复"国语"名称的建议为何不被接受?——〈国家通用语言文字法〉学习中的探讨和思考》,载《社会科学论坛》,2011年第10期,第110~116页。
② 陈望道:《大众语论》,见《陈望道文集》(第3卷),上海人民出版社,1981年,第96页。
③ 王秀文:《现代日本语要说》,吉林教育出版社,1987年,第120~121页。
④ 胡明扬:《规范化和标准化》,载《语文建设》,1997年第4期,第2页。

特征:①"可控性",即其施行对象必须具备可以形式化和计量化的条件;②"统一性",即其施行不允许出现范围内的例外;③"人为性",即所有的标准均由专家制定并由管理部门审核、颁布和监控。在不断推进的标准化工程的影响下,"标准"这个词逐渐产生与前述特征相对应的语义内涵,进而影响到人们对于"标准语"的理解。前面提到的王力的看法,即认为"标准语"乃是人为加工的产物,可以说便是受标准化工程影响的反映。胡适似乎预见到有人会这样想问题,因此在1920年撰写《国语讲习所同学录》序言时提醒道:"我们如果考察欧洲近世各国国语的历史,我们应该知道,没有一种国语是先定了标准才发生的;没有一国不是先有了国语然后有所谓'标准'的。凡是国语的发生,必是先有了一种方言比较的通行最远,比较的产生最多的活文学,可以采用作国语的中坚分子;这个分子的方言,逐渐推行出去,随时吸收各地方言的特别贡献,同时便逐渐变换各地的土话:这便是国语的成立。有了国语,有了国语的文学,然后有些学者起来研究这种国语的文法、发音等等;然后有字典、词典、文典,言语学等等出来,这才是国语标准的成立。"① 这里所谓"国语"也就是"标准语",这里所谓"国语标准"也就是"标准语"的标准。根据胡适所言可知,标准语是在民族共同语"中坚分子"自然发展基础上形成的,而不是根据"标准"范铸出来的;"标准语"的标准来自于对"标准语"特征的抽象和整理,而不是来自于对民族共同语的人为加工。"标准语"说法往往造成误导,使人将抽象整理出来的东西误解为创造出来的东西,将包含关系误解为派生关系。而"普通话"则不会造成类似误导。因为"普通话"在字面上凸显的是"普遍通用",与字面上凸显"共同使用"的"共同语",凸显的是同一特征,它不会使人产生这样的误解,即认为"普通话"的形成是通过对"共同语"的加工。如果有人非要这样想,那绝不是由于"普通话"名称的误导,而是由于别的原因。

其三,"标准语"说法存在牵强附会之嫌,而"普通话"说法则植根于对国家通用语基本特征准确把握的基础上。根据《韦氏大学词典》(Merriam-Webster's Collegiate Dictionary),"标准英语"(Standard English)这说法的

---

① 胡适:《〈中国新文学大系·建设理论集〉导言》,见胡明编:《胡适精品集》(第12卷),光明日报出版社,1998年,第33页。

最初出现是在 1836 年,①而工业革命中的标准化工程一般认为是由美国发明家惠特尼(E. Whitny)在 18 世纪末 19 世纪初拉开序幕——当时他将标准化理念率先引入 1 万支步枪的生产流程,因而被誉为"标准化之父"。不难看出,"标准语"概念是在标准化工程影响下形成的。赋予国家通用语这一名称,是为了提升它的规范度和权威性,从而使它能够更快普及以及更为充分地施展其能。就用心来说无可厚非。但"标准"一词的施用对象,须得具备"可控性"、"统一性"、"人为性"等特征,而语言的意义内涵及其具体运用,具有模糊性、伸缩性及情境依赖性,不仅难以形式化和计量化,同时也难以作出统一规定,它的许多方面,根本无法像工业产品那样,由专家制定标准并由管理部门审核、颁布和监控。可见,以"标准语"称谓国家通用语,哪怕是称谓其中的典型成员(参见后文),都有方枘圆凿之嫌。由于"标准语"说法弊多而利少,自 20 世纪中叶起渐趋边缘化。杨彩琼指出,昭和二十年,亦即 1944 年以后,日本文部省正式文件不再使用"标准语"说法而代之以"共通语"称谓。② 撰写本文时,笔者查阅了国内近年发行量较大的几部现代汉语教材,结果发现,其中"普通话"说法使用最为频繁,"共通语"说法位居其次,而"标准语"说法压根儿看不到。这很可能是因为编者注意到,"标准语"说法对于揭示国家通用语特征作用不大。有意思的是,不为某些学者看好的"普通话"事实上最受欢迎。寻根究底,我想除了因为它具有亲和力,不会造成误导,同时亦因为这一术语词面意义与词里意义相吻合,而词里意义又与所指对象基本特征相吻合。具体地说,"普通话"以国家通用语为所指,"普遍通用"乃是国家通用语基本特征,"普通话"说法从词面到词里都紧扣上述特征。

以上就"标准语"与"普通话"这两个名称,从命名理据、使用效果以及社会评价等方面进行了较为全面的比较。由此可知,"普通话"说法尽管存在一定缺憾(参见前文),但比起"标准语"提法却是优点甚多,因而更为可取。既然如此,以命名理据存在诸多问题的"标准语"说事,质疑命名理据较为合理的"普通话",并意欲根本改变其外延,这样做是否妥当,结论不言自明。

---

① Merriam-Webster's Collegiate Dictionary (10th ed.), Merriam-Webster Incorporated,1996,p. 1146.

② 杨彩琼:《浅析日语方言和标准语的形成及发展》,载《科教文汇》,2008 年第 5 期,第 176 页。

目前国内语言学教材及论著一致认为,"普通话"与"汉语共同语"及"(中国)国家通用语"为异名同实关系。亦即这几个名称虽因视角不同而说法有别,但就所指范围来说并没有区别。主张改变"普通话"所指的一个主要理由是,目前"普通话"覆盖面太宽,与定义相去甚远却称之为普通话,"有悖于逻辑上概念明确的要求"。论者似乎没有注意到:对普通话作三级区分,从某种意义上讲也就是在名称上加以细化,而加以细化正是为了"概念明确",名实相副。其实,"普通话"同其他语言类型一样,属于原型范畴(prototype category)。原型范畴内部成员存在典型、较为典型、不很典型的区别,[①]这些成员以相似性(iconicity)为集结根据,通过向典型成员靠拢共同组成同一家族。原型范畴是一个连续统(continuum),内部只能作大致划界。普通话三级分类便属大致划界,诚如陈章太所言,那"不是绝对的,而是有一定的相对性",同时"也有一定的模糊度"。[②] 我们认为,如果觉得"一级普通话"、"二级普通话"、"三级普通话"说法缺乏语义明晰性,不妨采用"地道的普通话"、"较为地道的普通话"及"不那么地道的普通话"之类表述。总之,无论如何,没有必要为解决所谓"名实矛盾"而对普通话加以改造。可以肯定,任何意欲改变其所指和外延的设想都将是事与愿违。

三、结　语

今年是《国家通用语言文字法》颁布 10 周年。撰稿期间,笔者通过中国期刊全文数据库做了调查,结果显示,在过去的 10 年里,针对普通话内涵或外延界定问题,从共时或历时角度加以检讨或探讨的论文为 29 篇。可见,为促进《国家通用语言文字法》的顺利贯彻,不少同仁就如何准确界定普通话进行着再思考。在这篇论稿中,我们表述了有关想法。因为篇幅所限,有的问题很重要却没有谈。例如,拙稿指出,普通话语音是以北京音系为基础,普通话词汇和语法是以典范的现代汉语书面作品为基础;前者属于地域方言的组

---

① 典型成员与非典型成员之间的关系,主要不是加工与非加工关系、规范化与非规范化关系,而是整理与未整理关系,代码化(codification)与非代码化关系。

② 陈章太:《论普通话水平测试等级标准》,载《语言文字应用》,1997 年第 3 期,第 14 页。

成部分,后者属于社会方言的组成部分,这两个方言之间显然是有联系的。朱自清指出,"经过五四运动,白话文是畅行了。这似乎又回到古代言文合一的路。然而不然。这时代是第二回翻译的大时代。白话文不但不全跟着国语的口语走,也不全跟着传统的白话走,却有意地跟着翻译的白话走。这是白话文的现代化,也就是国语的现代化"。① 这里的"白话文"是指普通话书面语,这里的"国语的口语"是指北京话。根据以上说法,作为社会方言的普通话书面语与作为地域方言的北京话,彼此联系并不那么紧密。是否如此,只好留待另文讨论了。

---

① 朱自清:《经典常谈》,生活·读书·新知三联书店,1982年,第138页。

"国语"和"普通话"名称源流考

清末以来,表示国家通用语的名称,我国学者使用过多种,如"国语"、"普通话"、"标准语"、"共同语"、"现代汉语(狭义)"等,都是大家熟悉的称谓。不过其中使用最多并且得到国家权力机关认同和鼓励的,唯有"国语"和"普通话"。

以上两个名称,对于1949年以后出生的大陆人来说更为熟悉的是后者而不是前者,但就历史渊源来说,则是前者深后者浅。作为通用语名称,"国语"的源起可以追溯到很久很久以前。如《隋书·经籍志》:

①又后魏初定中原,军容号令,皆以夷语。后染华俗,多不能通,故录其本言,相传教习,谓之国语。

《隋书》乃魏徵(580—643)"总知其务",可知早在1 500多年前,即北魏孝文帝(467—499)推行改革新政之前,"国语"即被作为国家通用语称谓。这用法为其后入主中原的少数民族所效仿。如《辽史·礼志六》:

②七月十三日,夜,天子于宫西三十里卓帐宿焉……七月十六日昧爽,复往西方,随行诸军部落大噪三,谓之"送节",国语谓之"赛咿奢"。"奢",好也。

《金史·本纪第九·章宗一》:

③十二月,进封原王,判大兴府事。入以国语谢,世宗喜,且为之感动,谓宰臣曰:"朕当命诸王习本朝语,惟原王语甚习,朕甚

---

① 原载香港《语文建设通讯》,2011年第1期。

嘉之。"

《元史·显宗传》:

④遂命饔人为肉糜,亲尝而遍赐之。暇日,则命也灭坚以国语讲《资治通鉴》。

《太宗文皇帝实录》:

⑤朕闻国家承天创业,未有弃其国语反习他国之语者。弃国语而效他国,其国未有长久者也。

以上"国语"都是以通用语为所指,只是指的不是汉族的通用语,而是入主中原的鲜卑族、契丹族、女真族、蒙古族、满族的民族语言。

"国语"一词与具有国家通用语性质的汉语共同语挂钩,那是后话。以往普遍认为下面这段文字中的"国语"可能是最早用例:

⑥[伊泽修二]:……察贵国今日之情势,统一语言,尤其亟亟者。[吴汝纶]:统一语言,诚哉其急!然学堂中科目已嫌多,复增一科,其如之何?[伊泽修二]:宁弃他科而增国语……①

这段话见于吴汝纶《东游丛录》,该著系作者 1902 年 5 月至 9 月东渡日本考察教育时撰写,1902 年 10 月在日本出版,1904 年收入《桐城吴先生全书》在国内付梓。但前年有学者指出,还有更早的用例:

⑦日本古无文字而有歌谣,上古以来口耳相传。汉籍东来后,乃借汉字之音而填以国语。②

以上用例见于黄遵宪《日本国志》,该著 1887 年成书,1895 年出版。如果此例可取,时间确实可以往前推。但仔细审察可知,《日本国志》中的"国语"是以别国语言为所指,将它视为最早用例似乎不妥。通过仔细辨视还可发现,前面提到的《东游丛录》中的"国语"也有问题。这个"国语"并非为中国人所使用,而是出现在日本人话语里。论及近代中国人何时启用"国语",以此为据似乎也不大妥当。

---

① 吴汝纶:《东游丛录·贵族院议员伊泽修二氏谈片》,见施培毅、徐寿凯校点:《吴汝纶全集(3)》,黄山书社,2002 年,第 797 页。

② 黄遵宪:《日本国志》,上海古籍出版社,2001 年,第 345 页。

有学者认为,1903年,京师大学堂学生何凤华等人的一份呈文或可视为最早用例。这份呈文是写给直隶总督袁世凯的,标题为"为恳祈宫保大人奏明颁行官话字母设普通国语学科以开民智而救大局事"。① 其中"国语"一词,无疑是以当时已经成为国家通用语的汉语共同语为对象的。但最近文贵良(2009)提到以下文字:

⑧即如第三期译报第一类,于英国《天朝报》所论中国语言变易之究竟,大报译而著之,且缀案语于其末。意谓此后推广学堂,宜用汉文以课西学,不宜更用西文,以自蔑其国语,末引日本、埃及兴学异效之事,以为重外国语者之前车。②

这段文字见于严复《与〈外交报〉主人书》,文章发表在《外交报》第9、10期上。该报系清末进士张元济创办,1902年1月4日推出第1期,为旬刊。推算可知发表时间当为1902年3月下旬。"国语"有学术用语(scientific name)和日常用语(common name)之分,前者是指国家确定的本国各民族在政治、文化、教育等方面所使用的语言,后者是指本国人所使用的本国固有语言。在上述文章中"国语"一词出现9次,都是作为日常用语使用。其中两次是以特定的外国语为所指,如:

⑨方培根、奈端、斯比讷查诸公著书时,所用者皆拉体诺文字,其不用国语者,以为俚浅不足载道故也。③

五次没有特定所指,为泛指用法。如:

⑩国语者,精神之所寄也;智慧者,国民之所以为精神也。④

两次是以汉语为所指。除了文贵良提到的,另一例为:

⑪然则大报所讥中国数十年来每设学堂,咸课洋文,今奉诏书推广,犹以聘请洋文教习为先务者,固皆有所不得已,非必自蔑国语,而不知教育之要不在语学也。⑤

---

① 王照:《官话合声字母》,文字改革出版社,1957年,第75~76页。
② 严复:《与〈外交报〉主人书》,见王栻:《严复集》(3),中华书局,1986年,第558页。
③④ 严复:《与〈外交报〉主人书》,见王栻:《严复集》(3),中华书局,1986年,第562页。
⑤ 严复:《与〈外交报〉主人书》,见王栻:《严复集》(3),中华书局,1986年,第561页。

作为日常用语,"国语"可以用于指称国定的或事实上的通用语,也可以用于指称本国地域方言。在严复文章中,与汉语相联系的两处"国语"指什么?因为这里的汉语是就教学用语而言,从文白异读的普遍存在可知,以国家通用语为教学语言乃是我国传统,所以可以肯定,上述两处"国语"是指中国通用语。文贵良认为,它是我国"国语"现代用法的源头。①如果没有更早用例被发现,以上观点可以成立。

自从严复、何凤华等相继以"国语"指称本国通用语,它很快发展成为中国语文现代化早期阶段的关键词。1910年,在清廷资政院会议上,议员江谦联署严复等32人,提交《质问学部分年筹备国语教育说帖》,建言将"国语"作为国家通用语正式名称。建言得到认可。1911年8月10日,在清廷学部召开的中央教育会上,通过《统一国语办法法案》。1912年元月,中华民国成立,当年7月召开的临时教育会议,肯定前述做法并决定在全国范围内推广国语。国民党政府撤抵台湾后,一仍旧贯。

在我国历史上,"普通话"的出现其实亦有不短时间。1902年出版的吴汝纶《东游丛录》里有这样一段话:

⑫今年春,仆曾游萨摩,见学生之设立普通语研究会者,到处皆是。所谓普通语者,即东京语也,故现在萨摩人殆无不知晓东京语者。②

其中出现与"普通话"意思相同而说法略异的"普通语"一词。这大概是国人通过汉语文献对于"普通话"概念的首次接触。1904年,秋瑾在日本担任中国留学生演说练习会会长期间,为该会拟订《演说练习会简章》,第五条云:

⑬中国语言各处不同,故演说者虽滔滔不绝,而听者竟充耳罔闻。会中当附属一普通语研究会,凡演说皆用普通语,研究此普通语,公举会中善于普通语者担任。③

---

① 文贵良:《以严复为中心:汉语的实用理性与"国语"的现代性发生》,载《华东师范大学学报》,2009年第4期,第96~97页。

② 吴汝纶:《东游丛录·贵族院议员伊泽修二氏谈片》,见施培毅、徐寿凯校点:《吴汝纶全集(3)》,黄山书社,2002年,第798页。

③ 贺延礼:《秋瑾年谱》,齐鲁书社,1983年,第54页。

其中多次出现"普通语"一词。此后不久的1906年，朱文熊出版《江苏新字母》，书中将"普通语"改为"普通话"：

⑭余学普通话（各省通行之话），虽不甚悉，然余学此时所发之音，及余所闻各省人之发音，此字母均能拼之，无不肖者。①

除了将"普通话"视为学术用语，还给了较为明确的定义。此后表示该意的"普通话"逐渐用开。例如，1931年，瞿秋白在一篇总结新文学运动的文章中说：

⑮所谓"国语"，我只承认是"中国的普通话"的意义。这个国语的名称本来是不通的。西欧的所谓 national language，本来的意思只是全国或者本民族的言语，这是一方面和方言对待着说，别方面和外国言语对待着说明的。至于在许多民族组成的国家里面，往往强迫指定统治民族的语言为"国语"，去同化异族，禁止别种民族使用自己的言语，这种情形之下的所谓"国语"，简直是压迫弱小民族的工具，外国文里面的 national language，古时候也抱着这种思想，正可以译作"国定的言语"。这样，"国语"一个字眼竟包含着三种不同的意义："全国的普通话"，"本国的（本民族的）言语"和"国定的言语"。所以这名词是很不通的。我们此地借用胡适之的旧口号，只认定第一种解释的意思——就是"全国的普通话"的意思，至于第三种解释——那是我们所应当排斥的。②

通过溯源可知，今天的"普通话"名称其来有自，根基亦不浅。

"普通话"名称出现后，"普通语"一词并没有销声匿迹，不过这时多半不是表示我国现代通用语，而是以别的意义被使用。例如，1946年6月21日，新华社语言广播部制订的《暂行工作细则》，关于编写技术第三点要求为：

⑯要用普通语的口语，句子要短，用字用词要力求念起来一听

---

① 朱文熊：《〈江苏新字母〉自序》，见《清末文字改革文集》，文字改革出版社，1958年，第60页。

② 瞿秋白：《鬼门关以外的战争》，见倪海曙：《中国语文的新生：拉丁化中国运动二十年论文集》，时代书报出版社，1949年，第11页。

就懂,并要注意音韵优美与响亮。①

其中用到"普通语"一词。在此它是强调普普通通,是指大众语。根据1945年10月25日《解放日报》发表的《介绍XNCR》看,当时解放区政府指称国家通用语是以"国语"作为规范表达形式。②

周祖谟1950年6月为《方言校笺及通检》所撰自序,十多处用到"普通语"这个词,例如:

⑰其中所记的语言,包括古方言、今方言、和一般流行的普通语。凡说"某地语"、或"某地某地之间语"的,都是各别的方言。说"某地某地之间通语"的,是通行区域较广的方言。说"通语"、"凡语"、"凡通语"、"通名"、或"四方之通语"的,都是普通语。③

这里所谓"普通语",是从普遍通用角度来说的,是指共同语,意思接近"普通话",但又有所不同。区别在于,"普通话"是指现代国家通用语,而这里"普通语"具有泛时性,其使用不受时代限制。

1949年10月,中华人民共和国成立,不久便将"国语"名称更换为"普通话"。1950年8月教育部颁布的《小学语文课程暂行标准(草案)》,9次出现"普通话"一词,如:

⑱使儿童通过说话、写作的研究、练习,能正确地用普通话和语体文表达思想感情。

⑲语法的指导,必须联系语文课本的教学,从注意校正儿童语句组织,不完全或颠倒错误的缺点着手;再注意普通话语句构造和方言的不同,帮助儿童对普通话的了解。

同时通过注释对此作了说明,指出:"普通话,是以北京音系为标准的普

---

① 中央人民广播电台研究室、北京广播学院新闻系:《解放区广播历史资料选编(1940-1949)》,中国广播电视出版社,1985年,第119页。
② 延安《解放日报》:《介绍XNCR(1945年10月25日)》,见中央人民广播电台研究室、北京广播学院新闻系:《解放区广播历史资料选编(1940-1949)》,中国广播电视出版社,1985年,第64~66页。
③ 周祖谟:《方言校笺及通检》,科学出版社,1950年,第4页。

通语言。"①

1955年10月中下旬,全国文字改革会议和现代汉语规范问题学术会议相继召开,会上决定将普通话作为国家通用语正式名称。同年10月26日,《人民日报》发表社论《为促进汉字改革、推广普通话、实现汉语规范化而努力》,向全国人民发出学习和使用普通话的号召。建国初期,有时还可以看到"国语"名称的使用,如1952年第4期《人民教育》,刊有题为《反对这样的注解——评语文教学社编"国语课本注解"》的文章,其中便出现"国语"一词。而自从《人民日报》社论发表,大陆人谈及国家通用语,一般都称"普通话",而不再称"国语"。

倪海曙(1991)指出,清末以来我国使用的"普通话"和"国语"名称都是借自近代日本。以上说法对于正确认识我国通用语称谓发展史具有重要价值。我们今天使用的"普通话"术语确实属于舶来品,是由日语中的"普通语"(ふつうご)一词改造而来。有两方面事实可作证明。一是前面提到的其中出现"普通语"说法的第一个例子,那不是出自吴汝纶之口,而是出自交谈对象日本人伊泽修二之口。二是日本文献《関西弁・京阪语・京ことば・京都言叶の违い》明确指出,该国起初以"普通语"指称日语标准语。② 由此可知,秋瑾当年主张"演说皆用普通语",也就是主张以我国通用语作为演讲语言。不过清末以来我国使用的"国语"称谓,恐怕未必完全照搬日本。那些率先揭开中国语文现代化序幕的晚清学者,国学功底都很深,不会不知道"国语"一词在我国古代文献中长期存在。这里不是想要否定我国近代使用的"国语"与日语有关,而是意在指出,它们的关系可能仅仅在于,受近代日语启发,中国人重新起用了尘封已久的固有词语。

---

① 中华人民共和国教育部:《小学语文课程暂行标准(草案)(1950)》,见人民教育出版社课程教材研究所网站,http://www.pep.com.cn/xiaoyu/shuwu/xy_dsyz/xy20sjzg/200902/t20090213_552182.htm。

② [日]江川日本语官方博客:《関西弁・京阪语・京ことば・京都言叶の违い》,http://blog.sina.com.cn/s/blog_4eb4e4b50100atp3.html

《语言文字法》拒绝"国语"名称的原因和合理性[①]
——从"国语"好还是"普通话"好的争论说起

我国历史上用以表示国家通用语的名称不下10种。在过去100年里使用较多的主要有"国语"、"普通话"、"标准语"、"共同语"、"现代汉语(狭义)"。不过其中得到政府认可支持的只有两种,即"国语"和"普通话"。前40年大陆一直以"国语"为正式名称,后60年则将"普通话"作为规范称谓。改革开放以来,围绕"国语"和"普通话"哪种说法好的问题,我国学者展开了热烈讨论。值得注意的是,尽管要求恢复旧名的呼声非常强烈,但2000年颁布的《中华人民共和国国家通用语言文字法》(以下简称《国家通用语言文字法》)并未给予积极回应。本文拟在回顾有关历史和争议的基础上探讨《国家通用语言文字法》拒绝"国语"名称的原因,并结合其他国家的经验对前述做法的合理性加以论证。

一、国家通用语更名及要求还原的呼声

1910年(宣统二年),江谦等清廷议员在资政院会议上提交《质问学部分年筹办国语教育说帖》,建言将"国语"作为国家通用语正式名称,提议获得认可。1911年8月10日,在清廷学部召开的中央教育会议上,通过《统一国语办法法案》。1912年1月中华民国成立,同年7月召开临时教育会议,会上肯定前述做法并决定在全国范围内推广国语。国民党政府撤抵台湾后,一仍旧贯。

[①] 原载《北华大学学报》,2013年第1期。

1949年10月中华人民共和国成立,不久开始启动以"普通话"取代"国语"的进程。1950年8月教育部颁布的《小学语文课程暂行标准(草案)》,9次使用"普通话"一词,如:"使儿童通过说话、写作的研究、练习,能正确地用普通话和语体文表达思想感情。""语法的指导,必须联系语文课本的教学,从注意校正儿童语句组织,不完全或颠倒错误的缺点着手;再注意普通话语句构造和方言的不同,帮助儿童对普通话的了解。""普通话,是以北京音系为标准的普通语言。"①

1955年10月中下旬,全国文字改革会议和现代汉语规范问题学术会议相继召开,会上决定将"普通话"作为国家通用语规范称谓。同年10月26日,《人民日报》发表题为《为促进汉字改革、推广普通话、实现汉语规范化而努力》的社论,自此"普通话"作为国家通用语权威名称正式登上历史舞台。此前不时还可看到旧名出现,如1952年第4期《人民教育》刊登的《反对这样的注解——评语文教学社编"国语课本注解"》一文,其中便可看到"国语"的使用。但自从《人民日报》社论发表,大陆人谈及国家通用语,一般都称之为"普通话"。

极左思潮泛滥时期,大陆学者对于更名做法即便有意见也只好保持沉默。改革开放后情况有了变化,周有光(1985)指出:"全国各民族的族际共同语叫做国语,也未尝不可。"②此后不断有人参与讨论。杨应新(1989)、张德鑫(1992)、李索(1996)、金丽莉(1997)、祝世娜(2003)、程祥徽(2005)、汪惠迪(2007)、马庆株(2010)等,对更名持赞同或认同态度;而李业宏(1986)、张拱贵、王维周(1986)、戴昭铭(1999)、丁安仪、郭英剑、赵云龙(2000)、曹桑(2004)、孙良明(2004)、江蓝生(2005)、田惠刚(2005)等则表示反对,并强烈要求恢复旧名。

在力主恢复旧名的学者中,张拱贵、王维周(1986)的说法影响最大。其《"普通话",还是"国语"?》一文明确表示:"国语"优于"普通话",应予恢复。文章就此作了全面论证,主要观点为:a."普通话"名不副实——"普遍通用的"未必是"标准的",以"普通话"对应标准语,名实相左。b.国家通用语包括

---

① 中华人民共和国教育部,小学语文课程暂行标准(草案),见人民教育出版社课程教材研究所网站。(2009-3-27). http://www.pep.com.cn/xiaoyu/jiaoshi/tbjx/kbjd/jxdg/201008/t20100818_663533.htm.

② 周有光:《文字改革的新阶段》,载《文字改革》,1985年第5期,第4页。

口语和书面语,"话"只是指口语,使用"普通话"名称会造成误导。c. 与"普通话"相比,"国语"可以避免歧解,同时显得庄重。d. 台湾一直沿用"国语",大陆重启"国语"可以消除称名上的分歧,促进国家统一。e."国语"地位乃自然形成,采用"国语"名称是顺其自然;所谓将造成不同民族语言待遇不平等是受苏联影响,这说法经不起推敲,不应成为废弃"国语"名称的理由。①

二、《语言文字法》的反应及其原因探讨

2000年10月,《中华人民共和国国家通用语言文字法》正式颁布。该法从酝酿到定稿历时4年之久,期间主持人和有关专家通过多种渠道广泛征求意见,对于要求恢复旧名的强烈呼声,自然是心知肚明。但是将《国家通用语言文字法》提交审议时,该法起草负责人不仅只字未提前述呼声,还对坚持使用"普通话"的政策依据作了再次重申。② 不言而喻,这与主张恢复旧名者所持理由缺乏说服力不无关系——其理由提出后受到多位学者批评,笔者亦曾对张拱贵、王维周五点理由的前三点进行过证伪性分析。③ 其实张、王的另外两点理由也站不住,因后文有所论及这里按下不表。依笔者所见,《国家通用语言文字法》之所以拒斥前述建议,主要出于以下原因:

首先,以"国语"称谓某语言,通常是为了强化某民族的政治地位。也就是说,这样做有时并非基于交际需要而是基于政治考虑。我国以"国语"作为国家通用语名称已有很长历史。《隋书·经籍志》云:"又后魏初定中原,军容号令,皆以夷语。后染华俗,多不能通,故录其本言,相传教习,谓之国语。"《隋书》乃魏征(580—643)"总知其务",可见早在1500多年前,即北魏孝文帝(467-499)推行改革新政前,我国就已将"国语"作为国家通用语名称。但当时的国家通用语即鲜卑语流通范围很窄,以"国语"称之乃因为它是鲜卑族的母语,作为当时国家统治者的鲜卑族希望藉此凸显自己的政治地位。以上做

---

① 张拱贵、王维周:《"普通话",还是"国语"》,载《南京师范大学学报》,1987年第10期,第42~48页。
② 汪家镠:《关于〈中华人民共和国国家通用语言文字法(草案)〉的说明》,见中华人民共和国全国人民代表大会常务委员会公报,中国法制出版社,2004年,第588~593页。
③ 曹德和:《如何界定普通话的内涵和外延》,载《安徽大学学报》,2011年第1期,第24~25页。

法为其后入主中原的少数民族所效仿。如《辽史·礼志六》载:"七月十三日,夜,天子于宫西三十里卓帐宿焉……七月十六日昧爽,复往西方,随行诸军部落大噪三,谓之'送节',国语谓之'赛咿奢'。'奢',好也。"《金史·本纪第九·章宗一》载:"十二月,进封原王,判大兴府事。入以国语谢,世宗喜,且为之感动,谓宰臣曰:'朕当命诸王习本朝语,惟原王语甚习,朕甚嘉之。'"《元史·显宗传》载:"遂命饔人为肉糜,亲尝而遍赐之。暇日,则命也灭坚以国语讲《资治通鉴》。"《太宗文皇帝实录》载:"朕闻国家承天创业,未有弃其国语反习他国之语者。弃国语而效他国,其国未有长久者也。"等等。周振鹤(2008)指出:"在清代与清代以前,国语指统治阶级的语言。在北魏指鲜卑语,在辽指契丹语,在金代指女真语(女直语),在元代指蒙古语,在清代则指满语(或称清语)。"①调查表明以上说法准确无误。就国外情况看,"国语"名称往往也不是与真正的国家通用语相匹配,而是同占有政治优势的少数民族的语言相联系。例如,马来人仅占新加坡总人口14.2%,但该民族在东南亚势力很强,对新加坡政局极具影响力,为有利在"马来海洋"中的平安生存,新加坡政府将马来语尊为"国语"。②

其次,以"国语"称谓某语言,往往是为了让它处于更为有利的语用地位并享用更多的国家资源。获得"国语"称号的语言通常被确定为国歌演唱、军令发布、法庭控辩等所使用的语言,以及被确定为大力推广的语言。戴昭铭(1999)曾指出:"国语者,国人皆须学会之语也,不论其母语方言(或语言)如何完美发达。"③以上说法并非空穴来风。大革命时期的法国在将某方言明确为国语后,除了指定它是本国唯一的教学用语和法律用语外,同时要求国内操其他方言或语言的人学习和使用。④ 日本是较早确立国语的国家,二次大战期间它将国语适用范围延伸到台湾等殖民地。来自域外的"国语"不仅被明令为殖民地区必学语种,同时被明令为职场乃至其他公共场合的规范语码;而源生中国的母语在许多场合则被限制乃至禁止使用。⑤ 马来西亚属于

---

① 周振鹤:《从方言认同、民族语言认同到共通语认同》,载《文汇报》,2008年5月5日。
② 刘稚:《新加坡的民族政策与民族关系》,载《世界民族》,2000年第4期,第45~47页。
③ 戴昭铭:《关于民族共同语的名称问题》,见吕冀平:《当前我国语言文字的规范化问题》,上海教育出版社,1999年,第40页。
④ 周庆生:《国外语言规划理论流派和思想》,载《世界民族》,2005年第4期,第60页。
⑤ 张春英:《"皇民化"运动及其影响》,载《江汉大学学报》,2005年第4期,第11~12页。

多民族多语种国家,2010年总人口为2890万,其中马来人1794.7万,占62.1%;华裔652.1万,占22.6%;印裔为196.9万,占6.8%。① 马来语、英语、华语、泰米尔语为国内主要语种。但在该国马来语被确定为国语和官方语言,英语被确定为第二语言,别的语言则被视为不入流语言。基于以上语言政策,它规定所有学校必须教授马来语,2002年以前曾长期将马来语作为唯一教学用语。英语起先为必修课目,2002年以后被确定为数理课程的教学语言。至于华语和泰米尔语,则被边缘化为可有可无的教学内容。同时,获得"国语"称号的语言通常在教育规划中处于轴心地位,并在教育资源分配中占有最大份额。例如,在新加坡,将马来语作为教学内容或教学语言可以获得政府资助;而将华语、泰米尔语作为教学内容或教学语言则不仅得不到政策扶持,还会不断遭遇来自各个方面的刁难。② 2006年,美国参议院围绕是否将英语确定为国语进行投票,多数议员投了赞成票,一个重要原因就是这可以使英语在国家教育资源分配中处于有利位置,可以大大压缩其他语言的教育经费投入。③

再次,我国废弃"国语"名称确实是受苏联影响,但苏联语言政策不无合理性。1914年,列宁发表题为《需要实行义务国语吗?》的论稿,严肃批评所谓为有助国家统一和少数民族进步必须确立国语的说法,并就苏联语言政策作了深刻阐释。④ 1921年至1923年及1928年至1930年期间,中共早期主要领导人瞿秋白在苏联从事革命活动,非常清楚列宁关于应当尊重少数民族及其语言的思想;1931年,列宁曾对滥用"国语"名称提出尖锐批评,指出:"在许多民族组成的国家里面,往往强迫指定统治民族的语言为'国语',去同化异族,禁止别种民族使用自己的言语,这种情形之下的所谓'国语',简直是压迫弱小民族的工具"。⑤ 以上观点为后来的中共领导层所延续,毋庸讳言,

---

① 中新网记者:《统计数据显示:马来西亚华印裔人口将逐年减少》,见中国新闻网,2010年1月27日,http://www.chinanews.com/hr/hr-yzhrxw/news/2010/01-27/2094107.shtml。
② 李洁麟:《马来西亚语言政策的变化及其历史原因》,载《暨南学报》,2009年第5期,第110~117页。
③ 姬虹:《英语不是美国的国语》,载《世界知识》,2006年第15期,第61页。
④ 列宁:《需要实行义务国语吗?》,见中共中央马克思恩格斯列宁斯大林著作编译局:《列宁全集第20卷》,人民出版社,1958年,第57~59页。
⑤ 瞿秋白:《鬼门关以外的战争》,见倪海曙:《中国语文的新生:拉丁化中国运动二十年论文集》,时代书报出版社,1949年,第11页。

中华人民共和国建立后废止"国语",同苏联影响有着直接而明显的关系。近年来的形势发展表明,列宁倡导的语言政策是经得起时间考验的。2006年,联合国教科文组织在一份研究报告中指出:"一个国家的政府可能有明确的语言使用政策来管理其境内的多种语言。一种极端的情形是,指定一种语言作为国家唯一的官方语言,而无视其他所有语言;另一种极端则是,全国所有语言都享有同等的官方地位。但是,同等的法定地位并不能保证一种语言的持续使用和长久的生命力。"①其中批评的第一种极端情形正是列宁92年前严厉抨击并强烈抵制的。值得注意的是,列宁不赞成多语国家将某种语言确定为国语,联合国教科文组织亦不赞成多语国家将某种语言确定为唯一的官方语言。确定官方语言比确定国语无论遭遇的阻力还是引发的反弹都要小得多,而联合国教科文组织仍然认为不可取,可见在民族语言关系处理上,其态度更为民主更为审慎。

通过以上讨论可知,《国家通用语言文字法》之所以不同意恢复旧名,乃因为有关领导注意到:在许多情况下"国语"名称的使用不是基于对事实的尊重以及为了促进语言交际,这样做往往导致不同民族政治待遇的不平等和国家资源享用的不公平,明显有违列宁倡导的语言政策,有违近年来联合国教科文组织倡导的语言和谐精神。

三、国外成功经验和有关问题延伸思考

全世界现有142部成文宪法,虽然79部规定了国语或官方语言,占55.6%,②但没有规定国语或官方语言的国家仍然高达44.4%,其中包括美国。这是因为美国没有条件这样做吗?"非不能也,乃不为也"!前面谈到,美国参议院曾就是否确立英语为国语进行表决,并已给予肯定回答。不过诚如姬虹所言,"尽管参议院通过了'国语'法案,但要成为法律,前面的路还很长,英语在美国的地位还是个悬而未决的问题"。③ 这是为什么呢?一个重要原因在于,不少美国移民对此持反对态度。2011年1月,田纳西州纳什维

---

① 联合国教科文组织濒危语言问题特别专家组(范俊军等译):《语言活力与语言濒危》,载《民族语文》,2006年第3期,第58页。
② 吴娟:《使用文字切莫忘法》,载《法制日报》,2001年1月5日。
③ 姬虹:《英语不是美国的"国语"》,载《世界知识》,2006年第15期,第61页。

尔市曾就"禁止政府使用除英语以外的其他语言"议案举行公民投票,由于之前当地移民团体不惜重金通过主流媒体开展反宣传,使该议案流产夭折。① 移民是美国大选重要票源,往往对政府高层决策起着"一语定乾坤"的作用。还有一个重要原因是,美国政府对于坚持"主体性"亦即强化共同语(英语)的领导地位,一直高度重视,从不含糊;而对于保持"多样性"亦即尊重非共同语(移民语言和土著语言)的合理存在,则政策多变,时紧时松。不过近年来为后现代思潮所影响,美国政府在认识和处理语言"多样性"的问题上总体看是日趋开放;加之联合国教科文组织新近发布的有关文件明确反对多语国家"指定一种语言作为国家唯一的官方语言",在此情势下,美国政府是否会以法律形式将无助"主体性与多样性"关系协调的"国语"称号赋予英语,确实难以轻断。② 曾经对美国语言管理进行过全面考察的蔡永良指出:"无论是美国建国以后还是20世纪以来的语言政策,以美国联邦政府出面制定的十分罕见,而大多数的政策和法规是州政府或政府部门制定的。"③曾经就此作过进一步研究的李英姿指出:"考察美国的语言政策需要区分一下'显性政策'和'隐性政策'……所谓显性政策是指政府法令以及条例规则等明文规定的政策;隐性政策则是指包括语言态度、立场、观念等在内的和语言相关的意识形态,也可以叫'语言文化'。"④她同时指出,美国的语言管理主要依托"隐性政策","隐性政策"事实上发挥着决定性作用。即此可知,美国在语言管理上有两大特点:一是政策的制定通常不是自上而下而是自下而上;二是政策作用的发挥主要不是依靠"显性"形式而是依靠"隐性"形式。这样做具有明显好处。前者的好处是,它可以避免将中央政府推上第一线,失去回旋余地;后者的好处是,它可以避免处理复杂事务硬打硬上,避免以敏感方式处理敏感问题。以上做法无疑是值得学习和借鉴的。

我们以为,在语言规划和语言管理上,对于敏感问题除了不妨最大限度发挥"隐性政策"的力量,同时不妨充分利用"无形推手"(invisible hand),即

---

① 姬虹:《英语不是美国的"国语"》,载《世界知识》,2006年第15期,第61页。
② 美国中文网:《美欲将英语定为官方语言引争议》报道:"参议院于2006年和2007年先后对支持英语为官方语言的移民改革法案进行了投票,结果都没能通过。"
③ 蔡永良:《论美国的语言政策》,载《江苏社会科学》,第2002年第5期,第200页。
④ 李英姿:《美国语言政策:"容忍"中的同化》,载《中国社会科学报》,2010年12月21日。

市场经济的暗中作用。不同语言没有高低之分,但在市场中的使用价值则多少有所区别。列宁指出:"本国的哪种语言有利于多数人的商业往来,经济流通的需要自然会作出决定的。"①哪种或哪些语言将会起到或已经起到国语或官方语言的作用,主要不是取决人为意志,而是取决市场选择。已经选择的东西默认就是了,何必非要给它安上"国语"蛇足?所以说"国语"近乎蛇足,乃因为这名称往往有弊无利,甚至会添乱。2009 年 7 月 5 日,在民族分裂势力的操纵下,我国新疆发生了震惊世界的骚乱事件。在事后的一次新闻发布会上,有记者询问自治区主席白克力,为什么要让维族人学汉语? 白克力回答:"语言是一个交流的工具。在当今,世界各国流行汉语热,世界各国很多的居民都在热衷于学习汉语的情况下,作为中华人民共和国的公民,学习掌握本国的通用语言天经地义。"②如果白克力说,之所以让维族学汉语,乃因为它是"国语",那可能不只是造成不好影响,还可能引发新的动荡。

杨应新(1989)指出:"'普通话'和'国语'的最大区别也只有一点,那就是它没有带着'强制和硬塞的成分'。"③当今世界早已步入后现代阶段,倡导民主,维护人权;多元并存,和谐发展,乃是其主旋律和大趋势。推进语文现代化,需要改变以"强制"、"硬塞"为手段、以"统一"、"融合"为目标的野蛮做法和陈旧观念,审时度势,与时俱进,和律而舞,顺势而为。《语言文字法》在重启"国语"称谓呼声甚高的情况下,坚持"普通话"名称的使用,重申国家民族语言政策,无疑是符合时代精神的;其后 10 年的实践表明,以上做法不仅对于引领学术讨论,端正思想路线,同时对于维护普通话威信及加速推普进程,都起到了很好的作用。

四、结　语

通过讨论可知,《国家通用语言文字法》没有接受恢复"国语"名称的建议

---

① 列宁:《关于民族问题的批评意见》,见中共中央马克思恩格斯列宁斯大林著作编译局:《列宁全集第 20 卷》,人民出版社,1958 年,第 3 页。

② 白克力:《学汉语是新疆人民的愿望政府无强制》,见《人民网》,2010 年 3 月 7 日,http://news.163.com/10/0307/17/616JN7T00001124J.html。

③ 杨应新:《关于"普通话"的问题》,载《民族语文》,1989 年第 3 期,第 7 页。

主要基于政治考量。① 制定语言规划与一般语言研究不同，它有时得考虑政治需要，甚至得将它视为决定因素。是否这样做取决国情。在日本，大和民族占总人口99%，阿伊努族人数很少，且早已把日语作为主要交际语言，其国内语言规划的制定只涉及不同方言关系协调而不涉及不同民族利益分配，如何操作可以无须顾忌政治影响。在中国，尽管汉族人占绝大多数，但少数民族人口在全国也还占9.44%，达到12 333万（根据2005年人口普查），其中有些规模较大的少数民族对母语感情很深，同时具有独特的传统文化和广泛的国际联系，制定语言规划则不能不考虑政治得失。在多民族多语种的国家里，如何制定语言规划，事实上不仅影响到一种语言在国内乃至国际上的政治地位和经济价值，同时影响到一个民族的前途和命运，因而有关民族，尤其是少数民族对此极为敏感。我们应充分理解其心情，切不可置若罔闻。否则不仅会影响到国内民族关系的和谐，而且还会影响到国家的政局稳定和长治久安。

这里需要说明，笔者不支持中国政府重启"国语"名称，同时不赞成台湾当局废弃"国语"称谓。半个世纪以来，台湾地区一直将"北京话"作为全民共通语，目前使用人口高达95%左右。根据1993年调查，台湾地区闽南人约占73.7%，客家人约占12%，原住民约占1.7%，外省人约占13%。闽南话虽为当地主要方言，但很多青少年已经不大会说，20～29岁年龄段人能讲得流利的只有43%。客家话虽为当地另一重要方言，但流失严重，多数年轻人已很少使用。原住民语言本来有23种，其中12种如今不复存在，其余的有些亦逐渐流失，实际使用该语言的人口微乎其微。1949年定居台湾的外省

---

① 在"国语"问题上，需注意区分五种情况，即：a. 事实上的；b. 名称上的；c. 法定的；d. 事实兼名称上的；e. 事实兼法定的。中国迄今使用的"普通话"属于第一种，中国历史上鲜卑、契丹、女真等少数民族使用的"国语"属于第二种，新加坡当前使用的"Bahasa Melayu"属于第三种，中国清末和民国时期使用的"国语"属于第四种，法国使用多年的"French"属于第五种。在当今中国，即便没有将汉语共同语作为法定国家语言，但以"国语"称之，则会由于字面意义的影响，很容易地使非汉族人认为，汉族由于民族主义作祟，把本民族语言视为多语国家的唯一代表；同是很容易地使汉族人认为，国内其他语言无足轻重，唯有自己的族语最有资格作为国家象征。总之，在今天中国大陆，无论以何种方式将"国语"与汉语共同语挂钩，从政治角度看都是不明智的。

人,后代大多不会使用父母方言。① 即此可知,"北京话"在台湾的语言地位类似日语在日本,称之"国语"不致引发民族矛盾。笔者不赞成台湾当局废止"国语"名称更主要的还是从反台独考虑。陈水扁主政期间,台独势力别有用心地将废弃"国语"称谓与"去中国化"捆绑到一起。有鉴于此,我们希望台湾当局尊重历史和正视现实,在认肯"北京话"通用语地位的同时,继续将"国语"作为台湾地区通用语的规范名称。

---

① 许长安:《台湾的语文政策沿革及语文使用现状》,载《现代语文》,2007年第12期,第7页。

《通用规范汉字表》研制中的三对关系①

由教育部、国家语委负责研制的《通用规范汉字表》(征求意见稿),历经 8 年努力,于 2009 年中期完成并及时向社会公开征求意见。之后引发了异乎寻常的强烈反响。社会舆论对于表中个别内容的抨击,态度之激烈远远超出预期。不过可以肯定这不是坏事而是好事,因为任何质疑批评总是包含着合理因子,通用吸纳将会使有关成果更趋合理。笔者一直密切关注着这场大讨论,并在认真反复思考过程中形成以下想法,亦即研制《通用规范汉字表》需要注意处理好三对关系。

一、通用层面汉字与特用层面汉字的关系

顾名思义,《通用规范汉字表》所收汉字具有双重属性,即它们既属于"规范汉字",又属于"通用汉字"。

何为规范汉字?李宇明认为,它是指"经过简化和整理的现代汉语用字"。② 以上看法认同者甚众,但质疑之声亦不时可闻。因为照此推理,没有"经过简化和整理的现代汉语用字"自然不在其中,这不免使得"有些学术文化界人士(包括海外学术文化界人士)……在学术上接受不了,在感情上接受不了"。③ 施春宏指出,规范不规范由交际场合决定:需要使用简体时使用简体,属于规范表现;需要使用繁体时使用繁体,亦属规范表现。并认为,"规范汉字"

---

① 原载《安徽师范大学学报》,2011 年第 2 期。
② 李宇明:《规范汉字和〈规范汉字表〉》,载《中国语文》,2004 年第 1 期,第 61~70 页。
③ 费锦昌、徐莉莉:《汉字规范的换位思考和层面区分》,载上海语言文字网讯,2005 年 12 月 20 日。

提法容易造成误导,让人以为某类汉字的使用可以不受场合限制。因而建议,不妨以"规范使用汉字"的表述取代"使用规范汉字"的提法。① 对于"规范汉字"提法的反弹和意见值得重视。不过"规范汉字"名称业已用开并已写入法律,停止使用已无可能。退一步看,这名称并非毫无价值,因为在对现代汉语用字加以整理后所确立的字样,需要有个术语来指称它。② 再则,《通用语言文字法》指出,"规范汉字"是指目前中国大陆普遍使用的公务用字、教学用字、公共服务用字等,既然前述说法是有所限制的,那么,在前提明确的情况下继续使用也不是不可以。概言之,李宇明有关"规范汉字"的解释可备一说。这里需要指出的是,在通常使用规范汉字的场合,因为修辞需要而使用了不规范汉字,未必就是用字不规范。鲁迅《"碰壁"之余》说:"据我所记得的,是先有'一个女读者'的一封信,无名小婡,不在话下。"③其中"婡"这个字是鲁迅自创的。从任何字集中都没有这个字的角度看,属于使用不规范汉字;而从修辞需要和实际效果的角度看,则应认为属于规范使用汉字。作此补充乃是意在强调,对于汉字与规范关系的理解需防止绝对化,既不可以偏概全,亦不可胶柱鼓瑟。

通用汉字是与专用汉字相对而言的概念。周有光认为,专用汉字包括科技专用汉字、姓名地名专用汉字、方言专用汉字、行业专用汉字、民族宗教专用汉字等。④ 由此可知,专用汉字是指由于表现内容与广大民众关系较远而仅为部分人士所使用的现代汉字;与此相对,通用汉字是指由于表现内容与广大民众关系密切而为社会普遍使用的现代汉字。通用汉字研究发轫于上世纪50年代。1955年文改会编印的《通用字表(初稿)》收字5 709个,1965年公布的《印刷通用汉字字形表》收字6 196个,1981年国家标准局发布的《GB2312-80信息交换用汉字编码字符集基本集》收字6 763个,1988年国家新闻出版署、国家语委发布的《现代汉语通用字表》收字7 000个。孙曼均等根据大量调查统计指出:通用汉字"一般在7 000字以内,基本为6 000字左右"。⑤ 2009年公布的

---

① 施春宏:《使用规范汉字和规范使用汉字》,载《语文建设》,2000年第7期,第18~19页。
② 现代汉语用字"整理"主要是通过制定一系列字表,如《简化字总表》《第一批异体字整理表》、《普通话异读词审音表》、《现代汉语常用字表》、《现代汉语通用字表》等,对传承字字形的改造调整,及对传承字字形的继承。
③ 鲁迅:《"碰壁"之余》,见《鲁迅全集(第3卷)》,人民文学出版社,1973年,第118页。
④ 周有光:《现代汉语用字的定量问题》,载《辞书研究》,1984年第4期,第9~10页。
⑤ 孙曼均:《汉字应用水平测试用字的统计与分级》,载《语言文字应用》,2004年第1期,第65页。

《通用规范汉字表》"收字 8 300 个。根据字的通用程度划分为三级：一级字表收字 3 500 个，是使用频度最高的常用字，主要满足基础教育和文化普及层面的用字需要。二级字表收字 3 000 个，与一级字合起来主要满足现代汉语文本印刷出版用字需要。三级字表收字 1 800 个，是一些专门领域（姓氏人名、地名、科学技术术语、中小学语文教材文言文）使用的未进入一、二级字表的较通用的字，主要满足与大众生活和文化普及密切相关的专门领域的用字需要"。①该表收字大幅上升，是因为它将某些"专门领域的用字"收入其中。为什么要这样处理呢？原因在于，《通用规范汉字表》最初是以《规范汉字表》名称立项的，早期的研制方案是根据《规范汉字表》要求设定的。② 后来为了与《国家通用语言文字法》名称相统一，更名为《通用规范汉字表》。而"规范汉字"与"通用规范汉字"概念上相去甚远，作为后者必须具备"通用"特征，把按照"规范汉字"量身打造的字表贴上"通用"的标记，实属张冠李戴。而根据通用字表应有字种看，目前出现在征求意见稿中的"专门领域的用字"，实属骈拇赘疣。黎传绪指出，将那些连本地人都不知所云的方言字纳入通用字范畴有违情理。③ 苏培成认为，生僻的个人姓名用字不应该由全民来"买单"。④ 马庆株提出，应当把目前征求意见稿中多数人一辈子也见不了一面的汉字去掉，严格控制字数，否则不利于汉语的国际传播。⑤周有光表示，7 000 个通用字只能减少不能增加，其他的可以随便人家写。⑥我们的看法是：进行字表调整时应充分考虑以上意见。总之不管怎么说，作为《通用规范汉字表》必须具有通用性。

---

① 教育部语信司：《〈通用规范汉字表〉面向社会公开征求意见》，载《语言文字周报》，2009 年 9 月 16 日，第 1 版。
② 王铁琨：《〈规范汉字表〉研制的几个问题》，载《语文研究》，2003 年第 4 期，第 1～9 页。
③ 黎传绪.《〈通用规范汉字表〉的争鸣：坚持科学性原则适应社会的需要》，载《江西科技师范学院学报》，2009 年第 6 期，第 77～78 页。
④⑤ 彭泽润、马庆株等《〈通用规范汉字表〉的建议》，载《武陵学刊》，2010 年第 2 期，第 118 页。
⑥ 参见周有光《汉字是个无底洞》，载《中国新闻周刊》，2010 年 01 月 18 日，第 80 页。其所谓"7 000 个通用字只能减少不能增加"的看法值得重视。裘锡圭曾经研究过通用汉字字数问题，根据其考察，"从商代后期到周末，一般使用的文字数量是很可能在四五千个左右徘徊。直到现代，据近年的统计，一般使用的文字数量也还是四五千的样子。"近代通用汉字字数有所增加，主要因为化学用字占了很大比例。他认为"汉字里一般使用的字数从古到今变化不大，显然不是一个偶然的现象"，主张严格控制通用汉字字数并保持其稳定性。参见《文字学概要》，商务印书馆，1988 年，第 30～31 页。

有学者建议,将不具备通用特征的三级字表作为"附录"处理,因为"附录中的字不属于规范对象"。① 已知某些汉字既不通用亦未加规范,却要挂在《通用规范汉字表》名下,这似乎不合逻辑。但以上意见指出,三级字表中某些汉字不具备规范条件,这值得重视。三级字表中收入不少非常生僻的地名专用字,20世纪五六十年代,这类字主要依靠同音常用字替代的办法加以规范。现在大家意识到,汉字不仅是交际工具同时也是文化载体,地名是文化的活化石,是当地人乡土情感归属的象征性符号,对于过去的做法,需要重新权衡利弊得失。② 我国生僻地名数量庞大,黎传绪指出,江西生僻地名有100多个,收入征求意见稿的仅有4个。许多地名只有当地人知晓,外地人都不认识,因为它们只作地名,使用范围狭窄,有的连词典中都查不到。③ 究竟如何处理生僻地名为好,迄今为止这仍属需要再探讨的课题;既然理论上还没有弄清楚,自然也就没法加以规范了。三级字表中尚不清楚应当如何规范的汉字并非仅此而已,实际上数量相当可观。

针对以上问题,费锦昌、黄德宽、龚嘉镇曾不约而同提出一项可以称之为"通特兼顾,双表并举"的重要建议。他们认为应当建立具有互补关系的两份字表,一份为《规范汉字表》,一份为《汉字整理表》。前者收字以大陆民众基本用字为对象,后者收字以汉字文化圈特定群体所用汉字为来源。理由有三:其一,今天汉字使用客观上已经形成两个层面:一是一般只与经过规范处理的简体字打交道的"社会通用层面",二是经常或一直与尚未经过规范处理的繁体字打交道的"社会特用层面"。其二,语言文字管理应当具有大视野:既高度关注通用层面的汉字使用,亦不忽略特用层面的汉字使用;其三,统筹兼顾好处甚多,不仅有助于信息沟通,有助于中国走向世界和汉语国际化,同时有助于汉字本体建设和应用管理。④

---

① 参见周有光《汉字是个无底洞》,载《中国新闻周刊》,2010年01月18日,第80页。
② 李宇明:《规范汉字和〈规范汉字表〉》,载《中国语文》,2004年第1期,第66页。
③ 黎传绪:《〈通用规范汉字表〉的争鸣:坚持科学性原则适应社会的需要》,载《江西科技师范学院学报》,2009年第6期,第78页。
④ 费锦昌:《论汉字规范工作的层面性》,见李宇明等、费锦昌:《汉字规范百家谈》,商务印书馆,2004年,第75~91页;黄德宽:《对汉字规范化问题的几点看法》,见李宇明等、费锦昌:《汉字规范百家谈》,商务印书馆,2004年,第30~33页;黄德宽:《论汉字规范的现实基础及路径选择》,载《语言文字应用》,2007年第4期,第2~7页;龚嘉镇:《关于新时期汉字规范问题的思考》,载《中国语文》,2005年第6期,第540~544页.

以上建议极富建设性。《规范汉字表》收字以通用层面基本用字为对象，通用层面基本用字皆属通用汉字，在此基础上建立起来的《规范汉字表》，作为《通用语言文字法》所谓"通用"文字的规范根据，可谓名实相副，名正言顺。《汉字整理表》收字以特用层面所用汉字为来源，前述汉字中包含了征求意见稿所说的"专门领域的用字"，在对《汉字整理表》所收汉字加以整理的过程中，征求意见稿提到的那些通用层面有时也会碰上但使用频率不高的专用汉字，自然也就得到了整理。① 通过以上讨论可以看出，"通特兼顾，双表并举"，将给《规范汉字表》研制者带来一个明显好处，就是他们可以借助《汉字整理表》的支持，顺利化解既希望对某些专用汉字加以整理又不希望破坏《规范汉字表》"通用"性这左右为难的矛盾，从而使《规范汉字表》在摆脱牵挂的情况下制定得更为合理更为科学。建立《汉字整理表》不仅可以为《规范汉字表》提供技术操作上的帮助，同时亦可为之争取广泛的社会支持。过去我们只关注通用层面的用字规范，而不大在意特用层面的用字整理，黄德宽多年前明确呼吁："当前急需整理发布繁体字总表，以规范繁体字的使用，并适应汉字信息处理国际编码工作的需要。"② 但这呼声并未得到有关部门的足够重视。由于长期忽略通用层面汉字与特用层面汉字关系的协调，引起特用层面汉字使用者的不满，结果他们对于通用层面汉字规范化往往采取不合作的姿态。这次征求意见稿公布后，遭遇强烈抵制和批评，其中一部分阻力和责难便是来自特用层面汉字使用者。可以肯定，如果当初采纳费锦昌等学者的建议，征求意见稿引发的震荡决不会如此激烈，许多因心怀积怨而持否定立场的人士，或许会表现出宽容和包容的态度。采取"通特兼顾，双表并举"做法，还有不少其他方面的积极意义，鉴于费锦昌等已有充分论述，这里也就不多说了。综上所述，"通特兼顾，双表并举"，乃是妥善处理通用层面汉字与特用层面汉字关系的有效途径。

---

① 建立《汉字整理表》所进行的"整理"亦具有一定程度的"规范"性质，但相对建立《规范汉字表》的"整理"来说，其"规范"条件比较宽松。

② 黄德宽：《对汉字规范化问题的几点看法》，见李宇明等、费锦昌：《汉字规范百家谈》，商务印书馆，2004年，第30页。

二、理想与现实的关系

朱德熙对于汉字规范化的基本态度是"慎动"。理由主要有两点,一是"汉字里不合理的东西多得很,挑了这个还有那个,永远改不完。"二是"我们那么大的国家,那么多的人口,那么多的书,哪怕改动一个字,牵涉的面也很大。"①以上意见常为学界所引用,但许多人对第一点理由似乎缺乏足够认识。其实第一点理由具有很高学术含量。结合朱先生另一句话——"我老怀疑,自然语言的规律性、系统性到底有多强?"②——可知第一点理由来自朱先生对自然语言尤其是汉语汉字特征的长期观察和深刻思考。

自然语言不同于人工语言,它不是理性的产物而是约定俗成的结果,其中存在大量的"不合理"现象。且不说汉语中将错就错的熟语,如"每况愈下"、"出尔反尔"、"空穴来风"、"嫁鸡随鸡,嫁狗随狗"及"舍不得孩子套不住狼"等等,就以汉语正常表达来说,其中的"不合理"因素亦随处可见。例如下列语句:"我要学习文件。""爸爸在房顶上晒花生。""今天学生会讨论这个问题。""还欠款4 000元。"(出现在借条上),等等,由于可作不同理解,不仅成为计算机识读难以冲破的瓶颈,而且也给日常阅读带来麻烦。汉语中类似现象难以胜数,其中多半无法改变而只有容忍。"不合理"现象汉语忍得,汉字为何忍不得? 所以朱先生对于汉字中类似现象的态度是:不到万不得已不要触动它。

沈家煊认为,语言文字中的一些"不合理"现象乃是"象似原则和经济原则互相竞争的产物",是前者负于后者的结果。③ "象似原则"(iconicity principle)是指利用语文形式与表达内容之间在状貌、声音、数量、距离、过程、关系等方面的象似关系提示话语信息;"经济原则"(economy principle)是指以尽可能少的时间、精力、物质损耗换取尽可能大的预期效应。汉字演变存在两种相反趋势,即"简化"和"繁化"。④ 前一种趋势其实是经济原则的

---

① 朱德熙:《在"汉字问题学术讨论会"开幕式上的发言》,见《汉字问题学术讨论会论文集》,语文出版社,1988年,第15页。
② 杉村博文:《悼念朱德熙先生》,见《朱德熙先生纪念文集》,语文出版社,1993年,第211页。
③ 沈家煊:《句法的象似性问题》,载《外语教学与研究》,1993年第1期,第2~8页。
④ 裘锡圭:《谈谈汉字整理工作中可以参考的某些历史经验》,载《语文建设》,1987年第2期,第5~6页。

折射,后一种趋势其实是象似原则的投影。

裘锡圭指出,不能把"简化"仅仅理解为减少笔画,"简化"的根本目的乃是为了便于书写,历史上常常可以看到为求书写便利而不惜损害字形表意功能的情况。① 以上说法是符合实际的。汉字中属于象形字的"水"和"月"以及属于指事字的"寸",原来的字形中并不包含"钩"状成分。"钩"状成分是在汉字步入楷化阶段后出现的。而之所以有此变化,乃因为这样变可以使书写更为连贯便捷。与此相类,在这次公布的征求意见稿中,列入字形微调范围的"茶"、"条"、"杂"、"寨"、"杀"、"亲"等,其中竖钩笔画本为竖直笔画,后来由竖直变为竖钩,也是为了便于书写。无论在"水"、"月"、"寸"这些独体字中,还是在"茶"、"条"、"杂"等合体字中,虽然添加的"钩"状成分均起到"简化"作用,但同时也都在一定程度上削弱了字形的表意功能。通过以上讨论可以看出,对于汉字字形的构成,有时经济原则的力量大于象似原则。

象似原则与经济原则互相竞争无非三种结果:象似原则压倒经济原则(如"狮"取代"师","裤"取代"袴");经济原则压倒象似原则(如"为"取代"為","际"取代"際");象似原则和经济原则并存(如"态"取代"態","尘"取代"塵")。诚如亚里士多德所言:"万物有果必有因。"作为历史演变结果的现实字样,其形成都是有原因的,同时也都是有价值的。汉字系统的动态平衡便是建立在以上三种价值单位相互制约的基础上。对任何字样进行价值考察都必须与整个系统相联系。在要素与系统处于何种关系——冲突或不冲突、可容忍与不可容忍——尚不清楚的情况下,有时很难说某个汉字采用何种字样好。

这样说不是要否认征求意见稿在字形整理上所作的努力。事实上其中某些处理,如"琴、瑟、琵、琶"的上左和"徵"的中下部件"王"最后一笔横变提,"巽、撰、馔、噢"的上左部件"巳"的最后一笔竖弯钩变竖提,既不破坏象似原则,又使经济原则得以更好体现,无疑应予肯定。

在征求意见稿中,有的字形微调是为了服从美学原则。美学原则亦是影响汉字演变的一个重要因素。对于小篆方中融圆字形的产生,该原则起到重要作用。汉字书法史上一直延续着"避重捺"的美学传统,亦即在书写过程中,尽量避免同一汉字中重复出现"捺"形笔画。但是否同一个印刷宋体字中

---

① 同上,第5页。

只有一个"捺"才算美,有两个便无美可言?傅永和、冯寿忠、耿二岭认为,从讲求"美观"的角度看,"逢"、"逢"、"途"、"透"、"众"、"氽"、"氽"、"籴"、"森"、"鑫"等,可以也应当保留两个"捺"(冯、耿认为其中还应包括"衾"、"蹩"等);而费锦昌、徐莉莉认为,根据书法美学传统,"氽"、"透"、"逢"、"森"、"焱"、"蓬"、"襄"、"蹩"只可也只应保留一个"捺"。① 可见,由于美感随人而异,在字形整理上如何贯彻"避重捺"美学原则,学界内部存在不同看法。征求意见稿作为"避重捺"列入字形微调范围的印刷宋体字有四个,其中"籴"和"氽"是傅、冯、耿三人一致认为需要保留双捺的字,"襄"和"衾"是冯、耿二人一致认为需要保留双捺的字。当然,根据费、徐的观点,这四个字都应将双捺改为单捺。费、徐的观点虽然并非代表学界共识,但征求意见稿如果以一贯之,起码不会受到缺乏逻辑自洽性的批评。但该稿并没有严格按此办理。因为如果这样的话,需要纳入字形整理范围的,绝不只是"籴"、"氽"、"襄"、"衾"这四个,还应包括"众"、"鑫"、"逢"、"途"等,至少说费、徐二人已经明确提到的"透"、"逢"、"森"、"焱"、"蓬"、"蹩"不应遗漏在外。不言而喻,根据"避重捺"原则进行字形微调时,征求意见稿是以既有别于傅、冯、耿亦有别于费、徐的观点操作的。由于没有事先交代何以要"避重捺"以及如何"避重捺",加之明显存在逻辑上的漏洞,本来有望办好的事情结果没有办好。

从理论上讲,世界上并不存在亘古不变和不可移易的符号,既然如此,为了方便汉字学习和使用,为了方便辞书编辑和检索,以及为了方便自然语言信息处理,将字形微调作为汉字规范化和标准化课题之一乃是顺理成章的事情。在制定具体规划时,我们需要考虑对"亲""新""杀""刹""条""涤"、"茶"、"搽"、"杂"、"寨"等进行字形微调,将其中竖钩笔画改为竖直笔画;②同时在微调中需要考虑"避重纳"问题,例如在微调"杀"、"条"、"茶"的字形时需

---

① 傅永和:《谈规范汉字》,载《语文建设》,1991年第10期;冯寿忠:《汉字规范化教程》,中国书籍出版社,1997年;耿二岭:《现代汉字的"避重捺"问题》,载《汉语学习》,2007年第4期;费锦昌、徐莉莉:《规范汉字印刷宋体字形标准化研究报告》,载《语言文字应用》,2003年第3期。

② 将"木"的第二笔写作竖钩的宋体字为数有限,在通用汉字表中也就"亲"、"新"、"薪"、"杀"、"刹"、"弑"、"条"、"涤"、"绦"、"茶"、"搽"、"杂"、"寨"等10多个。为什么"木"的第二笔在以上宋体字中写作竖钩,在其他宋体字中写作竖直,毫无规律可言。通过字形微调,将"木"的第二笔统一为竖直,不仅有助于减轻学习负担和方便辞书检检,同时也有助于缩小两岸的字形差异。

要考虑"避重捺"原则的贯彻。但有关工作得按部就班,循序渐进。在正式微调"亲"、"杀"、"条"、"杂"等字形前,除了需要说明,为什么要将其中的竖钩笔画改为竖直笔画;同时还需说明,为什么一直奉行的字形整理原则——即"同一个字宋体和手写楷体笔画结构不同的,宋体尽可能接近手写楷体"——在这里出现例外。① 在根据"避重纳"原则对某些汉字进行字形微调前,除了需要说明,为什么要这样处理,同时还需说明,指导操作的具体规则有哪些。

具有理想乃是人类区别于动物的一个重要标志,从事汉字规范化和标准化工作的学者都有自己的理想追求,但须防止因为过于理想化而把目标定得太高,同时要防止操之过急。苏培成曾提醒,"像汉字这样复杂的系统,各部分之间几乎不可能完全协调一致,达到人们所希望的理想状态。"② 黄德宽亦曾表示,"制定'理想的汉字规范'并非易事……一个能让各方面都感到'理想'的汉字规范目前几乎不可能产生。"③ 以上看法堪称明智。这不仅因为汉字本身并不是一个同质有序(ordered homogeneity)系统,而是一个异质有序(ordered heterogeneity)系统,我们没必要也不应当把彻底消除异质作为努力方向;同时因为对汉字的些微调整都有可能产生蝴蝶效应(the butterfly effect),我们的有关操作只能是谨慎推进且常怀投鼠忌器之心;再者,目前我们还不具备对汉字字形进行全面调整的条件——这不只因为老百姓当下并没有这样的迫切愿望并做好相应思想准备,同时也因为我们的理论研究还有待加强,至少说有不少问题还需要学界内部加强沟通协调——故而只能因时制宜,量力而行。从事汉字规范化工作,不可不看到这些。我们只有正视以上现实,注意处理好理想与现实的关系,在汉字规范化过程中,才能避免盲动冒进,有条不紊地且又卓有成效地将工作不断向前推进。

---

① 根据《中国楷书大字典》展示的古代用例以及沈祥和《试说"木"的手写楷书字形规范容忍度》一文提供的现实调查结果,手写楷书的"木",无论是单独出现还是为合体字所包含,第二笔大多写作竖钩。
② 苏培成:《再论〈规范汉字表〉的研制》,载《中国语文》,2006年第3期,第273页。
③ 黄德宽:《论汉字规范的现实基础及路径选择》,载《语言文字应用》,2007年第4期,第3页。

三、专家意见与社会舆论的关系

这里的专家意见是指字表研制专家组的观点,社会舆论是指来自专家组以外的各方反应。毋庸讳言,征求意见稿面世后,铺天盖地压来的质疑、批评和指责,一下子将字表研制专家组挤入猝不及防的尴尬境地。从他们不断发出的感慨可以看出,专家们有三个没想到,即没有想到社会反响会如此激烈,没有想到事前的社会沟通如此重要,没有想到作一项文字上的小小决策还需获得大众认同。专家不是神仙,要求他们具有先见之明,不合情理。但过去没想到可以理解,以后仍然想不到就有问题了。事实上以上三个没想到已经提醒我们,在当今形势下从事语文现代化工作,有三个地方必须注意。

首先,必须注意今天的时代背景已经迥然有别于昨天。过去多数民众逆来顺受,缺乏独立思考精神,而现在老百姓思想解放,勇于且善于自己抉择判断;过去政府和精英垄断宣传工具,居高临下,发号施令,而现在每个人都可借助网络,自由宣泄心声,与政府和精英平等对话;过去政治上是领袖人物"一声喊到底",学术上是精英"吾辈数人,定则定矣",现在是众声喧哗,一元解构,多元杂陈,是"上帝死了"(Gott ist todt),权威靠边,我的事情我做主。有学者纳闷:20世纪五六十年代,汉字改革动作那么大,但总体讲一帆风顺;这次仅对些微汉字作些微调整,却阻力重重,这是怎么回事呢?如果他们了解,时代背景已经发生了今非昔比的巨变,也就见怪不怪了。

其次,必须注意任何时候都不可放松宣传沟通工作。今天我国事实上已经步入后现代阶段,后现代的基本特征是:"反对任何意义上的一元决定论、本体论、任何具有优先地位的主体、本质、规律、基础、同一性、确定性等元概念;主张彻底的多元论,主张不确定性、差异性"①。但多数人都是通情达理的,觉得有道理的事情还是支持的。从事社会性工作需要高度重视事前宣传。在1986年1月13日全国语言文字工作会议闭幕式上,胡乔木针对拼音化问题说过下面一段话:"这个任务远不是靠任何一个权威人物说一两句话就能够解决问题的。凡是熟悉文字改革历史的同志都知道,有很多的先进分子在这方面曾经说过一些激动人心的话。这些话现在虽然还保持它们的力

---

① 赵光武:《后现代主义哲学述评》,西苑出版社,2000年,第22~23页。

量,但是要重复这些话远不等于实现这些话。这里面牵涉到许多非常复杂的问题,需要做大量繁重的工作,需要付出巨大的劳动,进行很多研究和实验,并长期进行广泛深入的宣传教育,然后才能够取得实效和成绩,走出正确的一步。"①在此他提醒我们,语文现代化工作要想"取得实效和成绩",必须宣传先行,而且要在"长期"、"广泛"、"深入"上下工夫。宣传为了沟通,平等对话式的宣传尤其有助彼此理解。在调整征求意见稿过程中,以及在今后双化工作中,要高度重视宣传,加强与群众的对话与沟通。

再次,必须注意摆正少数专家与广大民众的关系。专门从事学术研究的专家们通常都认为,专业方面的问题应当由专家说了算。我国不少语言文字工作者也这么看。他们似乎忽略了,如果搞的是导弹、原子弹,往往确实可以"吾辈数人,定则定矣";但语言文字方面的决策,有时即便是很小的决策,都必须虚心听取民众意见和充分尊重民众意志。这一是因为决策以正确为前提,而语言文字正确与否的判断主要靠语感和直觉,一般民众虽然专业修养不如专家,但语感和直觉并不比专家差;二是因为任何决策只有广泛用开才算成功,如果老百姓不认同,不配合,有些决策即便很合理都有可能胎死腹中。豪根(E. Haugen)曾指出,对于语言规范来说,"归根到底,其有关决策是由语言使用者亦即语言规范的最终拍板人定夺"(In the end the decisions are made by the users of the language, the ultimate decision-makers.)。② 胡乔木在论述如何推进语文现代化时亦指出:"历史是靠各种各样的活动所形成的合力向前推进的,就是说要靠全体人民能够积极参与、能够广泛同意、能够齐心协力地来共同进行,这样才会前进。"③后现代讲民主,语言文字工作者总希望国家加快民主化进程,其实自己的工作也应讲民主,具体地说,就是事关语言文字变动的任何决策,都应当避免先入为主以致听不进不同意见。俞可平在《民主是个好东西》一文中指出,搞民主,有时会因议论来议论去而

---

① 胡乔木:《在全国语言文字工作会议闭幕式上的讲话》,载《语文建设》,1986 年第 1、2 期,第 58~59 页。

② E. Haugen. Linguistics and Language Planning [J] William Bright (ed.): Sociolinguistics: Proceedings of the UCLA Sociolinguistics Conference, The Hague, Paris, Mouton, 1966. P. 64

③ 胡乔木:《在全国语言文字工作会议闭幕式上的讲话》,载《语文建设》,1986 年第(1、2)期,第 59 页。

耽误时间,但历史经验证明,它是最好的决策方式。① 这次征求意见稿公布后,因为社会反响强烈,其中有的规范项目不得不暂时搁置,同时定稿时间不得不往后推。但真心讲民主,就不会为此而深感遗憾。历史将证明,这次征求意见稿公布后遇阻,其实是失少得多,是"退一步,进两步"(列宁语)。②

可以肯定,以上三个地方,只要真正注意了,就一定能够处理好专家意见与社会舆论的关系,进而顺利完成征求意见稿的调整工作。

四、结　语

李宇明曾指出:"《通用规范汉字表》研制,主要是为了适应信息时代的语言生活。"③信息时代的特征是,知识信息及其他信息的接收、存储、加工、传递主要是通过计算机和互联网进行的,在其作用下知识信息的能效空前发挥,已经成为影响社会面貌的决定因素。知识信息及其他信息的接受和传递,80%以上是依靠语言和文字,而由于计算机和互联网的信息处理主要以文字为载体,因此,文字的信息化显得尤为迫切。要搞好文字信息化首先需要搞好文字规范化。广义的文字规范包括地位规范(status planning)和本体规范(corpus planning)。④ 明确简体汉字属于通用层面汉字,繁体汉字属于特用层面汉字,是对汉字进行地位规范。明确某个具体字种、字样属于通用层面汉字还是属于特用层面汉字,调整某些汉字的字形,是对汉字进行本体规范。地位规范通常表现为对现状的认同,而本体规范往往要让现状有所改变,这就使得本体规范要比地位规范复杂得多。语言的本体规范只是解决通用层面的规范问题,特用层面不在其列;文字的本体规范不是这样,它不仅要做好通用层面的规范工作,同时要做好特用层面的梳理工作。加之汉字中形

---

① 俞可平:《民主是个好东西》,载《组织人事报》,2007年04月12日,第7版。
② 苏新春认为,这次由征求意见稿引发的大讨论不仅加深了学界对于约定论与规定论关系的认识,同时也加深了学界对于语言文字无小事说法的理解。应当说这次大讨论具有多方面的积极意义。参见《长江学术》:2009年第4期。
③ 李宇明:《关于〈通用规范汉字表〉的研制及公开征求意见的相关问题》,载《长江学术》,2009第4期,第1页。
④ 曹德和:《可变规范与不可变规范的区分及其学术意义》,载《学术界》,2011年第7期,第153页。

声字超过 90%，且形符和声符的选择及组合较为灵活，以致同一字种往往衍生出多个字样变体，从而使得无论是通用层面的规范还是特用层面的梳理，其艰巨性都超乎想象，而且这里所说的艰巨性，不仅反映在工作量的极其庞大，更反映在目前学界对于汉字内部关系及其演变规律尚未真正认识清楚。汉字规范和梳理工作的直接对象是汉字，是其字样和字用；间接对象是汉字使用者，是其观念和习惯。因为无法改变间接对象也就无法改变直接对象，所以，如果涉及对汉字现状的改变，真正的困难不在于如何让汉字的字样和字用得以合理调整，而在于如何让汉字使用者的观念和习惯有所改变。鉴于汉字规范化首先需要解决地位规范问题，亦即首先需要明确不同字集分工；同时鉴于汉字本体规范面广量大，复杂艰巨，理想化往往意味着简单化；以及鉴于汉字本体规范的真正对象是汉字使用者，要做好有关工作必须加强专家与社会的沟通，我们以为，在《通用规范汉字表》研制过程中，需要处理好以上三对关系。但愿以上想法，不仅对于正在进行中的《字表》调整工作，同时对于此外的汉字乃至汉语规范化，都并非多余，而有所裨益。

第三次书写工具革命对汉语及其规范化的影响[①]

我国东汉时期迎来了以纸张取代简牍为标志的第一次书写工具革命,唐宋时期迎来了以印刷取代誊抄为标志的第二次书写工具革命。这两次革命对汉语产生了巨大影响。起源于先秦的文言文日趋式微,崛起于唐宋的白话文蓬勃兴起并进而成为汉语书面语主导形式,与前述革命的推动不无关系。20世纪80年代以后,我国电脑普及很快,照目前势头,不要多长时间,它将进入每一个文化家庭。多数人有了电脑后都不再单纯依靠"笔"而主要依靠"键盘"从事编码活动,这意味着我国正迎来以键盘代笔为标志的第三次书写工具革命。大量迹象表明,这方兴未艾的第三次革命已经对汉语及汉语规范化产生了不小的影响。

一、第三次书写工具革命对汉语的影响

中国人的电脑都配备了中文词库。词库一般只收通用词,作为中文词库,一般只收普通话词汇系统中的词语。词库是开放的,用户可以利用电脑"手工造词"功能补充一些地域方言和社团方言词语;但这比较麻烦,除非不得已,多数人图省事而倾向在词库原来范围内选择词语。用词迁就词库等于用词向普通话词汇靠拢。中文词库对人们的约束和导引,事实上推动了汉语共同语词汇的普及。

汉字输入可以选择形码也可以选择音码。职业打字员倾向选择前者。

[①] 原载香港《语文建设通讯》,1999年9月号。

因为形码根据字形设计,对于"看打"的人即操作时只认字形不问内容的人来说,形码使用起来较为便捷。与此相反,普通电脑用户倾向选择后者。因为在电脑上写东西,是一边思考一边击键,思考依托自然语言,而音码是根据自然语言音节结构设计,将思考转换为文字,自然数音码最为理想。调查结果表明,由于音码适合"想打",并具有易学好记的优点,普通电脑用户绝大多数都是将它作为首选。使用音码输入法要求使用者熟悉普通话音系和了解汉字的标准读音。为掌握音码输入法,许多缺乏前述知识的用户开始加紧补课。音码输入法,使得普通话语音扩大了影响。

电脑操作系统提供了"替换"、"删除"、"插入"、"复制"、"块移动"等编辑功能,用户写作时,无论进行字词句的修改还是进行节段章的调整,操作起来都很省事。由于电脑为文本修改创造了有利的条件,相对于传统的伏案捉笔,通过敲打键盘完成的文本事实上经历了更多遍数的修辞加工。加工遍数越多,语言越为严谨。我们注意到,一些已形成语言特色的作者换笔以后表达风格有所变化。如有位修辞学家,近年来先后推出《修辞学新论》(1993)和《修辞学通论》(1996)两部著作。前者完篇于钢笔之下,后者卒章于键盘之上。前者文笔疏放,后者措辞谨严,风格差异相当明显。

互联网为"网民"提供了新的交际渠道,使他们可以通过网络在电脑屏幕上直接进行远程对话。网上对话具有以下特点:

①参与者大多具有高中或高中以上学历,熟悉电脑,会汉语拼音,有一定英语水平。

②对话少则两人,多则四五个人。彼此可能认识(包括通过网上对话认识),也可能素不相识。对话首先自报家门。对话者有的用原名,但更多的是用"外号"。

③话轮转换频繁。一个话轮通常只是一两句话,并且都很简短。

④语码以汉语为主,辅以英语和汉语拼音。话语形式为汉语、英语和拼音混用,有点像流行于香港青年中的汉英混合语,而混杂程度甚于其上。

⑤对话中常有"黑话"出现。如"网上交谈"叫做"灌水","我"称为"偶","你"呼为"泥",喊"女孩"为"妹妹",写作"mm"。

⑥大量省略,包括句子成分的省略和拼音文字中字母的省略。

⑦倾向采取同音近音替代方式,如"一份"可以敲作"义愤","来了"可以打成"来乐","somebody"可以拼为"sunbody","I see"则往往干脆采取"ic"的形式。

⑧叹词使用频繁,像"哈哈"、"嘻嘻"、"hahahaha"、"lolololololo"、"xixixixixixi"之类直抒情感的表达大量出现。

⑨书写很不规范,如英语不分大小写而一律小写,问号、感叹号常以叠加形式出现("?????"、"!!!!!!!")。

⑩话题不限,自由随意。多数对话只是为了消遣,逗乐寻开心。

⑪交际形式不限于文字,有时还向对方显示一些图像或照片。

⑫语言风格轻松、活泼,追求幽默而又略失油滑。

除了①和②以外,其他诸点均属修辞特点。不言而喻,前述修辞特点是由交际方式(直接对话)、交际渠道(电脑网络)、交际能力(参加对话者熟悉多种语码)及交际目的(主要为消遣找乐)等因素决定的。近年来,互联网迅速发展,上网条件不断改善,加上社会上网吧大量出现,不仅越来越多的拥有电脑的人相继上网,而且许多尚未购置电脑的人实际上也参与了网上交际。随着网民队伍的扩大和网上交际的经常化,一种新型语体应运而生。这种语体与"电话交谈语体"有着较多共同点,但似乎不宜作为口语语体看待。除了因为它是以字符而不是以语音作为信息载体,同时因为它采用的某些语码(如"mm"、"?????"、"!!!!!!!"等)根本无法转换为口语。我们曾经在网上接收到一首诗,其字面形式为:"卧梅又闻花,安知慧中第。邀至暗室睡,卧室大春绿。"字底意义是:"我没有文化,俺只会种地。要知俺是谁,我是大蠢驴。"解读该诗需辅以口诵,但如果作者不是随后把所表达的意思写出来,解读者即便反复诵读也未必能够把握其真实内容。该诗的幽默效果是通过具有谐音关系的两种书面语的意义反差表现出来的。既然上述语体主要依赖目治,自然理应纳入书面语体的范畴,当然,同时需要交代,它是带有某些口语特征的书面语体。前述语体,我们称之为"网民对话语体"。概言之,网络交际渠道的开通,为现代汉语语体大家庭增添了新成员。

二、第三次书写工具革命对汉语规范化的影响

在个人和出版部门改用电脑写作和排版的情况下,一种新型语病——电脑语病——开始出现。

电脑语病有的源于误操作,有的源于软件质量。先说前一种情况。譬如,采用五笔字型输入法,在误操作情况下会出现以下病状:

①因少击键造成语符错用。如:"……甚到是词义的相互关系。"(应击 GCFF 四键而只击了 GCF 三键,结果"甚至"成了"甚到"。见《汉语词义学》,广东教育出版社,1992 年,第 34 页)。

②因多击键造成语符错用。如:"……这是因为感情色彩义往往有它自己的独立肉涵。"(应击 MW 两键而击了 MWW 三键,结果"内涵"成了"肉涵"。同上,第 53 页)。

③因误击键造成语符错用。如:"……有的会表现出侵蚀对被锓蚀、扩大对缩小的关系。"(应击 WVPC 四键而击了 QVPC 四键,开头一下击到 W 键旁边的 Q 键上,结果"侵蚀"成了"锓蚀"。同上,第 104 页)。

④因未选择或误选择造成语符错用。如:"……所谓的文化认同,就是指汉语言与汉文化在本质属性和特性上保持高度的一臻。"("致"和"臻"重码,在击打 GCFT 键后两字在屏幕选择栏内同时出现,"致"序号为"2","臻"序号为"1";应当选择"2"而未选择或误选择,结果"一致"成了"一臻"。同上,第 488 页)。

⑤因误删除造成语符错用。如:"这种研究将会保持比文化参照派更具有吸引力的发展趋头(将"趋势"改为"势头",应当删除"趋"字加上"头"字,而操作时删除了"势"字留下了"趋"字,结果"势头"成了"趋头"。同上,第 501 页)。

⑥因误删除造成语符漏用。如"否则汉语人文研究将只能成为已有的结构形式研究的补充,而难以在质态上取得彻的替代"(想将"彻底的替代"中"的"字删除,而操作时删掉了"底"字,结果"彻底的替代"成了"彻的替代"。同上,第 502 页)。

五笔字型属于形码输入法,与此相对的是音码输入法。如全拼、双拼等均属音码输入法。掌握多种输入法的人,能够根据电脑语病症状作出一系列准确推测,如可以推出文字输入采用的是形码输入法还是采取音码输入法,可以推出采取的是何种形码输入法或何种音码输入法,以及可以推出造成错误的具体原因。对于误操作造成的电脑语病,有必要追根溯源,弄清原因所在。这有助于总结教训,同时可以防止重犯类似错误。

再说后一种情况,即软件质量造成的语病。这几年 Windows95 中文操作系统凭借其卓越的性能而在行业竞争中所向披靡,独占鳌头。但该系统并非完美无缺。它所配备的中文词库问题不少。如"爱慕"被做成"爱幕","人之常情"被做成"人之长情","瞬息万变"被做成"顺息万变","循序渐进"被做成"循序见进",等等。运用存在问题的软件写作或录入,即便操作正确也难以防范错误的发生,如果这错误再从审核人眼底滑过,出现语病也就在所难免了。对源于软件质量的电脑语病,更有必要穷根究底,弄清问题所在。因为软件出问题,往往导致的不是小面积、偶发性的电脑语病,而是大面积、重复性的电脑语病。要消除因为软件质量而造成的电脑语病,需要从软件进入市场前抓起。

近年来,电脑语病业已引起社会的强烈反感和普遍关注。因为它不仅大量地在书刊中出现,而且频频在电视和电影的字幕上露面,来势甚猛,影响很坏。

尽管就眼下情况看,电脑事实上成为破坏汉语规范化的罪魁祸首。但放眼未来,我们认为,对于汉语规范化来说,电脑不是杀手而是助手。所以这样说,乃是因为:

首先,那些由于软件质量造成的电脑语病,可以通过加大加强软件制作的投入和管理得以消除。这里所说的"投入"主要指智力上的付出,其中包括语言专家的参与;这里所说的"管理"包括编程时的把关和投放市场前的审核。可以相信,只要措施得力,我们有充分把握彻底消除源自软件质量的电脑语病。

其次,那些由于误操作造成的电脑语病,可以通过查错纠错程序的设置得以遏制。用过电脑的人都知道,美国人开发的操作系统为英文写作配备了查错纠错程序。在出现拼写错误的时候,或者在忽略词间留空的时候,或者忘记句首字母必须大写的时候,前述程序会在出错的单词下面标出提示性波浪线,甚至会帮助纠错,如自动将句首字母由小写改成大写。以上做法我们自然可以借鉴。据悉有关专家早已着手中文软件查错纠错程序的开发,只是由于自动分词问题没有解决,工作进展缓慢。但可以肯定,困难是暂时的。前述程序开发成功之日,也就是电脑语病得以遏制之时。

再次,我们不仅可以利用电脑技术遏制人为导致的电脑语病,并且可以藉此进而解决规范化过程中的老大难问题。笔者在1997年发表的《鲧禹治水与词语规范》一文中提出,语言规范化工作应当"'堵'、'导'并举,把对错误的批评和对范例的推广结合起来"。① 以上意见从理论上看无疑是成立的,但操作起来却是困难重重。为什么呢?因为多年来的实践表明,语言规范工作者事实上是既"堵"不住也"导"不了。譬如,虽然我们知道"不尽人意"、"凯旋归来"说法有毛病,相对而言还是"胜利归来"、"不尽如意"说法比较好,但是我们既未能通过批评把"不尽人意"、"凯旋归来"挡住,也未能通过推荐让"胜利归来"、"不尽如意"成为主流形式。又譬如,在异体词的规范上,虽然已经基本明确何为淘汰形式何为提倡形式,同时已经将考虑成熟的结论正式公布并写入词典,但我们既没有能够让淘汰形式从刊物上销声匿迹,也没有能够让提倡形式占据"非我莫属"的位置。在堵也不行导也不灵的情况下,有的人对语言规范化丧失信心,甚至声称语言无所谓正确或错误,适当的表述只能是"有这种讲法"或"没有这种讲法"。"语言是活的东西,它是不断发展、变化"的,"在社会上切不可搞什么'语言规范化'"。不用说,多数语言工作者不同意前述观点,可是又拿不出有效措施,结果往往只是被动无奈地作些"事后追认"的无用功。令人欣慰的是,前述状况即将结束,因为电脑的出现为我们走出困境创造了条件。熟悉Windows95中文操作系统的人都知道,在异体词处理上,该系统词库设计奉行三条原则:①纯粹的异体词只收入提倡形式不收淘汰形式,如"倒霉"与"倒楣"、"笔画"与"笔划"、"告诫"与"告戒",均只收前者不收后者;②有时为异体关系有时为异词关系的全部收入,如"片断"与"片段"、"利害"与"厉害",统统纳入词库;③《现代汉语词典》视为异体关系而实质属于异词关系的有一个收一个,如"无须"与"无需",②编者从实际出发将它们都收进了词库。Windows95中文操作系统的以上做法,给予语言

---

① 曹德和:《鲧禹治水与词语规范化》,载《语文建设》,1997年第4期,第3~4页。
② 曹德和:《"无需"不同于"无须"》,载《语文建设》,1999年第1期,第50~51页。

规范化以重要的方法论启示,因为它告诉我们,汉语规范化中的老大难问题,即"堵"不住"导"不了的问题,可以通过词库的设计并借助词库的制约和导引功能来解决。当然,对于"不尽人意"、"凯旋归来"之类有毛病的说法,以及异体词并存形式中的淘汰形式,必要时不妨双管齐下,一方面将它们排除于词库之外,一方面将它们纳入查错纠错范围之内,通过正反挤压,彻底剥夺它们的生存空间。

中文分词连写:问题与思考[①]

近年来,经常看到讨论中文分词连写的文章,这表明它已经成为新的研究热点。对于研究者来说,有些问题是不能回避且必须加以认真思考的。譬如,为什么过去国人引入欧式标点时没有引入分词连写? 又如,为什么近年来越来越多的国人赞成实行中文分词连写? 再如,实行分词连写有益于中文信息处理,但是给中文使用尤其是书写带来麻烦,在利弊同在的情况下怎么办? 本文将集中讨论并回答上述问题。

一、为什么过去国人引入欧式标点时没有引入分词连写

欧式书写体式除了标点以外还包括分词连写,即在分清词界的前提下实施连续书写。在采用表音文字的欧洲,分词连写方式很早就已出现。它的最初使用带有随意性。1884 年在古城戈提那(Gortyn)一家磨房墙上发现的古希腊时代(公元前 323—前 30 年)遗物——12 栏民事法典铭文,其中多数词语连写,少数词语分写。后来分词连写方式日趋稳定。从古罗马大演说家西塞罗(公元前 106—43 年)演说稿《在韦勒斯》手抄本残篇可以看出,那时分词连写方式成了书面语不可或缺的一部分——

K·DENQUE·ILLE·IPSE〔…〕·MISERICORDIAM·VICTI·/FIDEM

[①] 原载《北华大学学报》,2006 年第 1 期。

(·K·而且·他·自己〔……〕·宽容·被征服者·/可信赖)

上述手抄本写于公元 1 世纪的意大利,抄写人依循当时习惯,采取了分词连写形式。与最初借助"竖线"标示词界有所不同的是,那时罗马人是通过加"间隔点"来表明词与词界线的(字列起首的"K"表示一句的开头,字列中的"〔……〕"表示原件的文字残缺,"/"为抄本使用者添加的表示较大停顿的符号)。其后看到的以留空方式标明词界的做法始于公元 7 世纪。现存的 8 世纪初在英格兰制作的《通俗拉丁文本圣经》抄本,采取了词间留空的形式。法兰克王国加洛林王朝查理大帝统治西欧时期(公元 748—814 年),在英格兰学者阿尔昆(Alcuin,约 732—804 年)协助下进行教育与文字改革,推行规范化的小写体字母(加洛林小写体字母),小写体和大写体并用,词与词之间大多留有空格。① 在俄国学者伊斯特林所著《文字的产生和发展》中,有一张反映公元 9 世纪拜占庭王朝正字体的影印件:

TOY BACIΛEωC IΔOY MAΓOI AΠO ANATOΛωN
ΠΑΡΕΓΕΝΟΝΤΟ eic IEPOCOΛYMA ΛΕΓΟΝΤΕC
ΠΟY ECTIN O TEXΘEIC BACIΛEYC TωN IOY-
ΔΑΙωΝ EIΔOMEN ΓΑΡ AYTOY TON ACTEPA EN

其中词与词之间清晰地留了空格。② 建立在留空基础上的分词连写方式,到了公元 8—9 世纪已在西欧国家普遍流行。该方式被俄国人吸纳,则是 16 世纪以后的事情。

书面上留空与添加点号并无实质区别。就作用来看,留空和加点都是为了显示话语的自然停顿和结构单位。不同在于,前者主要用于显示小停顿小单位,后者主要用于显示大停顿大单位。借助一定形式显示话语的自然停顿和结构单位,不仅有助于诵读,而且有助于理解,正因为如此,同标点符号一样,分词连写方式受到普遍欢迎。时至今日,分词连写方式已在使用纯表音文字的国家广泛使用。

清末民初,欧式书写体式开始受到国人的关注。照理说,其标点符号和分词连写方式是同时进入国人视野的,但它们并未受到同样礼遇。严复 1904 年出版的《英文汉诂》率先将欧式书写体式运用于中文,但该著只借用

---

① 林穗芳:《标点符号学习与运用》,人民出版社,2000 年版,第 93 页。
② 〔俄〕B·A·伊斯特林:《文字的产生和发展》,北京大学出版社,2002 年,第 347 页。

了欧式标点符号而没借用欧式分词连写方式。胡适等留美学人1915年创办的《科学》杂志,"符号和句读,全用西式"(陈独秀语),但也是将分词连写方式弃置一边。马裕藻、周作人、朱希祖、刘复、钱玄同、胡适等人,1919年4月在国语统一筹备会第一次大会上向北洋政府教育部提出《请颁行新式标点符号议案》,议案"大致是采用西洋最通用的符号,另外斟酌中国文字的需要,变通一两种,并加入一两种"。无独有偶,这一顺利获得通过的议案,依然只对欧式标点符号情有独钟。[①] 值得注意的是,国人在借鉴欧式书写款式上表现出的厚此薄彼态度是长期的和一贯的,它不仅反映于清末民初,而且延续到建国以后。20世纪50年代初,周有光等人曾经仿效欧式分词连写格式排印过两个小册子,印出来以后大家都说不好,最后胎死腹中没有出版。1952年,曹伯韩的《语法初步》尝试性地采用了分词连写格式,出版后社会反应冷漠,以致学界很长时间不敢再提此事。[②]

对待欧式标点和分词连写,为什么国人是一热一冷?陈望道1918年发表的《标点之革新》中有这样一段话:"中文旧式标点颇嫌太少。不足以尽明文句之关系。其形亦嫌太拙。当此斯文日就繁密之时。更复无足应用无碍也。则革新标点。其事又重且要于革新文字者矣……为将创造耶。为将旁取耶……余则从旁取西标者……远西诸国,横点较密……改从西式标点。则既系从众。为一部分国民之所惯习。而其形有定。定约成俗。又最简捷。必不致如事创造者之异形百出。转以利民众者而困民众也。"[③]这番话可以作为国人何以看好欧式标点的注脚。不过应当说还有另一层原因,这就是我国具有使用标点符号的悠久传统。林穗芳曾对中文书写款式发展史进行过深入研究。根据他提供的史料看,远在殷商时代,中文就已开始使用标点,当时出现比较频繁的是"钩识号"(乚)。该标点应用范围很广,既可以用于表示章界、段界,又可以用于表示句界及成分界。至于后来广泛用开的逗号(,)和句号(。),则见于五代后期敦煌遗书写本,如:伯2812《于阗宰相画功德记》:"朱夏初分、舍异类之珍财。""倾心恳切者、为谁施作。"虽然传统句读使用不

---

① 林穗芳:《标点符号学习与运用》,人民出版社,2000年版,第79页。
② 周有光等:《周有光、王均、冯志伟等关于中文分词书写的通信》,载《现代语文》,2001年第3期,第5~6页。
③ 陈望道:《标点之革新》,见《陈望道文集》(第三卷),上海人民出版社,1981年版,第3~6页。

稳定,通常是在阅读、校勘、重印古籍时使用,但数千年来中文从未间断标点符号的使用,则是不争的事实。"间空"现象历代汉籍中都能看到,但它不是用于显现词界,而是用于分割句子或比句子更大的单位。现存最早载明年款的唐代印刷品《金刚经》上有如下音译梵语真言:"郍谟薄伽 跋帝钵罗若 钵罗蜜多曳 唵……娑婆诃。"(林穗芳注曰,"郍谟"又写作"南无",归敬之意〔用于佛、菩萨或经典名之前〕,与后面的词连读。"薄伽"意为"世尊",是对释迦牟尼的尊称。"跋帝"是佛教最早的五名比丘之一。"钵罗若"指可以达到涅槃彼岸的智慧。"钵罗蜜多曳"为到彼岸、超度。"唵"是另起一句开头的发语词。"娑婆诃"有吉祥、息灾等义,用于佛经真言的末尾,相当于基督教祈祷词的结束语"阿门")林穗芳说该史料表明中文也曾使用过分词连写方式(原话为"采用间空的办法来分词")。① 以上说法有失偏颇。事实上在前述例子里,为"间空"分割的不是词而是句子,何况这段文字并不能代表典型的中文。概言之,我国素有使用标点符号的传统而没有使用分词连写方式的经历,所以在借鉴欧式书写体式时,国人仅仅引入其标点符号,而没有效法其分词连写。

　　或许有人会问,汉语史上为什么从未出现过自源性的分词连写方式?我们以为,这是由记录汉语的书面符号即汉字决定的。有人称汉字为平面型表意文字。之所以这样称呼,一是汉字呈方块形,二是汉字以词义或语素义为主要表现对象。从先秦到清末,汉语书面语一直为文言文所主导。在文言文中,词界通常也就是字界,字界通常也就是词界。既然词界已经通过字界得以彰显,自然无需借助分词连写来显示词与词的界线。清末以后,白话文成为汉语书面语的基本形式。在白话文中,字界与词界之间的整齐对应关系不复存在,但汉字的平面型特征及昭示界线的功能并没有丧失,汉字的表意性也没有丧失。凭借着它们的帮助,汉语使用者不仅可以继续沿用传统的挨字连写方式,而且并没有因此而感到有多大不便。当然,没有感到不等于没有。事实上,挨字连写造成的不便是客观存在的。例如:"白天鹅在水里游来游去。""今天学生会讨论这个问题。"这两个句子显然存在着阅读和理解上的麻烦,而这麻烦不用说跟挨字连写方式不无关系。平心而论,挨字连写确实在一定程度上给汉语书面语造成了词界模糊、语义多歧的问题。不过,借助汉

---

① 林穗芳:《标点符号学习与运用》,人民出版社,2000年版,第71页。

字本身的特征以及汉字与语词相对稳定的联系,加上有语境提示,这类问题最终都能为读者所化解。

进一步的追问使我们更为深入地了解到,国人之所以对分词连写普遍反应冷淡,除了因为汉语不曾有过词间留空的历史,更因为汉字区别性特征明显,在日常交际中,无论是过去还是现在,人们都可以靠着前述特征在挨字连写状态下准确辨识词界。

二、为什么近年来国人对分词连写方式产生了兴趣

前面谈到,50多年前周有光等人曾经作过将分词连写方式引入中文的尝试,结果以失败告终,不得不偃旗息鼓。出人意料,近年来有些学者明知可能重蹈覆辙,但义无反顾地再次将早已被束之高阁的问题重新提出来。

有意思的是,在新近展开的有关中文是否应当实行分词连写的讨论中,打头阵唱主角的不是语言学家而是信息处理专家。

1987年,我国计算机产业奠基人之一陈力为院士基于信息处理的需要推出了近年来提倡分词连写的第一篇力作:《当前中文信息处理中的几个问题及其发展前景》;[①]1995年,我国信息处理专家俞士汶和周锡令基于同样原因发表了近年来较早倡导分词连写的另外两篇重要文章:《关于受限的规则汉语的设想》[②]和《软件书籍中译本的可读性和几点看似荒谬的建议》[③];不久,一直密切关注中文书写体式改革的语言学家陆丙甫、彭泽润先后发表了题为《也谈中文的改革》[④]和《文字中的字间空隙和词间空隙》[⑤]的文章,参与有关讨论。随着其他学者的陆续介入,是否应当将分词连写方式引入中文的

---

① 陈力为:《当前中文信息处理中的几个问题及其发展前景》,载《计算机世界》,1987年第21期,第34页。

② 俞士汶:《关于受限的规则汉语的设想》,载《语文现代化论丛》,1995年第1期,第193~205页。

③ 周锡令:《软件书籍中译本的可读性和几点看似荒谬的建议》,载《计算机世界》,1995年10月25日,第15页。

④ 陆丙甫:《也谈中文的改革》,载《美中导报》,1996年4月28日。

⑤ 彭泽润:《文字中的字间空隙和词间空隙》,载《中文信息》,1997年第2期,第59~60页。

新一轮讨论全面展开。根据不完全统计,1987 年至 2003 年,已经发表的相关文章有 40 多篇,其中 30 多篇对实行分词连写持肯定态度。而这 30 多篇文章的作者,绝大多数为信息处理专家。

对于中文分词连写的讨论,信息处理专家表现出的热情大大高于语言学家,原因何在?这个问题当然最好由信息处理专家来回答。

新世纪开春伊始,我国的两位信息处理专家——米阿伦与冯志伟曾经进行了一场重要的学术对话。2000 年 1 月,米阿伦在海外媒体上刊出《加个空格好不好》一文,冯志伟读了该文随即撰稿,同年 3 月于同一媒体上发表了《绝妙的空格》一文。

在前一篇文章中,米阿伦说:"表面上看,这篇文章要讨论的是一个非常小的问题:书写空格。然而,对所有的语言文字的数据管理来说,这一个小小的空格却是牵一发而动全身的问题……目前,世界上只有极少数语言文字的书写方法没有词界,中文的汉字书写方式是其中之一……从 20 世纪 60 年代研制中文计算机输入到现在,三十多年了,中文信息处理技术的发展还是在输入法和储存检索方面打转,难以上升到使用中文做全面的中文数据管理的水平。其中原因很多,汉字书写方式没有词界是其中最明显的牵制因素。为了能使用中文来实行全面的中文数据管理和赶上世界先进水平,中文书写方式需要增加空格和建立词界标准。"①

在后一篇文章中,冯志伟说:"我非常赞同米阿伦的文章……他提出了汉语书面语进一步改革的一个重要的问题:加空格表示词界。这是汉语书面语改革的继续和发展,为了适应汉语信息处理的需要,我双手赞成进行这样的改革……汉语书面语是不分词的,词与词之间没有空白,而计算机检索、分析和处理中文的书面语,几乎都是要以词为单位的。这种没有词的界线的文本,计算机处理起来,首先就要花很多工夫来分词,找出词与词之间的界线,这往往要花费大量的人力和时间,而效果并不理想。目前计算机逐渐普及,几乎所有在计算机上工作的中国人都要用计算机来处理中文的书面语,分词的花费与日俱增。如果汉语的书面语能够像西方语言的书面语那样分词书写,将给计算机的中文信息处理带来巨大的好处,也将给国家和社会节省巨

---

① 米阿伦:《加个空格好不好》,载 ChinaByte,2000 年 1 月 20 日,http：// news.chinabyte.com/76/1249576.shtml。

大的开支。"①

由以上对话不难看出,米阿伦等信息处理专家积极提倡中文分词连写,主要是因为传统的挨字连写方式给中文信息处理带来不少麻烦,不仅导致了大量的人力和财力浪费,而且造成中文信息处理水平长期在低层次上徘徊;而改变书写体式将会使信息处理专家摆脱无谓的牵制,集中人力和物力,用于尖端课题的研究,使我国计算机利用早日达到世界一流水平。

俗话说"敲锣卖糖,各管一行"。我国语言学专家提倡中文分词连写,尽管不是没有考虑到信息处理的需要,但主要还是从本学科立场出发。当年曹伯韩提倡中文分词连写,理由是:"割裂汉语的多音节词,是不科学的。为了文字科学化,必须打破单音方块的结构形式,实现词儿连写的原则,使字和词统一起来。"②近年来,陆丙甫提倡分词连写,根据是:"分词连写,就其本质而言,其实就是标点功能的扩展和深化。空格表示词和词之间的分界,就像句号表示句子和句子之间的分界一样。因此分词连写的功能,可以从标点的功能看出……如果现代中文采取了分词连写,至少可以消除许多歧义,省去今天读者的猜测和后人的考据……合理的分词连写可以使阅读变得更加轻松愉快!"③即此可知,我国语言学专家主要是为了促进语文体式的理想化和科学化而提倡中文分词连写的。

三、如何化解中文分词连写利弊同在的矛盾

是否需要将分词连写方式引入中文的新一轮讨论,虽说由 1987 年陈力为那篇论文拉开序幕,但讨论的真正展开则是在 1995 年以后。相对 20 世纪中叶的讨论来说,这次讨论无论是在规模上还是在质量上都达到了一个新的高度。但不能不承认这样的现状,即:从一般语言使用者到专业语言研究者,对于将分词连写方式引入中文的倡议普遍缺乏热情。不言而喻,这是因为他们觉得没有必要改变原来的中文书写体式。

---

① 冯志伟:《绝妙的空格》,载 ChinaByte,2000 年 3 月 10 日,http://news.chinabyte.com/76/1249576.shtml。

② 曹伯韩:《字和词的矛盾必须解决》,载《中国语文》,1952 年第 8 期,第 14~15 页。

③ 陆丙甫:《也谈中文的改革》,载《美中导报》,1996 年 4 月 28 日。

我们不能因为绝大多数人觉得没有必要就断定真的没有必要。有无必要的结论不能建立在感觉的基础上，而应当建立在调查分析和比较权衡的基础上。事实上，对于改革书写体式的积极意义，特别是它必将带来的巨大的经济价值，绝大多数人并不清楚。如果他们知道改革书写体式的提议得到诸多一流学者的认同，并且认真阅读过那些论述改革意义的文章，可以相信他们定会有所改变。我知道这样一件事：有位年高德劭的著名语言学家，起初不赞成将分词连写方式引入中文，后来读了冯志伟的有关文章，不仅转变了态度，而且献计献策，发表了很有价值的意见。毫无疑问，随着中文分词连写意义宣传的逐步深入，许多人会像那位从善如流的前辈一样，成为推进中文书写体式改革队伍中的成员。

　　近年来，中文分词连写的提倡者们不断加大宣传力度，以争取有更多的同仁支持这项改革。但似乎存在这样的现象，即有些人比较关注实行中文分词连写最终将给国家带来怎样的好处，而不大考虑目前这样做会给语言使用者造成怎样的不便。

　　或许有人觉得，能有多大不便呢？不过改变书写和阅读习惯而已。如果这样想问题就过于简单化了。书写和阅读习惯并不是可以轻易改变的。

　　君不见，那些中文分词连写提倡者，有几人带头垂范，身体力行？当然，这并不是他们不愿意改变习惯，主要是这样做有碍文思，影响写作速度。另外，现有刊物不愿接受分词连写格式的稿件，为了让作品发出去，不能不采用挨字连写方式。在此情况下，书写习惯事实上很难改变。

　　要改变阅读习惯也不容易。至少说现在改起来很难。因为目前人们接触的中文作品，只有个别采用分词连写方式，绝大多数都是沿袭传统书写形式，即便你有心改变阅读习惯，但一傅众咻，结果可能是怎么也改不了。

　　无需否认，实行中文分词连写，有益于中文信息处理，但同时给中文使用尤其是书写增加了负担。利弊共存，怎么办？

　　有人认为解决矛盾应当以机器服从人为前提。以上意见自然是有道理的。但诚如冯志伟所言，维持原来的书写体式，将全部希望寄托于中文自动分词设备的开发，事实证明这条路走不通（原话为："汉语文本自动分词，离真正实用的目标，还有很大的距离。至于大规模真实文本的高精度自动分词，还是幻想中的事情。")①

在2004年6月召开的"汉字书写系统改进国际研讨会"上,我提出:中文分词连写势在必行。但目前缺乏普遍推行的条件。考虑到国家信息工程发展时不我待,可以让出版界率先行动,编辑发行作品时,利用分词软件,将挨字连写文本转换为分词连写的文本,即率先在出版界试行"机辅"分词连写。②

会议结束后,我决定将上述想法付诸行动,于是向省里递交了"中文分词连写应急性和试点性研究"立项申请。申请很快获得批准。得悉这一消息后,湖南大学信息处理专家罗海清教授主动表示,愿意为"词式书写编辑软件"提供技术支持。海峡两岸合办的《中文》杂志及《毕节师范学院学报》热情表示,在"词式书写编辑软件"开发出来后,愿意率先试用。尽管存在经费不足的困难,而且即便研究成果拿出来,能否得到社会和政府承认也很难说。但我们仍将坚持朝前走。因为干比等好。

历史经验表明,刊物先行好处甚多:刊物具有其他手段无可比拟的宣传效果,在刊物上进行书写体式改革能够产生广泛影响。刊物具有示范作用,在刊物上进行前述改革,可以使支持者获得效法的范式,而不致无所适从。当年胡适、陈独秀等人进行标点符号改革,就是首先从他们主办的《科学》和《新青年》杂志做起。

强调出版界率先推行中文分词连写的意义,不等于否认其他研究和实验的价值。分词连写在阅读理解上优于传统书写方式,这点大家都承认,但究竟具有多大优越性,需要通过调查、分析、比较,拿出证明数据来。另外,对于学习接受新的书写体式来说,旧习惯的干扰有多大,也需要通过调查、分析、比较弄清楚。李德健等人的实验报告指出,使用挨字连写方式年头越长,在分词连写阅读实验中表现越差。③ 上述结论值得重视。为什么日文并行使用分词连写和挨字连写两种方式,低年级教材使用前者,高年级教材及一般文本使用后者,可能就是因为注意到上述情况。事实表明,为了保证书写体

---

① 冯志伟:《现代语文》高中版,2001年第3期,第7~8页。
② 曹德和:《讨论中文分词连写不可忽略的若干问题》,汉字书写系统改进国际研讨会论文,2004年。
③ 李德健、李秀芬、陈建林:《词式书写对小学生阅读效率影响的实验分析》,载《北华大学学报》,2007年第3期,第60~64页。

式改革的正确决策,需要加强"手动"分词连写的调研。

在以上讨论中,我们事实上已就如何化解中文分词连写利弊共存的矛盾提出了方案,这就是:一方面做好宣传工作,让全社会了解书写体式改革与信息产业发展的关系,坚持改革不动摇;另一方面尊重书写习惯,充分认识改变书写习惯的艰巨性,对于群众不愿改变书写习惯给予应有的理解。在全面推行中文分词连写尚不具备条件的当前,克服急躁情绪,力戒草率行事。考虑到信息产业发展刻不容缓,为了扭转中文信息处理长期为传统书写方式所拖累的局面,应让出版界率先实行"机辅"分词连写。同时积极推进"手动"分词连写调研,为未来改革的全面铺开做好基础工作。

对于如何化解中文分词连写利弊同在的矛盾,不敢说以上方案为最佳方案,但敢说它不失为一个可供参考的方案。

关于规范度评价根据及其操作的新思考
——从"理性原则"和"习性原则"说开去

规范化工作包括确立规范和推行规范两方面。确立规范首先需要明确规范度评价根据。所谓规范度评价根据是指从规范程度视角对语言(或言语)实体加以考察时使用的标准,它旨在解决以下问题,即鉴定某考察对象处于规范度连续统(continuum)上哪个点——包括"规范""比较规范""亦规范亦不规范""不大规范""不规范"等等——以什么为准绳,至于如何生成规范表达,如何避免失范表达,乃至更高追求,则不在其考虑范围内。在应当把什么作为规范度评价根据的问题上,语言学界存在不同认识。下面谈点个人新思考,以推动有关讨论。

一、理性原则和习性原则及其缺憾

邹韶华说:"对于一种语法现象,尤其是新出现的语法现象,如何判别它是不是规范的呢?大体说来有两个原则,一个看它是否经得起理性分析,一个看它是否已经约定俗成了。"前者可以称作"理性原则",后者可以称作"习性原则"。[①] 以上看法可谓中肯。一直以来我国语言学教科书都是将遵守规律和服从习惯作为规范标准,可见"理性原则"和"习性原则"影响深远。[②] 不过有必要补充两点:一是不只考察语法现象,考察各类现象,人们大多依据前

---

① 邹韶华:《语用频率效应研究》,商务印书馆,2001年,第242页。
② 笔者对此曾有专门讨论,详见拙稿《敏锐率真 包容务实——程祥徽先生社会语言学观点述评》,载《中国社会语言学》,2011年第2期,第114—115页。

述原则;二是邹韶华将"是否经得起理性分析"解释为是否符合逻辑事理①,其实以理性眼光看问题,人们除了看是否符合逻辑事理,同时还看是否符合语言组织规律(如语音配置规律、语义结合规律、句法结构规律、辞格构造规律、语篇衔接规律)、语言运用规律(如"合作原则""适境原则""得体原则""目的原则")以及语言演变规律(如汉语双音化规律、支配式自动词朝着能带宾语方向发展的规律)。

在有关讨论中,有人认为应将理性原则作为规范度评价根据,如高名凯说:"规范就是'合轨'或'合乎规格'的意思。规范有其客观性,它是依照语言发展的客观规律而被确定下来的。"②以理性原则为根据不无道理,但操作起来便会发现这会惹出不少麻烦——

有的考察对象符合语音组合规律不符合语义组合规律,例如近年不断出现的"不尽人意"的说法;但放弃前述说法采取"不尽如人意"的表述,则维护了语义组合规律而背离了语音组合规律。③

有的考察对象符合修辞规律不符合句法规律,例如毛泽东所谓"宣传群众,组织群众,武装群众";但根据吕冀平等人意见④摒弃该说法采取"向群众进行宣传,组织群众,武装群众"的表述,则维护了句法规律而背离了修辞规律。

有的考察对象符合修辞规律不符合逻辑规律,例如"整个大楼灯都熄了,只有他的办公室灯还亮着"之类说法;但严守形式逻辑,改为"整个大楼,只有他的办公室灯还亮着,其他办公室的灯都熄了",则削弱了表达效果,违背了修辞规律。

有的考察对象符合修辞规律不符合语言发展规律,例如近年出现的"被民主""被幸福"等表达;但循规蹈矩,改为"没有民主权却被说是具有民主权""没有幸福感却被说是感到很幸福",与"被××"相联系的新鲜感、幽默感、辛辣感则荡然无存。

---

① 邹韶华:《语用频率效应研究》,商务印书馆,2001年,第244页。
② 高名凯:《有关汉语规范化的一些问题》,载《新建设》1955年12月号,第34页。
③ 根据笔者期刊网调查,1980年以来共有104021篇文章使用"不尽人意"说法,频率接近乃至超过"不尽如人意"。
④ 吕冀平、戴昭铭《汉语规范化:一个亟待解决的重要课题》,载《学术交流》1985年第1期,第47页。

原因在于，语言运用受到多种规律制约，其中有的属于语音规律，有的属于语义规律，有的属于句法规律，有的属于修辞规律，有的属于逻辑规律，有的属于语言发展规律；尽管这些规律都"经得起理性分析"，但无需同时恪守；当遇到符合这条而不符合那条规律的情况，以理性原则为根据，则或者令人无所适从，或者见仁见智，难以统一。

以理性原则为根据，除了缺乏可操作性以外，同时还缺乏合理性。因为语言研究仍处于盲人摸象阶段，诚如陆俭明所言："现在我们所了解的汉语可能只是冰山的一角，……已有的研究成果无论对推进语言理论的建设或是服务于应用都远远不能满足需要"。①

在有关讨论中，有人提出应将习性原则作为规范度评价根据。习性原则是"从流行程度的角度来观察语言事实，分析语言现象的使用频率，并以此为根据确立语言规范化的标准"②。诚如某学者所言："在理性原则和习性原则之间，现实中有将习性原则置于理性原则之上的倾向。"③

将习性原则作为规范度评价根据，效果如何呢？请看以下用例：

① 插洞作废 撕破无效。（代金券说明）

② 济钢是怎样"炼"成的。（新闻标题）

③ 又走了几步，那声音突然像机关炮一样炸响了："说你哪说你哪说你哪……"（小说语言）

④ 不知临水语，能得几回来。（诗句）

⑤ 因为爱着你的爱 因为梦着你的梦／所以悲伤着你的悲伤 幸福着你的幸福／因为路过你的路 因为苦过你的苦／所以快乐着你的快乐 追逐着你的追逐……（歌词）

例①是20世纪90年代复旦大学教工餐厅代金券上的文字，炊事员卖出饭菜，随手将所收代金券插在钢钎上，"插洞"表示"插出孔洞"。例②见于1999年1月31日《人民日报》，"济钢"并非指某种金属而是指济南钢铁厂。例③是陈祖芬《一九八七：生存空间》中的一段文字，按常规"说你哪说你哪说

---

① 陆俭明：《汉语语法研究的必由之路》，载《语言文字应用》2005年第3期，第19页。

② 施春宏：《关于语言规范化原则的确立》，见于根元主编：《世纪之交的应用语言学》，北京广播学院出版社，2000年，第217页。

③ 同上，第215页。

你哪……"内部得加上三个感叹号。例④是黄庭坚诗作《竹下把酒》中的两句,"不知临水语,能得几回来"乃为"临水语:'不知能得几回来'"的变化形式。例⑤是李子恒为流行歌曲《牵手》谱写的歌词,其中"悲伤""幸福""苦""快乐"等形容词被当作动词使用。

以习性原则为根据,上述用例得统统枪毙。如此处理显然不合适,至少说难以为社会所认同。前面提到的"宣传群众,组织群众,武装群众"说法,有的学者视为败笔,理由是"宣传"不能带对象宾语,且该用法绝无仅有,经不起习性原则检验。[①] 对此沈家煊曾提出质疑,认为纯属误判。[②] 在偶发性语用现象面前,习性原则每每误将佳作当病例。事实表明,将习性原则作为语言运用规范度评价根据同样不足为训。

二、两类规范度考察对象及其评价根据

评价根据带有工具性质,不同工具适用不同对象,选择什么样的工具得看面对什么样的对象。然而论及评价根据不少人忽略这样的事实,即:规范度评价对象包括两类,一类属于"语言"(langue)范畴,一类属于"言语"(parole)范畴。现代语言学告诉我们,语言与言语既有联系又有区别,区别在于:

○语言处于备用状态,言语处于使用状态;
○语言不涉及表达目的,言语涉及表达目的;
○语言(基本)不存在是否合乎伦理道德的问题,言语存在是否合乎伦理道德的问题;
○语言置身交际语境之外,言语置身交际语境之中;
○语言是常量的集合,言语是常量与变量的统一;
○语言与交际效果没有直接联系,言语与交际效果具有直接联系。

以上区别直接反映在两类对象身上,要想一石二鸟,以同一根据解决两

[①] 吕冀平、戴昭铭:《汉语规范化:一个亟待解决的重要课题》,载《学术交流》,1985年第1期,第47页。

[②] 沈家煊:《规范工作和词典编撰》,载《语言文字应用》,2004年第2期,第29—30页。

类对象的规范度评价问题,既不合理亦经不起推敲。不言而喻,解决途径是分而治之。

分治首先需要在"语言-言语"二分法基础上明确两类对象外延。语言与言语并不存在天然界限,加以区分主要因为这有助研究目标的实现。研究目标具有多样性,与此相应语言和言语划分亦具多样性。迄今汉语学界影响较大的划分方案有三种:

  甲方案:语音单位、词汇单位、句法单位(只包括语词的句法类型而不包括短语的句法类型)划归语言,短语、句子、句组划归言语;语音组织规律、句法组织规律划归语言,辞格构造规律、语句衔接规律以及表达接受规律划归言语。

  乙方案:语音单位、词汇单位、句法单位(不仅包括语词的句法类型而且包括短语的句法类型)划归语言,句子、句组划归言语;语音组织规律、句法组织规律划归语言,辞格构造规律、语句衔接规律以及表达接受规律划归言语。

  丙方案:话语的各种结构单位和各种结构形式以及话语同交际情景的联系方式,社会性和稳定性的方面划归语言,社会性与个人性以及稳定性与变异性的结合划归言语。①

黄景欣指出,丙方案"有助于把语言现象中本质的和非本质的、社会的和个人的,一般的和特殊的,规范的和不规范的,稳定的和易变的等等区别开来"。②故此我们选择该方案,将它作为区分两类规范度考察对象的基础。并明确:从外延角度看,对于语音标准读法的考察、对于汉字正确写法的考察、对于词语稳态形式的考察、对于句法常规表现的考察、对于语篇习用组织方式的考察、对于语用一般原则的考察,均属语言性规范度考察对象的范畴;③而对前述范畴所涉知识的运用,或者说在分析书面或口语作品时纳入

---

① 曹德和:《关于修辞学是否属于言语语言学的讨论》,见潘悟云、邵敬敏:《二十世纪中国社会科学(语言学)》,上海人民出版社,2005年,第383—385页。

② 黄景欣:《就语言研究的精密化趋势论语言和言语的区分问题》,载《合肥师范学院学报》,1962年第3期,第35页。

③ 现代汉语规范词典和字典以及现代汉语语音教材、语法教材、修辞教材作为范例介绍的知识,在外延上与语言性规范度考察对象基本吻合。

评价范围的用例,均属言语性规范度考察对象的范畴。

弄清不同外延才好实行分治,现在这问题已解决,可以讨论两类对象的规范度评价根据问题了。

语言性规范度考察对象,其评价根据的确立应紧扣语言特征。索绪尔说:"语言的特征可以概括如下:……它是言语活动事实的混杂的总体中一个十分确定的对象。……它是言语活动的社会部分,……它只凭社会的成员间通过的一种契约而存在。"①即认为语言特征主要表现为"稳固性""社会性"和"约定性"。因为"稳固性"和"社会性"可借助计量方法检测,而"约定性"不行,亦因为能够在社会中得以稳固的东西总是通过约定。从有利实证研究考虑,我们认为可将语言特征归结为"稳固性"和"社会性",同时认为可将以上两点作为语言性考察对象的评价根据。对于语言单位的规范度评价,"稳固性"和"社会性"具有决定意义。普通话有些资深说法,如"无毒不丈夫"、"舍不得孩子打不了狼",尽管有人指出它们属于讹变产物,其正确形式乃是"无度不丈夫"、"舍不得鞋子打不了狼",但基于它们已经用开且难以改变,则必须承认那习用形式的规范资格。普通话有些后起说法,如"昨日黄花"、"空穴来风",尽管有人指出,其目前的形义与本来的形义相去甚远,亦属讹变造成;但既然讹变形态拥有广泛基础且使用年头不短,②你则不得不承认它们已经以俗成语身份进入普通话。除非你有本事扭转乾坤,恢复其本来面目,或者你有"禁语膏"、"控言仪",可以管住人家的嘴不让这样说这样用。

通过前文讨论已知,异读音、异体字、异形词的整理,句法常规形式的鉴定等等,这些均属语言性规范度考察对象范畴。异读音、异体字、异形词整理须将"稳固性"和"社会性"作为必要条件,但前述语言单位大多相沿习用且具有广泛社会基础,仅此还不够;于是有人提出应将"理据性"和"系统性"考虑在内。前述建议合理性无可置疑,但实践中人们发现,增补的两点不那么好把握,因为语言的发展常常是通过突破理据得以实现③,同时因为汉语不是

---

① 索绪尔:《普通语言学教程》(高名凯译),商务印书馆,1980年,第36页。
② 根据北大中文语料库,在20世纪20年代常杰森创作的《雍正剑侠图》一书中,就已经出现"昨日黄花"这说法。
③ 黄德宽:《对汉字规范化问题的几点看法》,见《汉字规范百家谈》,商务印书馆,2004年,第30页。

人工语言,系统性并不强①。为补苴罅漏,晁继周提出在异形词整理中"还有两点值得注意。其一是向有影响的辞书靠拢,其二是不扩大内地与港澳台地区词语用字的分歧"。② 如何整理异读音、异体字、异形词,配备多少根据才够用,在诸多根据中,除了"稳固性""社会性"以外,需要优先考虑的是什么? 我们注意到不少学者提出,在对语言系统加以整理时,应将有助语言功能发挥发展置于重要位置。例如曹先擢提出语音规范需考虑有利普通话学习和推广,③黄德宽提出汉字规范需考虑不同用字层面需求,④高更生提出异体字规范需考虑"音义明确、从简和书写方便",⑤田雨泽提出异形词规范需"注意色彩",⑥李宇明提出异形词规范需考虑不同词形"记录着语言的'历史故事'","给语言的发展留足空间"。⑦ 无独有偶,在考察新兴疑问句式"有没有VP"规范度的时候,邢福义亦将语言功能作为重要标尺。⑧ 以上想法和做法值得重视。语言为运用而存在,规范化工作"说透了,就是为了使语言更便于人们交际、思维、认知"⑨;对语言系统加以整理,说千道万,怎么也不能把语言功能置之度外。概言之,语言性规范度考察对象,其评价根据可归结为"社会性""稳定性"和"功能性"。将"功能性"作为根据操作起来颇难把握,但这样做方向对头,基础坚实。英国著名语言学家帕默尔(L・R・Pamer)指出:"语言工具的发展,要受它所要尽的功能的导引和限制",⑩可以肯定,将语言

---

① 朱德熙曾表示:"我老怀疑,自然语言的规律性、系统性到底有多强?"([日]杉村博文:《悼念朱德熙先生》,见《朱德熙先生纪念文集》,语文出版社,1993年,第211页)。
② 晁继周:《论异形词整理的原则》,载《中国语文》2004年第1期,第75~76页。
③ 曹先擢:《谈谈汉字字音规范问题》,见李宇明、费锦昌:《汉字规范百家谈》,商务印书馆,2004年,第97页。
④ 黄德宽:《对汉字规范化问题的几点看法》,见李宇明、费锦昌:《汉字规范百家谈》,商务印书馆,2004年,第31页。
⑤ 高更生:《现行汉字规范问题》,商务印书馆,2002年,第257页。
⑥ 田雨泽:《关于现代汉语异形词规范化问题的思考》,载《锦州师院学报》,1993年第1期,第103—105页。
⑦ 李宇明:《词汇规范的若干思考》,载《厦门大学学报》,2002年第2期,第20~23页。
⑧ 邢福义:《"有没有VP"疑问句式》,载《华中师范大学学报》,1990年第1期,第82~87页。
⑨ 中国社会科学院语用所现代汉语规范研究小组:《规范就是服务》(郭龙生执笔),载《学语文》,1995年第1期,第31页。
⑩ [英]L・R・帕默尔:《语言学概论》(李荣等译),商务印书馆,1983年,第66页。

功能作为语言性考察对象的导向性和统领性规范度评价根据,理论上无懈可击。

对于言语性规范度考察对象来说,其评价根据的确立不能有悖言语,同时必须紧扣言语特征。不少研究者,如黄佑源(1995)、周一农(1995)、王希杰(1996)、郑远汉(1997)、王建华(2000)、王卫兵(2004)、曹德和(2005a)等,都表达过这看法。目前论及有关根据,事实上存在两种意见。一种认为应当从是否达到目的或恰到好处的角度确立根据,另一种认为应当从是否顺应语境以及适切语体的角度确立根据。吕叔湘(1982)的"适度"说,于根元(1993)的"交际值"说,王希杰(1996)的"得体"说,王卫兵(2005)的"效应说",程祥徽(2008)的"能渡江河即好舟"说,属于前一种。汪泽源首先设问——"人们每天都要运用语言进行交际。有时还要评论一下自己或别人的语言表达。拿什么做标准呢?"——然后给予回答,表示"要看说话人""要看内容""要看对象""要看时间地点",等等,①这是从是否顺应语境的角度确立根据,属于后一种。周一农认为,语言运用需要注意区分普通言语、专业言语和艺术言语不同层次,②这是从是否适切语体的角度确立根据,亦属后一种。

从是否达到目的或恰到好处的角度确立根据,优点为:a.该类型操作者在考察过程中,采取老子的"弃圣绝智"或胡塞尔的"悬置"(epoche)办法,将各种"成见"束之高阁,直面对象,返璞归真,所作判断正确率较高。b.任何观察多少总会受到主客观因素影响,有时难免产生偏颇看法,但该类型操作者一般都能通过广纳群言自我纠正。c.在语言运用是否达到目的或恰到好处上,有时难免会有认识分歧,在此场合该类型操作者可以通过概率比较确定主流看法。d. 该类型相信语感,因为老百姓的语感最为自然、最为可信,操作者大多能够尊重民意并同民众保持良好关系。缺憾是:a.该类型所作判断依赖语感,语感缺乏稳定性,有时会出现摇摆不定的情况。b.该类型操作停留于只知其然层面,有关结论只能为理论研究提供间接支持,而不能为之作出直接贡献。

从是否顺应语境以及适切语体的角度确立根据,优点为:a. 该类型对于

---

① 汪泽源:《关于修辞批评的标准问题》,见《修辞丛谈》,河北人民出版社,1980年,第93~98页。

② 周一农:《语言规范与言语规范》,载《语言文字应用》,1996年第3期,第65~70页。

考察对象,总是给予由表及里、条分缕析的说明,有关操作深入而细致。b. 该类型重视规律总结,其正确分析对于深化语用研究起到重要作用。c. 即便有时观点偏颇,但不少见解鞭辟入里,仍不乏学术价值,因为深刻的片面和片面的深刻乃是科学研究的有力推手。① d. 如果说前一类型以宏观综合为特点,那么后一类型可以说是以微观分析为特色,从综合到分析到综合乃是学术研究的基本路径,由低层次综合转入高层次综合必须依托"分析"这跳板,可见它具有不可低估的方法论意义。缺憾是:a. "文有大法,无定法"(郝经《答友人论文法书》),利用掌握的"法"指导语言运用,不失聪明;而将"法"作为衡量语用规范的决定性根据,则失之偏颇,因为按照"定法"操作未必规范,超越"定法"未必失范,"以不变应万变"缺乏合理性。b. 该类型在操作上表现出较强的主观性,发生误判一般不易较快觉察和迅速纠正,因为操作者习惯将立论根据作为验证手段,难以跳出恶性循环怪圈。c. 该类型操作者不大相信语感,不大重视民众的态度和意见,彼此关系不大和谐。

对于言语性规范度考察对象来说,评价根据选择的当与不当主要看能否对语言运用规范程度作出恰当判断,而不是看能否对学科理论建设作出较大贡献,有鉴于此,我们认为在上述两种意见,前一种更为可取。

从是否顺应语境以及适切语体的角度确立规范,与从是否"合轨"或"合乎规格"的角度确立规范其实是一回事,原因在于它们都是以理性原则为基础,只是表述方式有所不同而已。

本文开头指出,将理性原则作为根据,无论从实践还是从理论上看都是有问题的。这里还想补充几句。理性原则之所以不可取,除了诚如陆俭明(2005)所言,目前有限的学术成果难以为此提供支持;同时亦诚如郑远汉、邹韶华所言,理性原则主观性太强,作为言语性考察对象的规范度评价根据,"只能是第二性的"②,"下位层次"③的。在规范度评价根据的建立上,理性原则缺乏自足性,对此徐梦秋有过专门论述。他说,规范乃是"真"与"善"的统一,"真"即"合乎规律","善"即"达到预期效果"。因为"从规律推不出规范",所以"对事实中

---

① 参见顾准"关于形而上学",见《顾准文集》,贵州人民出版社,1994年,第416~420页。
② 郑远汉:《论言语规范及其多体性》,载《语文建议》,1997年第6期,第3页。
③ 邹韶华:《论语言规范的理性原则和习性原则》,载《语言文字应用》,2004年第1期,第17页。

所蕴含的客观规律和客观必然性的把握,是规范形成的必要条件而不是充分条件"。① 他明确指出理性原则不足以独立充当规范度评价根据。

在前面的讨论中我们表示,对于言语性考察对象来说,从效果角度确立规范度评价根据乃属最佳选择。这在理论上站得住吗? 徐梦秋、曹志平指出,"规范是一种告诉人们应如何作为且希望人们都如此作为的指示,它所指示的行为必须具有施为的可行性和达到预期效果的可能性。如果它所要求的行为不可行,或不具备达到预期效果的可能性,那它就不可能为人们所认可和采行",且因为合规律的未必都是更有效用、更好的,好的有效的却必定是合规律的,故而可以将"高效用性"作为"规范形成的充分而且必要的条件"。② 徐、曹二位的论述有力说明,将"效应"作为言语性考察对象的规范度评价根据在理论上完全站得住!

以"效应性"为根据不止理论上站得住还有以下两大好处:其一,有助于实证方法的运用。语效考察主要依据语感,语感可以通过抽样调查给予实证考察。其二,有助于民众作用的发挥。我们曾指出,专家学者在语言规范上拥有一定发言权和决定权;而在言语规范上则作用有限,"因为语用规范由语言使用者共同约定所决定,在语言使用者这茫茫人海中,语言研究者所占比重微乎其微,要想左右局面乃至挽狂澜于既倒,只能说是一厢情愿"。③ 概言之,就言语规范来看主导权不在学者在民众。"效应性"比起"理性原则"更便于民众理解和把握,从而可以使他们在言语规范中更好发挥主力军作用。

王卫兵认为言语规范评价根据不应仅限于"效应原则",体现道德要求的"伦理原则"也应包括在内。④ 黄佑源亦表达过类似意见。他说:"语言规范化容不得语言的粗俗化。反对语言粗俗化倾向的任务当然不能由语言规范化独自承担,但它对这个任务实在负有不容推卸的责任,因此,给规范化工作注入适当的文化内涵,使之不单单囿于语言形式,就显得不算多余了。"⑤ 语

---

① 徐梦秋:《规范何以可能》,载《学术月刊》,2002年第7期,第56~60页。
② 曹志平,徐梦秋:《论技术规范的形成》,载《厦门大学学报》,2008年第5期,第67页。
③ 曹德和:《敏锐率真 包容务实——程祥徽先生社会语言学观点述评》,载《中国社会语言学》2011年第2期,第120页。
④ 王卫兵:《汉语规范化的范围、根据、操作以及学科属性》,载《澳门语言学刊》,2004年第5期,第26页。
⑤ 黄佑源:《语言规范标准漫议》,载《语言文字应用》,1996年第2期,第40页。

言运用一直存在道德要求。例如 1994 年颁布的《中华人民共和国广告法》明文规定:"广告不得含有虚假的内容,不得欺骗和误导消费者",不得"含有淫秽、迷信、恐怖、暴力、丑恶的内容";1995 年《语文建设》针对"文学语言粗俗化"组织的大讨论公开呼吁,文学作品不得"刻意追求鄙俗化,乃至滥用脏词脏字"。叶朗指出:"人文学科与回答'是什么'的客观陈述(科学)不同,它要回答'应当是什么',也就是它要包含价值导向。人文学科总是要设立一种理想人格的目标或典范。人文学科引导人们去思考人生的目的、意义、价值,去追求人的完美化。"①综上所述,对于言语性规范度考察对象,其评价根据除了"效应性"以外还应当包括"伦理性"。

将"伦理性"作为言语性考察对象的规范度评价根据,不等于说语言性考察对象不存在伦理要求。多年前王宁谈到《新世纪现代汉语词典》时,对其滥收"黑话、脏话、污言秽语"提出尖锐批评。② 这其实就是在对语言性考察对象进行伦理规范。只不过在语言性考察对象身上,伦理要求不那么突出,且因为在为语言单位确立规范度评价根据时,已将"功能性"作为组成部分,而这足以解决其伦理规范问题。

三、具体操作中面临的两大难题及其处理

因为规范度评价对象既包括语言又包括言语,我们主张分治。在区分两类对象并廓清各自外延后,分别确立了与其特征相适应的规范度评价根据。通过前述努力,为有关工作建构了合理的理论框架,并为语言性对象和言语性对象的规范度评价明确了具体路向和操作手段。但仅此还不够,因为在实践过程中无可避免地会面临两大难题,首先是如何处理因语言与言语难以彻底二分带来的难题,其次是如何处理因某些对象在规范程度上处于中间状态带来的难题。

前文指出在"语言-言语"区分上存在甲、乙、丙三种方案,我们的区分是以丙方案为基础。丙方案认为,语言与言语的区别主要体现在是否具有"社会

---

① 叶朗:《谈谈人文教养与人文学科》,载《中国大学教学》,1996 年第 3 期,第 9~11 页。
② 王宁:《论辞书的教育作用——兼评王同亿主编的〈新世纪现代汉语词典〉》,载《辞书研究》,2003 年第 1 期,第 1~5 页。

性"和"稳定性"。"社会性"相对"非社会性"而言,"稳定性"相对"非稳定性"而言。根据连续统理论,"社会性"与"非社会性"、"稳定性"与"非稳定性"处于相对关系两极,两极之间存在一个过渡地带,而上述现象的存在必然会影响到考察对象的归类。例如,近年来在普通话书面语中,"有没有 VP"(如"有没有听说过这件事")、"甲 A 过乙"(如"换手机快过换时装")、"A 不 AB"(如"可不可以""知不知道""漂不漂亮")频频出现。其中有的是普通话自身演进的结果,如"有没有 VP";有的主要是南方方言影响的结果,如"甲 A 过乙";有的是内因(普通话自身发展)和外因(南方方言影响)共同作用的产物,如"A 不 AB"。在是否可以将它们视为普通话正式成员问题上,我国学者认识不一。持肯定态度者事实上已经将它们作为普通话知识加以介绍,如"A 不 AB"早在 1980 年就被收入《现代汉语八百词》,"甲 A 过乙"和"有没有 VP"也早在 1996 年和 1998 年被收入《汉语水平等级标准与语法等级大纲》和《普通话水平测试大纲》。持否定态度者,则认为它们使用不普遍,处于发展阶段,还没有资格成为普通话正式成员。期刊网调查数据显示,它们在普通话书面语中都有相当高的复现率,例如作为"A 不 AB"体现的"可不可以",在标题中使用最早见于 1953 年,迄今已达 217 例;在正文中使用,最早见于 1946 年,迄今已达 11153 篇。但我们不敢即此遽言:持肯定态度是对的,反之则不对,原因在于我们不知道达到多大使用量可以拿到普通话成员合格证。另外我们曾就"A 不 AB""有没有 VP""甲 A 过乙"是否已经进入普通话广泛征求过意见,结果很多人表示吃不准。而之所以如此,主要是因为前述用例在"社会性"与"非社会性"、"稳定性"与"非稳定性"构成的连续上,处于中间位置,或者说处于离中间不远的偏前偏后位置。我们的想法是,在前述构式的归类上可允许不同看法并存,如果因为认为它们已经具备"社会性"和"稳定性"特征而将其视为普通话合格成员,那么,考察其规范度主要看其功能表现;如果因为认为它们缺乏"社会性"和"稳定性"特征而将其视为普通话客串成分,那么考察其规范度主要看其使用效果,而无论如何归类事实上都不致影响对其规范度评价的客观性。①

---

① 将以上构式视为语言单位看待的邢福义(1990)、邵敬敏(1996)、李晓云(2005)对其进行过细致考察,并认为它们具有独到的语言功能。语用效果考察得结合语境,这里无法具体论析。大家都知道"语言功能"与"语用效果"为"一般"与"个别"关系,即前者为后者的抽象,后者为前者的具象。以上构式作为语言单位具有独到的语言功能,那么作为言语单位自然也都具有独到语用效果。可见无论将以上构式作为语言单位还是言语单位看都不致影响其跻身规范行列。

因为一切语言范畴均属原型范畴(prototype category),上文提到的两难情况不仅存在于考察对象的归类上,同时也存在于规范程度的鉴定上。也就是说因为"规范"与"失范"均属原型范畴,处于连续统两极,之间存在过渡地带,在对语言实体或言语实体加以规范评价时,我们会不断遇到左也不是右也不是的情况。例如2011年岁末,有个网络新词"屌丝"如非典袭来在网上迅速蔓延,而随着人民日报记者(2012年11月3日)不加讳饰地将其引入时事评论,①它迅速走红,顷刻之间成为国人耳熟能详的字眼。"屌丝"的使用规范吗?回答该问题首先得了解该词的来历、含义和用法。据悉该词为足球明星李毅的粉丝所创造,2011年10月始见于百度"李毅吧"。李毅曾说"我的护球像亨利"。在国外亨利(T. Henry)被称作大帝,于是"李毅吧"由此获得"帝吧""D吧"的名称,而粉丝们也就将自己称为"D丝"。后来"D丝"改称"屌丝",其所指也由"李毅大帝的粉丝"演变为"屌人"的意思。——避讳起见后文中的"屌"字一律以"X"替代,与其相对的字眼一律以"Y"替代。——在中国,"X人"为詈辞中的詈辞,脏话中的脏话。李毅的粉丝们以及后来加入"X丝"行列的非"毅丝"乐于以此自称,主要因为意欲摆脱"苦逼"(鸠摩罗什《佛说华手经》卷六语)境地而不能,藉此自嘲以宣泄情绪。调查数据显示"X丝"出现率高于"虎妈",但《2011年中国语言生活状况报告》公布的十大新词语,只见后者不见前者。有关负责人侯敏的解释是:"我们选词有标准,得是新词,得有一定使用频率,得能反映当今社会生活,还得'干净',要有一定品位。"②而腾讯网评论员认为,"X丝"的用开标志"庶民的文化胜利";③中国青年网评论员认为:"《人民日报》是党报的'龙头老大',其宣传风格也是传播界的风向标。'X丝'登上了《人民日报》这只是众多党报吸纳和运用网络热词的一个突出例证和缩影……这种改变,不仅是语言使用上的改变,更是话语姿态的改变,即变得越来越贴近民风民俗,越来越亲近普通大众了。可以说,这就像'滴水可见太阳'一样,折射出了我们整个时代的进步,折射出了我们

---

① 陈琨:《激发中国前行的最大力量》,人民网—人民日报,2012年11月3日,http://cpc.people.com.cn/18/n/2012/1103/c351073—19483801.html

② 王乐:《揭秘年度热词的出炉:额的神啊,吊丝为啥没选上》,东方网—文汇报,2012年7月6日,http//book.sina.com.cn

③ 腾讯网,2012年3月1日,第1993期"今日话题",http://view.news.qq.com/zt2012/diaosi/index.htm?pgv_ref=aio

整个社会的进步。"①两位评论员显然言过其实。目前"X丝"仅为少数网民所使用,如果认为它是某种文化的胜利,充其量只能说是另类文化的胜利。"X丝"上了《人民日报》纯属个人行为,并不代表中央党报用词观念根本转变,②前述现象折射出的不是"进步"而是"退步"。笔者研究过脏话避讳,并指出:汉语共同语中表示男阴的"X"——即"X丝"中的"X"——来源于飞禽的喻指用法,最初写作"鸟",读"都了切"。表示男阴与表示飞禽共用同一语符,指称飞禽时难免引发不雅联想,于是人们创造了"X"这个汉字,专门用于表示男阴。表示飞禽的"鸟"与表示男阴的"X"虽然字形有了区别,但仍然使用同一读音,在避讳需要推动下,后来表示飞禽的"鸟"改读"尼了切",与"X"彻底分道扬镳。但不少人觉得"X"太扎眼,指称男阴时重新启用"鸟"这字形,到后来明明指称男阴,不读"都了切"而读"尼了切"。表示飞禽与表示男阴的语词所经历的由合到分又由分到合的过程,清楚显示在中国文化传统中存在着下述规律,即"詈辞雅化"规律。③ 另有学者指出,英语中cock除了表示公鸡,还被喻指男阴。因而被归入"四字母词"(four-letter words)即污言秽语行列。四字母词属于禁忌对象,结果是凡以cock作为词素或与cock同音的词都纷纷改变词形。公鸡改为rooster,turkey cock(雄火鸡)变为gentleman turkey,haycocks(干草堆)改成haystacks,weathercock(风向标)变成了weather vane,cockroaches(蟑螂)简化为roaches,cockade(帽徽)改用roostercade,coxswain(艇长)变为roosterswain,姓Alcox的也改姓Alcott,美国民主党党徽是一只公鸡,过去叫the cock,上世纪末也改称the rooster了。可谓牵一发而动全身。为什么英语使用者将cock视同瘟疫唯恐避之不及?因为人们普遍认为,与男阴沾上关系的词语"是一定不能出口的,一出口那就'一粒屎毁了一锅粥',整篇话就不登大雅之堂了"。④

通过以上历史回顾,可知个别记者将世人诟病的脏词堂而皇之地引入权威党报乃是逆世界文化潮流而动。据调查,在《人民日报》将"X丝"引入正式媒体之前已有近百家地方报刊先行一步。这数字不算小但也不算大。赵元

---

① 《"X丝"登上〈人民日报〉意味着啥?》,中国青年网,2012-11-18。
② 参见《人民日报回应"屌丝""元芳"见报:很正常的报道》,载《中国青年报》,2012年11月11日。
③ 曹德和:《詈辞演变与雅化倾向》,载《汉语史学报》,2005年第6期,第214~222页。
④ 程雨民:《英语语体学》,上海外语教育出版社,1989年,第57页。

任曾表示,不良语言倾向尚未定型时,学者们同心协力"或者还可以挽狂澜于未倒"。① 我们以为,阻止"X丝"在另类网民中蔓延乃属螳臂当车,但遏制"X丝"在报刊尤其是党报上滥用则不是不可能。尽管奋起抵制未必有效,还是应当搏一搏。这不等于我们对"X丝"持彻底否定态度,更不意味要把它一棍子打死。亚里士多德有句话,"不存在没有原因的结果","X丝"的形成和用开有其必然性。从语用效果看,它较好地起到宣泄情绪的作用,并较好地传递了使用者所要表达的意思,但该词不干净,品位低下,也是事实。言语性考察对象,其规范程度主要看有无较好的语用效果和是否合乎伦理道德。"X丝"符合"效应性"而违背"伦理性"要求,在规范度连续统上既不处于"规范"亦不处于"不规范"点位,而处于中间状态。前面说我们应为遏制"X丝"在报刊尤其是党报上的滥用搏一搏,意思不是要将它彻底逐出前述媒体;我们多年前就已表示,规范化工作不宜"一味采取笨拙的'堵'的办法",而应当是"'堵'和'导'相结合"。② 具体到"X丝",所谓"堵"就是控制其使用,提倡即便使用一般作为引文而非正文;所谓"导"就是提倡不得已用到时加以雅化处理,如可以采用"X丝"的另一种表现形式,即"吊丝"。"X丝"的使用必须严控。最近已有网民提出:"男的叫X丝,女的叫Y丝才对"。③ 同时也有人严肃提醒:"'X'[丝]出来了,'Y'[丝]还远吗?"④在"X丝"即将由网络向整个社会扩散之时,有识之士应迅速行动起来,如果"X丝"真的发展到无处不在,将是整个中华民族的耻辱和悲哀!

以上着重讨论了如何处理在语言与言语区分上以及规范程度评价上存在中间状态带来的难题,基本想法是:在考察对象处于中间状态的情况下,不妨实事求是,回避两极归类或两极定性。恩格斯曾指出:"一切差异都在中间阶段融合,一切对立都经过中间环节而互相过渡……辩证法不知道什么绝对分明的和固定不变的界限,不知道什么无条件的普遍有效的'非此即彼',它使固定的形而上学的差异互相过渡,除了'非此即彼',又在适当的地方承认

---

① 赵元任:《语言问题》,商务印书馆,1980年,第123~126页。
② 曹德和:《鲧禹治水与词语规范》,载《语文建设》1997年第4期,第3~4页。
③ 水木社区 http://newsmth.net·[FROM:1.202.77.*]
④ 济南社区,2012年11月7日,http://bbs.e23.cn/thread-169782896-1-1.html

'亦此亦彼'。"①如果说连续统理论从认知语言学层面为我们的柔性应对提供了坚实基础,那么恩格斯的以上论述则从辩证法高度,为我们的柔性应对提供了有力支持。

四、结　语

通常认为规范度评价根据问题乃是规范语言学考虑的事情,同其他语言学科没有多大关系。其实任何语言研究以及语言教学都在时刻与之打交道,因为无论语言研究抑或语言教学都是建立在对于语言常态以及语用得当形式正确判断的基础上,而规范度评价根据乃是藉以作出正确判断的工具。我国规范语言学属于新兴学科,迄今不过二三十年。在其诞生前,规范度评价根据起初属于传统语文学考虑的内容,后来相继成为传统语言学、结构语言学、功能语言学、认知语言学关注的课题。我国传统语文学深受荀子"约定俗成谓之宜"观点的影响,高度重视习惯的作用;我国传统语言学基本沿袭拉丁语法套路,将逻辑作为观察、分析、评判的基础;我国结构语言学高度信服索绪尔"任意性"理论,将习惯作为决定被考察对象基本面貌的首要因素;我国功能语言学和认知语言学认为,句法形式乃是语义基础和语用需求共同作用的产物,在深入考察相关因素如何互动的基础上,努力给予富有理性的解释。通过回顾可知,从传统语文学迄至认知语言学,在一路走来的过程中,我国语言研究不是倚重习惯就是倚重理性。正因为如此,多年来论及规范度评价根据,人们一直将"习性原则"和"理性原则"奉为圭臬。我国修辞学属于高度重视语用效应的学科,功能语言学属于高度关注语言功能的学科,可惜其有关研究对于规范度评价根据的确立未能产生应有影响。没有语言和言语的区分就没有现代语言学的诞生。"语言—言语"二分法对于语言研究科学化怎么强调都不为过分。前面指出"习性原则"缺乏可操作性和包容性。其实"习性原则"与"社会性"和"稳定性"并无根本差异。问题在于论者忽略语言和言语的区别,没有注意到习性原则仅仅适用于语言性对象的规范度评价。在我国语言研究中理性原则深受尊崇以致几近迷信,究其原委乃因为人们认为学

---

①　恩格斯:《自然辩证法》,见《马克思恩格斯选集》第 3 卷,北京:人民出版社,1972 年,第 535 页。

术研究就是找规律,找到规律也就可以无往不利;同时因为康德(I. Kant)的"物自体不可知"(Thing—in—itself is unknowable)思想、西蒙(H. A. Simon)的"有限理性"(bounded rationality)学说、哈耶克(F. A. V Hayek)的"理性不及"(non—rational)观点,虽然在哲学界深得好评,但在语言学界却没有得到应有重视;以及因为不少人在规律把握上过于自信,对语言本身复杂性认识不足。这样说并不意味我们在规律认识上持悲观态度,我国语言学不断发展,近三十年更是突飞猛进,所有成就的取得都是得益于规律认识的深化。但我们目前掌握的知识肤浅而有限,不足以作为建立规范度评价根据的决定性基础(其实永远不可能,因为实践总是走在理论前面,理论永远落后于实践),而只能起到引导和解释作用。列宁曾告诫说,"再多走一小步,仿佛是向同一方向的一小步,真理便会变成错误。"[1]论及规范度评价根据需时刻谨记以上箴言。

---

[1] 列宁:《共产主义运动中的"左派"幼稚病》,见《列宁选集》第4卷,北京:人民出版社,1972年,第257页。

可变与不可变规范的区分及其学术意义[①]
——从语用与规范关系的对立观点说起

建立和推行语言规范不是为了维护语言"纯洁性",而是为了让语言更好地发挥服务交际的功能。因此有关语言规范的考察、评论和抉择必须结合具体交际。交际主要通过语言运用,语言运用与语言规范之间有着密切联系。[②] 本文首先介绍有关语用与规范关系的两种对立观点,然后通过剖析原因说明客观存在的两类规范——可变规范与不可变规范,最后就区分两类规范的学术意义作出分析和论述。

一、语用与规范关系的两种对立观点

关于语用与规范的关系一直存在着两种对立观点:一种观点认为,规范并不束缚语用创新,说写者为实现交际意图可以间或性地突破某些规范。例如,姚殿芳、潘兆明说,从整体上看,文从字顺是语言运用的基础,语言运用应当遵循语言规范的制约,但这并不排斥特定场合因为表达需要而故意突破规范,临时作一些创新。[③] 王德春说:"建立超常规的搭配,来创造修辞效果。这种对规范的偏离是产生修辞效果的重要源泉。"[④]张志公说:"间或逸出一点语汇规范、语法规范以至逻辑事理的规范,往往是不可避免的,甚至于说,

---

[①] 原载《学术界》,2011年第7期。
[②] "语用"兼指语言表达和语言接受。本文着重讨论前者与规范的关系,因为前者与陈望道、吕叔湘等前辈所说的"修辞"是一回事,所以讨论中有时引用了修辞与规范关系的论述。
[③] 姚殿芳、潘兆明:《实用汉语修辞》,北京大学出版社,1987年,第7页。
[④] 王德春:《语言学教程》,山东教育出版社,1987年,第251页。

恰恰是由于它逸出规范'逸'得高明而产生了文学效果,形成了某种风格。"①芬兰学者 N. E. Enkvist 说:"文体风格来自于对规范的偏离(style as deviation from the norm)。"②捷克学者 J. Mukarovsky 说:"系统性地偏离标准语规范,使得语言诗化成为可能,没有这一可能就没有诗歌"(The violation of the norm of the standard, its systematic violation, is what makes possible the poetic utilization of language; without this possibility there would be no poetry.)③另一种观点认为,遵守规范是成功表达的前提,如果认同规范可以突破,等于否定规范的作用,否定规范化工作的必要性。如李润新说:"以'突破规范,超越规范'为'创新',是行不通的。试想,我们的作家都竞相'超越规范,突破规范',我们的文学语言将会出现怎样的混乱和分歧?……我们倡导语言规范化与作家用各式各样的修辞手法使语言更确切、更鲜明、更生动,是完全一致的。修辞手法用得越美妙,越新奇,越能说明语言规范化是确保语言准确、鲜明、生动的前提。不规范的语言,不可能是准确的,当然就更谈不上鲜明、生动了。"④另外,俄国学者 М. Н. Кожина,我国学者施春宏、于根元、郑远汉等亦持类似看法。如 М. Н. Кожина 说:"在艺术语言中运用非标准语的手段,都是交际功能要求的,是有理由的;更重要的是出于修辞上的需要。因此可以说,从本质上看这并不是违背规范。"⑤施春宏说:"从语用值的角度来考虑,无所谓'突破规范''超越规范'之类,也不存在'既成规范',突破的只是现实的规定、既定的标准和某些理论框架下的规则,而不是规范本身。"⑥于根元、郑远汉有关表述见于《应用语言学的基本理论》(《语言应用研究》,2002 年第 1 期)和《语言规范与文艺语言》(《长江学术》,

---

① 张志公:《文学·风格·语言规范》,载《语文建设》,1992 年第 6 期,第 21 页。

② Enkvist, N. E., Spencer, J., Gregory, M. Linguistics and style: on defining style. Oxford: Oxford Univ. Press. 1964, p. 12.

③ Mukarovsky, J. Standard Language and Poetic Language. In Garvin P. I. (eds.): A Prague School Reader on Esthetics, Literary Structure and Style. Washington D. C.: Georgetown Univ. Press, reprinted, 1964, p. 47~48.

④ 李润新:《关于文学语言规范化问题》,载《语文建设》,1993 年第 2 期,第 21~22 页。

⑤ [俄]М. Н. 科任娜:《俄语功能修辞学》,白春仁等译,外语教学与研究出版社,1982 年,第 73 页。

⑥ 施春宏:《语言规范化应加强理论建设——戴昭铭〈规范语言学探索〉读后》,载《汉语学习》,2001 年第 2 期,第 79 页。

2006年第4期),鉴于说法相近不再具体引述。以上两种观点分别拥有一大批支持者,因为从事语言规范研究,面对这两种观点必须有所选择,或认同前一种,或认同后一种,无法置之度外。

二、导致认识分歧的根本原因

长期以来,这两种观点相互质疑乃至相互证伪,针锋相对,各不相让。按理讲两种对立的观点只有一种是正确可取的,但多少年过去了,它们并没有分出个你是我非、你输我赢。难道其中一方明知不对却固执己见?答案是否定的,因为参与论争的学者都是在诚恳认真地讨论问题。

是什么缘故造成双方认识上的分歧?要揭示个中原委必须弄清两点:首先必须弄清语言规范可以大别为哪些类型,不同规范类型各自具有怎样的特征;其次必须弄清不同观点是否针对同一规范类型而言,如果所指有别,它们是否分别反映不同规范类型的特征。

Ayo Bamgbose 指出,"规范"这一术语具有多义性,根据目前使用情况看,它被用于指称三种类型的规范:一是代码规范(code norm),亦即明确某种语言的标准形式,具体地说就是从一组语言中选出作为官方语言或全民语言使用的代码;二是特征规范(feature norm),亦即揭示口语或书面语任一平面上(包括语音、音系、词法、句法、正字法等)的典型形式以及使用规则;三是行为规范(behavioural norm),亦即说明同言语行为相关的一整套习惯做法,包括如何控制自己的行为方式以及如何理解和看待对方的言语表达。[①] Bamgbose 的看法极富启发性,不过他的三分法似乎线条粗了些,其实广义的"规范"至少涵括了以下类型,见下表:

---

① Bamgbose, Ayo. Language Norms. In Werner Bahner, Joachim Schildt and Dieter Viehweger (eds.), Proceedings of the Fourteenth International Congress of Linguists. Berlin, 10 — 15 August, Berlin, Academie — Verlag, 1987, p. 105~107. Bamgbose 的论文可参看陈平的简介(《国外语言学》,1987年第4期)和戴昭铭的译作(《解放军外语学院学报》,1995年第1期)。

类别	规范类型	实施主体	基本依据	操作目标	思维特点	备注
1	语言地位规范	专家、学术团体以及国家机关	不同语言的社会作用及其使用者的政治地位	解决全国性问题	显意识、理性化	与Bamgbose类型一全面对应
2	语言本体规范	专家、学术团体	语言历史俗成性以及现实改善可能性	解决全国性问题	显意识、理性化	与Bamgbose类型二部分对应
3	语码选择规范	语言使用者	语码选择常规	解决具体交际中问题	潜意识、感性化	与Bamgbose类型二部分对应
4	语码组合规范	语言使用者	语码组合常规	解决具体交际中问题	潜意识、感性化	
5	语用原则规范	语言使用者	表达目的和预期效应	解决具体交际中问题	潜意识、感性化	与Bamgbose类型三部分对应

严格地说,语言地位规范和语言本体规范其实属于"语言规划"(language planning)所辖范畴,语码选择规范、语码组合规范及语用原则规范才是通常理解的"语言规范"(language norm)覆盖的内容。通过上表可以看出,语言规划与(狭义的)语言规范之间存在诸多差异,前者实施主体是专家、学术团体及国家机关,后者实施主体是语言使用者;前者旨在解决全国性问题,后者旨在解决具体交际问题;前者施行具有显意识、理性化的特点,后者施行具有潜意识、感性化的特点。①

以上差异特征明显不容忽视。把二者区分开来具有诸多好处,最大的好处就是,它可以提醒语言工作者,在推进语言规范化的过程中,应当充分尊重语言使用者的态度和意见,而不可自以为是且过高估计自己的能量。②

Bamgbose 除了对广义语言规范作了前述三分外,还从另一角度作了分

---

① 胡壮麟曾就什么是语言规划作过总结,他说:"(1)语言规划是有意识的有组织的活动。(2)它涉及私人的和官方的努力,但政府的优势在于它控制了教育系统及其他机构(Haugan1966),有利于规划在全国范围内实施。(3)语言规划旨在发现和解决交际问题,这些问题既有语言学的,也有非语言学的。(4)语言规划要解决的是全国性的问题,故需较长时间评估,并在一定社会中解决这些问题。(5)语言规划要有一定的理论框架指导。"参见《语言规划》,载《语言文字应用》,1993 年第 2 期,第 13 页。以上总结准确概括了语言规划的基本特征,据此可以顺利地将语言规划从广义的语言规范中分离出来。

② 胡明扬认为:"在语言规范化的过程中,语言学家有责无旁贷的责任;但是语言学家始终只能当顾问,不能当立法者,在语言问题上,最终的裁决权永远掌握在广大人民群众手中。"参见胡明扬:《语言规范化的重大社会意义》,载《新闻战线》,1981 年第 8 期,第 20 页。遗憾的是这客观而明智的看法曾经受到批评。

类,即区分可变(variable)规范与不可变(invariant)规范。① 所谓可变规范是指通常允许个人加以适当调整的规范;所谓不可变规范是指一般不允许个人随意改动的规范。

根据 Bamgbose 有关论析,在我们提到的五种规范中,语码选择规范和语码组合规范对应于前者,语言地位规范、语言本体规范及语用原则规范对应于后者。将语码选择规范和语码组合规范作为可变规范看待是有道理的。众所周知,语码选择存在守常选择和超常选择的分别,亦即存在情境型语码选择(situational code-switching)和喻意型语码选择(metaphorical code-switching)②的分别;与此相似,语码组合亦存在守常组合和超常组合的分别,G. N. Leech 论述过语用的八种偏离,即:①词汇偏离(lexical deviation)、②语音偏离(phonological deviation)、③语法偏离(grammatical deviation)、④书写偏离(graphological deviation)、⑤语义偏离(semantic deviation)、⑥方言偏离(dialectal deviation)、⑦语域偏离(deviation of register)、⑧历史时代偏离(deviation of historical period),③以上偏离都不同程度地表现为语码组合的离经叛道。将语言地位规范、语言本体规范及语用原则规范视为不可变规范也是有根据的。语言地位规范、语言本体规范的确立和推行得到国家权力机关的认同和支持,法定的东西即便存在缺憾,作为个体语言使用者事实上很难动摇。对于语用原则,我国学者有多种表述(参见后文),在笔者看来,最根本的语用原则乃是"目的—效应"原则(goal-effect principle),具体地说就是将语用目的和预期效应作为指导语言运用的决定性依据。④ 在现实生活中背离目的的语用不可能是成功的语用,不讲效应的语用也是如此,概言之,"目的—效应"原则乃是不可偏离的规范(参见后文)。事实说明,Bamgbose 关于语码选择规范和语码组合规范属于可变规范,语言地位规范、

---

① Bamgbose, Ayo. Language Norms. In Werner Bahner, Joachim Schildt and Dieter Viehweger (eds.), Proceedings of the Fourteenth International Congress of Linguists. Berlin, 10-15 August, Berlin, Academie-Verlag, 1987, pp. 105~107.

② Blom, J. P. & Gumperz, J. J. Social meaning in linguistic structure: code-switching in Norway. In Gumperz & Hymes (eds).

③ Leech, G. A Linguistic Guide to English Poetry. London: Longman, 1969, p. 42~52.

④ 无论"目的"确立还是"效应"设定都必须考虑语境提供的可能性,"目的—效应"原则事实上已将顺应和利用语境涵括在内。

语言本体规范及语用原则规范属于不可变规范的看法是经得起推敲的。论析语码选择、语码组合及语用原则规范与可变不可变规范的对应关系，Bamgbose没有采用"是"或"不是"之类刚性说法，而是采用"更接近"（more akin to）这样的弹性表述，这说明他意识到，无论语码选择规范、语码组合规范还是语用原则规范，在可变不可变的表现上均具有"连续统"（continuum）特征。关于语码选择规范和语码组合规范的连续性，前人已有充分论述，目前学界普遍用开的某些概念，如"规范度"、"规范的层次性"、"刚柔相济"等，便是建立在有关认识基础上。语用原则规范是否同样具有连续性？美国管理决策专家H. Simon的"有限理性"（bounded rationality）学说认为，由于对象内在规律的隐蔽性、人类先天后天能力的局限性、事物发展的非线性、所处环境的复杂性等因素的影响，任何事情都无法做到"最好"而只能做到"满意化"、"足够好"。①可见所谓"最佳表达效果"乃属理想化表达，实际上很难真正企及，因而语用原则规范同样具有连续性，只不过表现不那么明显罢了。鉴于语言地位规范、语言本体规范属于语言规划范畴，语码选择规范、语码组合规范及语用原则规范才是地道的语言规范，亦鉴于前者与本文意欲弄清的问题——在语用与规范关系上何以存在不同观点——并无紧密联系，故后文论及可变、不可变规范不再涵括语言地位规范和语言本体规范。

经过以上讨论，回头检视有关论争，不难发现，认为语用可以间或突破规范的学者，其所谓规范是指语码选择规范和语码组合规范；认为语用必须恪守规范的学者，其所谓规范是指语用原则规范（参见前文），也就是说，论及语用与规范关系，双方所谓"规范"所指不同；彼此意见看似存在对错之分，其实都是正确的，因为语码选择规范和语码组合规范属于可变规范，语用原则规范属于不可变规范，两种观点都是言之有据的。综上所述，在语用与规范关系问题上，之所以长期存在认识分歧，乃因为"规范"这术语具有多义性，论争双方使用时取舍不同；同时因为现实生活中存在可变与不可变两种规范类型，以致在语用与规范关系上，多年来论争双方各执一词，始终僵持不下。

---

① ［美］赫伯特·西蒙：《西蒙选集》，黄涛译，首都经贸大学出版社，2002年，第205~357页。

三、区分可变与不可变规范的学术意义

区分可变与不可变规范,承认语码选择规范和语码组合规范的可变性,具有重要学术意义:

其一,可使对于可变规范的描述更符合实际、更贴近语感。我们已经知道语言规范包括语码选择规范、语码组合规范及语用原则规范,一般地说,前两类规范只能用于鉴别语码选择和语码组合过程中表达形式和表达方法的常变,至于其得失则需要结合语用原则和语境条件才能做出判断。例如,《红楼梦》中出现"红刀子进去,白刀子出"的说法,根据语码组合规范,只能判定它属于超常表达,至于它属于成功表达还是失败表达,则必须结合表达目的和预期效应以及受众反应才能作出判断。确立语码选择规范和语码组合规范的基础是约定俗成的语言规则。① 认为语码选择规范和语码组合规范必须中规中矩,始终恪守,等于认为既有语言规则永远不可突破。这显然不妥,因为实际上既有语言规则在创新使用中不断发生变化,而前述变化必然带来语言规范的变化。沈家煊指出:"语言的创新必然在一定程度上突破已有的规范。"② 以上看法不仅是根据逻辑推导,同时也是根据语言事实和语言直觉。承认可变规范的存在,可以使有关语码选择和语码组合规范的描述既反映其守恒性,又反映其发展性,而不致有悖事实和语感。

其二,可使社会宽容对待语码选择和语码组合上的偏离。在相当长的一段时期里,我国不少学者把约定俗成的语码选择和语码组合规律视为鉴别正误的铁定标准,为了"匡谬正俗","维护祖国语言的纯洁和健康",对于偏离以上规律的语用行为,口诛笔伐,始终保持高压态势。改革开放后情况有所改变,但余绪未绝。试看以下摘引:

---

① 美国学者海默斯指出:"一切制约言语活动的规则都理所当然地具有规范的秉性。"(all ulesgoverning speaking, of course, have a normative character.),见 Hymes, Dell. Models of the interaction of language and social life. In J. J. Gumperz & D. Hymes(eds.), Directions in sociolinguistics: The ethnography of communication. New York: Holt, Rinehart & Winston, Inc., 1972. 俄国语言学家科任娜亦认为,所谓语言规范就是"公认的正确的和典范的语言手段的总和"以及"使用这些手段的详细规则的总和"。(见 М. Н. Кожина, 1982)

② 沈家煊:《规范工作和词典编撰》,载《语言文字应用》,2004 年第 2 期,第 29 页。

①成语是"汉语的精华",是"中华优秀文化的一个部分",是人民群众在长期的生活实践中相沿习用的固定词组,具有表意的整体性和结构的凝固性特点,不容随意更换和误用。(《秘书》,1996年第3期)

②名词是不能受副词尤其是程度副词修饰、限制的,可是竟有人说"重金属(乐队名)很男人","泰山曲酒很中国,很中国"……形容词除个别的使动用法之外,是不能带宾语的,可是一首普遍传唱的通俗歌曲里竟不厌其烦地咏唱"悲伤着你的悲伤,幸福着你的幸福……苦过你的苦,快乐着你的快乐"。(《语文蒙求》,海燕出版社,1998年)

③出现新造词的领域主要是以大、中学生等年轻人为阅读对象的通俗报刊,以后逐渐扩展到有影响的大报刊。如多次出现于媒体上的"吸引可变与不可变规范的区分及其学术意义……眼球"式的词语组合就是其中典型一例……传统语言中的词语已能满足表义的需要,无须再增加人们的学习负担。另外,在意义搭配上它不够恰当……"吸引"作用于眼睛必须通过光线,因此,常用"吸引目光"、"吸引眼光",不能直接吸引"眼球"。(《语文教学之友》,2007年第9期)

①是针对活用成语的告诫,②是针对超常组合的批评,③是针对"吸引……眼球"新兴说法的否定,而以上告诫、批评、否定无一令人信服。活用成语现象古已有之,在近代学者鲁迅、郭沫若笔下亦不乏其例。① 超常选择和超常组合乃是语言表达中常见现象,通过阅读沈家煊的《"糅合"和"截搭"》、施春宏的《名词的描述性语义特征与副名组合的可能性》等文章,可知它们都是基于表达需要而出现。写作本文时,笔者利用"百度"搜索,在网络上就"吸引……眼球"的使用作了调查,结果为:"用时0.125秒"搜得相关用例74 900 000条。尽管这里存在重复计数情况,但它已经用开则是不言而喻的,如果上述说法毫无价值,怎么可能如此走俏? 在推行规范的过程中,语言文字工作者本应成为人民群众的"旅伴"和"向导",但有些人心目中只有不可

---

① 曹德和:《从"随心所浴"谈汉语规范化》,载《江苏教育学院学报》,1996年第1期,第67~68页。

变规范,习惯充当"法官"乃至"刑警",结果被民众视为"陌路人"和"绊脚石"。承认可变规范的存在,可以促使这部分学者改变偏执倾向,以理解和包容的态度对待具有积极意义的语码选择和组合上的偏离,从而将需要认真反思的规范化工作引向正确轨道,在服务社会的过程中逐步改变讨人嫌的形象。

其三,可使学界对于"反规范"理论多些理解少些责难。故意偏离规范意味着反规范(anti-normal),20世纪西方文论认为,文学性(literariness)很大程度是通过反规范获得,反规范乃是文学语言的重要特征。对于前述理论,我国文论界领军人物钱中文(1989)、赵毅衡(1989)、张首映(1989)、朱立元(1991)、南帆(1998)等,都曾给予过积极评价。在高等教育出版社2005年推出的"百门精品"课程教材《文学发展论》中,可以看到有关"反规范"理论的专节介绍和深刻阐发。著名文论家伍晓明指出:

> 文学这种语言活动不仅遵循规范(一般语言的和文学特有的)、确证规范,而且也逾越规范、破坏规范、产生规范——新的规范。无此,人就会完全彻底地沦为所谓语言牢狱的可怜囚徒,永无出头之日。我们当然始终只能居于语言之内,然而我们也许可以——这是一切创新的文学家和理论家们一直尝试的——借助语言、通过语言来超越语言,即:超越旧的、已经完全退化为一种无益的束缚的规范,并在永恒的、积极的"言语"活动之中不断创造为当代人所渴望、所需要的新规范。①

这段颇为精当的论述,除了可以帮助我们了解"反规范"理论的实际涵义,同时可以帮助我们了解与其相关的"超越语言"(鲁枢元)、"冲破语言牢笼"(F. R. Jameson)、"扭断语法脖子"(T. S. Eliot)等口号的基本精神。② 我国语言学界对"反规范"理论极为反感,曾组织过批判。平心而论,这纯属"乱弹琴"。总结教训主要有两点:一是没有弄清"反规范"理论的内涵,二是没有区分两类规范以及没有注意到"反规范"的积极意义。

其实在中国古代文论中,与"反规范"理论相类似的提法并不罕见,贺裳所谓"无理而妙"、苏轼所谓"反常合道"、东方树所谓"文法以断为贵"等,所表

---

① 伍晓明:《表现·创造·模式》,载《文学评论》,1985年第1期,第60页。
② 对待"反规范"、"超越语言"等提法,应像解读"千里莺啼绿映红"等诗句一样,深刻领会它所表达的辞里意义,而不在其辞面意义是否合理上纠缠。

达的正是"反规范"理论所表达的意思,且提出时间在先。①

能够接受"无理而妙"等提法,也就没有理由拒斥"反规范"理论。承认可变规范的存在,意味着给"反规范"留下了生存空间,以及不再将鼓励"反规范"视为荒唐,而语言学界与文论界互信互谅,可以避免兄弟阋墙闹剧的一再上演。

其四,可促进语码选择和语码组合的静动结合研究。可变规范并非只是强调语言的变动性而忽略其稳定性,"变"是相对"不变"而言,看不到"不变"的一面也就看不到"可变"的一面。可变规范理念的确立为语言的静态与动态结合研究开辟了道路。前文提到,语码选择存在情境型语码选择和喻意型语码选择的分别,上述现象是美国学者 J. J. Gumperz 首先揭橥的。所谓情境型语码选择,是指说写者选择与交际情境相协应的语码;所谓喻意型语码选择,是指说写者的语码选择明显偏离常规。偏离常规乃是为了引起听读方者注意,使之能够准确把握说写者通过"有标"(marked)语码传递的实际信息。情境型语码选择属于语言守常运用,喻意型语码选择属于语言超常运用,"守常"意味"不变","超常"意味有所"变(化)"。如果 Gumperz 认识不到语码选择规范具有"不变"与"可变"两重性,他也就不可能成为语码选择的静动结合研究的开创者。上世纪 70 年代,比利时 Group μ(列日学派)建构了一个逻辑性和科学性甚强的辞格系统。该系统首先根据变异反映在形式上还是内容上,将辞格划分为"表达"(expression)类和"内容"(content)类。接着根据变异反映在词形上还是句式上,将"表达"类辞格一分为二,分出"词法辞格"(metaplasms)和"句法辞格"(metataxes);同时根据变异反映在语义上还是事理上,将"内容"类辞格一分为二,分出"语义辞格"(metasememes)和"逻辑辞格"(metalogisms)。在此基础上逐层往下分,尽可能地细化。Group μ 认为辞格是"变异"的产物,而"变异"是对"零度"(degree zero)的"偏离"(deviation)。这里的"零度"是指"一切与语言代码有关的因素所构成的规范,如正字法、语法、基本词义、逻辑规则等,而最充分体现这一修辞学状态的

---

① 关于"无理而妙"、"反常合道"、"文法以断为贵",《修辞理据探索》(张炼强)、《中国古典心理诗学研究:论"反常合道"》(张东炎)、《弹性语言:诗学笔记之一》(杨匡汉)等,皆有精当阐释,可参看。

即科学话语";①这里的"偏离"是指在表达需要驱动下,通过"抑减"(suppression)、"添加"(addition)、"替换"(substitution /suppression – addition)、"变位"(permutation)等"实体操作"(substantial operation)和"关系操作"(relational operation),使"零度"语言发生局部性的明显改变。② 如果 Group μ 认识不到可变规范的存在,认识不到对零度的偏离也就是对规范的偏离,以及认识不到辞格是由前述偏离所催生,他们也就不可能在"零度—偏离"理论基础上,通过静动结合研究,建成特色鲜明的新型辞格系统。

区分可变与不可变规范,承认语用原则规范总体上具有不可变特征,同样具有不可低估的学术意义:

首先,有助于了解不可变规范研究备受重视的原因。我国学者一直都很重视语用原则规范的研究,无论是在上古、中古、近古抑或是在近代和现代文献里都可以看到有关论述。例如:

○孔子:辞达而已。
○范晔:以意为主,以文传意。
○王夫之:无论诗歌与长行文字,俱以意为主。意犹帅也。
○金兆梓:相题立言,参伍错综,如珠走盘中,横斜圆直,要以不离章旨,不屡浮词为归宿。
○陈望道:修辞以适应题旨情境为第一义。
○宗廷虎:修辞者努力做到适应情境,随情应境,这并不是目的所在,目的则是为了更好地表达题旨,取得更佳修辞效果。
○钱冠连:有了交际的总的目的,就会在说话中将目的分解成一个个的说话意图贯彻到话语中去,交际就能顺利进行下去。这样就必须把目的—意图驱动过程作为原则来遵守。

学界之所以始终对此怀有浓厚兴趣,道理在于:无论语境如何变化,语用高手通常都能应对自如,这表明在形态各异的语用行为背后隐藏着执一御万的语用原则,而掌握该原则也就等于掌握了语言运用的"金钥匙"。为了找到"金钥匙",一代又一代学者进行了锲而不舍的探索,通过以上引述可以看出,

---

① 李幼蒸:《理论符号学导论》,社会科学文献出版社,1999 年,第 335 页。
② Group μ. *A General Rhetoric*. Baltimore and London: The John Hopkins University Press, 1970.

他们在逐步走近这"金钥匙"。姚鼐说:"文有一定之法,有无定之法。有定者所以为严整也;无定者所以为纵横变化。二者相济而不相妨"。① 其所谓"一定之法"便是指能够让说写者"以不变应万变"顺利完成交际任务的语用原则,亦即语用的不可变规范。通过对两类规范的区分,对于不可变规范研究何以久盛不衰,我们也就能够充分理解而不致将其视为无用功。

其次,有助于认识不可变规范的地位和作用。语码的选择和组合受到多种因素左右,说写者语言知识的丰富抑或贫乏、精神状态的专注抑或懒散、交际氛围的正经抑或随便、时间条件的宽松抑或促迫等,都可能对其产生影响,但在制约语码选择和组合的诸多变量中,语用目的和预期效应始终处于核心位置。是打算直接明快地说明现象或规律,使听读者获得清晰的理性认识;还是打算含蓄蕴藉地描绘意境或情绪,使听读者生成似幻还真的感性体验等,乃是决定语码选择和组合方式的主要因素。陈望道说:"修辞以适应题旨情境为第一义,不应是仅仅语辞的修饰,更不应是离开情意的修饰。即使偶然形成华巧,也当是这样适应的结果,并非有意罗列所谓看席钉坐的钉饾,来做'虚浮'的'装饰';即使偶然超脱常律,也应是这样适应的结果,并非故意超常越格造成怪怪奇奇的'破格'。"② 廖美珍指出:"目的意味着策略和手段……手段和策略只有与目的联系起来才能说清楚,只有在目的原则下进行分析才具有最大的说服力,否则策略手段就成了断线的风筝和没头的苍蝇。"③ 因为诚如陈、廖所言,在语用过程中不是语用手段控导语用目的,而是语用目的控导语用手段,在语用原则规范与语码选择规范、语码组合规范需要协调关系的情况下,只能让后者服从前者而非相反。通过区分可变与不可变规范以及通过两类规范的比较,对于语用原则规范具有的重要地位和作用,我们会有更为深刻的认识。

再次,有助于推动不可变规范的比较研究。在以往围绕不可变规范的讨论中,有人将"目的"作为决定因素,如钱冠连(1997)、廖美珍(2004),还有人将"效应"作为决定因素,如于根元(1996)、王卫兵(2003)、曹德和(2005)。本文认为,真正合理科学的语用原则应当建立在"目的"和"效应"整合的基础

---

① 姚鼐:《与张阮林》,见钱仲联主编、周中明选注评点:《姚鼐文选》,苏州大学出版社,2001年,第339页。
② 陈望道:《修辞学发凡》,上海教育出版社,1979年,第11页。
③ 廖美珍:《"目的原则"与目的分析》,载《修辞学习》,2005年第4期,第7页。

上。理由有三：一是"目的"与"效应"相互依存，离开"效应"呈现，"目的"无以落实；离开"目的"依据，"效应"无从谈起。二是任何成功的人类行为都是以"动机"与"效果"统一为前提，语言运用也是如此，不能只讲"目的"而不计"效应"，或只求"效应"而偏离"目的"。三是"目的"反映行为起点，"效应"反映行为终点，从"目的"走向"效应"，是人类行为展开的基本过程，将"目的—效应"作为语用原则或者说根本规范，有助于语用行为全程监控。迄今未见有人论及"目的—效应"原则，本文属于首次尝试。但这是不无价值的尝试。我们以为，确立以"目的—效应"为内核的语用原则至少具有以下好处：其一，过去普遍认为是"说什么"管控"怎么说"。这样理解并不错。但如果作更深追问，则诚如 J. L. Mey 所言："重要的不仅是要记录下人们说了什么，而是要弄清他们为什么要说这些以及他们为什么要这样说。"(It is important not only to record what people say, but to figure out why they say things, and why they say them the way they do.)①换言之，真正决定"怎么说"的不是"说什么"而是"为什么说"。语用表达过程其实是："为什么说"(Why)→"说什么"(What)→"怎么说"(How)。确立"目的—效应"原则有助于推进语用过程的发生学研究。其二，语用终极目的的实现有时并非一步到位，它往往是通过将总目的分解为若干个次目的乃至次次目的，依靠积小胜为大胜的渐进操作，逐步落实。而分解终极目的的过程其实也就是分解整体效应的过程。预期整体效应明确后，说写者通常首先将它分解为若干个次效应乃至次次效应，然后通过底层效应的逐步获取，聚零为整，走向高层效应圆满实现的终点。开展有关研究，对于语言运用的具体过程，对于目的与效应在过程中的互补关系，将会有更为清醒的认识。其三，有学者认为："得体性原则是保证达到最佳表达效果的重要手段，从根本上来说，是不可以被偏离、被破坏的。"②或许正因为如此，Bamgbose 论及不可变规范，亦将"得体"(appropriateness)作为基本要求。③ 但不可偏离的得体只是高层次上的得

---

① Jacob L., Mey.: Pragmatics: An Introduction. Beijing: Foreign Languages Teaching and ResearchPress, 2001, p. 187.

② 王希杰：《修辞学通论》，南京大学出版社，1996 年，第 395 页。

③ Bamgbose, Ayo. Language Norms. In Werner Bahner, Joachim Schildt and Dieter Viehweger (eds.), Proceedings of the Fourteenth International Congress of Linguists. Berlin, 10-15 August, Berlin, Academie — Verlag, 1987, pp. 105~107.

体,在低层次上,无意性的不得体经常出现,有时为保证高层次上的得体,表达者还会故意突破低层次上的得体。① 我们以为,得体原则不是真正的不可变规范,真正的不可变规范是"目的—效应"原则。因为从理论上讲,从高层到低层、从整体到局部,它都必须严格遵守这个原则。前人有关不可变规范的探索硕果累累。"目的—效应"原则的提出,必将丰富和深化有关研究,并自然而然地将不可变规范的对比性考察提上议事日程。

四、结 语

区分可变与不可变规范属于操作方法上的一种宏观处理,该范式(paradigm)的确立对于语用研究具有诸多好处,它具有重要的方法论(methodology)意义。随着语言学具体研究和抽象思考的不断深入,越来越多的人注意到语言既有稳定的一面又有运动的一面,但上述特点表现在哪些地方,还不能说已经认识到位。区分可变与不可变规范使我们看到,语言的稳定性除了表现在语音系统、句法系统及根词系统具有很强的历时继承性外,还表现在语用原则具有明显的泛时性(generality),亦即不受时间干扰的亘古不变性。而语言的运动性除了表现在一般词汇的与时俱进外,还表现在语码选择规范和语码组合规范具有可变性。前面指出,语言规范是以约定俗成的规律和规则为根据,可见语言规范与语言常规其实是一体两面关系,赋予不同称谓是为不同观察角度和不同研究论题服务。法国学者 Claude Hagèg 指出:"语言系统本身一定具备可使规则在语言活动中得到应用或遭到违背的机制"。② 这观点不仅是对语言事实的贴切概括同时极具理论启发性,因为语言之所以能够成为可以满足多种需要的张力系统(tension system),正是得益前述机制。方法论的更新以观念更新为前导,区分可变与不可变规范反映了语言观(linguistic perspective)的变化与进步。综上所述,区分以上两类规范无论是从范式改进还是从观念提升的角度看,都是值得肯定的。

---

① 王希杰:《修辞学通论》,南京大学出版社,1996 年,第 396 页。
② [法]克洛德·海然热:《语言人:论语言学对人文科学的贡献》,张祖建译,生活、读书、新知三联书店,1999 年,第 301 页。

从"随心所浴"谈汉语规范化[①]

一

1992年,南京热水器厂为其产品玉环热水器打出这样一则广告:"随心所浴"。有文化的人知道,它是由成语"随心所欲"改造而来。广告设计者把前述成语末尾一字由"欲"换成"浴",读音未变,语义则变了,新的语义恰到好处地传递了厂方所要表现的内容。用"随心所浴"作热水器广告,非常引人注目。三年下来了,这则广告仍在使用,"随心所浴"四个字通过报纸电视传遍大江南北,几近家喻户晓。

上述广告一露面就引起语言学界的注意。曹志耘先生、沈孟璎先生在文章中都提到过它,并给予了肯定。[②] 胡兴华先生在《浅谈成语的仿用》中评论说:"'随心所浴',说明热水器的性能好,可满足使用者随心沐浴的欲望"。[③] 王克平先生的《谐音换字 巧用成语》分析得比较细致。他认为,"把欲望的'欲'替换成洗浴的'浴',但是心里想怎样就怎样的含义仍存在,并且强调了热水器的用途,突出了使用热水器的方便特征,迎合了消费者那种随时冲个澡、去去汗的愿望。"[④] 前几年,对于"随心所浴",语言学界普遍持欣赏态度。

值得注意的是,不久前,孙雍长先生在《漫议"换字广告"》一文中对"随心

[①] 原载《江苏教育学院学报》,1996年第1期。
[②] 曹志耘:《广告写作中的"化用"手法》,载《语文建设》,1993年第2期,第28~29页;沈孟璎:《谈广告中的活用成语现象》,载《语文建设》,1994年第4期,第5~8页。
[③] 胡兴华:《浅谈成语的仿用》,载《修辞学习》,1993年第4期,第58~93页。
[④] 王克平:《谐音换字 巧用成语》,载《汉语学习》,1994年第5期,第62页。

所浴"给予全盘否定。他说,"所浴"作为名词性结构,指"洗浴的东西",前面的"心"字是"所浴"的修饰限制成分,"心所浴"意思为"心中洗浴的东西",而"随心所浴"意思为"随着心中洗浴的东西",这成什么话呢?如要强调"心里怎样想就怎样洗浴",可以把"随心所欲"改成"随心而浴";何必非要用"随心所欲"作"随心所浴"的"垫背"呢?换字的结果,在词语搭配、内容表达上都经不起推敲,不符合语言规范。说句不太客气的话,这几乎同于"半文盲"之乱用词语或写白字。①

孙先生对"随心所浴"的批评十分尖锐。他表述的不只是个人看法,实际上反映了相当一部分人的观点。

同一则广告在语言学界有人赞成有人否定,意见截然相反,分歧是如何产生的呢?对"随心所浴"这则颇有影响的广告应当怎样评价呢?

二

导致意见分歧的主要原因是,双方在以下两个问题上认识相左:其一,成语作为固定短语,使用时必须保持原来的字面和意义还是可以根据需要作适当变动?其二,在修辞过程中组织语言,是只能严守常规还是允许有某些突破?

肯定"随心所浴"的人认为使用成语时可以有所变动,他们对用同音近音字替换成语结构成分的修辞手法持欣赏态度,并认为表达过程中可以适当打破常规。例如,在《谈广告中的活用成语现象》一文里,沈孟璎先生对"象船"牌踏花被广告"吉'象'如意,名不虚'船'"十分欣赏,赞不绝口。② 而该广告跟"随心所浴"一样,是在改造成语、突破常规的基础上产生的。与此相反,否定"随心所浴"的人则反对变换成语的字面,反对语言表达过程中突破常规。他们说换字广告"把成语的固有意义弃置不顾,甚至加以篡改歪曲",这样做是"污染我们语言的纯洁性,破坏成语的经典性"。他们认为运用语言的时候不能"忽略了原词语中内容意义的事理逻辑性,违背了语言表达的客观规律性",并坚持认为修辞活动必须在遵守传统规则的基础上进行。③ 如此看来,

---

① 孙雍长:《漫议"换字广告"》,载《语文建设》,1995年第6期,第7~9页。
②③ 沈孟璎:《谈广告中的活用成语现象》,载《语文建设》,1994年第4期,第5~8页。

只有首先在前两个问题上统一认识,然后才有可能对"随心所浴"作出令人信服的评价。

使用成语能否改变固有面貌和意义,即能否把成语中某个字用别的同音近音字替换从而赋予新的含义呢?其实这一问题无须讨论。因为前述做法不仅早有先例,而且并不罕见。近代汉语史上把"桃之夭夭"改造为"逃之夭夭"是人所皆知的例子。现代汉语史上,这样的例子就更多了。20世纪30年代,鲁迅先生在《〈"守常全集"题记〉附识》中使用的新成语"谊不容辞",①便是由旧成语"义不容辞"改造而来。20世纪40年代,郭沫若先生在论及有关历史剧创作的文章中使用了"失事求似",②明眼人不难看出,这一新成语是在旧成语"实事求是"的基础上,借助"偷梁换柱"办法制造出来的。利用固有资源,采取同音近音字替换的方式翻造能够满足需要的新"成语",在文艺作品中尤为常见。如小说《忏悔》中的"望'杨'兴叹",诗歌《走一处污染一处》中的"出口成'脏'",话剧《西安事变》中的"无齿之徒",杂文《"欢喜"之余》中的"挤挤一堂",报刊漫画标题中的"以'声'作则",③凡此等等,不胜枚举。鲁迅、郭沫若先生是公认的语言规范化楷模,他们并不认为成语不能改动。以同音近音字替换方式改造成语的修辞手法既然已经普遍用开,进一步扩大范围,将它引入广告制作,有什么不可以呢?

至于后一个问题,即运用语言必须恪守常规,还是可以有一定的突破,其实有相当多的专家早已发表过意见。例如,姚殿芳、潘兆明先生说:"一方面……遵守语言规范是进行交际的起码条件,违反规范会使交际发生各种各样的问题,因此,修辞也应当遵守这种规范;另一方面,为了提高表达效果而采取某些特殊的修辞手段,也允许在一定的语言环境里故意突破这种规范。"④又如王德春先生说:"为了交际需要而在个别地方突破规范,创造性地使用语言,这不仅不会引起混乱,妨碍交际,而且可以加强语言的表达效果,有利于交际任务的完成。"⑤再如张弓先生说:"修辞原则上是'化常为变','以常衬

---

① 鲁迅:《〈"守常全集"题记〉附识》,见《鲁迅全集》第4集,人民文学出版社,1981年,第525页。
② 郭沫若:《历史·史剧·现实》,载《戏剧月报》,1943年4月第1卷第4期。
③ 张斌主编:《现代汉语》,中央广播电视大学出版社,1988年。
④ 姚殿芳、潘兆明:《实用汉语修辞》,北京大学出版社,1987年,第4页。
⑤ 王德春:《修辞学探索》,北京出版社,1983年,第29页。

变',在一定语境下,把语音、词汇、语法的常规作破坏的运用。"①以上引述说明,在修辞活动中,因需制宜,创造性地运用语言,是一种正常现象。

在现实生活中,类似"随心所浴"这样的辞面上说不通而修辞效果很好的用例随处可见,请看:

①那时,周瑜是个"青年团员",当东吴的统帅,程潜等老将不服,后来说服了,还是他当,结果打了胜仗。(毛泽东《青年团的工作要照顾青年的特点》)

②……辛楣和李梅亭吃几颗疲乏的花生米,灌半壶冷淡的茶,同出门找本地教育机关去了。(钱锺书《围城》)

③只要屋里一升火,她就不出屋了,恨不得钻进火眼里边去。大家都笑她"趋炎附势",她也不争辩。(乔荞《平常的日子》)

④扑哧一刀,鲜血顿时喷泉般涌了出来,把老汉一身一脸溅得桃红柳绿。(赵本夫《斗羊》)

⑤解净对田国福印象很好,虽然有人背后说他气魄小,能力差,什么事都一推六二五不拿主意,生产处的调度员们都喊他"田大娘",他也高兴地答应。(蒋子龙《赤橙黄绿青蓝紫》)

上面这些语句,如果孤立地照辞直解,其中的"青年团员"、"疲乏"、"冷淡"、"趋炎附势"、"桃红柳绿"、"一推六二五",或者与上下文搭配违反语法、不合逻辑,或者本身内部说不通;但如果从整体上理解把握,则不能不令人拍案叫绝。根据谭永祥先生的观点,这几个例子是采取了"断取"修辞手法。例①至例④是直接"断章取义",即把现成词语拿过来,只取其中一个或几个字的意义;例⑤是先谐仿后断取,即先模拟珠算斤两法口诀"一退六二五"仿造出"一推六二五",然后截取"一推"的意义而将"六二五"弃置不顾。通过跟以上用例的比较,可以清楚看出,广告词"随心所浴"正是运用了例⑤所采用的修辞手法,即"先谐仿后断取"。首先以"随心所欲"为底本翻造出"随心所浴",然后断章取义,让接受者撇开"所"字,只取"随心浴"三个字所表达的意思。

事实说明,那些对"换字广告"持彻底否定态度的人,他们只注意到成语

---

① 张弓:《修辞教学漫谈》,载《语言教学与研究》,1983 年第 3 期,第 109~118 页。

的常规用法而忽略了它的变通使用,只注意到语言表达对规范的遵守而忽略了它对规范的突破;他们批评"随心所浴"等广告"在词语搭配、内容表达上都经不起推敲,不符合语言规范",是由于不了解"断取"修辞法,以阅读常规语句的办法来解析采用前述手法的语句。陈望道先生早就指出:"积极手法的辞面子和辞里子之间,又常常有相当的离异,不像消极手法那样的密合。我们遇到积极修辞现象的时候,往往只能从情境上去领略它,用情感去感受它,又须从本意或上下文的连贯关系上去推究它,不能单看辞头,照辞直解。"①综上所说,前面提到的有关"随心所浴"的批评不能成立。

慕明春先生认为,促使"随心所浴"之类广告出现的原动力是"陌生化"原则,这看法完全正确。"随心所浴"之类广告的制作者利用人们熟知的成语,做了一点小小的手脚;改造之后,读音不变,而意思大变。变换了面孔的成语让读者既感到陌生,又觉得似曾相识,这就吸引了他们的注意力;当受众豁然开窍,悟出新面孔与旧面孔之间的关系,则不能不由衷叹服广告创意之匠心。在反复回味广告设计的机智幽默的同时,也牢牢地记住了该广告所宣传的商品,即中了广告主的"圈套"。我们认为,无论是从创意别致看,还是从实际获得的效果看,"随心所浴"都称得上语言杰作。如今那么多老百姓知道它,那么多专家学者在评论它,这就足以证明它的成功。

三

近些年来,我国语言学界围绕语言规范化问题时有争论。一个新的语言现象出来,词汇学或语法学研究者每每持否定态度,修辞学或社会语言学研究者则每每予以肯定。这种情况值得注意,它说明争论的缘起不只是对具体词句意见不一,而实质是在规范化标准上存在不同看法。

众所周知,虽然我们早就根据普通话定义提出了规范化标准,但那标准不甚管用。普通话定义本身"并不符合普通话的实际,在不少地方是含糊不清的",②而由此推导出来的规范化标准同样不明确。"词汇方面以北方方言

---

① 陈望道:《修辞学发凡》,上海文艺出版社,1959年,第11页。
② 慕明春:《陌生化:广告中的成语变异现象》,载《语文建设》,1994年第9期,第25~27页。

为基础",这话如何理解?"语法方面以典范的现代白话文著作作为规范",典范的现代白话文著作范围有多大?"在没有详尽的、权威性的、用书面形式规定的标准语规范的情况下……规范总是有弹性的"。① 有弹性的东西,操作起来大多不易把握。这是否意味我们需要拿出一些硬性的规则,以利于规范化工作的开展?胡明扬先生认为:"规范不一定都要求有书面的明文规定;规范应当理解操这种语言、语言变体或方言的多数人认可的语言形式。"② 最近王希杰先生也一再强调,"规范是千百万人的规范,是一个语言社会集体的意识,包括自觉和不自觉的"。③ 我们以为,前述看法是有道理的。事实上,某一语言现象规范不规范,以该语言为母语的绝大多数老百姓心中是有杆秤的,他们也是能够凭借这杆秤作出正确判断的。然而一些语言工作者,不相信群众,不相信群众心中的那杆秤。他们喜欢另搞一套,并总爱根据自己制订的标准说三道四。讲句不好听的话,今天看到的规范与否的争论,有不少是专家们无事生非、横挑鼻子竖挑眼挑出来的。这样说,并不是要全盘否定专家们的贡献,并不是要他们靠边站。不管怎么说,汉语规范化工作需要专家参与。我们只是希望,语言学专家们应当相信老百姓们的语感,并在规范化标准问题上及早统一思想。同时我们以为,要实现统一思想的目标,首先需要解决对下面四个问题的认识:

一是把语言看做自足完善的、静态平衡的系统,还是把语言看做有缺陷不足的、动态平衡的系统。

二是仅仅以语音、词汇、语法规则作为衡量规范的根据,还是将上述规则和语用规则结合起来并主要看是否符合语用规则。

三是不分语体,不分积极修辞消极修辞,采取一以贯之的规范化标准;还是区别语体,区别积极修辞消极修辞,分别采取不同的标准。

四是从纯语言角度研究落实汉语规范化,还是将规范化研究与社会学、文化学、心理学等学科的研究结合起来,在综合研究的基础上开展工作。

开头一点是讲语言观。这似乎与规范化关系远了点,但实际上它是规范化工作基础的基础。因为对这一问题的认识直接决定你在规范化工作中的

---

①② 胡明扬:《语法例证的规范性和可接受性》,见《第一届国际汉语教学讨论会论文选》,北京语言学院出版社,1985年,第17~19页。

③ 引自笔者与王希杰先生谈话记录。

立场和态度。如果你以为语言系统是自足完善的、静态平衡的,你往往会觉得新的语言现象(包括超常现象)是画蛇添足,会担心新的语言现象将破坏系统的平衡,因而,你会站在较为保守的立场上,对新的语言现象总是持警惕甚至敌视的态度。相反,假使你把语言看做是有缺陷不足的、动态平衡的系统,你会认为新的语言现象通常是对语言本身不足的弥补,它们的出现绝大多数起到了丰富语言表达手段的作用,有助于语言的发展,受上述认识的左右,你会站在比较开明的立场上而以宽容欢迎的态度看待新的语言现象。需要指出的是,在一个相当长的时期里,我们在接受索绪尔正确语言观的同时,也接受了一些负面的东西。例如,认识到语言是个符号系统,却过分相信了它的完备性和自足性;注意在语言共时研究中排除历时因素的干扰,却忽略了共时态中含有历时态……认识上的偏颇,常常使得我们不能正确看待新的语言现象。最近这几年,王希杰先生就语言观问题发表了许多全新的见解。他从语言符号的有限性、分节分段性、一维性与客观世界的无限性、连续性、多维性之间的矛盾,揭示了语言存在缺漏这一客观事实;[①]同时他指出,"对于语言来说,历时态、动态才是绝对的,共时态、静态则是相对的有条件的。共时态不仅是历时态的产物,而且共时态中也有历时态。静态是动态之后的静态,静态中包含着动态,动后之静,静中有动。从本质上讲,语言是动态平衡的音义符号系统"[②]。以上观点值得重视。

  近十多年来,搞语言本体研究的人逐渐开始注意语言应用研究,而在此之前,关注的一般只是语音、词汇和语法研究。语音、词汇和语法研究基本上是静态的,得出的规则也是静态的。运用静态的规则去从事静态性的语言规范化工作,如在异读音中确立规范音,给异体词明确规范形式等,没有多大问题。但同时用这些规则去规范新的语言现象,则不能不令人怀疑。新的语言现象是在动态语用过程中出现的,拿静态的规则衡量抉择动态的语言现象,逻辑上说不过去,实践起来也会由于张冠李戴而捍格不通。评价一种新的语言现象不仅要看它是否符合语音、词汇和语法规则,还要看是否符合语用规则。因为语音、词汇、语法规则基于语用的需要可以有所突破,在考察新的语

---

  ① 王希杰:《深化对语言的认识,促进语言科学的发展》,载《语言文字运用》,1994年第3期,第9~15页。

  ② 王希杰:《修辞学新论》,北京语言学院出版社,1993年,第5页。

言现象时,恐怕还是应当首先考虑是否符合语用规则并以此为主要根据。

冯学锋先生认为,我们过去的规范化工作显得苍白无力,甚至不得人心,一个重要原因是缺乏语体观念,对某些语言现象的分析,多从"科学语体"的规范标准去考虑,而忽略了其他语体的言语特点。[①] 冯先生的意见可谓一针见血。近些年,随着修辞学界语体研究的深入,以及经过《语文建设》、《修辞学习》、《文学评论》组织的文学语言讨论,越来越多的人意识到,"不同的语体,即合乎特殊类型的环境的话语类型,有时是用不同的搭配来表现其特征的"。[②] 公文语体、科技语体基本建筑于逻辑思维基础之上,其语言搭配一般严守传统规则;文艺语体以形象思维为主,加上艺术创作规律的驱动,作品中语言超常搭配现象相当普遍。规范化工作应该从实际出发而不能再因袭以往一刀切的做法。在规范化工作中,树立语体观念可以避免许多无谓的争论。那些批评"随心所浴"的先生,如果意识中有语体的观念,而且知道广告具有文艺语体的特征,他们很可能对这一广告表现出比较宽容的态度。我们以为,开展规范化工作,除了要注意语体的不同,还要注意积极修辞和消极修辞的分别。因为事实上任何语体都存在着积极修辞和消极修辞两种情况,清一色恪守规则的语体或完全偏离规则的语体是不存在的。强调要注意积极修辞和消极修辞的分别,有助于防止新的简单化。

语言不只是交际工具,还是文化载体,从语言诞生的第一天起,它就深深地打上了文化的烙印。语言又是一种社会现象,语言发展的历史始终是与社会的发展密切相关的。同时,语言的使用者是具有复杂心理结构和心理状态的人,他们的心态必然地会折射到语言身上。语言与文化、社会及使用者心理的千丝万缕的联系,决定了语言的演变往往是超语言因素作用的结果。譬如粤语北上、洋文入侵、繁体字回潮、文学语言粗俗化等,这些情况的出现都有其语言以外的背景。粤语向北扩张是因为改革开放后广东经济走在了全国的前头从而增强了粤语的地位;洋文出现在不该出现的地方和繁体字重新活跃起来,是由于开放后西洋、东洋及港台的物质和文化产品大量涌入,同时也把英文、日文和繁体汉字对通用规范汉字的冲击波带进了大陆;某些文学

---

① 冯学锋:《汉语规范化研究的现代化》,载《语文建设》,1994年第4期,第13~14页。
② [英]罗·亨·罗宾斯:《普通语言学概论》,李振麟、胡伟民译,上海译文出版社,1986年,第83页。

作品充满格调低下的"痞子语言"甚至粗话脏话,则是当前国内文学界在创作上追求"原生态"效果的反映,是一部分文人心态由高层次精神追求向世俗沉落的折射。语言工作者对规范化工作的艰巨性和长期性应有足够的思想准备。许多有损祖国语言健康的现象,事实上是我们挡不住的,也是在短时期内解决不了的。搞规范化的人不能老在纯语言的圈子里打转,要了解社会,知道各阶层人的心态,要熟悉中国文化的传统和现状,还要注意文学界的动态。眼界放宽些,站得高一些,遇到情况就不至于大惊小怪,心烦气躁;对问题的分析也就会比较准确,让人乐于接受。

在前述四个问题上统一认识,是明确汉语规范化标准的基础。有了比较明确的标准,在具体实施时,似乎还应当注意采取刚性和柔性相结合的策略。语言现象极其复杂,有的问题比较好把握,有的问题一时不易看清。好把握的及时予以肯定或否定,需要制止并且当时就能解决的,如街头用字混乱,广告中存在的欺骗性行为和有损于社会风气的宣传,可以依靠法律手段坚决果断地予以纠正;暂时吃不准的,有争议的,不妨等一等。可以在内部学术刊物上畅所欲言开展讨论,而不要匆忙拿到报纸广播上去谈,尤其是国家和省市语委的领导同志一言千钧,表态更需谨慎。

词语清理:语言文明建设的需要[①]
——从哲学命题"话在说我"谈起

一

许多人对于哲学命题"话在说我"感到不可思议,而在哲学家看来,特别是研究西方哲学的哲学家看来,这是不言自明、毋庸置疑的真理。

在法国诗人兰波(Arthur Rimbaud,1854~1891)创作的一首诗里,曾经出现过"话在说我"(Je est un Autre)这样的诗句。[②] 可能是哲学家奉行"拿来主义",直接借用上述诗句来概括所要表达的哲学思想,即:在语言面前人每每显得软弱而无奈;在人与语言之间,常常不是前者左右后者而是后者左右前者。

上述哲学思想是由德国哲学家、语言学家洪堡特(Wilhelm von Humbodt)率先提出来的。他在1835年出版的一部著作中说:语言属于我,因为我以我的方式生成语言;另一方面,由于语言的基础同时存在于历代人们的讲话行为和所讲的话之中,它可以一代一代不间断地传递下去,所以,语言本身又对我起着限制作用。[③] 这段话的意思是:从一个方面看是人在左右语言,因为人可以根据自身需要操纵语言;但从另一个方面看,人在语言面前

[①] 原载日本《中国语研究》第45辑,2003年10月。
[②] [美]弗·杰姆逊:《后现代主义与文化理论》,唐小兵译,陕西师范大学出版社,1986年,第29页。
[③] [德]威廉·冯·洪堡特:《论人类语言结构的差异及其对人类精神发展的影响》,姚小平译,商务印书馆,1999年,第76页。

显得很被动。道理在于,语言按照自身规律一代一代薪火传承,无论表现为何种形态,人只有认可和接受。更主要的是,语言中积淀了一个民族特定的思维方式和文化价值观念,接受一种语言意味着接受一种独特的思维方式和文化价值观念,并接受其无形的控制或者说无形的奴役!

上述观点提出后,在西方世界引起强烈反响。英国唯美主义艺术运动倡导者王尔德(Oscar Wilde)、瑞士语言学家索绪尔(Ferdinand de saussure)、德国哲学家卡西尔(Ernst Cassirer)、德国语言学家瓦尔特布尔格(Walther von Wartburg)、美国语言学家萨丕尔(Edward Sapir)和沃尔夫(Benjamin Lee Whorf)、德国哲学家海德格尔(Martin Heidegger)和伽达默尔(Hans Georg Gadamer)、法国哲学家福柯(Mirkel Foucault)、日本符号学家池上嘉彦等,相继表示赞同和支持。

王尔德说:"语言是思想的父母,而不是思想的产儿。"①索绪尔说:"思想本身好像一团星云,其中没有必然划定的界限。预先确定的观念是没有的。在语言出现之前,一切都是模糊不清的。"②卡西尔说:"科学家、历史学家、以至哲学家无一不是按照语言呈现给他的样子而与其客体对象生活在一起的。"③瓦尔特布尔格说:"我们说掌握语言,但是实际上是人被语言所掌握。"④萨丕尔说:"真实世界在很大程度上是不知不觉地建立在该族人的语言习惯之上的……语言是认识社会现实的指南……使用不同语言的各社会成员所生活的世界是多种多样的许多世界,而不是具有不同标志的一个同样的世界。"⑤沃尔夫说:"每种语言的体系(换言之,语法)不只是思想声音化了的传达工具,更准确地说,它本身就是思想的创造者,是人类个体理性活动的

---

① [英]王尔德:《作为艺术家的批评家》,见赵澧、徐京安:《唯美主义》,中国人民大学出版社,1988年,第158页。
② [瑞士]索绪尔:《普通语言学教程》(高名凯译),商务印书馆,1980年,第157页。
③ [德]卡西尔:《语言与神话》,于晓等译,生活·读书·新知三联书店,1988年,第55页。
④ [德]瓦尔特布尔格:《语言学的问题和方法引论》,1945年,第185页;引自伍铁平:《语言决定人的思维吗?》,载《哲学研究》,1984年第1期,第70页。
⑤ [美]萨丕尔:《原始语言中的概念范畴》,载《科学》第74卷,1931年,第578页;引自伍铁平:《语言与思维关系新探》,上海教育出版社,1986年,第33页。

纲领与指南。"①海德格尔说:"语言并不是人所掌握的工具,毋宁说,它是掌握着人的存在的最大可能性的东西。"②伽达默尔说:"语言不仅是人在世界上的一种拥有物,而且正是依赖于语言,人才拥有世界。"③福柯说:"你以为自己在说话,其实是话在说你。"④池上嘉彦说:"学习一种语言,也就是学习一种特定的应用方式——一种'意识形态'。'给予意义'的体系一旦被掌握,作为习惯被确立,它将变成束缚支配已经掌握了它的人的'牢狱'。掌握者现在成了被掌握者。被掌握的人遵照这个'给予意义'的体系的规定掌握事物,决定行动。"⑤

追随者们认为,语言能够影响思维,不仅影响思维过程,同时影响意识形态。持上述观点的人被称为"洪堡特主义者"。

过去都认为是"我在说话",而洪堡特主义者大唱反调,宣扬"话在说我"。上述命题因其"倒行逆施"而招致强烈抵制和尖锐批评,但因为它表达了为人们所忽略的真理,因此,同时又受到学术界的充分关注和高度评价。

有人批评说,洪堡特主义者企图用"话在说我"颠覆"我在说话"。其实并非如此。对于洪堡特主义者来说,上面两个命题都是正确的,二者不是水火关系而是互补关系。他们认为,接受前者而拒斥后者,有可能产生认识上的误区,即以为语言不会影响思维方式和文化价值观念。在洪堡特主义者看来,这想法是片面的,违背实际的。

二

将语言视为思维方式和文化价值观念存在的家园,把语言获得与世界观价值观的建构联系起来,不是什么新鲜事。早在20世纪五六十年代,这个观

---

① [美]沃尔夫:《论元语言学论文选集》,外文版第5页;引自王维贤:《语言逻辑引论》,湖北教育出版社,1989年,第20页。

② [德]海德格尔:《荷尔德林与诗的本质》;引自胡经之等:《西方文艺理论名著选编》下卷,北京大学出版社,1987年,第579页。

③ [德]伽达默尔:《真理与方法》,1982年英文版,第401页;引自涂纪亮:《现代西方语言哲学比较研究》,武汉大学出版社,2007年,第422页。

④ [法]福柯《权力的眼睛》;引自刘北成《福柯的思想肖像》,上海人民出版社,2001年,第109页。

⑤ [日]池上嘉彦:《符号学入门》,张晓云译,国际文化出版公司,1985年,第5~6页。

点就已通过前苏联传到中国。但在当时的历史背景下,它是被作为奇谈怪论看待的。那时人们横挑鼻子竖挑眼,一个劲地找茬,并没有认真思考前述提法是否具有合理性。只是到了 80 年代,情况才有了变化。间接动因是极左路线得以纠正,直接动因则是中国再次出现文化热。在新一轮文化热中,语言与思维方式、语言与文化价值观念之间的关系成为关注的焦点。而随着研究的深入,前述观点的合理性逐步为我国学者所理解。尽管迄今仍有人持怀疑态度,但总体上说,持肯定态度的学者占多数。

我国学者之所以最终认可前述观点,乃是因为前述观点来自客观现实并且为客观现实所证明。

比如,汉语中有个名为"父母官"的老资格词语,它始见于宋代,至今仍然保持着旺盛的生命力。之所以出现这个词语,原因在于:中国数千年来一直实行吏治,当官的负责社会管理;而中国的家庭长期以来都是实行家长制,父母负责家庭管理,基于二者在"负责管理"上存在相似点,于是借助比喻产生了"父母官"这一词语。例如,老舍《神拳》中有这样一段文字——高秀才:"老二,大师兄,待会儿知县要是来了,给他个面子!无论怎么说,他总是个父母官!"——在今天的语言生活中,不断地会遇到"父母官"这个词。1999 年 8 月 5 日《深圳特区报》刊载过一篇文章。其标题和正文都用到"父母官"。在上述文章中,"父母官"出自老百姓之口。可见今天的老百姓仍以"父母官"称谓地方官员。当然,也存在着另一种情况,即今天的许多当权者习惯称自己为"父母官"。用不用"父母官"这个词取决于使用者;而用了则由不得你了,使用者将毫无例外地为其所控制。可以肯定地说,那些称当权者为"父母官"的人,在当权者面前总是把自己置于儿女地位,对当权者唯唯诺诺,逆来顺受;而那些自称"父母官"的人,在老百姓面前总是以父母自居,处理问题独断专行,老子说了算。"父母官"一词的使用者,在上述语词的作用下,不知不觉淡忘这样的现实,即今天的社会已不再是由少数人所左右,而是由全体公民当家作主;今天的官员与老百姓的关系已不再是父与子的关系,而是合作共事的关系。①

再比如说,建国后"文革"前的中国人习惯将自己比作螺丝钉。把人视同螺丝钉对于 20 世纪的西方人而言是无法理解的。然而在同一时期的中国人

---

① 曹德和:《"父母官"与"衣食父母"》,载《文汇报》,2000 年 4 月 12 日。

看来,这是自然的,正常的,天经地义的。中国人之所以认可上述观念,除了因为中国人有着自己独特的文化传统,同时还因为,建国后"文革"前,中国实际上在继续实行战争年代形成的军事共产主义制度。上述制度是一种高度军事化的制度,它的最大特点是要求集团成员在思想上要牺牲小我维护大我,在行动上要像军人那样以服从命令为天职。该制度是在战争形势下自然形成的,它曾经为中国共产党人战胜外敌入侵和粉碎内敌围剿做出过重要贡献,并使得中国共产党人能够最终夺得国家政权。但是在国家进入和平建设时期以后,依然维持和继续推行这样的制度则是不可取的。道理在于,在上述制度下个人的发展权自主权在相当程度上被剥夺了。而个人发展权自主权的严重丧失,对于处在和平建设时期的国家来说是一件可怕的事情。因为没有国民对于个人发展的追求,就没有由此引发的社会竞争;而没有必要的社会竞争,就没有国家的发展进步。同时因为,没有国民应当拥有的自主权,就没有在此基础上形成的民主监督机制,就难以避免少数人独断专行、胡作非为。这样的悲剧事实上已经发生了。在一个相当长的时期里,由于缺乏必要的社会竞争,中国经济始终无法摆脱低速增长的状态。① "文革"十年,"四人帮"反党集团,区区几个人,就把整个国家折腾得乌烟瘴气。对于将人比作"螺丝钉",我曾经在上海人民广播电台举办的专题讲座上提出过批评。我说:"在'螺丝钉'喻词的影响下,在'螺丝钉'意识的作用下,许多人把自己当成了机器配件,而忘了自己是有灵有肉的人。他认为无论上司将自己拧到哪里都是正确的,而不去考虑那是否适合自己;他不再谋求自我发展,以为这是不安分;他觉得夫妻长期分居为理所当然的事,因为国家这部大机器需要他与爱人这两颗螺丝钉在不同的部位发挥作用。"我当时主要是批评"螺丝钉"一词含蕴的非人本意识给个人事业和家庭生活造成的损失,现在看来我把问题简单化了。其实对于中国经济的长期爬行,对于"文革"灾难的最终发生,前述说法同样负有无可推卸的责任!正是因为它具有明显的负作用,改革开

---

① 戴厚英曾批评道:"现代人说,我们都要做一个永不生锈的螺丝钉。我想,这比孔夫子还落后。孔子说君君、臣臣、父父、子子,要求人各安本份,不许越雷池一步,但至少还没把人当做钉。人还是活的。"参见杜渐坤:《戴厚英随笔全编》上册,暨南大学出版社,1998,第141页。

放以后,中国的新一代领导人不再倡导人民去做什么"螺丝钉"了。①

又比如说,50年代到80年代,中国人的话语中流行着这样一个词:"待业"。与此相对,一个曾经有过很高出场率的词语"失业"则几近销声匿迹。《现代汉语词典》解释说,"待业"是指"(非农业人口)等待就业","失业"是指"有劳动能力的人找不到工作"。"失业"这个词所以濒临"失业",是因为建国后我国政府力图消灭并且已经事实上消灭了"失业"现象。而"待业"这个词之所以能够迅速广泛地使用开来,是因为我国政府曾经确立一项基本国策,即要保证所有的城镇劳动者都不必为就业而犯愁。也就是说,我国政府曾经抱定了这样的决心,在新中国这片土地上,一切具备劳动能力的非农业人口,只要提出工作申请,有关部门都得及时给予解决。解决前,申请者只需做一件事:在家休息,等待就业。由此可知,"失业"与"待业"出场率的此消彼长乃是计划经济体制作用的结果。在"失业"为"待业"取代的时候,同上述语词交接相伴随的语言影响力随之生效。一方面,随着上述交接的完成,在我国城镇劳动者心里,逐渐产生了一种不曾有过的安全感,因为他们不再面临"失业"的威胁。但与此同时,在我国的许多非农业劳动者身上,滋生了不曾有过的松垮作风,因为仅有安全感而没有危机感的人必然走向懒散。十一届三中全会以后,中国共产党领导人民走上了改革开放之路。考虑到国家仍然处于社会主义初级阶段,近几届政府决定结束计划经济一统天下的局面,逐步恢复和扩大市场经济的份额;并决定不仅在生产领域里,同时在就业领域里,全面推行竞争机制。也就是说,近几届政府已不再承担保证每个劳动者都拥有铁饭碗的责任。随着经济改革的深入,在优胜劣汰市场规律的作用下,中国大陆一方面出现了破产企业,另一方面也出现了下岗人员。对于下岗工人,中国政府除了向他们提供基本生活费以外,同时要求基层组织为他们提供技能培训的机会,并为他们提供再就业的信息。在有关部门的帮助下,许多下岗人员通过自身努力重新走上工作岗位。然而有一段时期,有相当一部分的下岗人员,不是主动地去寻找就业机会,而是"守株待兔",蹲在家里等待上面

---

① 康德在《道德形而上学的基础》中指出:"要把人性,不管是你身上的人性,还是任何别人身上的人性,永远当做目的看待,绝不仅仅当作手段使用。""人之为物,其存在本身就是目的,而且是这样一种目的,这种目的是不能为其他目的所代替的,是不能仅仅作为手段为其他目的服务的,因为如果没有人,就根本没有什么具有绝对价值的东西了。"参见北京大学哲学系外哲史教研室:《西方哲学原著选读》下卷,商务印书馆,1999年,第318页。

安排工作。为什么会出现这样的现象？追根究底，应该说与"待业"一词的负面影响继续作祟有着很大的关系。1994年，我国政府有关部门印发过一个通知，要求今后的就业情况统计文件不再使用"待业"一词，对那些具备就业能力而未获得就业机会的人，按照国际惯例视为"失业"者。政府有关部门所以发出以上通知，这一方面是要使政府的工作语言同改革开放的新形势相适应，另一方面则是因为看到了"待业"提法的消极影响，他们希望通过废止上述词语，帮助人们彻底摈弃铁饭碗观念。①

三

语言中积淀了世界观、价值观，体现一定世界观和价值观的语言会影响使用者的思维方式和意识形态，这现象其实不难理解。语言由语音和语义两方面结合而成，如果把语言比作一张纸的话，纸的这一面是语音，那一面则是语义。语音作为一种物质形态，包含有音色、音高、音强、音长四种要素，也就是说，它是上述四种要素的集合。语义作为一种精神形态，可以从不同角度进行分析。可以说它是词汇意义和语法意义的集合，也可以说它是理性意义和感性意义的集合。但不论分析出一些什么样的意义，事实上它都直接或间接地折射着创造该语言的民族所特有的思维方式和文化价值观念。

语言的习得须通过其物质形态和观念形态的同步接受方能完成。而接受了某种语言（这里主要指母语）的观念形态，在一定意义上说，也就是接受了使用该语言的民族对于事物的理性认识及感性认识，接受了那个民族的世界观和价值观。

为何使用同一语言的民族对事物会有近同的观察方式和评判标准，为何使用不同语言的民族对于事物会有不同的看法和评价，原因即在于此。

一个人最初世界观和价值观的建构是在母语习得过程中完成的。甚至不妨干脆讲，一个人最初的世界观和价值观跟体现于母语中的世界观价值观是大体一致的。当然，在语言面前，人并非毫无自主性可言。在语言习得的过程中，事实上每个人首先自觉不自觉地要对语言所反映的世界观价值观作

---

① 参见李行健：《关于"失业"和"待业"的讨论》，见《语文学习新论》，陕西人民教育出版社，1997年，第396~399页。

出权衡,然后决定取舍。有些汉语措辞,比如"奴才"(自称)、"主子"(他称)、"及时行乐"、"马无夜草不肥,人无横财不富"、"宁教我负天下人,休教天下人负我"等,许多人拒绝使用它。拒绝某些措辞往往是因为无法接受它所反映的观念,而吸纳某些措辞则往往意味着认可它所反映的观念并愿意接受其影响。

近年来,在大力推行精神文明建设的过程中,我国社会工作者提出,语言文明建设是精神文明建设的一个重要组成部分。这表明人们已经意识到,语言文明建设与精神文明建设密切相关,加强语言文明建设对于推动精神文明建设具有重要意义。那么加强语言文明建设的工作如何落实呢?在许多人看来,所谓加强语言文明建设,就是积极开展五讲四美活动,不讲粗话脏话,提倡礼貌用语。这样理解不算错,但有片面性。因为全面看问题的话,语言文明建设至少还应当包括"词语清理"这样的内容。

众所周知,词语中蕴藏着一个民族在其发展过程中创造的精神财富,但其中也夹杂了一些不好的成分,即不文明的东西,比如前面提到的"父母官"等。

在语言文明建设已被提上议事日程的今天,我们需要对汉语词语进行清理。具体地说,要把汉语中有问题的词语给找出来,通过指摘和批判、替换或剔除,缩小或排除其负面影响。这任务并不轻。根据初步调查,除了已经谈到的,像下面这些词语也存在着一定的问题:

如"遗孀",这是将妻子看做丈夫的私人财产。①

如"贤内助",这是认为妻子的职责是洗衣烧饭带孩子,做丈夫的帮手,即所谓"相夫教子","男主外,女主内"。

如"打是疼,骂是爱",这是认可父母或丈夫的封建特权,是纵容、鼓励他们对子女或妻子施行家庭暴力!

如"残废",这是将生理上存在缺陷的人当作废人,缺乏对弱势

---

① 邓颖超指出:"人们常给我们戴上一个某某人遗孀的帽子。我非常反对,外国记者也经常报道我是周恩来的遗孀。这是封建思想的残余。"参见《邓大姐反对"遗孀"的提法》,载《报刊文摘》,1988年2月23日。

群体起码的人格尊重。①

如"盲流",这是歧视和丑化进城打工的农民,是对商品经济时代劳动力自由流动规律的否定。②

如"感情投资",这是将社会关系商品化,是把人与人的交往当成了买卖交易。③

如"反腐倡廉",这是将必须做到的当作需要提倡的,是降低对政府官员的要求。④

如"私心杂念",将"私心"与"杂念"联系在一起,认为替自己考虑、为个人着想是不洁、不净、不纯、不正的行为,这是极左观念的体现。

如"衣食父母",这是认为国家官员光吃粮不干事,是否认管理也是生产力,管理人员也是劳动者的一部分。⑤

如果大家承认上述词语有问题,那么大家自然会同意我们的主张,即对它们进行必要的清理。在指摘和批判的基础上,或保留词条,但在注解中加

---

① 萧乾谈到他接到一封信,信上说:"你在文章中用的'残废'一词刺痛了我。我是个失去了左臂左腿的人,但我并不是个'废人'。我还开着书店,并且在卖着你写的书。我有残疾是事实,可我是否就'废'了呢?去年3月,中国成立了残疾人福利基金会,难道你没有看报?"萧先生为此而深深自责:"不曾想到,一个词用错了,可以刺伤旁人的心。"参见萧乾《这个词用错了》,载《人民日报》,1985年3月18日。

② 俞吾金指出:"'农民工潮'并不是'盲流',用经济学的术语来说,是从经济要素低的地方流向高的地方,这是服从价值规律的。从哲学的角度来看,这是一种有重大历史意义的社会现象,即个人从家族中被分离出来,被抛向社会,而这正是他成为真正独立的、自由的个体的第一步。从15、16世纪开始欧洲也有大量的农民涌向城市,欧洲的学者和文学家常常把他们称作'流浪汉'。其实,他们也是从农村的家族中分离出来的,从而也在完成一个向现代社会转化的伟大的历史过程。"参见俞吾金:《当代中国文化的内在冲突与出路》,载《浙江大学学报》,2007年第4期,第9页。

③ 孙曼均曾敏锐地对"感情投资"说法提出批评。她说:"'投资'暗含着付出代价是为了收取回报。在经济建设的热潮中,这个词使用日益频繁和广泛……甚至在'黄金有价情无价'的情感世界,也有'感情投资'……人们越来越追求实惠,看重利益,在付出自己的精力、体力、财力、物力、时间以至爱心的同时,总是或多或少、自觉或不自觉地把目光投向由此将会得到的回报上。"参见孙曼均:《城市流行词语及其社会文化分析》,载《语言文字应用》,1996年第2期,第103~104页。

④ 刘益飞:《"反腐倡廉"的提法不妥当》,载《党校科研信息》,1991年29期,第14页。

⑤ 曹德和:《"父母官"与"衣食父母"》,载《文汇报》,2000年4月12日。

上评点文字，提醒人们谨慎使用；或替换说法，例如让"残废"下岗，用"残疾"来替补；或请它们靠边站，也就是说，把它们剔除出《现代汉语词典》等工具书，剔除出我们的"语库"（repertoire）。今天我国政府正着手政治、经济、文化等各个方面的调整。从思想内涵角度进行词语清理，通过语言文明建设的全面落实，以配合上述调整，对于辞书工作者来说乃是义不容辞的责任。